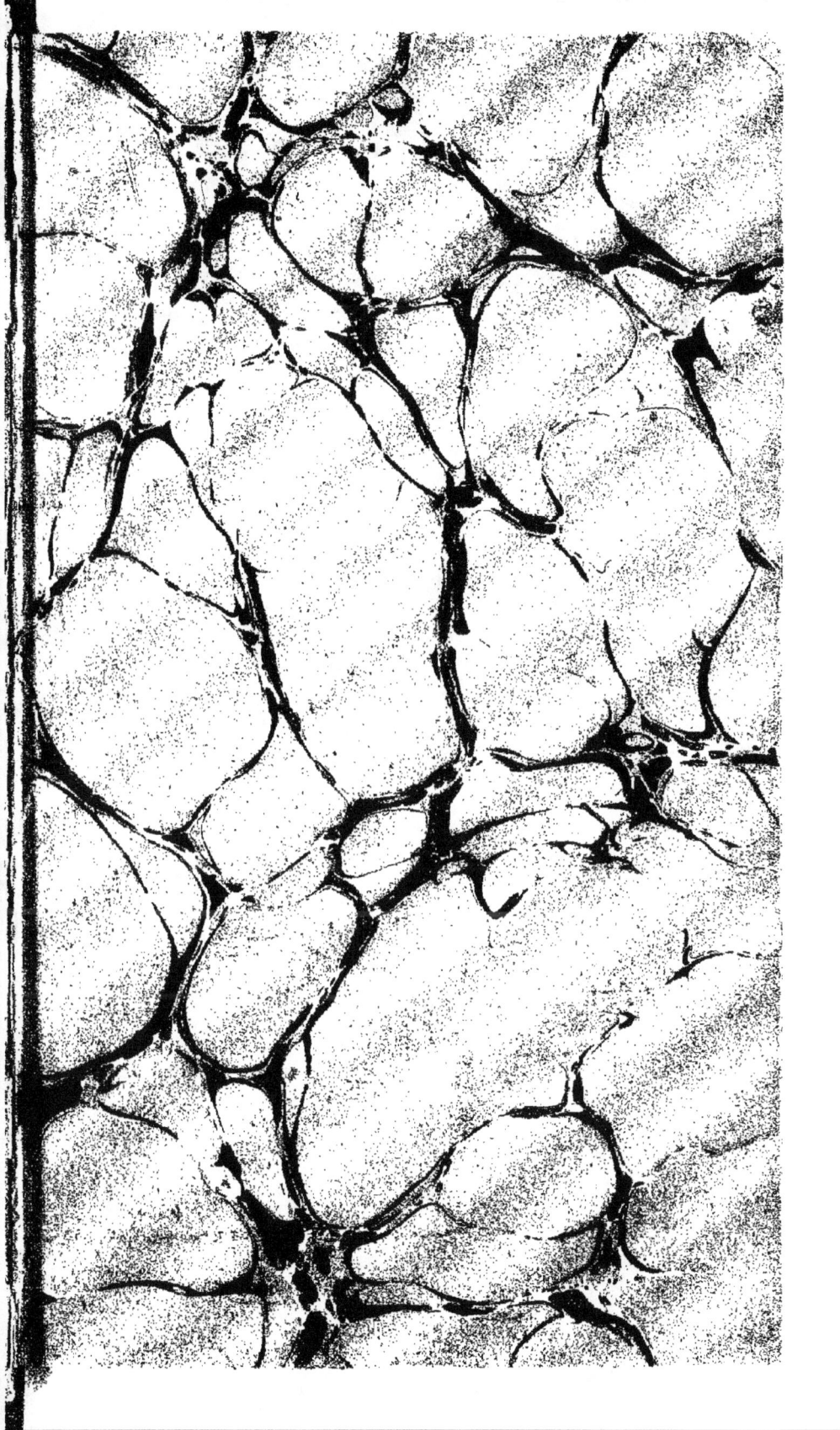

J. BOULANGER

LES ÉTATS DU DAUPHINÉ

AUX XIVᵉ ET XVᵉ SIÈCLES

THÈSE
POUR LE DOCTORAT ÈS LETTRES

PRÉSENTÉE

À LA FACULTÉ DES LETTRES DE L'UNIVERSITÉ DE GRENOBLE

PAR

A. DUSSERT

GRENOBLE
ALLIER FRÈRES, IMPRIMEURS-ÉDITEURS
26, cours de Saint-André, 26

1915

LES ÉTATS DU DAUPHINÉ

AUX XIVe ET XVe SIÈCLES

LES ÉTATS DU DAUPHINÉ

AUX XIVᵉ ET XVᵉ SIÈCLES

———

THÈSE

POUR LE DOCTORAT ÈS LETTRES

PRÉSENTÉE

A LA FACULTÉ DES LETTRES DE L'UNIVERSITÉ DE GRENOBLE

PAR

A. DUSSERT

GRENOBLE

ALLIER FRÈRES, IMPRIMEURS-ÉDITEURS

26, cours de Saint-André, 26

—

1915

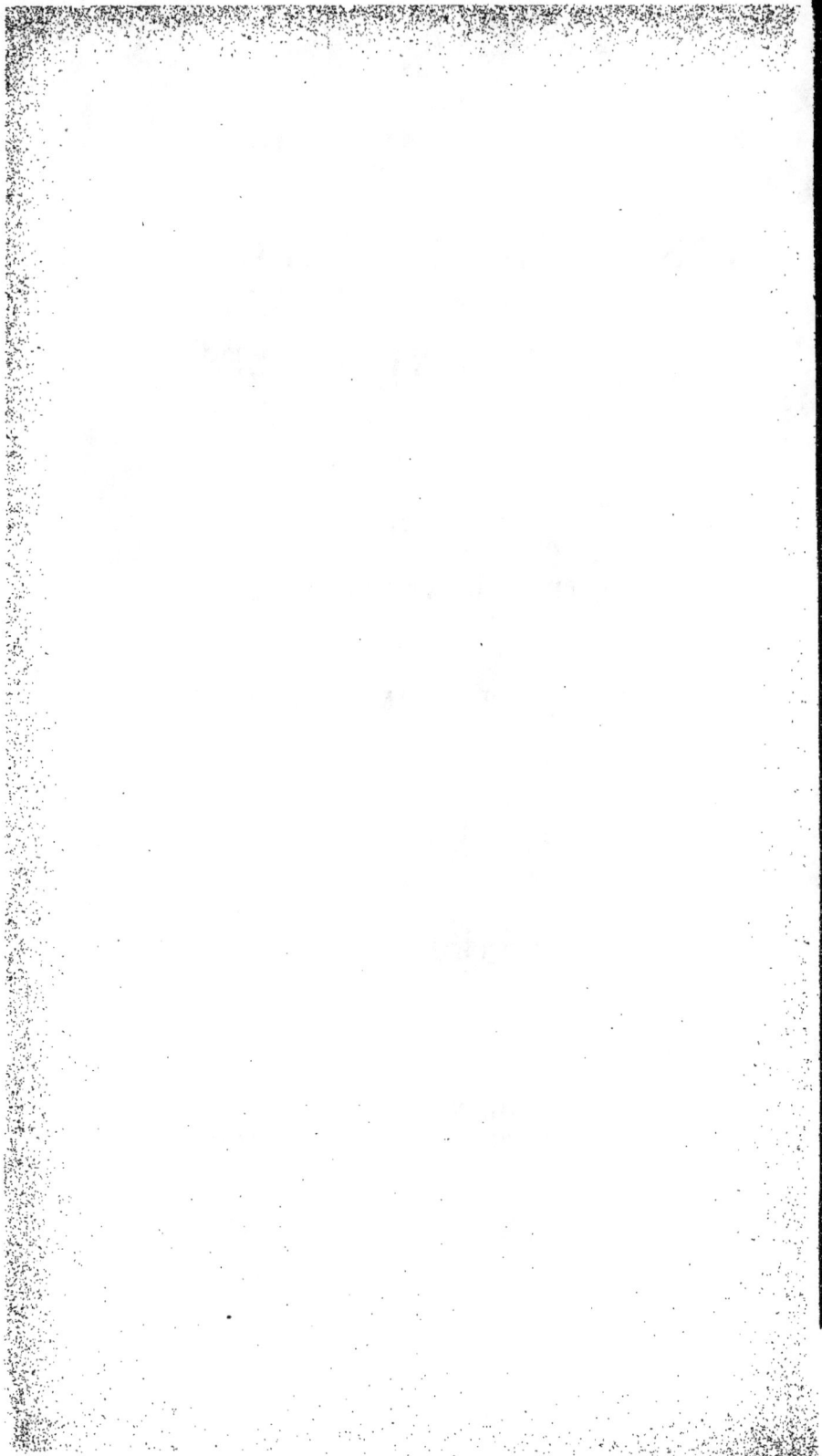

A

Monsieur Paul FOURNIER

Membre de l'Institut

Hommage respectueux

LES ÉTATS DU DAUPHINÉ

AUX XIVe ET XVe SIÈCLES

————

AVANT-PROPOS

Parmi nos anciennes institutions provinciales, les Etats
sont peut-être celle qui a été le plus longtemps oubliée
ou méconnue. La science historique moderne elle-même
n'avait rien fait pour les venger de l'injustice volontaire
de la monarchie. Leur nom, qui rappelait jadis tant de
passions intéressées ou de nobles aspirations, n'évoquait
plus, au milieu du siècle dernier, que d'assez vagues
souvenirs. On avait encore présente à la mémoire l'organisation financière de la France en 1789 : pays d'Etats,
pays d'Elections, tailles consenties pour la forme ou imposées d'office; mais on ne songeait pas à remonter plus
haut et à rechercher si les Etats avaient joué, dans le
passé, un rôle plus important. La centralisation, un moment abolie par la Constituante et presque aussitôt
rétablie, l'uniformité des administrations départementales, substituée partout à la diversité, aux complications
inhérentes à l'Ancien Régime, contribuaient encore à

a

rendre peu accessible au plus grand nombre l'intelligence
d'un ordre de choses tout différent et déjà si lointain.

Aujourd'hui, l'esprit public s'est profondément modifié
à cet égard. On s'efforce de ressusciter la vie régionale
sous toutes ses formes. L'extension du rôle des Conseils
généraux, le réveil de la vie municipale consacré par la
loi organique de 1884, montrent l'intérêt que l'opinion
et le gouvernement lui-même portent aux idées de décentralisation. On devait, dès lors, naturellement se souvenir de nos vieilles autonomies communales et provinciales et les étudier avec une attention plus sympathique.
Pour cela, il convenait de se reporter jusqu'au moyen
âge et d'y chercher l'histoire de ces libertés locales avant
leur confiscation progressive par la monarchie absolue.
Déjà, en 1841, sur l'initiative de Guizot, le Comité des
travaux historiques avait proposé de publier la « Collection des actes relatifs à la convocation et à la tenue des
Etats généraux ». Deux volumes seulement avaient paru
en 1876, lorsqu'une circulaire du ministre de l'instruction publique, H. Wallon, étendit le champ des investigations aux Etats provinciaux. Actuellement, des œuvres
considérables ont élucidé en partie les origines, exposé le
développement, l'organisation et le rôle de ces assemblées dans un certain nombre de provinces[1]. Un ouvrage

---

[1] Outre Dom Vaissette et A. Thomas, indiqués plus loin à la
Bibliographie, *Les Etats de Bretagne*, par le comte de Carné,
2 vol. in-8°, Paris, 1868, l'*Hist. de Savoie*, par V. de Saint-Genis,
3 vol. in-12, Chambéry, 1868, et les études plus générales comme
celle de Laferrière, *Mém. sur l'hist. et l'organisation comparée des
Etats provinciaux*... (*Séances et travaux de l'Acad. des Sciences
morales et polit., 1860-1861*), notons en particulier : Léon Cadier,
*Les Etats de Béarn depuis leurs origines jusqu'au commencement
du XVI° siècle, étude sur l'histoire et l'administration d'un pays*

de ce genre manquait encore pour le Dauphiné; nous essayons de combler cette lacune.

La plupart de ceux qui se sont occupés incidemment des Etats du Dauphiné n'ont guère fait que reproduire les indications fournies par Expilly, Chorier, Guy Allard, Fontanieu, etc..., renseignements sommaires, quelquefois inexacts et qui conviennent tout au plus aux assemblées du XVIIᵉ siècle. Un seul, A. Fauché-Prunelle, dans son *Essai sur les anciennes institutions autonomes ou populaires des Alpes Cottiennes-Briançonnaises*, a composé une étude d'ensemble, détaillée et approfondie, d'après des documents originaux; mais le but spécial qu'il se proposait l'a empêché de donner à l'histoire proprement dite des Etats toute l'ampleur désirable et lui a fait adopter une méthode qui laisse un peu de confusion dans l'esprit. Ce n'est pas que d'excellents travailleurs, d'une érudition très sûre, n'aient été attirés maintes fois par l'histoire de cette institution. Ils ont toujours été arrêtés moins par la mise en œuvre des matériaux, par la construction de l'édifice, que par la com-

d'Etats, in-8°, Paris, 1888; A. Coville, *Les Etats de Normandie, leurs origines et leur développement au XIVᵉ siècle*, in-8°, Paris, 1894; J. Girard, *Les Etats du Comté Venaissin depuis leurs origines jusqu'à nos jours* (*Mém. de l'Acad. de Vaucluse*, 1906-1907) et l'*Histoire de Bretagne*, par Arthur Le Moyne de la Borderie, continuée par Barthélemy Pocquet, t. III et IV, in-4°, Rennes, 1906. On trouvera une bibliographie complète dans les ouvrages de Brissaud, Esmein, Viollet, *Hist. des instit. polit. et adm. de la France*, 4 vol. in-8°, Paris, 1890-1903, t. III, p. 236 et suiv., 245 et 246.

un certain nombre de procès-verbaux qui, reliés et expliqués par le récit des événements, donneraient encore une idée suffisante de l'organisation de nos anciens Etats et de l'œuvre accomplie par eux. Sans parler des textes publiés dans les *Ordonnances des rois de France*, dans le *Choix de documents historiques inédits sur le Dauphiné*, de M. le chanoine U. Chevalier, et dans le *Bulletin de l'Académie delphinale* par M. R. Delachenal, des pièces très importantes avaient été classées et analysées par M. A. Prudhomme dans son *Inventaire des Archives départementales de l'Isère* [1]. De minutieuses investigations s'imposaient : il convenait, tout d'abord, de réunir et de collationner, — en attendant de pouvoir les critiquer, — tous les imprimés, spécialement les textes dauphinois, relatifs aux Etats de la province. Il fallait ensuite compulser les diverses séries des Archives de l'Isère [2], les fonds manuscrits de la Bibliothèque de Grenoble [3] et de plusieurs bibliothèques particulières [4]; explorer les ar-

---

[1] Série B, t. II, p. 238 et suiv. Voir aussi aux Arch. de l'Is. le grand Inventaire ms. de la Chambre des Comptes, *Generalia*, t. I-II, et les *Notes sur les Etats du Dauphiné*, *achats 1898* (c'est une ancienne nomenclature de réunions d'Etats qui se trouve également à la Bibl. de Grenoble, R. 7377; cf. R. 7807, fol. 60 v° et suiv.).

[2] Chambre des Comptes, Revisions de feux, Comptes des trésoriers, Comptes de châtellenie, etc... Les Arch. de la Drôme et des Hautes-Alpes contiennent très peu de documents sur les Etats.

[3] Copies de procès-verbaux, mentions et notices anciennes sur les Etats (plusieurs ont été publiées par H. Gariel dans ses *Delphinalia*; la 5e notice, dont H. Gariel n'a pu découvrir l'auteur, reproduit textuellement, p. 24, l. 1, une phrase de Valbonnais, I, 340; elle se trouve aux Arch. nat., K. 687, pièce 1, aux Arch. de l'Is., B. 3265, et à la Bibl. de Grenoble, U. 932 et 5832).

[4] La bibliothèque Chaper, à Eybens, possède des cahiers de doléances présentées en 1548, 1575 et 1579 et divers procès-verbaux du XVe au XVIIe siècles.

chives municipales des villes [1] ; enfin parcourir quelques
séries parmi les manuscrits de la Bibliothèque nationale [2] et aux Archives nationales à Paris [3]. Telle est la
tâche que nous nous sommes imposée. Comme il arrive
souvent, le résultat a dépassé l'attente : il nous a permis
de reconstituer, avec leurs traits essentiels, le fonctionnement et l'histoire d'une institution qui a joué un rôle
considérable dans notre pays aux XIVe et XVe siècles [4].

---

[1] Grenoble, Romans, Vienne, Tain, Guillestre, etc... L'invent.
des Arch. municip. de Grenoble a été publié par M. A. Prudhomme,
ceux de Valence, Die, Romans et Montélimar par A. Lacroix,
celui de Tain par Ch. Bellet, ceux de Gap et de Guillestre par
P. Guillaume.

[2] Procès-verbaux et nombreuses mentions ou pièces accessoires
(ms. fr. et lat., portefeuilles Fontanieu, fonds Gaignières).

[3] Série K. Toutes nos références d'archives, à moins d'indication différente, se rapportent aux Archives départementales de
l'Isère, en particulier à la série B (Fonds de la Chambre des
Comptes).

[4] Nous ne prétendons pas avoir tout expliqué : avant 1367, les
actes détaillés font défaut ; même après cette date, si notre exposé
est parfois un peu obscur, c'est que les données fournies par les
pièces étaient elles-mêmes singulièrement complexes ou insuffisantes. Les documents que nous avons réunis ne présentent pas
tous le même intérêt ; nous ne signalerons que les plus caractéristiques et les plus suggestifs. Malgré l'accumulation des traits
de détail, inévitable en pareille matière, nous avons tâché de
garder un texte d'une lecture courante, en renvoyant dans les
notes, ou à la fin de ce volume et surtout du suivant, les citations,
les observations critiques et les extraits de procès-verbaux avec
les listes de représentants du pays. Nous nous sommes efforcé
d'établir avec un ordre, un enchaînement logiques, des divisions
très nettes, qui se sont trouvées concorder, en général, avec le
gouvernement des divers dauphins de la Maison de France, de
1350 à 1457, de dégager et de mettre en relief les idées maîtresses
et les épisodes essentiels à travers la longue suite chronologique
des événements. On rencontrera cependant des analyses que quelques-uns trouveront, sans doute, un peu trop minutieuses ; nous

On doit renoncer à chercher l'origine des « États généraux du Dauphiné » dans les assemblées de l'époque gallo-romaine ou dans les réunions de comtes et d'évêques du haut moyen âge [1]; les États ne pouvaient exister avant la formation d'une classe moyenne, sans laquelle un vrai régime de liberté est impossible. Cette classe commença à apparaître aux XIIe et XIIIe siècles. Paysans et artisans comprirent d'abord la nécessité de s'unir pour mieux résister aux violences et à l'arbitraire. Le développement et la prospérité croissante du Tiers État eurent comme effet la propagation des chartes de libertés municipales : dans les campagnes comme dans les villes, les bourgeois obtinrent le droit de s'assembler pour élire des consuls, délibérer sur leurs affaires, lever des impôts d'intérêt local; surtout, le dauphin ou le seigneur ne purent plus les taxer sans leur consentement. Ainsi, l'affranchissement des communes fut un premier pas vers l'indépendance populaire; il rendit possibles les *parlements* plus ou moins *généraux*, réunions accidentelles, variables dans leur composition et leur forme et presque exclusivement consultatives ou financières, où il est permis de voir un élargissement de la *cour féodale* sous le dernier dauphin de Viennois.

---

avons été également amené à laisser quelquefois le lecteur en présence des textes originaux : notre sujet nous en faisait une obligation. Enfin, bien que les documents imprimés n'aient pas toujours été reproduits avec tout le soin désirable, nous ne les avons pas réédités, pour alléger d'autant notre ouvrage; des références exactes permettront, si on le désire, de se reporter facilement aux sources. De même, pour la partie biographique du XVe siècle, nous renvoyons d'ordinaire à Emm. Pilot de Thorey, dont les notes du *Catalogue des actes du dauphin Louis II* sont si précieuses.

[1] Cf. Guy Allard, Chorier et en dernier lieu Fauché-Prunelle, II, 341-366.

Conséquence des progrès de la bourgeoisie et de circonstances historiques nouvelles, les Etats furent la réunion des trois Ordres en une seule assemblée, ayant une composition fixe, périodiquement convoquée et jouissant de prérogatives assez étendues, dont la plus importante était le vote du don gratuit. Leur introduction, peu après le « transport » du Dauphiné à la Maison de France, est le résultat, d'une part, des malheurs nationaux et des nécessités politiques et financières que rencontra le dauphin Charles Ier, et, d'autre part, d'un sentiment de solidarité et de patriotisme qui ne se démentit jamais. Leur organisation et leur fonctionnement se précisèrent durant la seconde moitié du xive siècle; mais, dès lors, l'impossibilité de se passer de leur consentement pour l'imposition des tailles, — en assurant bientôt la régularité de leur convocation, — facilita la défense des libertés du pays et permit à ses mandataires de formuler leurs doléances; la levée du subside et le contrôle de son emploi leur donnaient également prise sur l'administration.

Le roi Charles V, vainqueur des Anglais, puis les oncles de Charles VI, très opposés aux franchises provinciales, essayèrent en vain d'asservir successivement les communautés du Domaine, les prélats et les nobles, en semant entre eux, pour les affaiblir, des germes de division; ils ne parvinrent pas à enrayer le développement des institutions représentatives dans l'Etat delphinal qui, à peu près autonome, veillait lui-même à sa propre sécurité contre les invasions continuelles des routiers et les convoitises de ses voisins. En même temps, le vicariat impérial accordé au dauphin avait permis une série d'empiétements sur les privilèges des gens d'église, des barons et surtout des alleutiers, de la part de gouverneurs tels que Charles de Bouville, Enguerrand d'Eudin, Jacques de Montmaur et Geoffroy Le Meingre dit Boucicaut, un vrai chef de Compagnies dont la présence à la tête de la principauté ne peut s'expliquer que par la désorganisation du pouvoir central pendant la folie du roi. Les deux premiers Ordres engagèrent résolument la lutte contre Bouville et Enguerrand d'Eudin. En refusant le subside, ils rendirent nécessaire, à partir de février 1391, la réunion en commun de tous les représentants du Dauphiné.

A cette date, l'institution était définitivement constituée avec un nouvel organe essentiel, le procureur général; elle allait rendre tous les services qu'on en pouvait attendre. Montmaur dut se soumettre et Boucicaut, dit-on, prendre la fuite. Les années 1405 et 1406 marquèrent la phase la plus aiguë de ce conflit et virent le triomphe des Etats, qui n'hésitèrent plus, dès lors, à s'imposer de lourdes charges pour assurer l'acquisition des comtés de Valentinois et Diois. Cette crise fut suivie d'une période de tranquillité et de prospérité relatives qui contrastaient avec l'anarchie et l'épuisement de la France à la même époque. Le dauphin Louis Ier, occupé par ses plaisirs ou absorbé par les intrigues de cour et les dissensions du royaume, ne s'occupa guère de ses sujets que pour leur accorder quelques faveurs. Son frère, Jean III, compte à peine.

Mais voici que le Dauphiné va ressentir encore une fois le contre-coup de la guerre de Cent ans. Après la défaite d'Azincourt, la situation de la France, ensanglantée par la guerre civile et l'invasion étrangère, trahie ou abandonnée par ceux qui devraient pourvoir à

sa défense, semble plus désespérée qu'après le désastre
de Poitiers. Au milieu du désarroi général, les Etats,
restés fidèles à leur prince légitime, continuent leur
œuvre de sécurité locale, d'ordre et de justice. L'indolent dauphin Charles III, le futur roi Charles VII, met
en eux, un instant, son suprême espoir; il fait souvent
appel à leur concours militaire, chaque année à leur
concours financier. De 1417 à 1440, l'institution fonc-
tionne régulièrement : les Etats se préoccupent de mettre
le pays à l'abri des atteintes du « roi des Romains ».
Sigismond; ils s'opposent avec succès à l'aliénation des
Comtés; ils envoient leurs hommes d'armes combattre
partout où on lutte encore contre les Anglais, en particulier à Verneuil et à Orléans; après les victoires de
Jeanne d'Arc, une ambassade porte, avec le don gratuit,
les présents des trois Ordres au roi-dauphin quand il se
fait sacrer à Reims; abandonnés à eux-mêmes, en 1430,
ils aident Raoul de Gaucourt à infliger une humiliante
défaite au prince d'Orange, qui rêvait le partage de leur
territoire avec le duc de Savoie; ils ne cessent pas de
subvenir aux besoins de la Cour et ils contribuent pour
une large part à l'expulsion complète de l'étranger. Si
leur influence politique est médiocre, ils ont du moins
entre leurs mains les finances du pays; ils protègent et
développent sa vie économique, surveillent et font amé-
liorer l'administration et la justice. Dans la France centrale et le Nord, Charles VII. que les Etats provinciaux
ont aidé si généreusement, s'empressera, aussitôt ses
affaires rétablies et la taille pour les gens de guerre
devenue permanente, d'abolir une institution qui lui
semble désormais gênante et inutile. En Dauphiné, un
traité encore un peu récent, non moins que les services

exceptionnels qui lui ont été rendus, l'obligent à plus de prudence.

Une période nouvelle, féconde en transformations de toutes sortes, s'ouvre à l'avènement de Louis II. Pour la première fois, un dauphin de la Maison de France vient gouverner lui-même sa principauté : aussi habile qu'autoritaire, il en simplifie et en centralise l'organisation politique et administrative, sans tenir compte des usages anciens et des droits séculaires; évêques, barons et villes, dotés jadis par les Empereurs ou les dauphins de précieuses immunités, de nombreux diplômes d'affranchissement, tous doivent s'incliner devant sa volonté et son bon plaisir. Les Etats eux-mêmes, qui ne lui ménagent pas leurs remontrances, sentent s'appesantir sur eux une domination irrésistible : les subsides, annuels depuis longtemps, s'élèvent brusquement à des sommes inconnues jusqu'alors; en retour, la soumission des grands alleutiers et les revisions de feux assurent une répartition plus large et plus équitable des impôts, pendant qu'une sage protection des intérêts économiques favorise l'accroissement de la richesse publique. Louis II est, avant le temps, un exemple de ces despotes éclairés qui, sans rien sacrifier de leur pouvoir, — bien au contraire, — se croiront obligés de faire le bonheur de leurs sujets même malgré eux et aux dépens des privilégiés.

Les mécontents, de plus en plus nombreux, en appellent au roi. Charles VII, lassé des allures indépendantes et de l'hostilité à peine déguisée de son fils, se décide à intervenir, puis à remettre le Dauphiné *sous sa main*. Les trois Ordres savent que leur pays est un Etat distinct du royaume et qu'ils n'ont pas d'autre souverain que le dauphin dès qu'il a été mis en possession de sa principauté. Ils réussissent néanmoins à concilier des exigences contradictoires et ne prêtent serment au roi qu'après y avoir été dûment autorisés par les ambassadeurs de Louis II. C'est la fin de l'autonomie politique du Dauphiné.

C'est aussi le commencement de la décadence des Etats : les officiers delphinaux s'ingèrent de plus en plus dans leur organisation financière; on voit apparaître les premières tailles imposées d'office ; les dauphins n'administreront jamais plus eux-mêmes le Dauphiné et ne porteront à l'avenir qu'un vain titre. La guerre de Cent ans qui, juste un siècle auparavant, avait provoqué l'éclosion des Etats, est terminée. De son côté, l'Empire est en train de perdre le caractère de suprématie universelle qu'on lui avait attribué au moyen âge : depuis 1436, il est retombé au pouvoir de la Maison d'Autriche pour n'en plus sortir et il va devenir un Etat fédéral allemand; ses droits sur le royaume d'Arles ne sont plus qu'un souvenir[1]. Le Dauphiné est bien désormais, quoi qu'il prétende, une province de la monarchie française. Il était donc légitime d'arrêter ici la première partie de l'histoire de ses Etats.

L'action de ces assemblées, restreinte, sans doute, par rapport à l'idée que nous nous faisons aujourd'hui d'un corps politique, fut très efficace relativement aux inté-

---

[1] Sur la doctrine de la monarchie universelle propagée par les clercs fidèles à l'idée impériale, par les juristes, ainsi que par les esprits cultivés épris d'un idéal d'ordre et de grandeur, — et sur l'indépendance effective des rois de France, voir P. Fournier, *Bulletin critique*, 5 octobre 1895, p. 577 : « Deux courants contraires circulent à travers le moyen âge : l'un idéal, celui de l'Empire universel ; l'autre positif, celui des monarchies particulières. »

rêts spéciaux et aux privilèges qu'elles avaient mission
de protéger. Avec une infatigable persévérance et un
patriotisme au-dessus de tout éloge, sinon un absolu
désintéressement, les Etats avaient travaillé, durant un
siècle, à une triple tâche : veiller au maintien de l'autonomie du Dauphiné, à l'observation de ses libertés et
franchises, — lui assurer une sage administration, une
exacte justice, de bonnes finances, — poursuivre l'achèvement de sa formation territoriale et pourvoir à sa
défense contre tous ses ennemis, les routiers, le duc de
Savoie, le prince d'Orange et l'Empereur lui-même, en
même temps qu'ils aidaient les rois de France dans leur
lutte contre les Anglais. Le vote du subside leur permettait de proportionner la charge de l'impôt aux facultés des habitants; c'était aussi une précieuse garantie
et une arme puissante entre leurs mains. En cas de danger pressant, ils décidaient, de concert avec le gouverneur, des levées de troupes, fixaient et payaient leur
solde. Ils s'inquiétaient de la police des gens de guerre
et sauvegardèrent habituellement le domaine delphinal.
Ils avaient, d'autre part, une activité économique assez
étendue, s'occupant de travaux publics et d'opérations
commerciales telles que les approvisionnements en sel,
protégeant l'industrie et l'agriculture, appelant l'attention du pouvoir sur la circulation monétaire et le renchérissement de la vie. Organes de l'opinion, comme plus
tard le parlement qui eut la prétention de les remplacer au xviiie siècle, ils ont montré parfois une indépendance de langage et une hauteur de vues qui nous
étonnent. Promoteurs d'idées nouvelles et de plans de
réformes, ils furent un utile contrepoids à l'action des
gouverneurs et même du Conseil delphinal avec lequel

ils collaborèrent le plus souvent. Que d'ordonnances, non
seulement inspirées par eux, mais copiées presque textuellement sur leurs cahiers de doléances ! Ces cahiers
sont le plus éloquent réquisitoire contre les abus de
toutes sortes; ils nous font entendre, après cinq siècles,
la voix de la justice et nous révèlent, dans une société
fondée essentiellement sur le privilège, les premières
aspirations, encore hésitantes et obscures, vers l'égalité
politique et sociale.

A partir de 1457, l'obligation effective des subsides, —
dont le vote était la principale raison d'être des Etats, —
ont accentué la décadence de cette institution. Un peu
partout, en France, la monarchie a confisqué à son profit
les libertés municipales et mis la main sur les Etats
provinciaux; la plupart de ceux qui n'ont pas été supprimés ne jouent qu'un rôle assez amoindri au xviie et
au xviiie siècles. Un système complet d'administration
financière échappant à leur contrôle devait forcément
sortir de l'établissement de la taille permanente et se
substituer peu à peu à l'ancienne organisation établie
par les trois Ordres; cette substitution fut réalisée en
Dauphiné, en 1628, par l'édit qui créa 10 sièges et bureaux d'Elections. En les abolissant, Richelieu et la Cour
isolèrent la royauté et la privèrent du meilleur moyen
de connaître la véritable opinion du peuple; les suites
de cette politique allaient se faire cruellement sentir à
la veille de la Révolution [1].

Par contre, là où ils continuaient à fonctionner, « on
n'était pas moins soumis que dans les autres provinces et
on était moins épuisé ». Les impôts étaient encore dans

---

[1] Cf. A. Molinier, *Grande Encyclopédie*, art. Etats provinciaux.

une certaine mesure consentis et souvent modérés. Les
Etats participaient avec les agents du roi à l'administration et au développement du pays. Par leur droit de
remontrances et leurs ambassades, ils étaient en communication directe avec le gouvernement. Voilà pourquoi le précepteur du duc de Bourgogne et après lui
tous les réformateurs du XVIIIe siècle, s'étant rendu
compte de « l'erreur commise », rêvaient d'étendre à
tout le royaume l'organisation des pays d'Etats; mais,
quand on voulut les rétablir, il était trop tard. Leur
maintien et leur fonctionnement intégral eussent peut-
être assuré à la France l'équilibre et la stabilité politique, sans compromettre l'unité nationale. Utiles auxi-
liaires, intermédiaires indispensables, ils auraient, grâce
à une prudente décentralisation, sauvegardé les autonomies locales tout en maintenant l'accord avec le pouvoir
central. Ils auraient enfin contribué à conserver, par une
sage liberté et une noble émulation, sa vie propre et sa
féconde activité à la petite patrie[1].

[1] Nous devons des remerciements à M. Paul Fournier, membre
de l'Institut, à qui remonte l'initiative de ce travail, et à M. Robert Caillemer, professeur à la Faculté de droit de Grenoble; à
M. A. Prudhomme, archiviste de l'Isère, à MM. R. Delachenal,
Edm. Maignien, conservateur de la Bibliothèque de Grenoble, G.
Vellein, L. Chabrand, L. Royer, sous-bibliothécaire au départe-
ment des manuscrits de la Bibliothèque nationale, et Fleury Vin-
dry, qui ont bien voulu nous aider dans nos recherches. Nous
remercions aussi l'Académie Delphinale d'avoir accueilli notre
travail dans son *Bulletin*.

BIBLIOGRAPHIE

ALLARD (Guy), *Dict. du Dauphiné*, publié par H. Gariel, 2 vol. in-8°, Grenoble, 1864.

Histoire des comtes de Graisivaudan et d'Albon et Description hist. de la ville de Grenoble (dans la *Biblioth. hist. et litt. du Dauphiné*, publiée par H. Gariel, t. I, in-8°, Grenoble, 1864 : Guy Allard, *Œuvres diverses*).

Histoire d'Humbert II, in-12, Grenoble, s. d.

Annuaire statistique de la cour royale de Grenoble, 1839, p. 43 ; 1840, p. 22.

BEAUCOURT (G. du Fresne de), *Hist. de Charles VII*, 6 vol. in-8°, Paris, 1881-1891.

BERGER (E.), *Les communes et le régime municipal en Dauphiné*, in-8°, Grenoble, 1872.

CHEVALIER (le Dr), *Les Etats du Dauphiné et particulièrement ceux tenus dans la ville de Romans en 1788*, br. in-8°, Grenoble, 1869.

CHEVALIER (le chanoine Jules), *Mémoires pour servir à l'histoire des comtés de Valentinois et Diois*, 2 vol. in-8°, Paris, 1897 et 1906.

CHEVALIER (le chan. Ulysse), *Choix de doc. hist. inéd. sur le Dauphiné*, in-8°, Grenoble, 1874 (*Bull. Stat. Is.*, 3e série, t. VI).

Ordonn. des rois de France et autres princes souverains relatives au Dauphiné, in-8°, Colmar, 1871.

CHEVALIER (U.) et GIRAUD (P.-E.), *Le mystère des Trois-Doms*, in-4°, Lyon, 1887.

CHEVALIER (U.) et MAIGNIEN (Edm.), *Compte de Raoul de Louppy, gouverneur du Dauphiné de 1361 à 1869*, in-8°, Valence, 1886 (*Bull. d'hist. eccl. et d'archéol. rel. des dioc. de Valence, Gap, Grenoble et Viviers*, 1886).

CHORIER (N.), *L'Estat politique de la province de Dauphiné*, 3 vol. in-12, Grenoble, 1671, et 1 vol. *Supplément*, 1672.

Hist. gén. de Dauphiné, 2 vol. in-fol., Lyon, 1672, réédit., Valence, 1869.

Hist. de Dauphiné, abrégée pour Mgr le Dauphin, 2 vol. in-16, Grenoble, 1674.

CHORIER (N.), *La Jurisprudence du célèbre conseiller et jurisconsulte Guy Pape dans ses décisions...*, in-4°, Lyon, 1692, et 2ᵉ édit., Grenoble, 1769.

Recherches sur les antiquités de la ville de Vienne, édit. 1828, 1 vol. in-8°.

CORDEY (J.), *Les comtes de Savoie et les rois de France pendant la guerre de Cent ans (1329-1391)*, in-8°, Paris, 1911.

Decisiones Guidonis Papae; vu le grand nombre d'édit. de cet ouvrage, nous renvoyons au n° de la *question*.

DELACHENAL (R.), *Hist. de Charles V*, 2 vol. parus, in-8°, Paris, 1909.

De la formation des Etats provinciaux du Dauphiné par un philanthrope, br. in-8°, Grenoble, 1788.

DENIFLE (le P. H.), *La désolation des églises, monastères et hôpitaux en France pendant la guerre de Cent ans*, 3 vol. in-8°, Paris, 1897 et 1899 (t. I et II).

DUCLOS, *Hist. de Louis XI et Preuves*, 4 vol. in-12, Paris, 1745.

FAUCHÉ-PRUNELLE (A.), *Essai sur les anc. instit. autonomes ou populaires des Alpes Cottiennes-Briançonnaises*, 2 vol. in-8°, Paris et Grenoble, 1856 et 1857.

FAURE (Cl.), *Hist. de la réunion de Vienne à la France (1328-1454)*, in-8°, Grenoble, 1907 (*Bull. Acad. Delph.*, 1905-1906).

FÉLIX FAURE (J.-A.), *Les assemblées de Vizille et de Romans en Dauphiné, durant l'année 1788*, in-8°, Paris, Lyon et Grenoble, 1887.

FOURNIER (P.), *Le royaume d'Arles et de Vienne (1138-1378), étude sur la formation territoriale de la France dans l'Est et le Sud-Est*, in-8°, Paris, 1891. Toutes nos citations se rapportent à cet ouvrage, à moins que le suivant ne soit indiqué.

Le dauphin Humbert II (*Acad. Inscript. et Belles Lettres*, 1912, et *Bull. Acad. Delph.*, 1912, p. 163-184).

GARIEL (H.), *Delphinalia*, br. in-8°, Grenoble, 1852 (tout ce 1ᵉʳ fasc. de la série des *Delphinalia* est consacré aux Etats).

GUICHENON, *Hist. général. de la Maison de Savoie*, 2 vol. in-fol., Lyon, 1660.

GUIFFREY (J.-J.), *Hist. de la réunion du Dauphiné à la France*, in-8°, Paris, 1868.

LAVISSE (E.), *Histoire de France*, t. IV, vol. I (*Les premiers Valois et la Guerre de Cent ans*, par A. Coville), et II (*Charles VII, Louis XI et les premières années de Charles VIII*, par Ch. Petit-Dutaillis).

LEGEAY (Urbain), *Hist. de Louis XI*, 2 vol. in-8°, Paris, 1874.

LEGRAND (l'abbé), *Vie et hist. de Louis XI*, 2 vol. in-fol., ms. Bibl. nat. avec 31 vol. de pièces (ms. fr. 6960-6990).

Les droits nationaux et les privilèges du Dauphiné mis en parallèle avec les nouveaux actes transcrits militairement sur les registres des cours souveraines du royaume, le mois de mai dernier, br. in-8°, s. l. n. d. (1788).

Lettre de M. le premier président de la Chambre des Comptes de Dauphiné au roi, br. in-8°, 9 juillet 1788.

[MOUNIER], *Observations sur les principes de la constitution des Etats du Dauphiné*, in-8°, Grenoble, 1788.

Ordonnances des rois de France de la 3ᵉ race, t. V-XIX.

PILOT DE THOREY (Emm.), *Catalogue des actes du dauphin Louis II, devenu le roi de France Louis XI, relatifs à l'administration du Dauphiné*, 2 vol. in-8°, Grenoble, 1899, et 3ᵃ vol. publié par G. Vellein, 1911 (*Soc. Stat. Is.*).

Plaidoyez de M. Claude Expilly..., in-8°, Paris, 1608.

Procès-verbal de l'assemblée générale des trois Ordres de Dauphiné, tenue à Romans, in-4°, Grenoble, 1788.

PRUDHOMME (A.), *Hist. de Grenoble*, in-8°, Grenoble, 1888. Toutes nos citations se rapportent à cet ouvrage, à moins que le suivant ne soit indiqué.

    Les Juifs en Dauphiné, in-8°, Grenoble, 1881 (*Bull. Acad. Delph.*, 1881).

Revue du Dauphiné et du Vivarais, t. IV, p. 88.

SALVAING DE BOISSIEU (Denis DE), *De l'usage des fiefs et autres droits seigneuriaux*, etc..., 1ʳᵉ édit., Grenoble, 1664, et dernière édit., Grenoble, A. Faure, 1731.

Statuta Delphinalia, hoc est libertates, etc..., édit. 1619, Grenoble, in-4°. Toutes nos références sont de la 1ʳᵉ pagination, à moins que la seconde ne soit indiquée.

THOMAS (A.), *Les Etats provinciaux de la France centrale sous Charles VII*, 2 vol. in-8°, Paris, 1879.

VAESEN et CHARAVAY, *Lettres de Louis XI*, t. I, in-8°, 1883.

VAISSETTE (Dom), *Hist. gén. de Languedoc*, nouv. édit., 15 vol. in-4°, Toulouse, 1872-1892.

[VALBONNAIS], *Hist. de Dauphiné*, 2 vol. in-fol., Genève, 1722.

VALOIS (N.), *La France et le Grand Schisme d'Occident*, 4 vol. in-8°, Paris, 1896-1902.

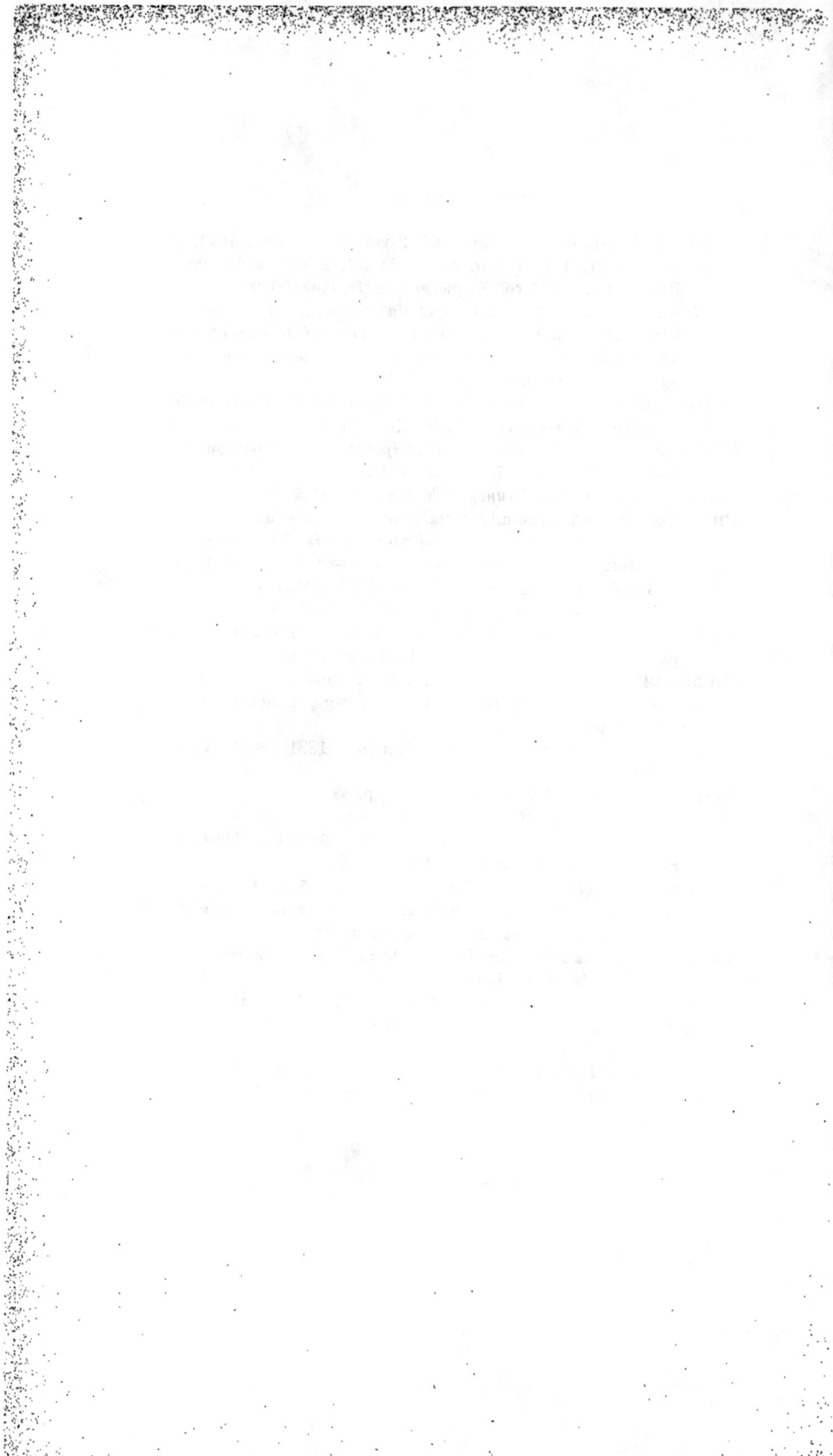

PREMIÈRE PARTIE

HISTOIRE DES ÉTATS DU DAUPHINÉ
AUX XIVe ET XVe SIÈCLES

PREMIÈRE PÉRIODE

Origines, développement et rôle
des États du Dauphiné
au XIVe siècle.

CHAPITRE I

Y EUT-IL DES ÉTATS SOUS GUIGUE VIII ET HUMBERT II ?

Jugements portés sur les États du Dauphiné au XVIIe et au XVIIIe
siècles. — L'opinion et les États à la veille de la Révolution :
affirmations sur leurs lointaines origines et leur rôle ; débats
sur leur organisation. — Le Conseil des dauphins ; confusions
auxquelles il a donné lieu. — Les chartes de libertés et le régime municipal en Dauphiné ; avènement de la bourgeoisie. —
Humbert II, son faste et ses ambitions ; ses besoins financiers ;
nécessité du consentement des sujets delphinaux ou autres
pour pouvoir lever sur eux des tailles, en dehors des cas prévus
par les chartes ou le droit féodal. — Convocation de nobles,
prieurs et syndics, contremandée en 1338 ; convocation de
nobles et de notables en 1339 ; les parlements généraux. —
Scrupules des dauphins au sujet des impositions arbitraires ;
Humbert demande 5 sols par feu pour frapper de la bonne
monnaie et abolit formellement toute taille extraordinaire, en
1341. — Subsides levés pour cas impérial ou sollicités sous
divers prétextes. — Premiers traités de cession du Dauphiné

1

à la Maison de France, en 1343-1344 ; le Tiers Etat n'a pas à
intervenir. — Humbert II, capitaine général de la croisade,
demande une contribution au clergé et aux nobles ; il autorise
les gens des communautés et les nobles à se réunir pour désigner des mandataires chargés de venir débattre avec lui l'achat
de toutes sortes de libertés. — Assemblée de prélats, barons et
nobles, en 1346, pour répondre à l'empereur Charles IV de
Bohême. — Assemblées de nobles et de bourgeois, en 1348,
pour la réforme des abus ; le Statut delphinal. — Transport
du Dauphiné au fils aîné du duc de Normandie, en 1349 ;
confirmation des franchises de la principauté et, en particulier,
des privilèges de la noblesse ; le clergé et les nobles appelés
seuls à reconnaître ce changement politique. — Réunions de
prélats, de barons et de membres du Conseil, à Vienne et à
Romans, en 1350. — Conclusion : il y eut des réunions accidentelles et variables de deux ou trois Ordres sous Humbert II,
mais pas de véritable institution d'Etats : causes qui en préparaient l'établissement sous les dauphins de la Maison de France.

Lorsque, en 1628, à la suite de la querelle séculaire
entre privilégiés et non privilégiés au sujet des tailles [1],
les *Etats généraux* du Dauphiné [2] eurent été « suspen-

---

[1] Le Procès des tailles domine toute l'histoire des Etats du
Dauphiné depuis le milieu du règne de François Ier. Voir *Catalogue des livres et ms. du fonds dauphinois de la Bibl. de Grenoble*,
t. II, 2e part., p. 50-66, et, en particulier, l'étude de A. Lacroix,
Claude Brosse et les tailles (*Bull. Archéol. Drôme,* 1897-1899),
plutôt que celle de Ch. Laurens, *Le Procès des tailles, 1537-1639*,
in-8°, Grenoble, 1867.

[2] Outre le Domaine du dauphin et les fiefs relevant de lui directement ou indirectement, les régions qui formèrent plus tard la
province de Dauphiné comprenaient, au moyen âge, un certain
nombre de villes, de seigneuries ecclésiastiques ou laïques, longtemps allodiales, et de principautés indépendantes comme les
comtés de Valentinois et de Diois ; leurs représentants ont plus
ou moins figuré, dès le début, aux assemblées du pays. Les réunions d'Etats prirent quelquefois le nom de *diète* (*dicta,* janv.
1392), de *plaids* (*placita,* mars 1393) ou de *journées* (en 1405
et 1433).

dus », les agents du roi et les défenseurs de l'absolutisme en esquissèrent l'histoire à leur manière, s'efforçant de les déprécier et d'en diminuer l'importance, pour en effacer le souvenir. Au plus fort de la lutte, Expilly [1] avait déjà osé écrire : « Les Estats s'assemblant tous les ans, nous avons veu quelquefois qu'il en réussissoit peu de fruit pour le public; rien que cahiers, parcelles et voyages; cahiers toujours très bien respondus par S. M., mais les responses pour la plupart non suivies; parcelles enflées de vacations; voyages plus longs que nécessaire. De sorte que... l'assemblée des Estats, qui fut autrefois accordée à la province comme un privilège fort spécieux, se tourne aujourd'hui en son dommage... Devant 60 ou 80 ans et delà, si les Estats s'assembloient, c'estoit pour respondre aux demandes du roy dauphin, dresser leurs doléances s'ils en avoient à faire et tout cela s'expédioit en 3 jours... et puis chacun se retiroit. *Ce fut l'an 1393 que les trois Estats s'assemblèrent premièrement en Dauphiné,* comme on peut veoir aux registres de la Chambre des Comptes. *Du temps des dauphins. et lors du transport du païs au roi de France pour son fils aîné, il ne s'en parloit point encore* [2]. »

Au XVIIe siècle, Guy Allard, après en avoir reporté les origines jusqu'aux assemblées gauloises et affirmé leur intervention active dès l'époque de Guigue VIII, mé-

---

[1] 1561-1636 ; il se distingua dans la jurisprudence, la politique et les lettres ; les privilégiés le chargèrent de plaider leur cause contre Ant. Rambaud, Cl. Brosse, Lagrange et Vincent, champions du Tiers Etat.

[2] *Plaidoyé*, 35.

conuaît ensuite leurs véritables débuts [1] et les considère,
à l'époque de leur suspension, comme parfaitement inutiles. Chorier, avec son inexactitude habituelle, n'hésite
pas non plus à se contredire à leur sujet. Dans son *Histoire générale de Dauphiné*, il les fait remonter au
règne de Louis le Débonnaire [2]; ce qui ne l'empêche pas
d'écrire, dans l'*Estat politique de la province de Dauphiné* : « *Nous ne savons pas précisément en quel temps
ont commencé les assemblées générales des Etats de cette
province; mais il est encore plus difficile de juger si cet
usage est avantageux ou non. Il est vrai qu'avant que ce
pays fût donné à la maison de France, il n'y était pas
connu. Ce fut une nouveauté que cette domination y fit
entrer avec elle et une image des Etats généraux du
royaume... Les esprits raisonnables ne s'affligent point
avec excès de la perte de ce qu'ils n'ont pas toujours
eu... Sous ce règne si glorieux et si heureux, la pro-
fonde sagesse du roi n'a pas besoin que les pensées des
peuples viennent à l'aide des siennes...* »; et il ne craint
pas d'ajouter que la surséance de 1628 a excité peu de
regrets [3].

Vers le milieu du XVIIIᵉ siècle, l'intendant Fontanieu
juge que cette institution fut un expédient employé par
la royauté pour obliger les trois Ordres, exemptés de
tout impôt par Humbert II, à consentir des subsides de

---

[1] Voir ci-après et *Dict.*, I, 431. II. Gariel, *Delphinalia*, 13-14, et
Bibl. hist., t. I, *passim*.

[2] T. I, p. 512. Voir aussi, p. 85, l'assemblée des Allobroges au
moment du passage d'Annibal. Les réunions de *comtes* et d'*évé-
ques*, tenues sous les Carolingiens et les rois de Provence-Bour-
gogne, ne sauraient être considérées comme des assemblées
d'Etats.

[3] *Supplément* (t. IV), p. 6 et suiv. Voir aussi I, 31.

plus en plus fréquents et élevés, finalement obligatoires;
à son avis, les Etats n'ont plus de raison d'être depuis
longtemps et ils ne se réveilleront jamais de leur som-
meil [1].

Il eût été bien surpris s'il eût vécu quelques années
encore. En effet, après les tentatives et les projets de
réformes de Turgot, les habitants du Dauphiné, invités
une première fois en 1779, sous le ministère de Necker,
et de nouveau en 1787, à faire l'essai d'une *assemblée
provinciale*, réclamèrent le rétablissement de leurs anciens *Etats* [2]. On se mit alors à scruter les annales de la

---

[1] H. Gariel, *Delphinalia*, p. 32.

[2] Sans doute « leur organisation présentait un ensemble de
privilèges et d'inégalités qui ne pouvaient plus subsister. La
constitution des assemblées provinciales, plus logique, mieux ordonnée, plus véritablement représentative, avait une supériorité
sensible sur ces vénérables débris du passé » ; très libérale, con-
çue et organisée dans un large esprit d'équité, elle comportait
déjà la *double représentation du Tiers Etat*, la *réunion des trois
Ordres* et le *vote par tête*, qui auraient rendu possibles les réformes politiques et sociales dont chacun sentait la nécessité ;
mais les Etats étaient demeurés populaires « comme toute institution ancienne dont on a oublié les défauts et qui flatte l'amour-
propre local ». Cf. Lavergne, *Les assemblées provinciales sous
Louis XVI*, 1879. Esmein, *Cours élém. d'hist. du droit français*,
11ᵉ éd., 675-677. Arch. de l'Is., Fonds des Etats, carton I, *Délibération du corps municipal de Saint-Marcellin* : Les échevins et
notables, instruits que le roi se préoccupe de procurer à la province la meilleure perception des impôts, s'associent « *au vœu
général, qui s'annonce de toutes parts* », et *réclament le rétablissement des Etats*, « *dont on regrette encore la suspension* ». En
Dauphiné, comme ailleurs, le parlement fut le centre de l'opposition : dès le 28 août 1778, il suppliait le roi de *convoquer les
Etats et de rétablir ainsi l'ancienne forme d'administration,
aussi avantageuse au service du prince que chère à ses sujets*.
L'ordonnance royale du 27 avril 1779 rencontra une telle résistance qu'on dut en différer l'application. Nouvelle tentative et

province et on exhuma hâtivement de la poussière des
archives des documents oubliés depuis des siècles. Les
procès-verbaux authentiques des réunions avaient pour
la plupart disparu ou étaient difficilement accessibles [1];
on n'hésita pas à y suppléer par des raisonnements spécieux, en s'appuyant sur la tradition, toujours suspecte
en pareil cas. De nombreux imprimés, véritable « émeute
pacifique des brochures » précédant la Journée des
Tuiles, parurent presque simultanément sur l'origine,
l'organisation et le rôle de cette vieille institution.

nouveaux arrêts encore plus pressants et plus énergiques. en juin
1787, à la suite desquels le président Barral de Montferrat se
rendit à Versailles pour renouveler la même demande ; quand
l'édit de juillet 1787 eut paru, le parlement de Grenoble, en l'en-
registrant, le 13 août, déclara qu'il persistait à demander la convocation des Etats ; la Chambre des Comptes fit de même, le
20 septembre. Au fond, le parlement se souciait peu de voir re-
naître une institution, qu'il prétendait remplacer depuis 1628,
« ayant seul la prérogative de porter au pied du trône les suppli-
cations du peuple, l'expression de ses besoins et la réclamation de
ses privilèges » ; il craignait surtout de se voir enlever une partie
de ses attributions politiques et administratives ; aussi préférait-il
l'ancienne composition des Etats, où la plupart de ses membres
entraient de droit par leurs terres. L'assemblée provinciale se
réunit le 1er octobre ; mais l'opposition du parlement, où il y
avait beaucoup de dépit et d'intérêt personnel, gagna le peuple
alarmé par la crainte de nouvelles charges fiscales et trompé sur
les véritables intérêts du pays ; elle réussit à faire échouer ce
projet de représentation locale et de décentralisation. Cf. A.
Prudhomme, 586. E. Berger, *Le parlement de Dauphiné.* in-8°,
Grenoble, 1869, p. 95. Yves Golléty, *Tentative d'organisation provinciale en Dauphiné (1779-1787),* in-8°, Voiron, 1885, et surtout
J.-A.-Félix Faure, 1-52.

[1] Le plus grand nombre de ceux qui s'occupèrent de cette question n'avaient ni la formation spéciale indispensable, ni le temps
de faire de longues recherches à la Chambre des Comptes de Grenoble et à Paris.

Il suffit de parcourir au hasard quelques-uns de ces opuscules pour voir jusqu'où le patriotisme local et les tendances nouvelles poussèrent leurs auteurs, trop portés à réagir contre les idées des deux siècles précédents. « *On sait*, dit Farconet, *que le Dauphiné a, par sa constitution, le droit de s'assembler en Trois-Ordres ou corps d'Etats. La possession de ces assemblées se perd dans la nuit des temps; elle a été garantie à cette province par les titres mêmes qui nous assurent nos libertés et nos franchises* [1]. » Dans ses *Observations sur les principes de la constitution des Etats du Dauphiné*, Mounier affirme que *le transport de la principauté delphinale à la maison de France* « *ne s'est effectué que du consentement des différents Ordres* », *qui se réunissaient régulièrement sous les anciens dauphins* [2]. Les mêmes prétentions se trouvaient déjà dans les délibérations prises par le parlement, le 12 juin 1787, et par la Chambre des Comptes, le 18 juin, pour demander la convocation des Etats [3]. Enfin, après les Edits de mai 1788 instituant une *cour plénière*, l'exil des magistrats et l'insurrection qui

---

[1] *Op. cit.*, p. 6.

[2] P. 9-10. Voir aussi *Les droits nationaux et les privilèges du Dauphiné*, 16-20.

[3] Fonds des Etats, carton II : La Chambre des Comptes de Grenoble, « considérant que... S. M. a regardé comme dignes de son attention les ménagements que peuvent exiger des usages auxquels il est possible que les peuples attachent leur bonheur... ; qu'un des privilèges essentiels de cette province est d'être régie par ses lois, us et coutumes; qu'une de ces principales coutumes était d'assembler les trois Ordres, tant pour les intérêts du dauphin que pour ceux du pays; *que ces privilèges ont été conférés par la charte d'Humbert II du 14 mars 1349*... » Cf. *Lettre de M. le Premier Président de la Chambre des Comptes de Dauphiné au Roi*, 9 juillet 1788, p. 15.

en fut la suite, un vœu analogue, basé sur des affirmations identiques, fut encore formulé par l'assemblée de
notables des trois Ordres tenue le 14 juin à l'hôtel de
ville de Grenoble, et par celle qui se réunit spontané-
ment à Vizille le 21 juillet [1].

La question de l'origine et de la forme de cette institution fut même portée officiellement devant les Etats,
que la Cour s'était enfin décidée à convoquer elle-même
à Romans. Le comte de Bérenger, seigneur de la baronnie
de Sassenage, et le vicomte de Pons, seigneur de la baronnie de Clermont, prétendaient être *membres-nés* des
Etats et y avoir droit de préséance sur les autres gentilshommes, comme successeurs des *quatre barons anciens du Dauphiné*. L'avocat Farconet leur répondit par
les *Observations* déjà citées : l'assemblée de Vizille avait
admis que « toutes les places de députés seraient électives [2] » ; les Etats rejetèrent la réclamation du comte de
Bérenger et du vicomte de Clermont [3], en même temps
que celle du Chapitre de Notre-Dame relativement à la
*présidence, toujours réservée depuis le XVe siècle à l'évê-
que de Grenoble ou, en son absence, à l'abbé de Saint-
Antoine*. Un *Mémoire* rappela en vain cet usage trans-

[1] Félix Faure, 119, 125, 170, 187. Cf. *De la formation des
Etats du Dauphiné par un philanthrope* [Servan], br. in-8° de
26 p., 1788, p. 1 : « Le vœu commun des trois Ordres du Dauphiné est d'obtenir les Etats *qui tiennent à la constitution de
cette province et qui existaient antérieurement au transport
effectué en 1349*. C'est un des chefs de la délibération prise à
Vizille, le 21 juillet dernier. »

[2] Cf. Félix Faure, 177 (Etats de Vizille), 251 (Etats de Romans).

[3] En l'absence de ses pairs, M. de Maubec protesta pour la
forme à l'assemblée de Romans. Félix Faure, 220-221 et 225.
Procès-verbal des Etats..., p. 181.

formé peu à peu en droit[1]. Nous y relèverons encore le passage suivant : « La possession des abbés de Saint-Antoine, à l'égard de la présidence aux Etats du Dauphiné, est très ancienne; *et hoc fuit observatum ab antiquo,* dit François Marc dans ses *Décisions du parlement de Grenoble*[2]. Elle est constatée par le témoignage de cet auteur et par celui de l'historien de l'Ordre, Aimar Falco, *qui en fixe l'époque en l'an 1303*[3]. »

Voyons maintenant, d'après une étude minutieuse des plus anciens textes relatifs aux Etats du Dauphiné, l'opinion qu'on peut se faire sur leurs origines.

De même que les rois de Provence et de Bourgogne s'étaient entourés d'une cour d'évêques et de comtes, les dauphins se firent assister dans leurs actes importants, d'abord par les membres de leur famille ou le personnel de leur maison[4], puis par des ecclésiastiques et des seigneurs, quelquefois même des bourgeois notables[5], qui formaient tout à la fois leur tribunal et

[1] B. 3265 et *Mémoire où l'on établit le droit des abbés généraux de Saint-Antoine de présider aux Etats de la province, en l'absence de M. l'évêque de Grenoble,* in-4°, s. l. n. d., p. 20.

[2] Fr. Marc, *Novæ decisiones supremæ curiæ Parlamenti Delphinalis,* 1re partie, Lyon, 1531, fol. 49. *Queritur de modo antecedendi et concludendi in officio presidentis Trium Statuum patrie Delphinatus.*

[3] *Antonianae historiae compendium...* Lugduni, 1534, in-fol., au chapitre *De Aymone primo abbate monasterii Sancti Antonii rebusque sub eodem gestis,* fol. 79 v° : « Nec pretereundum est, ab eo tempore, propter summam hujusce monasterii prestantiam... »

[4] Dès le début du XIIIe siècle apparaissent quelques fonctionnaires de Cour, comme le *chambrier* et le *maréchal.*

[5] Comme les *Calnesii* (famille Chaulnais de Grenoble, qui a donné son nom à la rue Chenoise), sous André Dauphin.

leur Conseil. Ainsi s'établit une sorte de corps consul-
tatif, administratif et judiciaire, dans lequel on trouve,
au XIVe siècle, des gradués en droit de plus en plus nombreux [1]. Ce Conseil joua un rôle important, à diverses
reprises, en l'absence des dauphins ou pendant les ré-
gences qui se produisirent sous Guigue VIII et Humbert II. Certains ont pris ses réunions pour des assemblées d'Etats, qui auraient été ainsi convoquées avant
1349 [2].

Le dauphin, dit Guy Allard, ayant à soutenir une
grande guerre contre le duc de Bourgogne, le comte de
Savoie et le prince d'Orange, demanda aux Etats de lui
fournir 5.300 florins. « Ils ne purent le faire aussy tost
que la nécessité le requéroit, tellement que, l'an 1325,
ils empruntèrent cette somme d'un juif d'Avignon, pour
le remboursement de laquelle se rendirent cautions : le
dauphin Guigues, Henri Dauphin seigneur de Montau-

---

[1] Il suivait le prince dans ses déplacements, et sa composition
était très variable. En 1336, Humbert II organisa son *Grand
Conseil* et lui assigna comme résidence l'hôtel de la dauphine ;
l'année suivante, il lui substitua le *Conseil delphinal*, composé de
7 membres, dont 4 docteurs ès lois, et fixé à Saint-Marcellin,
près de Beauvoir ; enfin, en 1340, il le transféra à Grenoble et
porta à 5 le nombre des docteurs. Valb., I, 43, 309, 319 ; II, 328,
401, 408 et suiv. ; *Statuta*, fol. 55 v° ; A. Prudhomme, 179-188.
Ses attributions étaient à la fois judiciaires, politiques, administratives et financières.

[2] *Delphinalia*, 9 (ms. de Murinais), 14 (ms. de Guy Allard), et
la plupart des publications de 1788-1789. Ayant eu des éléments
communs et souvent confondus à l'origine par les historiens,
le Conseil et les Etats conserveront toujours des points de con-
tact : c'est au consistoire delphinal que se tiendra la séance solennelle d'ouverture, à laquelle assisteront le gouverneur et les
gens du Conseil. Ceux-ci délibéreront même avec les trois Ordres,
lorsque des questions graves, d'ordre politique, seront en jeu.

ban, Jean comte de Forets, Graton seigneur de Clé-
rieu, etc... [1] » Les événements, dont il est question ici,
nous sont parfaitement connus : Guigue VIII, obligé de
défendre, contre Edouard de Savoie, le comte de Genève
son vassal, battit les troupes savoyardes dans la plaine
de Varey et fit de nombreux prisonniers, parmi lesquels
Robert, frère du duc de Bourgogne, qu'il ne relâcha
qu'en 1328 sur l'intervention de Philippe de Valois; la
trève imposée par Jean XXII et prolongée grâce au roi
de France, qui allait avoir besoin de tous ses alliés
contre les Flamands d'abord, puis contre les Anglais,
« permit aux Savoyards et aux Dauphinois de prendre
part à la campagne de Cassel dans les rangs de l'armée
royale [2] ». Le dauphin avait alors 16 ans; sa majorité
ayant été fixée par Jean II à 18 ans, il était sous la tutelle de son oncle Henri, baron de Montauban, *et des
principaux seigneurs dauphinois que la sollicitude pa-
ternelle*, dit Valbonnais, *avait préposés à l'administration du pays*. Il y a bien là, si l'on veut, une sorte de
conseil de régence, mais rien qui permette d'y voir le
fonctionnement des Etats.

Après la mort prématurée de Guigue VIII, frappé d'un
coup d'arbalète au siège de la Perrière, en 1333, nous
retrouvons ces mêmes seigneurs formant avec la dauphine Béatrix [3] un nouveau conseil de régence, en attendant qu'Humbert II fût revenu de la cour de Naples, et
il faut interpréter de la même façon cet autre passage

---

[1] *Hist. des comtes de Graisivaudan et d'Albon* (*Bibl. hist.*, I,
419). Cf. Chorier, II, 230.
[2] J. Cordey, p. 14. Cf. Valb., I, 288 ; Guichenon, I, 377.
[3] Femme du sire de Chalon-Arlay, tante de Guigue VIII.

de Guy Allard[1] : Le dauphin et sa suite « arrivèrent heureusement à Marseille et de là à Grenoble, où les Etats, qui commandaient en son absence, avaient donné ordre que sa réception fût des plus magnifiques[2] ».

Si l'institution des Etats consiste essentiellement dans la réunion générale des représentants des trois Ordres[3], on ne saurait donner ce nom à des groupements où ne paraissent que quelques membres des deux premiers. Pour qu'une classe nouvelle fût appelée à jouer un rôle, à côté du clergé et de la noblesse, dans le gouvernement et l'administration du Dauphiné et à prendre place dans des assemblées du pays, il fallait d'abord qu'elle existât en tant que corps distinct des deux autres et qu'elle fût

---

[1] *Hist. d'Humbert II*, p. 35. Cf. Fauché-Prunelle, II, 364 ; Valb., I, 301.

[2] Nous croyons inutile de multiplier ces exemples. Les Etats du Dauphiné ont pris quelquefois le nom de *diète*. Le mot *dicta* se trouve aussi dans plusieurs documents du temps d'Humbert II, mais avec le sens de *journées*, de *conférences* en vue de la paix ; de là l'erreur commise par ceux qui, en 1788, voulaient trouver à tout prix des réunions d'Etats antérieures au transport (voir *Lettre de M. le Premier Président*, déjà citée, p. 15). Cf. B. 3865, fol. 174 : « De *dicta* tenta in portu Quiriaci inter gentes d. n. dalphini et gentes d. comitis Sabaudie » ; fol. 179 : « *Dicta* tenta in grangia Sancti Roberti. » Valb., II, 400 (*Ordinatio qua varia officiorum genera in domo dalphinali ordine disponuntur*) : « ... Item de *dictis tenendis* pro quibuscumque negociis, similiter papirium faciant. » J. Cordey, 29-35 : « Les évêques de Maurienne et de Grenoble, conservateurs de la paix, réunirent des *diètes* pour examiner les textes et interroger sur les lieux les personnes compétentes. » Ces *journées* ou *parlements* aboutirent à divers traités avec la Savoie ; on en trouve en 1343-1344, 1347-1348 et 1352-1355.

[3] Sans parler d'autres éléments (régularité dans la tenue, composition fixe, attributions définies), dont il sera question plus loin.

assez forte pour s'imposer, ou bien que l'on fût obligé de
lui demander son assentiment pour lever de nouveaux
impôts. L'existence du Tiers Etat dérive de l'affranchissement des communes et de l'organisation du pouvoir
municipal; sa force, des exemptions et des immunités
locales garanties par les chartes de libertés.

Quoi qu'il en soit du nombre de villes de nos régions
qui aient joui à l'époque gallo-romaine du régime municipal, il est certain que l'action oppressive du fisc et
d'une centralisation écrasante en avaient causé la ruine
presque partout, avant même l'anarchie qui suivit les
invasions barbares. Après le haut moyen âge, quand les
documents se font moins rares, nous sommes en pleine
féodalité : le lien personnel s'est substitué au lien politique et la possession de la terre est la source de presque
tous les droits. Evêques, comtes et barons se sont partagé les dépouilles des rois de Bourgogne. Les vieilles
cités romaines sont devenues, les unes, comme Vienne,
Valence et Die, des seigneuries épiscopales ; dans d'autres, comme Grenoble, Gap et Embrun, l'évêque ou l'archevêque et le comte se disputent le pouvoir. En même
temps, de nouvelles agglomérations ont surgi de tous
côtés dans les campagnes, les prieurés et les *domaines*
des seigneurs étant devenus de véritables centres d'ex-
ploitation agricole et de peuplement. Mais ce ne sont
encore que de petits bourgs féodaux et leurs habitants,
des serfs qui cultivent les terres environnantes. De droits
civils ou politiques, ils n'en ont point : le seigneur ecclésiastique ou laïque et ses officiers leur commandent, les
exploitent et les jugent. La classe des hommes libres a
presque complètement disparu [1].

---

[1] C'est la thèse fondamentale de M. Guilhermoz, *Essai sur*

Pour retrouver les titres de leur liberté, nos anciennes villes gallo-romaines n'avaient qu'à se souvenir. Cette tradition fut, du reste, avivée, dès le XI° siècle, par le spectacle de la renaissance municipale dans l'Italie du Nord, et ensuite par l'exemple plus proche des cités de la vallée du Rhône. Dans les bourgs féodaux, la puissance de l'*association* devait produire à elle seule le même résultat. En effet, à mesure que l'industrie rudimentaire et le commerce local se développaient, des groupements se constituèrent. Il y avait déjà là comme un premier germe de la future *communauté*. « Ce lien corporatif s'ajoutant à la solidarité des intérêts entre les hommes d'un même seigneur, fidèles d'une même église, souffrant des mêmes misères, préparait un droit municipal coutumier. » Plus tard, on sentit la nécessité d'une réglementation écrite qui, fixant avec précision les droits et devoirs du seigneur et de ses hommes, ne laissât aucune prise à l'arbitraire [1]. Les *chartes* furent la reconnaissance et l'extension, presque toujours moyennant finance, des franchises locales, plus encore que leur concession immédiate [2]. D'autre part, si le régime communal s'est établi ou maintenu quelquefois chez nous par la violence et l'émeute [3], il a été fixé le plus

l'origine de la noblesse en France au moyen âge, in-8°, Paris, 1902. Cf. E. Berger, p. 59 et suiv. En Dauphiné, une classe de « franchi » a subsisté pendant tout le moyen âge.

[1] A. Prudhomme. *La charte communale de Veynes*, in-8°, Paris, 1886. Introd.

[2] Voir à ce sujet Cl. Faure, *Les Franchises de Buis-les-Baronnies*, *Bull. Acad. Delph.*. 1909, p. 84 et suiv.

[3] Surtout dans les domaines ecclésiastiques, comme à Romans (E. Berger, 128-130. *Bull. Soc. Archéol. Drôme*. 1873, 145-167; P.-E. Giraud, *Essai hist. et Cartul.*), à Valence (E. Berger, 79-83;

souvent par un contrat volontaire. Les dauphins et les
comtes de Savoie, en particulier, étaient assez puissants
pour que ces *libertés* ne leur portassent point ombrage.
Ils étaient, du reste, eux-mêmes intéressés à la prospérité de populations dont la richesse augmentait leurs
revenus.

Les premières chartes ne tendirent d'abord qu'à soustraire les serfs à l'odieuse condition des gens de main-
morte en leur octroyant la faculté de disposer de leurs
biens et du produit de leur travail, en abolissant les
tailles arbitraires et les contributions forcées; *sauf la
réserve des cas dits impériaux*[1], le seigneur ou le dauphin ne pouvaient plus les exploiter à merci. Tels sont
les droits consacrés, dès la fin du XIIᵉ siècle, dans les
chartes de Moirans (1164[2]), de Crest (1189[3]), de Montélimar (1198[4]), puis, au début du XIIIᵉ siècle, dans les
trois chartes accordées par André Dauphin à Saint-

Jules Ollivier, *Essai hist.*), à Die (E. Berger, 83-85 ; U. Chevalier,
Cartul.; J. Chevalier, *Essai hist.*), à Gap (E. Berger, 94-96, et les
Hist. de J. Roman, de Gautier, etc.), à Embrun (E. Berger, 89-
93 ; J. Roman, *Bull. hist. philol. com. trav.*, 1888, 45-64) ; la violence n'aboutit d'ordinaire qu'à une dure répression et à la perte
momentanée des libertés municipales (abolition du consulat d'Embrun après la révolte des bourgeois, en 1253).

[1] Cf. Valb., I, 70, 83, etc. Sur les cas impériaux, voir Salvaing
de Boissieu, *De l'usage des fiefs*, in-8°, Grenoble, 1664, p. 510.
Guy Pape, *Quest.* 57. En Dauphiné, on en comptait ordinairement
six : chevalerie, rançon, mariage de la fille, achat de seigneurie,
croisade, voyage à la Cour. Les cas impériaux, dit Valb. (I, 70),
n'avaient rien de servile ; ils se levaient « sur tous les vassaux, de
quelque condition qu'ils fussent ».

[2] Valb., I, 16.

[3] J. Chevalier, I, 192. Charte lapidaire.

[4] U. Chevalier, *Cartul. municipal de Montélimar*, in-8°, 1871.

Vallier (1204 [1]), Embrun (1210), Grenoble (1226) et dans celle qui fut octroyée en 1244 par Aymar de Poitiers, comte de Valentinois, aux habitants d'Etoile [2]. L'institution du consulat apparaît pour la première fois dans la charte de Lachau (1209 [3]); on en constate aussi l'existence, vers la même époque, à Vienne [4], Valence, Die, Gap et Embrun. Grenoble obtient, en 1242 et 1244, de former une association jurée, d'avoir quatre *rectores*, futurs consuls, de s'imposer et de faire la police de la ville; en 1279, on fixe le *commun* du vin qui alimente la caisse municipale et, en 1286, les bourgeois accordent librement au dauphin un subside pour l'aider à soutenir la guerre contre la Savoie [5].

Dans les chartes de la seconde moitié du XIIIe siècle, on ne rencontre encore, bien souvent, qu'une simple réglementation des redevances féodales et de la justice, avec des privilèges commerciaux plus ou moins étendus [6]. Mais, en dépit de la résistance de certains seigneurs [7] et de la « lutte engagée entre le pouvoir tem-

---

[1] *Petite Revue des Bibliophiles dauphinois*, I, 56. Charte en langue vulgaire; *observ.* de P. Meyer.

[2] Ils la firent graver sur une table de marbre et placer au-dessus de la porte de leur église, où on la voit encore aujourd'hui. J. Chevalier, I, 222-223, n. 1.

[3] Valb., I, 19.

[4] Sous Jean de Bernin (1218-1266) ; Cl. Faure, 26 et n. 5 ; *Ordonn.* VII, 424.

[5] Valb., I, 22 ; A. Prudhomme, *passim.* et J.-J. Pilot, *Hist. municip.*, 2 vol. in-8°, Grenoble, 1843 et 1851.

[6] Charte communale de Veynes, 17 nov. 1296. Voir aussi Valb., I, 58, les franchises de Beauvoir-de-Marc accordées par Guill. de Beauvoir (1256).

[7] Comme Hugues de Bressieu : la charte qu'il accorda en 1288 au principal bourg de son domaine interdisait les associations ju-

porel de l'Eglise et le régime municipal[1] », la constitution de libres bourgeoisies gagne, de proche en proche,
jusqu'aux plus infimes localités. Sous les dauphins de la
troisième race, Humbert Ier (1282-1307) et surtout Jean II
(1307-1319), les chartes se multiplient et accentuent leur
caractère d'émancipation. Ce ne sont plus seulement des
actes destinés à convertir en redevances fixes et limitées des charges arbitraires, mais bien des contrats
d'affranchissement avec une réelle indépendance municipale et une véritable liberté civile. Cette évolution
continue sous Guigue VIII (1319-1333) et Humbert II
(1333-1349). Bourgoin (1298[2]), La Mure (1309, 1318 et
1335[3]), Tain (1309[4]), Réaumont (1311) et Beaucroissant
(1312[5]), Beauvoir-en-Royans[6] et Avalon (1313[7]), Crémieu[8] et La Tour-du-Pin (1315[9]), Heyrieu (1328[10]),
Saint-Laurent-du-Lac (Le Bourg-d'Oisans, 1328), Nyons
(1337), Cessieu (1339[11]), Rives (1340[12]), Saint-Marcellin

rées ; il n'y aurait pas de consuls ni d'autres officiers que ceux du
seigneur ; les droits féodaux étaient maintenus ou même aggravés. Cf. L. Stouff, *Deux chartes de franchises en Dauphiné,
Bressieu, La Côte-Saint-André*, in-8°, 1895.

[1] Par l'archevêque à Vienne et le Chapitre Saint-Barnard à
Romans ; par les évêques et archevêques à Valence, Gap, Embrun.

[2] *Ordonn. des rois de France*, t. XX, p. 606.

[3] A. Dussert, *Essai hist. sur La Mure et son mandement*,
2e édit., in-8°, Grenoble, 1903, p. 118 et pièces justif., 479-508.

[4] Ch. Bellet, *Hist. de la ville de Tain*, in-8°, 1905, p. 451-468.

[5] Cl. Faure, *Nouvelle revue hist. de droit*, 1907, p. 392 et suiv.

[6] *Ordonn.*, VIII, 158.

[7] B. 2945, fol. 762.

[8] R. Delachenal, *Bull. Acad. Delph.*, 1885, p. 281 ; *Hist. de
Crémieu*, in-8°, Paris, 1889, p. 15.

[9] Arch. de l'Is., B. 2960, fol. 271. Cf. Valb., I, 208.

[10] *Ordonn.*, VII, 310. Charte octroyée par le seigneur de Chandieu.

[11] B. 2972, fol. 94.

[12] Cl. Faure, *loc. cit.*

(1343 [1]) obtiennent le droit de tenir des assemblées, de nommer des consuls, de lever des impôts à leur profit, etc... Au milieu du XIV⁰ siècle, presque tout le Dauphiné était organisé en corps de « communautés » ou « d'universités » jouissant d'une assez large autonomie administrative et financière. Nulle part, cependant, on ne trouve, en dehors de l'existence des consuls ou syndics, rien qui ressemble à des libertés politiques, et la justice reste exclusivement seigneuriale [2]. Les communes [3] dauphinoises ne sauraient être assimilées à celles de la France du Nord ni aux villes du Midi, qui avaient des privilèges politiques, militaires et financiers beaucoup plus étendus.

Ainsi, du XII⁰ au XIV⁰ siècle, par une lente ascension, une classe nouvelle avait surgi du sein même de la féodalité et avait réussi à se donner une organisation relativement indépendante. Le Tiers État, ayant désormais une existence civile, sa place était dès lors marquée

---

[1] *Ordonn.*, IX, 376. On peut y ajouter les chartes très libérales accordées par Amédée V, comte de Savoie, à La Côte-Saint-André (1285 et 1301, concession des franchises de Lyon ; « le régime municipal y apparaît en pleine activité ». Stouff, *op. cit.*, 19), Saint-Georges-d'Espéranche (1291, Valb., I, 26), Saint-Jean-de-Bournay (1292, Gaspard et Piollat, *Canton de Saint-Jean-de-Bournay*, 177-181), Saint-Symphorien-d'Ozon (1295, *Ordonn.*, XX, 129) ; par le comte Edouard, à Saint-Laurent-du-Pont (1324, confirmation, *Mém. de la Société Savoisienne d'hist. et d'archéol.*, IV, 210-216), etc... Pour les Escartons du Briançonnais, nous renvoyons à Fauché-Prunelle, *op. cit.*

[2] Rimbaud de Lachau, affranchissant ses paysans pour se venger de son fils, en 1209, accorda aux consuls le droit de justice, fait exceptionnel en Dauphiné.

[3] Le mot apparaît en 1388 ; jusqu'alors et encore longtemps après, c'est le nom de *communauté* qu'on trouve le plus souvent dans les textes originaux.

dans le Conseil du prince, à côté du clergé et de la noblesse. Après avoir obtenu le droit de se réunir et d'élire des consuls pour gérer les affaires et défendre les privilèges des communautés, les bourgeois devaient ambitionner celui d'envoyer leurs représentants à des assemblées plus larges, où ils siégeraient avec les ecclésiastiques et les nobles, pour coopérer à la défense d'intérêts plus généraux. Le Dauphiné sera une communauté agrandie, et sa charte, le Statut delphinal de 1349.

D'autre part, le XIVᵉ siècle, jusqu'à la peste noire de 1348 et au contre-coup des grandes défaites de la guerre de Cent ans, fut une époque de prospérité relative. Les progrès de l'industrie et du commerce avaient rendu les bourgeois riches et puissants. Etant presque tout dans l'ordre économique, ils ne pouvaient continuer à n'être rien dans l'administration de la principauté [1]. Déjà, il était arrivé qu'on les réunît pour les consulter sur des questions d'intérêt matériel. C'est ainsi qu'en 1327, Henri régent assembla « les bourgeois les plus considérables, de l'avis desquels il fut arrêté qu'on ferait des florins d'or à 24 carats et qu'on en taillerait 65 au marc [2] ». De plus, Humbert II, prince magnifique et libéral, rêveur démesuré dans ses ambitions, hypnotisé par le souvenir des cours de Hongrie et de Naples où il a séjourné, va épuiser constamment ses ressources « par son faste

---

[1] Sur l'importance des questions économiques dans l'histoire des sociétés et des institutions, voir Paul Guiraud, *Etudes économiques sur l'Antiquité*, in-12, Paris, 1905, p. 1-26.

[2] Valb., I, 291. Il s'agit des bourgeois de Grenoble. Valb., II, 214. Cf. A. Prudhomme, 160. C'est aussi pour une question de monnaies qu'on voit pour la première fois la royauté convoquer les bourgeois du domaine royal, en 1262 (1263 n. s.). *Ordonn.*, I, 93 ; Esmein, 541.

royal, ses créations inconsidérées, ses largesses exorbi-
tantes et les chimères de sa politique [1] »; il sera obligé
de faire souvent appel à ses sujets. Les bourgeois ayant
cessé d'être taillables à merci, il devra nécessairement
les réunir pour leur exposer ses besoins et leur demander des subsides [2]. La même obligation s'imposait aussi
relativement aux sujets des nobles et du clergé. En effet,
dans la société féodale, le droit d'imposer était devenu
un droit seigneurial qui accompagnait d'ordinaire le
droit de haute justice [3]. Le dauphin ne pouvait donc
l'exercer que sur ses justiciables; en dehors du Domaine,
même chez ses vassaux, il fallait obtenir le consentement des *seigneurs ecclésiastiques* ou *laïques*, comme celui des *communautés* affranchies par leurs chartes sur
ses propres terres [4]. Telle sera, de fait, l'origine de la
composition et du rôle surtout financier des Etats. Le
don gratuit sera comme une extension de l'aide féodale [5].

[1] P. Fournier, *Le dauphin Humbert II* (*Bull. Acad. Delph.*,
1912, p. 181).
[2] C'est la situation commune de tous les princes à cette époque
et même de l'Eglise. Cf. G. Mollat, *Les papes d'Avignon*, in-12,
Paris, 1912, p. 371 : « A l'imitation des évêques et des abbés qui,
dans les moments de détresse financière, implorèrent, dès le
XIIe siècle, des *dons gracieux* (*subsidia caritativa*) de leurs subor-
donnés, les papes, au XIVe siècle, en certaines circonstances graves,
firent appel à la générosité du clergé... »
[3] Cf. Esmein, 540 et 546.
[4] A plus forte raison lorsqu'il s'agissait de faire contribuer le
clergé et les nobles eux-mêmes.
[5] Les demandes de subsides furent d'abord *particulières* et *locales*. Cf. A. Prudhomme, 129, 197. On envoyait des commissaires
pour solliciter séparément les sujets delphinaux, les clercs et les
nobles, de ville en ville ou de châtellenie en châtellenie; mais il
parut bientôt plus expéditif de s'adresser à une seule assemblée
des trois Ordres d'une partie du Domaine ou même de tout le
pays.

A quelle époque les communautés domaniales ont-
elles commencé à figurer, dans la personne de leurs consuls ou députés, parmi les représentants du petit Etat
delphinal? Peut-être la consultation solennelle des trois
Ordres faisait-elle partie du plan grandiose de créations
administratives conçu par Humbert II, à la suite de ses
rapports avec les cours de Hongrie, de Naples et de
France. Le premier document qui nous soit parvenu à ce
sujet est du 20 juin 1338. Le dauphin, appelé brusquement à Paris par Philippe de Valois pour l'assister dans
sa lutte contre les Anglais [1], contremande la convocation
qui a été faite à Grenoble d'un « *parlamentum et consilium generale* », véritable assemblée d'Etats, puisqu'elle
devait réunir les *nobles*, les *prieurs*, les *syndics* et *autres
personnes;* il leur fait dire de se tenir prêts à venir
quand il les remandera [2]. Les lettres de cette convocation
ne nous étant point parvenues, nous en ignorons le
motif. Mais ne peut-on pas conjecturer avec beaucoup
de vraisemblance que le jeune prince voulait, sinon s'assurer l'appui moral de ses sujets dans ses velléités de
résistance aux progrès de la domination française dans
la vallée du Rhône, du moins leur demander les ressources dont il avait besoin pour sa politique ambitieuse? C'est, en effet, au mois d'août de la même année
qu'il fit une tentative pour mettre la main sur la ville
de Vienne, capitale du royaume dont il rêvait d'obtenir

---

[1] Dès 1294, Humbert Ier était l'allié et l'homme lige de Philippe le Bel.
[2] Cette ordonnance fut publiée en langue vulgaire par le crieur
public sur les places et dans les endroits les plus fréquentés de
Grenoble (place Notre-Dame, rue Saint-Laurent, etc...). Valb.,
II, 361.

le rétablissement à son profit, bien qu'il n'eût pas osé en prendre le titre quand, le 16 avril 1335, Louis d'Œttingen était venu lui en offrir l'investiture au château de La Balme de la part de Louis de Bavière[1].

Il était retourné à Paris lorsque, le 27 novembre 1339, Marie de Baux, sa femme, et Henri de Villars[2], exerçant la régence, convoquèrent à Crémieu une seconde assemblée, dont le but ne nous est pas mieux connu. Les lettres portent ordre de réunir sans délai *tous les nobles et quatre des plus notables de chaque paroisse*, à l'effet d'y traiter des affaires qui seraient proposées par l'évêque de Valence[3]. Ainsi donc, en Dauphiné comme dans les pays voisins, l'institution proprement dite des Etats, dont nous étudions la genèse, a été précédée de « parlements généraux » qui furent sans doute *un élargissement de la cour féodale des anciens dauphins*. Ces assemblées, réunies dans les circonstances graves intéressant à la fois les trois Ordres, n'avaient *aucune régularité ni dans leur convocation, ni dans leur composition, ni dans leur compétence*, comme nous allons encore le voir par d'autres exemples[4].

---

[1] Valb., I, 306, 314; P. Fournier, 407-433; J. Cordey, 32; Cl. Faure, 114 et suiv.

[2] Evêque de Valence et Die en 1337, archevêque de Lyon en 1342 et lieutenant du dauphin.

[3] Valb., I, 319, et II, 388.

[4] Dans le Comtat-Venaissin, où les communautés avaient réussi à se donner une existence indépendante avant la fin du XIII° siècle, les *parlements généraux* sont constatés d'une façon certaine à partir de 1302; les vrais Etats apparaissent en 1362 avec le vote des subsides et leur formation s'élabore jusqu'après 1400. Cf. J. Girard, *passim*.

Jadis, les prédécesseurs d'Humbert II avaient pu se contenter des revenus ordinaires de leur Domaine, ou, si ces ressources étaient déjà insuffisantes, le droit féodal les autorisait à recourir aux *tailles forcées, toltes* et *complaintes*. Cependant, ils avaient de plus en plus le sentiment que c'était là un abus, et les documents nous ont conservé le souvenir de deux cas de réelle crise de conscience à ce sujet.

Humbert Ier avait été obligé, pour lutter contre l'ennemie héréditaire, la Savoie, d'établir des impôts exceptionnels. La guerre terminée, non content d'affranchir ses sujets de tout subside extraordinaire, il se crut obligé d'impétrer des lettres d'absolution de la Sacrée Pénitencerie, le 8 des ides de mai 1289, et promit de rendre ce qu'il avait illégitimement perçu ou d'y suppléer par de bonnes œuvres[1]. De même, en 1340, nous voyons Humbert II donner ordre à ses châtelains de se transporter dans chaque paroisse de leur mandement, un dimanche, à l'heure des offices religieux, et d'y faire assembler les habitants pour leur demander pardon des torts que lui ou ses prédécesseurs auraient pu leur faire, se déclarant prêt à restitution[2]. Des actes de ce genre

---

[1] Valb., I, 239, et II. 49. Comme le fait remarquer Valbonnais, Humbert Ier pouvait craindre aussi d'être frappé par les censures de l'Eglise à cause de ses exactions.

[2] « Ex parte nostra gratiosis inductionibus exhortando... et paratos nos offerimus facere cuilibet debitum justicie complementum. » B. 3268 et 4400. Les mêmes documents nous montrent les châtelains, accompagnés de notaires, s'acquittant des ordres reçus dans diverses églises du mandement de Montrigaud : « In ecclesia... capellano ibidem existente et divinum officium celebrante, et populo in dicta ecclesia more solito ad divina congregato..., litteras dalphinales exposuit... lingua materna..., qui concesserunt unanimiter et una voce... »

pouvaient bien rassurer un instant son âme inquiète;
ils ne lui fournissaient pas l'argent qui lui manquait
toujours. Aussi, tout en priant les gens des communautés
d'oublier ses précédentes exactions, il leur demandait,
ainsi qu'aux ecclésiastiques et probablement aux nobles,
un petit subside de 5 sols par feu pour fabriquer de la
bonne monnaie [1]. Après qu'on le lui eût accordé, *il déclara formellement tous ses sujets « libres et francs de
tous droits de garnisons, fouages, dons, levées, collectes
et tailles extraordinaires, à perpétuité », autorisant
même la résistance* (non parere impune) *si lui ou ses successeurs venaient à manquer à cet engagement* [2].

[1] « ... ipsos priores et capellanos et alias personas ecclesias-
ticas requirens ut *tam pro se quam pro hominibus suis et subditis, pro quolibet foco nobis concedant sicut et subditi nostri concesserunt, quinque solidos* pro bona moneta cudenda, ita quod
casu isto contribuant cum nostris subditis in collecta que propterea fiet ... et, *suos assensus prebeant* ... » *Loc. cit.* A cette occasion, les officiers delphinaux reçurent ordre de dresser l'état des
feux par châtellenies.

[2] Donné à Beauvoir-en-Royans, le 1er septembre 1341. B. 2906,
fol. 80 v°. Arch. de Grenoble, AA. 5. *Statuta,* fol. 88. Cf. Valb.,
I, 323, et II, 435. Les seuls témoins de cet acte sont, avec deux
médecins, un certain nombre de religieux qui inspirèrent, sans
doute, cette détermination au dauphin pendant une maladie. On
dit souvent qu'Humbert II affranchit ses sujets de la taille en
1349. Ce n'est pas absolument exact. En réalité, c'est par l'acte
du 1er septembre 1341 que le dauphin avait aboli les tailles et
charges extraordinaires (par opposition aux cens et revenus ordinaires du Domaine, dans lesquels il faut faire entrer les *tailles*
dites *comtales*). L'article 18 du Statut delphinal étend simplement
ce privilège aux hommes des églises et des nobles qui auraient pu
éprouver des inquiétudes en passant sous un nouveau suzerain;
ils « ne pourront être contraints à faire des corvées pour le dauphin ni à lui payer aucune taille, *si ce n'est pour la nécessité ou
utilité publique des lieux où ils habitent* ». L'article 19 supprime
le droit de garnison; l'article 28, le droit de garde; l'article 10,

Il avait épuisé à cette époque tous les moyens plus ou moins avouables de se procurer des ressources, qui fondaient immédiatement entre ses mains. Dès 1333, la régente Béatrix avait convoqué les Juifs à Saint-Marcellin pour les obliger à lui prêter de l'argent[1]. A peine arrivé dans ses Etats, sous prétexte de divers *cas impériaux*, comme la réception de l'ordre de chevalerie, l'affranchissement de l'hommage dû auparavant au comte de Savoie pour le Faucigny, en réalité pour acquitter les frais de son retour de Naples, Humbert avait levé un subside de 6 gros par feu[2]. Il s'était fait payer pour confirmer les privilèges des villes et communautés[3]; il avait taxé « ses châtelains et châtellenies en plusieurs som-

les péages et « gabelles » établis récemment. L'article 47 confirme d'une façon générale toutes les libertés et immunités des villes, localités, seigneuries, etc... du Dauphiné. Ajoutons que l'acte du 1er septembre 1341 ne faisait lui-même que reconnaître et étendre à tous les sujets delphinaux une exemption déjà garantie à la plupart des communautés par leurs chartes municipales. Il fut confirmé par le dauphin Louis II à Saint-Denis le 3 août 1441, par le roi-dauphin Charles VIII à Blois en octobre 1483, par Louis XII à Reims en mai 1499, par François Ier à Paris en février 1515, par Henri II à Saint-Germain-en-Laye le 24 décembre 1547. B. 3003, fol. 91-184, et 2906, fol. 32-95. Par Dauphiné, il faut entendre non seulement les domaines d'Humbert II, mais encore ceux de ses vassaux et même, en un sens plus large, les terres allodiales qui y étaient enclavées.

[1] Valb., 1, 301. A. Prudhomme, *Les Juifs en Dauphiné aux XIVe et XVe siècles*, in-8°, Grenoble, 1883, p. 17. Chassés de France et spoliés par Philippe le Bel en 1306, ils avaient été accueillis par Humbert Ier et protégés par Jean II. Moyennant une pension annuelle qui varia souvent (obole d'or, marc d'argent), ils étaient exempts des tailles, corvées, etc...

[2] Valb., II, 261 et 266.

[3] Arch. de l'Is., Comptes des trésoriers, n° 1 (Jean de Poncy). fol. 12, *Pecunia focagiorum et confirmationis privilegiorum universitatum infra dictum tempus.*

mes *par forme d'emprunt* pour subvenir à ses affaires
pressantes [1] ». Enfin, à bout d'expédients, il était entré
en pourparlers avec le roi de Sicile (1337), puis avec le
pape (1338), pour en obtenir des avances sur sa succession [2]. Ce projet ne devait aboutir qu'avec le roi de
France. Le traité, préparé à la cour d'Avignon au début
de 1343, fut juré solennellement par Humbert et un
grand nombre de seigneurs dauphinois, le 30 juillet,
dans la chapelle du couvent de Saint-Pierre-hors-la-
porte, à Vienne [3]. Moyennant une somme de 120.000 florins, une rente annuelle de plus de 10.000 livres et le
paiement des dettes du dauphin, celui-ci désignait pour
son héritier, au cas où il mourrait sans descendance
mâle, le *second fils* du roi, Philippe [4], à qui fut substitué,
l'année suivante (11 avril 1344), *le fils aîné* Jean, duc de
Normandie [5]. Les prélats et les nobles furent seuls ap-

[1] Comptes des trésoriers, n° 1, fol. 15 v°.

[2] Cf. Faure, *Un projet de cession du Dauphiné à l'Eglise romaine (1338-1340)*, dans *Mélanges d'archéol. et d'hist. publiés par
l'Ecole française de Rome*, 1907, p. 153 et suiv. P. Fournier, 437-
438.

[3] Guiffrey, 45 et pièces justif. *Statuta*, fol. 59.

[4] Pour ménager les susceptibilités de la noblesse dauphinoise,
en partie gagnée déjà par des pensions. Cf. Valb., I, 326, et II,
452. Guiffrey, 16-24, 320, 325.

[5] Le traité de 1343 établissait seulement une dynastie française dans le Dauphiné, toujours indépendant; par celui de 1344
fut inauguré le régime d' « union personnelle » qui sera, de fait,
celui de la *principauté* jusqu'en 1457, et, en théorie, celui de la
province jusqu'en 1789. Cet événement, quand il fut connu, inquiéta les princes qui devenaient ainsi les voisins immédiats de la
France, en particulier les comtes de Savoie et de Valentinois.
Guillaume de La Baume, le principal conseiller d'Amédée VI,
fut, dit-on, chargé « de traverser les entreprises du dauphin et de
s'entendre avec les Etats du Dauphiné pendant qu'Amédée VI ap-

pelés à reconnaître ces actes si importants[1]; le peuple
ne fut même pas consulté[2].

Avec sa vie fastueuse et ses folles prodigalités, Humbert II eut bientôt gaspillé l'or de la France. Ce fut bien
pis encore lorsque, le pape ayant organisé une croisade
contre les émirs turcs de l'Asie Mineure, il se fit nommer commandant de l'armée chrétienne, offrant un con-

---

puyait énergiquement les manœuvres de ceux qui voulaient la
cession au pape Clément VI ». Saint-Genis, I, 354, n. 2. « Nous
ne savons, dit J. Cordey, p. 49, sur quels documents se base cette
affirmation. Ce qui est certain, c'est qu'en 1347 une tentative fut
ébauchée pour faire épouser au dauphin la jeune sœur du comte,
Blanche de Savoie. La dot promise était de 120.000 florins d'or,
exactement la somme réclamée du roi de Sicile, puis du roi de
France, pour la cession du Dauphiné. » Cf. Guichenon, 349 et
403-404.

[1] Valb., I, 327, et II, 461. Cf. Guiffrey, 45 : « L'ancien couvent
de Saint-Pierre hors des portes, à Vienne, fut alors le théâtre
d'une des plus singulières et des plus graves cérémonies que vit
jamais le Dauphiné. *Presque toute la noblesse...* prêta serment
à la suite du dauphin. Ce jour-là (30 juillet 1343) et le jour suivant furent consacrés... à cette solennité, dans la chapelle du
monastère. Nous voyons les plus grands noms du Dauphiné s'incliner devant les représentants de la France et leur jurer fidélité. »

[2] Quoi qu'en dise Guy Allard, *Description hist. de la ville de
Grenoble* (*Bibl. hist.*, I, 302) et *Hist. d'Humbert II*, 70 et 81 :
Le dauphin « *assembla les Etats en cette ville* pour décider du
prince à qui il transporterait » sa principauté; « ce fut en l'évêché, Jean de Chissé étant alors évêque. Le pape, le duc de Bourgogne, le comte de Savoie, le prince d'Orange y avaient des émissaires pour être préférés. L'évêque y opina en faveur de la royale
maison de France... *En reconnaissance... le dauphin Charles
le fit, et ses successeurs, président aux Etats et l'abbé de Saint-
Antoine son lieutenant.* » Voir aussi *Delphinalia*, 16. Guy Allard
a pris soin de se rectifier lui-même dans l'*Hist. des comtes de
Graisivaudan et d'Albon* (*Bibl. hist.*, I, 457) : « Le dauphin, se
voyant sans enfants, songea à qui il remettrait son Etat. *Il en
consulta son Conseil...* »

cours militaire et financier qui dépassait de beaucoup
ses forces [1]. Le subside exigé à cette occasion ne put être
levé qu'après son retour, tellement, dit Valbonnais, ses
sujets étaient épuisés par les précédentes impositions [2].
Il fit alors argent de tout et par tous les moyens : les
prélats, abbés et communautés religieuses furent invités à contribuer à une œuvre aussi importante pour la
chrétienté; les nobles, pressés « en termes encore plus
forts », avec menace de « prendre les voies de rigueur
s'ils refusaient en cette circonstance de donner des
preuves de leur affection [3] ». Enfin, il envoya à ses officiers l'ordre d'informer *les nobles et les communautés*
qu'il les autorisait à *se réunir séparément et à nommer
des syndics en vue de se rendre auprès de lui pour débattre l'achat de toutes sortes de libertés* et lui « accorder un subside destiné à son passage d'outre-mer, afin
qu'il pût procéder en cette sainte entreprise par la bienveillance de ses sujets [4] ».

---

[1] P. Fournier, *Le dauphin Humbert II*, loc. cit., 178. Cf. Cl.
Faure, *Le dauphin Humbert II à Venise et en Orient (1345-
1347). Mélanges* cités, p. 509.

[2] Valb., I, 335, 344; II, 624 et 557, *Epistola Henrici Villaris
ad d. dalphinum...* « *Subsidium, quod frequenter mandastis
exigi...* », p. 559. Cette lettre honore grandement l'archevêque de
Lyon.

[3] Valb., I, 335. Les Juifs furent taxés à 1.000 fl. Valb., I, 338.
Déjà, en 1337, Humbert II avait demandé aux Juifs du Viennois
un subside, outre le droit de garde annuel, sous la menace d'expulsion; pour le répartir entre eux, *ils tinrent une grande assemblée à Moras, le 23 octobre.* Cf. A. Prudhomme, *Les Juifs en Dauphiné*, 18 et 24. Le 26 février 1338, il retira l'autorisation qu'il
leur avait accordée d'exercer leur commerce, pour pouvoir la leur
faire acheter de nouveau. Valb., I, 311, et II, 347.

[4] « *Volumus quod omnes et singuli nobiles pro se, et singulorum
castrorum populares et communitates pro se, possint et debeant*

Le 13 juillet 1345, il avait conféré à Henri de Villars la faculté de « *convoquer et consulter les barons, nobles et autres sujets quelconques, ensemble ou séparément, toutes les fois qu'il le jugerait à propos[1]* ». L'occasion s'en présenta l'année suivante : le régent était à Romans quand il vit arriver un député de Charles IV de Bohême, chargé de faire part au dauphin de son élection et de lui demander, ainsi qu'à tous les seigneurs du pays, de le reconnaître[2]. Henri de Villars ne voulut pas, dit-il lui-même dans une lettre par laquelle il rend compte à

---

scipsos ad invicem congregare, ipsique nobiles pro se sine popularibus et communitatibus, caedemque communitates quaelibet pro se sine nobilibus, possint et sibi liceat libere et impune duos, tres, seu quatuor sindicos constituere et creare, ad nos venturos breviter, potestatem habentes libertates, franchesias, declarationes, transactiones, compositiones et concordias super quibuscumque negociis petendi et jurandi nobiscum, nobisque subsidium pro dicto passagio concedendi, promittendi ac solvendi et alia omnia et singula faciendi quae ipsi nobiles et communitates seu eorum singulares personae facerent et facere possent si praesentes et personaliter interessent, etiam in hiis in quibus mandatum exigeretur quomodolibet speciale... » Avignon, 27 mai 1345. B. 3245. Valb., II, 512. Il ordonna aussi qu'on requît de sa part les villes de « Vienne, Valence, Die et autres », *ainsi que Lyon, situé hors du Dauphiné,* de lui accorder généreusement une aide. Notons en passant que, sous Humbert II, les subsides sont payés par les gens d'église et les nobles personnellement, aussi bien que par leurs sujets et ceux du dauphin. Cf. B. 3268 : « *Tam pro se quam pro hominibus suis.* »

[1] Valb., II, 513-514.

[2] Charles IV venait d'être élu contre Louis de Bavière, « le chef excommunié des Gibelins », qu'Humbert II avait tenté plusieurs fois de réconcilier avec le pape. Le nouvel empereur rappelait sa suzeraineté sur le royaume d'Arles, pour complaire aux Allemands que les récents traités de cession du Dauphiné à la France avaient indisposés. Peut-être aussi cherchait-il à prendre des sûretés contre Humbert II favorable à son adversaire ou à lui créer des difficultés. Cf. P. Fournier, 454.

Humbert de ce qui se passe en Dauphiné, se déterminer
seul dans une affaire aussi importante [1]. Il convoqua
pour le 10 décembre 1346 « *tous les prélats et barons et
beaucoup de nobles* »; l'envoyé de Charles IV expliqua
de vive voix son message devant l'assemblée; celle-ci
délibéra après qu'il fut sorti; elle répondit que prélats
et barons apprenaient avec plaisir l'élection du nouvel
empereur et que le dauphin, à son retour de la guerre
sainte, ne manquerait pas de s'acquitter lui-même de
ses devoirs. On remarquera cette prudente réserve et
l'absence du Tiers Etat, dont les représentants ne sont
pas admis, lorsqu'il s'agit d'une question de suzeraineté [2].

Par contre, un acte du 11 mars 1348 nous montre
qu'on ne dédaignait pas de prendre son avis en matière
administrative. Humbert II, revenu de la croisade, « eut
lieu de s'apercevoir que pendant les fréquents voyages
qu'il faisait hors de ses Etats, il s'y était introduit plusieurs nouveautés qui tendaient à un entier renverse-
ment des lois et usages du pays ». Il chargea donc quelques-uns de ses conseillers de « *convoquer en un ou
plusieurs lieux,* selon qu'ils le jugeraient préférable, *les
barons, nobles et communautés* pour traiter avec lui de
toutes et chacunes choses » qui leur paraîtraient conve-

---

[1] Fonds des Etats, carton I; Valb., I, 340; II. 538-540.

[2] « Il semble, dit Valb. (I, 340), que l'usage de tenir des assemblées sous le nom d'Etats, qui s'établit depuis en Dauphiné,
ait été pris sur le plan de celle-ci. Elles étaient de même com-
posées de tous les Ordres. On y traitait des affaires générales et
chacun avait la liberté d'y dire son sentiment. » Cette remarque,
peu exacte pour l'assemblée de 1346, où le clergé et les nobles
furent seuls représentés, conviendrait plutôt à la convocation
de 1338.

nables « pour la réforme des abus et l'utilité publique [1] ».
Les commissaires devaient dresser des mémoires de tout
ce qui aurait été proposé dans ces assemblées, « afin
que, d'après leurs délibérations, on pût faire des règlements salutaires et rétablir le bon ordre ». Le résultat
de cette grande consultation serait le Statut delphinal
du 14 mars 1349, contenant en 53 articles les libertés et
franchises du pays [2].

Humbert devait être d'autant plus disposé à révoquer
les « mauvais usages » ou même à accorder des privilèges nouveaux qu'il était alors à la veille de céder définitivement sa principauté à la France. Privé de tout
espoir de descendance après le double échec de ses projets de mariage avec Blanche de Savoie, puis avec
Jeanne de Bourbon [3], circonvenu par ses conseillers et
les seigneurs dauphinois gagnés à la politique française,
obsédé par ses créanciers, dégoûté d'un pouvoir déjà fort
amoindri et qui ne lui avait guère procuré que des dé-
ceptions, — rêvant peut-être une carrière nouvelle, plus
heureuse et plus brillante, dans l'ordre ecclésiastique [4],

[1] B. 3008, fol. 326. Cf. Valb., I, 345, et II, 571 ; Touron, *Hist.
des hommes illustres de l'Ordre de Saint-Dominique*, 5 vol. in-4°,
Paris, 1745, t. II, p. 386.

[2] B. 2906, fol. 34 v° ; Arch. de Grenoble, AA. 6, fol. 51 ;
Ordonn., V, 34 ; *Statuta*, fol. 35 v° ; Valb., II, 586.

[3] Valb., I, 345. Cf. Guy Allard, *Hist. d'Humbert* II, p. 81 :
« *Les Etats de la province*, qui voulaient qu'il eût des héritiers
de son sang, lui inspirèrent encore le désir de se marier... »

[4] « Dans ses rêves, il avait entrevu jadis la couronne royale ;
peut-être maintenant croit-il entendre une voix mystérieuse qui
lui dit : tu seras pape. » P. Fournier, *Le dauphin Humbert II*,
loc. cit., 183. Ordonné par Clément VI dans l'intervalle des trois
messes de Noël 1350, sacré huit jours après patriarche d'Alexan-
drie, puis créé administrateur de l'archevêché de Reims, il allait

— il laissa préparer à Tain sur le Rhône, puis signa à
Romans le transport immédiat du Dauphiné, non plus
au duc de Normandie, mais à son fils Charles, le futur roi
de France Charles V, moyennant 200.000 florins et plus
de 20.000 livres de rente annuelle [1].

La prise de possession solennelle eut lieu le 16 juillet
1349, à Lyon, dans le couvent des Jacobins [2], *devant les
représentants du clergé et de la noblesse.* Jean de Chissé,
évêque de Grenoble, après avoir donné lecture du Statut
delphinal, en demanda la confirmation au jeune prince;
celui-ci jura, la main sur les Evangiles, de l'observer
inviolablement de point en point [3]. Après ce serment et
sur l'ordre d'Humbert II, les barons et nobles prêtèrent

échanger ces fonctions contre le gouvernement du diocèse de Paris,
quand il mourut le 22 mai 1355.

[1] 30 mars 1349; B. 2906, fol. 44; *Statuta*, fol. 66 v°; Valb., I,
349; II, 594; Guiffrey. 74-81 et 223.

[2] Où Humbert II allait entrer le lendemain. Valb., I, 350. Ta-
bleau de Debelle à l'Hôtel de ville de Grenoble.

[3] *Statuta*, fol. 45-46; Valb., I, 350; II, 606. Humbert II avait
stipulé, le 14 mars, que ses successeurs jureraient, à leur avènement, entre les mains de l'évêque de Grenoble ou de l'abbé de
Saint-Antoine, l'observation des privilèges du pays avant de pouvoir exiger eux-mêmes aucune promesse de fidélité de leurs vassaux et sujets; en cas de refus, on serait pleinement dispensé de
les reconnaître et de leur obéir jusqu'à ce qu'ils eussent satisfait
à cette obligation (art. 52 du Statut); tous les baillis, juges, procureurs et châtelains devaient prêter le même serment à leur
entrée en charge (art. 53). *Statuta*, fol. 44; Valb., II, 591-592.
« Et si ita esset quod... *ad debitam requisitionem baronum, nobilium, vel universitatum dalphinalium, seu dictorum prelatorum...* predictum sacramentum facere recusaret, eo casu...
obedire minime teneantur impune, donec.... etc. » On entrevoit
ici comment les représentants des communautés seront amenés à
se réunir avec les prélats et les nobles pour demander la confirmation des libertés delphinales en 1366-1367.

hommage à leur nouveau maître; « les baillifs et les châtelains suivirent leur exemple [1] ».

Charles arriva le 10 décembre 1349 à Grenoble, où il devait rester jusqu'à Pâques de l'année suivante. Le 1er février, il prêta serment de respecter les franchises spéciales des barons et des nobles, « *en ayant été requis au nom de toute la noblesse* par Hugues Allemand, seigneur de Valbonnais, Didier de Sassenage et Etienne d'Arvillars, qui avaient été commis pour ce sujet [2] ». En même temps Humbert II déclarait publiquement que les *nobles présents et absents* [3], les *communautés et simples particuliers absents* [4] étaient déliés de leurs engagements envers lui et que leurs hommages, reconnaissances, etc..., étaient transférés au dauphin Charles; des lettres envoyées dans tous les bailliages en informèrent le peuple [5].

On a prétendu qu'Humbert II s'était déterminé à céder le Dauphiné à la France après avoir consulté les Etats [6].

[1] Guiffrey, 89-94; Valb., I, 350.

[2] Valb., I, 351; II, 615. *Juramentum prestitum a Carolo ad requisitionem baronum...*, etc.

[3] « Prenominatos nobiles, tam presentes quam absentes. »

[4] « Universitates, communitates et singulares personas ipsius Dalphinatus absentes. »

[5] 1er février 1350. Valb., II, 616. Lettre adressée aux nobles du Graisivaudan. Humbert leur déclare qu'il les délie, *ainsi que les communautés*, de leur serment à son égard. Le titre de Valb. est inexact (*coram deputatis pro parte nobilium et universitatum*); les nobles représentaient leurs propres sujets, mais non les communautés domaniales. Le 7 février, les habitants de Grenoble jurèrent fidélité au nouveau dauphin et à l'évêque, comme cela se pratiquait à tout changement de seigneur.

[6] Cf. *Gallia Christiana*, t. IV, col. 167 : Dans une réunion où siégeait Henri de Villars, le clergé aurait opiné pour une cession au pape, la noblesse pour le roi de France, le peuple pour le duc

Les actes de 1343 et de 1349 portent bien qu'il prit l'avis
de « plusieurs prélats, barons, nobles et aultres ses
féaulx conseilliers et subjets [1] » ; mais on ne voit pas que
les bourgeois ou leurs consuls soient intervenus en cette
circonstance décisive. Il n'y eut pas de réunion officielle
et solennelle des *trois Ordres* [2] pour délibérer sur la
cession de la principauté, ni en 1343-1344, ni en 1349-
1350. S'il en eût été autrement, le fait était trop important pour ne pas laisser quelque trace dans les documents contemporains; surtout, les syndics du Briançonnais « n'auraient pas allégué leur ignorance du transport et n'auraient pas eu besoin d'aller s'assurer de sa
réalité auprès d'Humbert II avant de faire leur soumission [3] ». Le Statut delphinal, abrégé de tous les privilèges anciens et nouveaux, reconnus ou concédés par
Humbert à Romans le 14 mars 1349 et confirmés par le
dauphin Charles le 16 juillet suivant, ne fait pas la
moindre allusion à l'institution des Etats, quoi qu'on ait
dit ou imprimé là-dessus à la veille de la Révolution et

---

de Savoie. Henri de Villars aurait fait pencher la balance pour
le roi. Voir d'autres traditions, qui n'ont pas plus de valeur, dans
Thomassin, *Registre delphinal*, fol. 74 ; Guy Allard, *Hist. d'Humbert II*, p. 70 ; Laurent, *Résumé de l'hist. du Dauphiné*, Paris,
1825, p. 267-268 et n. 1, etc...

[1] *Statuta*, fol. 60 et 67 v°. Allusion à l'influence déjà notée du
clergé et des nobles, surtout des conseillers du dauphin comme
Amblard de Beaumont et de son confesseur le général des Chartreux Jean Birel, qui le poussait à embrasser la vie religieuse.
Cf. *Statuta*, fol. 68 v° : « *Praemissa quoque praelatis, baronibus,
nobilibus et consiliariis nostris exposuimus, ut tutius fierent de
ipsorum consilio et assensu.* »

[2] Nous nous servons par anticipation de ce terme consacré par
l'usage, mais dont l'emploi ne sera vraiment légitime qu'à la fin
du XIVe siècle.

[3] Fauché-Prunelle, II, 372-373.

depuis. Sur ce point, Expilly a raison, malgré le ton passionné de son réquisitoire : « Ce peuple, qui parle si haut, qui se dit estre le troisiesme membre du corps de vostre Estat, n'avoit point de nom, de voix, ny de crédit du temps des Dauphins... lors de la donnation et transport du Dauphiné fait au roi Philippes de Valois; il n'y fut veu, ny appelé; le traité ne fut approuvé ny juré que par les ecclésiastiques et gentilshommes, dont il s'en voit un grand nombre signé au bas du dit traité et pas un seul du Tiers Estat, soit consul, particulier ou autre, comme ne faisant ni corps ni membre. » Et ailleurs : « Lors du transport..., nul syndic, nul corps, ny communauté; du moins n'en est rien parlé au traité; on n'y appela point les roturiers et *sine nomine plebem*. Ce fut quelques années après, qu'à l'imitation du formi, ayant longuement rempé contre terre, à la fin prenant des ailes, ils commencèrent à voleter et prendre nom au corps du pays[1]. »

Humbert II abandonnait au dauphin Charles, non seulement l'héritage acquis par ses ancêtres durant plus de trois siècles, mais encore celle qui avait été un instant sa jeune fiancée, Jeanne de Bourbon, qui a laissé dans l'histoire un si persistant souvenir de vertu et de beauté. Le mariage eut lieu à Tain, le 8 avril 1350. Peu après, on convoqua à Vienne, puis on transféra à Romans une assemblée où Chorier veut voir la première réunion des Etats, « cet usage n'ayant été introduit qu'avec la nouvelle domination[2] »; mais nous savons qu'elle fut composée seulement de prélats et de barons avec les mem-

---

[1] Expilly, *Plaidoyé* 31 et *Plaidoyé* 35.
[2] *Hist. gén.*, II, 340; *Hist. abrégée*, II, 7.

bres du Conseil [1]. Au lieu d'accorder de l'argent, on suggéra des réformes et des économies sur la maison du dauphin.

Nous pouvons maintenant répondre à la question posée en tête de ce chapitre, mais il convient de formuler tout d'abord une définition un peu précise. *On entend par Etats provinciaux*, dit Léon Cadier, *la réunion des trois Ordres d'une province en assemblée régulièrement constituée, périodiquement convoquée et possédant certaines attributions politiques et administratives, dont la principale est le vote de l'impôt* [2].

Si l'on s'en tient à cette définition, il est certain qu'il n'y eut pas d'Etats en Dauphiné jusqu'en 1350. Les dauphins de Viennois avaient souvent fait appel à des barons et à des évêques pour leur demander *aide* et *conseil;* ils avaient même quelquefois réuni à part des bourgeois pour les consulter sur des questions d'intérêt matériel; mais on ne trouve aucun document qui établisse l'existence d'une seule assemblée des trois Ordres avant Humbert II. Sous ce prince, deux subsides furent levés

---

[1] Le duc de Bourbon, l'archevêque de Lyon Henri de Villars, lieutenant du dauphin, l'évêque de Grenoble y assistèrent avec les seigneurs de Roussillon, de Tournon « et alii de Consilio et multi barones ». Les réunions se prolongèrent du dimanche avant les Rogations au jeudi avant la Pentecôte. Chorier, II, 341. Le seul fait d'une telle durée suffirait pour exclure l'idée d'une assemblée d'Etats. Le secrétaire delphinal Humbert Pilat appelle avec raison ces assemblées *magnum consilium, convocatio consilii.* Valb., I, 351; II, 625; cf. *Hist. du Dauphiné*, par M. le baron de Chapuys-Montlaville, in-8°, Paris, 1828, t. II, 306-307; Laurent, *Résumé de l'hist. du Dauphiné*, 271; Ch. Bellet, *Hist. de Tain*, 92.

[2] *Les Etats de Béarn*, p. 1.

directement à titre de *cas impérial*, en 1334 et 1348;
deux autres furent *consentis* en 1341 et 1345; *prieurs,
nobles* et *représentants des communautés domaniales*
ne furent convoqués *ensemble* qu'une seule fois, en 1338;
en 1339, ce furent les *nobles* et *quatre des plus notables
de chaque paroisse;* en 1341, les *communautés,* les *ecclésiastiques* et probablement aussi les *nobles* accordèrent
isolément 5 sols par feu pour avoir de la bonne monnaie;
en 1345, *nobles* et *communautés* furent autorisés à se
réunir séparément pour nommer des syndics qui devaient aller débattre avec le dauphin l'achat de toutes
sortes de libertés et lui accorder un subside; en 1346, les
prélats et les *barons* furent seuls convoqués pour délibérer sur le message de Charles de Bohême; en 1348, les
barons, nobles et *communautés* ont dû être réunis « *en
un ou plusieurs lieux* » pour donner leur avis sur la
réforme des abus et tout ce qui pourrait toucher à
« l'utilité publique » à la veille du transport; enfin,
l'assemblée de 1350 ne comprenait que des *prélats* et des
seigneurs avec des *membres du Conseil.* Ces sept réunions ou convocations se présentent *dans des circonstances exceptionnelles, sans avoir rien d'obligatoire ni de
fixe, avec une représentation variable et incomplète, un
personnel flottant, une forme et des attributions encore
mal déterminées.*

Cependant le développement social et politique du
Dauphiné était arrivé à un point qui rendait la consultation et la convocation régulière des trois Ordres
presque nécessaire. Leurs assemblées allaient probablement s'organiser dans la principauté delphinale comme
ailleurs. Mais le dernier représentant de la famille de
La Tour se déroba à son rôle de chef d'Etat et ce fut

sous les dauphins de France que s'établit de fait une
institution dont les Valois favorisaient alors le fonctionnement dans le royaume, à cause des demandes réitérées
de subsides occasionnées par la guerre de Cent ans [1].

Pour résumer tout ce qui a trait aux origines des
Etats du Dauphiné, nous dirons donc qu'ils ont été pré-
cédés par un *élargissement de la cour féodale des dauphins* durant la première moitié du xive siècle, conséquence de l'*avènement de la bourgeoisie* qui n'avait cessé
de croître en richesse et en influence depuis le xiie siècle [2], — que ces réunions de deux ou trois Ordres, ces

---

[1] Cf. Taillandier, *Notice sur les pays d'Etats* (*Ann. hist. pour
1852*, publ. par la *Soc. de l'Hist. de France*) : « Peu à peu le
Tiers Etat y fut admis parce que, comme il fallait lui demander
de l'argent, on le consultait, au moins pour la forme...; car,
auparavant, comme dit Pasquier, vous ne verrez pas que le menu
peuple y fût appelé, duquel on ne faisait pas plus d'état qu'un
zéro en chiffre. » « Le Tiers Etat, écrit Murinais, n'a esté
adjoinct aux autres que pour, sous les appats de vain honneur et
entrée aux Estats, lui faire plus aisément avaler la pilulle et
accorder les levées et impôts. » Fontanieu exprime, lui aussi, la
même opinion : « Ces secours que l'on exigeait sous le nom de
don gratuit obligèrent... d'assembler des Etats pour concerter les
moyens de remplir les volontés du souverain. » *Delphinalia*, 28.

[2] Les conseillers des dauphins semblent avoir commencé à se
spécialiser au début du xive siècle. De là, d'après Fauché-Prunelle (II, 360), deux corps différents : d'une part, un Conseil politique et administratif, *Consilium, Consilium magnum*, composé
d'abord des deux premiers Ordres, mais qui se serait élargi progressivement par l'adjonction des bourgeois et aurait donné naissance aux « *Conseils ou assemblées des Trois Etats* », — et, de
l'autre, une cour de justice, *Consilium Dalphinale, curia dalphinalis*, définitivement organisée par Humbert II sous le nom de
Conseil delphinal et transformée plus tard par Louis II en parlement. Cette théorie ne concorde guère avec la nature et les attributions du Conseil delphinal, où la confusion des pouvoirs, —
administration, justice et finances, — comme le fait remarquer

parlements plus ou moins *généraux* furent aussi et surtout le résultat de la nécessité où se trouva Humbert II, incapable de suffire à ses folles dépenses avec les revenus ordinaires de son Domaine, de réunir les représentants des communautés, le clergé et les nobles, pour leur demander des *subsides extraordinaires*, les chartes de libertés ou le droit féodal ne lui permettant pas de les lever lui-même directement et arbitrairement, — enfin, que l'*institution proprement dite des Etats fut définitivement établie sous les rois-dauphins* aux prises avec les difficultés de la guerre de Cent ans et à l'imitation des Etats généraux ou provinciaux de la France[1].

R. Delachenal (I, 48), rappela longtemps encore l'état primitif de l'ancienne « cour du roi ».

[1] Sur la question de l'*origine féodale* ou *royale* des Etats provinciaux, voir la polémique entre MM. Callery (*Hist. de l'origine... des Etats gén. et prov.*, Bruxelles, 1881. *Réponse à M. Luchaire*, 1882) et Luchaire (*Annales de la Faculté de Bordeaux*, 1882), dont les idées ont été exposées de nouveau et critiquées par Cadier, *op. cit.*, 2 ; J. Brissaud, *Cours d'hist. gén. du droit français*, 2 vol. in-8°, Paris, 1904, t. I, p. 809 ; P. Viollet, *op. cit.*, III, 236 ; Esmein, *op. cit.*, 665 et suiv. En somme, il n'est pas possible de donner une réponse unique à la question de l'origine des Etats : tantôt c'est une ancienne cour féodale, comme en Bretagne ; tantôt ils sont de création purement monarchique, comme en Languedoc. En Dauphiné, le terrain était tout préparé au moment de l'annexion ; mais c'est seulement sous les dauphins de France que les Etats reçurent leur forme et leur vie.

CHAPITRE II

Subsides accordés sous le dauphin Charles Ier et au début du règne de Charles V
(1350-1365).

§ I. **Etablissement de la domination française ; traité de 1355 avec la Savoie** : *Transition habilement ménagée. — Echange de territoires et rectification de frontières ; prétendue intervention des Etats, d'après Guy Allard.*

Les traités de 1343-1344 et de 1349 plaçaient le Dauphiné dans une situation politique fort complexe : la principauté conservait son autonomie sous la suzeraineté de l'Empire : elle était unie au royaume sans y être incorporée. En établissant progressivement la domination française, il était prudent de ménager la transition. Le dauphin Charles, le futur roi Charles V, fit preuve de sagesse autant que de loyauté en respectant, avec les clauses du transport, les institutions et les usages du pays. Le personnel administratif lui-même fut maintenu en fonctions : Henri de Villars demeura le lieutenant du jeune prince, comme il avait été celui d'Humbert II ; à côté de lui, le Conseil delphinal continua à remplir le rôle important qui lui avait été assigné. Un trésorier général fut chargé de centraliser les revenus du Domaine. De 1350 à 1356, pas la moindre trace de réunions d'Etats ni de subsides [1].

---

[1] Au contraire, de nombreux documents montrent que de multiples confirmations de franchises locales eurent lieu (cf. Arch. mun. de Grenoble, AA. 5, fol. 58 ; A. Dussert, *Essai hist.*

Le nouveau gouvernement fut aussi obligé de continuer la politique traditionnelle à l'égard de la Savoie.
Les années 1351 à 1354 sont remplies par une série de
conflits, entremêlés de négociations et de trêves, qui
aboutirent au traité du 5 janvier 1355 [1]. Amédée VI [2]
abandonna ce qu'il possédait entre le Guiers, le Rhône et
l'Isère; en retour, il acquérait le Faucigny, la suzeraineté du comte de Genevois, le pays de Gex, la baronnie
de la Valbonne et tout ce qui appartenait au dauphin sur
la rive droite du Rhône. Les conséquences de ce traité,
dit Guichenon, furent avantageuses aux deux pays : il
servit de ciment à une perpétuelle amitié entre les Maisons de France et de Savoie, étouffa toutes les semences
de haine et de division entre les deux peuples et leur
permit de vivre en paix et en repos [3]. Il est certain que
s'il plut beaucoup aux Savoyards, il parut trop onéreux
aux Dauphinois [4]. Aymar de Poitiers, comte de Valenti-

---

sur *La Mure et son mandement*, p. 196, etc.) et que de nouvelles
pensions furent accordées à des seigneurs dauphinois, pour les
attacher à la cause royale (cf. Guiffrey, 104-110 et 128-139).

[1] Arch. nat., J. 501, n° 8. Arch. de l'Is., B. 3172. Cf. Guichenon, IV, 188-196; Valb., II, 593; J. Cordey, 124 et suiv.;
P. Fournier, 462 ; Delachenal, I, 53. Voir aussi G. de Man-
teyer, *Les origines de la Maison de Savoie en Bourgogne* (*Moyen
âge*, 1901, 284-291), et Jacob, *Essai sur la formation des limites
entre le Dauphiné et la Savoie*, in-8°, Paris, 1906, p. 54.

[2] Dit le *Comte Vert*, 1343-1383.

[3] Guichenon, I, 409. Cependant la question de savoir si la
limite devait être fixée au *Guiers vif* ou au *Guiers mort* donna
encore lieu à de longues contestations, qui ne furent définitivement terminées que par le traité de Turin, le 24 mars 1760.

[4] Cf. Thomassin, *Registre delphinal*, fol. 82 v°. L'échange
était d'ailleurs en contradiction formelle avec l'art. 38 du Statut,
d'après lequel le Faucigny ne devait jamais être démembré du
Dauphiné.

nois, qui avait succédé à Henri de Villars, fut soupçonné
de trahison. « Les Etats, dit Guy Allard, ne furent point
contents de cet échange. Ils firent leurs remontrances
au roi et au dauphin... : en ce que le comte de Savoie
donnait, il n'y avait pas 12 chevaliers et au plus 60 nobles propres aux armes, et en ce qu'on lui cédait, il y
avait... plus de 700 hommes d'armes. Ceux qui signè-
rent ces remontrances furent Guillaume Artaud, seigneur d'Aix, etc... [1]. » Par les noms qu'il cite et le genre
de réclamations formulées, il est facile de voir que les
nobles seuls ont dû protester, inutilement d'ailleurs.
C'est la guerre de Cent ans, ce sont les dangers et les
malheurs qu'elle entraînera à sa suite, qui vont provoquer la convocation des trois Ordres et l'établissement
d'une institution nouvelle, favorisée sinon introduite directement par la royauté, en quête de ressources financières et d'appui moral. L'intervention des Etats est à
peu près certaine à partir de 1357; dix ans plus tard, ils
seront déjà presque complètement organisés lorsque
Charles V, vainqueur des Anglais, et après lui le gouvernement despotique des oncles de Charles VI, mettront
une première fois leur prérogative essentielle en péril.

§ II. **Le dauphin Charles, régent du royaume après la bataille de Poitiers ; premier subside en 1357 :** *La guerre. de
Cent ans et les finances royales. — Le désastre de Poitiers,
Etats généraux de 1356-1358, situation du dauphin Charles,
régent du royaume ; il fait appel aux Etats provinciaux. —
Les Dauphinois lui accordent un « don gracieux » de 1 florin
par feu ; contribution personnelle d'une partie du clergé et
des nobles ; convocation de l'arrière-ban hors de la princi-*

[1] *Bibl. hist.*, I, 484. Voir aussi *Dict.*, II, 274.

pauté. — La recette est centralisée entre les mains du tréso-
rier général ; lenteur et difficultés du recouvrement.

En avril et mai 1351, le roi Jean, n'ayant pu obtenir
des Etats généraux les ressources dont il avait besoin
pour reprendre la guerre contre les Anglais, « convoqua
une série d'assemblées provinciales qui, moyennant de
belles promesses et de larges concessions, s'engagèrent
enfin à financer ». Fit-on appel au Dauphiné? Rien ne le
prouve. De même en 1355 pour la continuation de la
guerre, et en 1360 pour la rançon du roi [1]. En effet, la
principauté relevant de l'Empire, on ne pouvait invoquer
ici la vieille coutume féodale qui obligeait les vassaux à
contribuer au paiement de la rançon du seigneur fait
prisonnier, car, le seigneur, c'était le dauphin Charles et
non le roi Jean. Cette observation a une grande importance : elle va nous donner l'explication et la raison
d'être du premier subside constaté d'une façon certaine
par les comptes des trésoriers.

Après le désastre de Poitiers (19 sept. 1356), l'irrita-
tion populaire se déchaîna un peu partout contre les nobles; ses grondements ou ses éclats se firent entendre
jusque « en Savoie, Dauphiné et Avignon [2] ». Charles
prit le pouvoir avec le titre de lieutenant du roi; il se
heurta aussitôt à un esprit de résistance aggravé de vagues intentions révolutionnaires. Les Etats généraux de
Langue d'oïl, réunis à Paris en octobre et novembre
1356, imposèrent tout un plan de réformes; ceux de
Languedoc, assemblés à Toulouse le 15 octobre, votèrent
bien une aide, mais levée et administrée par eux et pour

---

[1] Cf. R. Delachenal, II, 330 ; Lavisse, IV-I, 95, 160.
[2] Denifle, II, 128, 135.

la défense du Midi seulement. Le dauphin, « qui n'aimait pas à voir de près les orages », se rendit à Metz auprès de son oncle, l'empereur Charles IV; il lui prêta hommage pour le Dauphiné, dont il reçut l'investiture le 1er janvier 1357, avec le titre de vicaire impérial [1]. Fort de l'autorité nouvelle qu'il venait d'acquérir, le jeune prince pouvait désormais plus facilement faire appel à ses sujets dauphinois dans les difficultés exceptionnelles où il se trouvait engagé. Il entrait, en effet, dans les vues de sa politique de s'appuyer sur les Etats provinciaux contre la révolution parisienne. Celle-ci poursuivait sa marche par « une série d'empiétements sur la prérogative royale ». Les Etats généraux du mois d'avril 1357, en rébellion ouverte contre l'ordre du roi Jean qui venait d'interdire leur réunion, commencèrent à tomber en défaveur. Charles alla en Normandie chercher des subsides qui lui furent accordés [2]; il en demanda aussi au Dauphiné.

Le premier compte du trésorier Philippe de Gilliers, du 19 décembre 1355 à la Toussaint 1357, mentionne la « recepte du subside ou don gracieux d'un florin pour feut et autres dons faits universalement à nostredit sei-

---

[1] P. Fournier. 467 ; Denifle, II. 141. Au sujet des vicariats que les Empereurs concédaient — moyennant finance et pour affirmer leurs droits de suzeraineté — aux princes qui régnaient de fait sur des territoires dépendant théoriquement du Saint-Empire, voir P. Fournier, 477-481.

[2] Coville, *op. cit.*, 85 ; Denifle, II, 139. Les Etats généraux de févr. 1358 interdirent toute réunion locale, afin d'empêcher le prince de trouver des secours par ce moyen ; mais « la province restait fidèle contre Paris ». Lavisse, IV-I, 127-129. Sur le *mouvement de réaction*, qui aurait été ainsi favorisé par la *loyauté des assemblées provinciales*, voir R. Delachenal, I, 353.

gneur en son Dalphiné [1] ». Les comptes suivants précisent que ce *don gracieux* fut concédé en 1357 et levé
en plusieurs fois; mais par qui et comment fut-il accordé ? Le dauphin était représenté dans le pays par le
gouverneur, fonctionnaire français, qui était naturellement porté à y introduire les habitudes fiscales usitées
en France [2]; il en partageait la haute administration
avec le Conseil delphinal. Or, les aides ne devaient être
levées plus ou moins directement par Charles V, dans le
royaume, qu'après 1367; à plus forte raison, en Dauphiné, ni le gouverneur ni le Conseil ne pouvaient-ils
ordonner eux-mêmes, dix ans plus tôt, une imposition
si contraire à l'exemption accordée en 1341 par Humbert II et reconnue formellement en 1349-1350. Ils
durent, par conséquent, faire appel aux intéressés pour
obtenir leur assentiment [3].

---

[1] Arch. de l'Is., *Compte* n° 2, fol. 19 v°. En tête du compte
de 1372, Bernard de Montlhéry note ainsi la valeur relative de
« la monnoie courante en cest an, on dit pais ; c'est assavoir :
1 franc du coing du roy nostre seigneur dalphin pour XL sols
de monnoie dalphinal, les V frans équipollens à VI florins dal-
phinaux, ledit florin valent XXXIII sols 4 deniers de ladicte
monnoie, ledit florin valent XII gros et demi. Autres petits
florins pour XXXII sols pièce d'icelle monnoie, valent XII gros,
et les V des diz florins équipollent à IIII frans, et blans deniers de XII deniers pièce ». D'après le compte de Jean de Brabant, en 1389, 1 franc valait 40 sols de monnaie delphinale,
1 écu d'or couronné 45 sols, 1 florin delphinal 33 sols 4 deniers,
1 florin petit 32 sols, et 1 florin courant 30 sols. En 1388, on
comptait 5 liards pour 1 bon gros et 4 liards pour 1 petit
gros.

[2] C'était alors Guillaume de Vergy, nommé le 6 octobre 1356 ;
il mourut à Romans le 5 juin 1361 et fut remplacé par Raoul
de Louppy.

[3] Les comptes des trésoriers et les comptes de châtellenie

De quelle manière eut lieu cette consultation ? Les trois Ordres furent-ils réunis ensemble ou séparément, en un ou plusieurs lieux ? Faute de textes précis, on en est réduit aux conjectures. Le subside fut peut-être consenti par des réunions locales et des assemblées de châtellenie, comme en 1341, puisque outre le « don gracieux » de 1 florin par feu, le dauphin reçut encore *d'autres dons*, sur lesquels nous ne sommes pas renseignés[1] ; en raison de la lenteur et des difficultés du recouvrement, on inclinerait même à penser que l'adhésion ne fut pas absolument unanime, surtout parmi les clercs et les nobles, dont quelques-uns au moins payèrent, non seulement pour leurs hommes mais aussi pour eux-mêmes, comme sous Humbert II[2]. Les comptes de Phi-

portent que ce fut un *don gracieux*, un *don gratuit, fait. accordé au dauphin.* Cf. *Compte de la châtell. de Vizille, 1357-1359*, fol. 51 : « Item computat recepisse a probis hominibus universitatis castellanie Visilie, per manum mistralium, *pro dono gratuito facto d. nostro dalphino, anno currente 1357, per universitatem hominum et personarum dicte castellanie*, 500 fl. ». *Compte de Graisivaudan, 1359*, fol. 40 : « *De dono gratioso facto, in anno LVII°, domino*, per illos de burgo et mandamento Mure, usque ad summam 560 fl., non computat quia non recepit et sciatur qui recepit » ; fol. 74, Corps : « *De centum florenis datis domino pro dono gratioso...* » ; fol. 62, Oisans : « Item recepit *de donis gratuitis factis domino, in anno LVII*, per gentes *universitatum dicte castellanie*, 1.200 fl. ». « Les Etats, dit Guy Allard (*Bibl. hist.*, I, 308), assemblés en cette ville (Grenoble) le 17 juin 1357, délibérèrent de fournir quelque somme pour la rançon du Roy Jean... » ; il se trompe probablement pour la destination du don gratuit (la rançon ne fut fixée qu'en 1360) : mais la réunion d'Etats et la date pourraient être exactes.

[1] Les comptes portent tantôt 1 fl. par feu, tantôt une somme fixée d'avance pour un noble, un clerc ou une communauté, et qui pouvait ne correspondre qu'approximativement au nombre exact de feux.

[2] *Comptes des trésoriers*, n° 2, fol. 19 et suiv. : « De Pierre

lippe de Gilliers notent simplement la recette des châtellenies domaniales et du clergé, dans les sept judicatures du Graisivaudan, Viennois et Terre de La Tour,
Viennois et Valentinois, Baronnies, Gapençais, Embrunais, Briançonnais; quant aux nobles on n'y trouve guère
que ceux du Briançonnais et de l'Embrunais. Nous
savons, d'autre part, que l'arrière-ban fut appelé et que
des gentilshommes dauphinois, — venus jusqu'à Paris
au « mandement » du régent, contrairement à un autre
de leurs privilèges non moins formel que l'exemption de
la taille, — se trouvaient dans l'armée qui menaça la
capitale en révolte. Furent-ils pour cette raison exempts
du subside¹ ?

de Moret, prieur de Romete, pour don universel *pour li et ses
hommes*, pour tout LXX flor. petit poids ; de Guill. de Bardonnêche, sire en partie de Bardonnêche, *pour li et pour ses
hommes...* ; de Lantelme de Saint-Marcel, chevalier, sire d'Aven-
son, *pour li, pour ses hommes et vassals*, pour chacun feu, 1 flor. ;
de Guill. d'Embrun, Jehan Baratier, Guigo de Sabine, Georges
de Prunières... *pour eulx et leurs hommes...* ; *du prieur et
hommes* de Saint-Michel de Connexe... » ; mais c'est là l'exception ; d'ordinaire le trésorier ne porte que la recette de leurs
hommes : « Des hommes du Chapitre de Saint-André et de l'évêque de Grenoble à Saint-Martin-le-Vinoux... ; des hommes du
prieur de Chartreuse... du prieur de Chalais... du doyen de
l'église de Gap en Champsaur » ; les habitants de la ville d'Embrun versent 400 fl. ; la recette de « *l'évêque et habitans de la
ville de Gap* » est restée en blanc.
¹ Inv. ms., *Gener.*, II, 405. Art. 13 du Statut. Delachenal, I,
386. Le dauphin était même sur le point de se retirer dans sa
principauté, lorsque Etienne Marcel, qui avait recherché l'alliance des Jacques et du roi de Navarre, fut tué le 31 juillet 1358.
« Déjà les ordres avaient été donnés pour le départ ; les voitures
du convoi étaient prêtes et devaient partir les premières dans
la nuit du 30 au 31 juillet. Mais, avant d'en venir à cette extré-
mité, Charles avait fait un vœu solennel à Dieu, à la Vierge et
à saint Denis... ». Delachenal, *loc. cit.* et 448.

Le recouvrement des deniers fut opéré par les châtelains ou les mistraux dans le Domaine [1], par les clercs et
les nobles sur leurs hommes, et le tout versé au trésorier
général [2]. La recette se fit en plusieurs termes, de 1357 à
1362 [3]; les « arrérages » en sont disséminés dans les
comptes des trésoriers jusqu'après 1380; certains nobles
ne se mirent en règle qu'au début du xve siècle. Les
Dauphinois avaient cru le régime des tailles extraordinaires définitivement aboli; pour les y habituer de nouveau, il faudra non seulement des circonstances exceptionnelles d'intérêt général mais encore les nécessités de
la défense locale, vaguement prévues par l'article 18 du
Statut delphinal.

§ III. **Les Compagnies dans le Sud-Est ; second subside
en 1364 :** *Les routiers ; en 1362, la défense est organisée par
le gouverneur, R. de Louppy, et une assemblée de nobles et
de prélats tenue à Romans.* — *En 1363, le pape provoque
des réunions de prélats et de nobles du royaume d'Arles, à
Montélimar, et invite les ecclésiastiques à contribuer à la défense commune.* — *Subside d'un demi-florin levé en 1364 par
un receveur général et des receveurs particuliers ; les nobles,
tenus de se faire défrayer par leurs hommes, tendent à laisser
retomber toute la charge du subside sur les châtellenies delphinales, qui, de leur côté, mettent peu d'empressement à
s'acquitter.*

Après le traité de Calais (24 oct. 1360), les routiers,

---

[1] Quelquefois par des notaires, comme Guill. Mazelier à
Serres.

[2] Seul, Guill. de Salve, de Nyons, fut « commis à recevoir
le subside » dans les Baronnies, comme plus tard les *receveurs
particuliers* dans chaque judicature.

[3] Le mandement de La Mure paya 570 fl. en 7 versements,
dont un de 20 fl. pour « XXIIII hommes francs.... donné à
part, pour ce qu'ils ne vouloient contribuer avec le commun ».
Voir aussi B. 3173.

soldats sans travail, s'organisèrent en « compagnies » et continuèrent à guerroyer pour leur propre compte. Déjà, en 1357-1358, Arnaud de Cervole, dit l'Archiprêtre, avait franchi le Bas-Dauphiné en allant combattre dans la Provence[1]. Quand les régions du Centre eurent été ravagées, la « Grande Compagnie », attirée par Avignon, envahit le Sud-Est, jetant l'effroi au sein de la cour pontificale. En vain le pape supplie Raoul de Louppy et Amédée VI d'arrêter les redoutables pillards. Dans la nuit du 27 au 28 décembre 1360, ils enlèvent d'assaut Pont-Saint-Esprit. Assiégés à leur tour dans cette place, ils traitent pour 14.500 florins d'or et vont les uns en Languedoc, les autres en Italie. Mais ils n'y restent pas longtemps : en 1362, les premiers reviennent de France; les seconds sont signalés en Piémont[2]. Pour concerter et organiser la défense, *une assemblée générale de prélats et de chevaliers bannerets* se réunit à Romans, le 29 janvier 1362[3]. Le danger commun fit oublier les anciennes inimitiés, et l'on résolut de s'adresser à la Savoie pour avoir son concours; l'écrasement de l'armée royale à Brignais[4] hâta la conclusion d'une alliance avec le Comte Vert, venu peu après en pèlerinage à Saint-Antoine;

[1] 'On soupçonnait, dès lors, la politique française d'avoir des vues sur les terres de la reine Jeanne. Cf. *Choix de doc.*, 146; Denifle, II, 192-209; Chérest, *L'Archiprêtre*, in-8°, Paris, 1879, 29-64; Guigues, *Les Tard-Venus en Lyonnais...*, in-4°, Lyon, 1886.

[2] Cf. *Compte de Raoul de Louppy*, n° 62.

[3] B. 3137. Cf. J. Cordey, 163-164.

[4] « Horrenda cassatio », 6 avril 1362. Cf. *C. de R. de Louppy*, p. 18 : « La desconfiture de Brignais fut moult doubtable et espouventable ou pais du Dalphiné, et pour ce les gens d'icelluy mis en grant effroy. »

grâce au renfort qu'il envoya, le gouverneur put faire garder tous les « ports et passages » du Rhône [1].

En 1363, nouvelles menaces du côté du Piémont. Les villes et les bourgs de l'ancien royaume d'Arles, qui avaient joui jusqu'alors d'une certaine sécurité, prirent aussitôt leurs dispositions pour s'entourer de murailles ou relever leurs fortifications [2]. Mais il devenait urgent de substituer une action collective à ces efforts isolés. Sur l'initiative d'Urbain V, des *réunions de prélats et de nobles du Comtat, de Provence, Dauphiné et Savoie* eurent lieu à Montélimar, au mois de novembre. Après de laborieuses négociations, on signa un traité d'alliance et une taille fut décidée pour solder les hommes d'armes; le pape invitait les ecclésiastiques à y contribuer [3]. En Dauphiné, on leva un subside d'un demi-florin ou 6 gros par feu, non sans peine et avec beaucoup de lenteur, en 1364. Fut-il consenti par une assemblée des trois Ordres? C'est très probable, comme on le verra par les lettres de Charles V du 22 août 1367, et comme on peut l'induire de certains détails : il y eut, en effet, un receveur général avec des receveurs particuliers du subside au moins dans plusieurs judicatures, et des *ordonnances* furent

[1] *Bull. Acad. Delph.*, 1880, p. 42. On dut encore mettre les frontières en état de défense contre le marquis de Saluces et son frère Galéas, qui avaient envahi le Briançonnais (fév. 1362 ; août-nov. 1363). *C. de R. de Louppy*, nᵒˢ 94, 96 et 100.

[2] La vallée de la Drôme, en particulier, était devenue une des routes les plus fréquentées pour passer en Italie ; la ville de Die fut mise à l'abri d'un coup de main. Denifle, II, 424 ; J. Chevalier, *Essai hist. sur l'Eglise et la ville de Die*, t. II, Valence, 1896, in-8°, p. 262.

[3] B. 2904, fol. 162 ; J. Chevalier, I, 357 ; Denifle, II, 441.

faites[1], d'après lesquelles les nobles, tenus de prendre
personnellement les armes, devaient en outre contribuer
pour leurs hommes, en se faisant payer leurs gages par
eux. Plusieurs réussirent à échapper à cette décision des
Etats. On comprend, dès lors, que les châtellenies domaniales, sur lesquelles on laissait retomber les frais de la
défense commune, aient mis peu d'empressement à
s'acquitter[2].

[1] Telle sera la pratique et la terminologie même, usitées par
les Etats, quand les documents nous permettront de constater
d'une façon certaine leur fonctionnement.

[2] *Comptes des trésoriers*, nᵒˢ 13, fol. 31, et 18, fol. 27 vᵒ. C. de
R. de Louppy, nᵒ 52, « *subside de 6 gros par feu octroié
l'an 1364 pour la deffense du pais Dalphinal* » ; p. 62, Renier
Couppe, « exactor generalis subsidii Dalphinatus » ; nᵒ 57, Jean
du Pont, receveur en Graisivaudan ; nᵒ 56, Fr. Chaix, receveur « en la jugerie de Briançonnois ». Cf. B. 4398, fol. 87-89 :
*Restes à payer du subside de 6 gros par feu accordé pour la dé-
fense de la patrie.* Le compte de Renier Coppe constate que les
hommes de l'abbé de Saint-Antoine n'ont rien versé, de même
9 hommes « qui dicuntur franchi » dans la châtellenie de Pi-
sançon..., etc. Les nobles devaient contribuer pour leurs hommes
« juxta ordinationes » ; certains n'ont rien payé et se sont fait
défrayer largement pour leur service (*ymo de pecunia soluta
per homines dalphinales receperunt magnas pecunias pro suis
gagiis custodie, quas a suis hominibus recepisse debuissent*). De
son côté, Barthélemi Tournier, receveur en Viennois et Terre
de La Tour, n'a pu recouvrer 65 fl. des hommes delphinaux de
La Tour, 42 fl. de ceux de Saint-Symphorien, etc. Le 7 mars 1364,
le pape insistait vainement auprès des prélats, nobles et communautés, pour hâter le payement de la taille ; il en fut réduit
à excommunier les Compagnies et à prêcher la croisade contre
elles (bulle *Miserabilis nonnullorum*, 27 mai 1364 ; bulle *Clamat
ad nos*, 5 avril 1365, cf. Denifle, II, 447). Les sujets des nobles
et même des alleutiers finiront par être taxés régulièrement
comme ceux du dauphin ; mais les troupes levées pour la défense du pays étant soldées au moyen du subside (en 1375 un
banneret recevra 40 fl. par mois, un chevalier 30, un écuyer 15),

§ IV. Troisième subside en 1365 pour le passage de l'Empereur et la continuation de la lutte contre les routiers.

Sur ces entrefaites, l'empereur Charles IV, voulant rappeler le souvenir de sa lointaine suzeraineté dans la vallée du Rhône, vint, avec une nombreuse et brillante escorte, se faire couronner solennellement dans l'église Saint-Trophime d'Arles, en 1365. Le 7 mai, R. de Louppy nomma deux commissaires, Eymeric Leuczon et Morard d'Arces, pour s'occuper des approvisionnements; le 9, il enjoignit aux châtelains delphinaux de fournir tout ce dont ils seraient requis; on leur en tiendrait compte dans la levée du subside d'un demi-florin imposé à cette occasion, mais qui ne pouvait être recouvré à temps[1]. Charles IV était à Grenoble le 14 mai; il y repassa vers la fin de juin. Le gouverneur en profita pour lui demander la délégation de la souveraineté impériale dans le royaume d'Arles[2]. Ces négociations n'aboutirent à aucun

on ne peut pas dire que *la taille était l'équivalent en argent du service militaire.*

[1] « *Cum ordinatum fuerit certum levari subsidium in patria Dalphinatus pro adventu domini Imperatoris,* quod subsidium ita breviter levari non posset, potissime quia dicti d. Imperatoris instat adventus... » B. 3173. Cf. *Trois-Doms,* CXX-CXXII, 682, 688. *Comptes de châtellenie,* n° 157, *Graisivaudan,* 1367 : « ... *ratione cujusdam subsidii ibidem indicti, de anno LXV, ex causa provisionis et adventus d. Imperatoris* »; voir aussi n° 155, fol. 67, *Allevard;* fol. 71, *Vizille;* fol. 125 et 134, *La Mure.* Outre du blé, de l'avoine, etc., le châtelain de Vizille fournit 49 poules « in adventu », 32 poules et 6 poulets « in regressu » ; celui de La Mure, du blé, des poules, des œufs, du poisson. Le roi de Danemark venait de traverser le Graisivaudan peu de temps auparavant, *Compte,* n° 154, fol. 10, *Montbonnot.*

[2] « Il s'agissait, notamment, par des concessions habilement rédigées, d'attribuer au dauphin la juridiction suprême sur Vienne

résultat: Charles IV affirma, au contraire, son autorité par de nombreuses faveurs accordées aux monastères, aux églises et aux seigneurs, au point d'inquiéter les gens du roi-dauphin [1]. Les frais de sa réception, dépenses et cadeaux, furent couverts par le subside accordé « pour cause du joyeux advènement de l'Empereur des Romains [2] », qui servit aussi à payer les hommes d'armes levés pour repousser, avec l'aide de la Savoie, une nouvelle attaque des routiers [3].

Le pape s'était concerté avec l'Empereur pour en débarrasser le pays; Charles IV avait promis de leur accorder libre passage, s'ils voulaient aller combattre les Turcs en Hongrie. Mais les déprédations qu'ils commirent en Lorraine obligèrent les villes à fermer leurs

---

et ses châteaux (ce qui lui donnerait un titre légal pour briser l'indépendance de l'archevêque), l'hommage des grands propriétaires d'alleux, tels que les Roussillon ou les Saint-Vallier, la suzeraineté non seulement sur le comte de Valentinois et l'évêque de Valence, mais encore sur les comtes de Provence, de Savoie et de Genevois. » P. Fournier, 475.

[1] *Choix de doc.*, 161 ; P. Fournier, 470. Guy Allard (*Bibl. hist.*, I, 308) retombe, à ce sujet, dans sa confusion habituelle des Etats avec le Conseil : « Les Etats, dit-il, se plaignirent, etc. »

[2] Cf. *C. de R. de Louppy*, nᵒˢ 34, 77, et *Comptes des trésoriers*, nᵒˢ 12 et 13, fol. 11. Il fut sûrement voté dans une réunion d'Etats, comme on le verra plus loin.

[3] Cf. *Inv. ms., Gencr.*, I, 80 : Lettres des capitaines généraux commandant les frontières du Dauphiné, *commissaires pour la levée des deniers pour la sûreté desdites frontières...* le seigneur de Châteauneuf et Guill. Allemand pour le Viennois et Valentinois, Didier, coseigneur de Sassenage, et Gilles Benoît pour le Graisivaudan, Guigue de Savines pour l'Embrunais, Guill. Ogier et le seigneur de la Roche pour le Gapençais, Guy de Morges, seigneur de Barret, pour les Baronnies, 5 oct. 1365.

portes ; l'Empereur lui-même vint les arrêter avec une
armée, et, dès les premiers jours de juillet, ils durent
rebrousser chemin. Heureusement, au mois d'août, Du
Guesclin organisa son expédition en Espagne. Quelques
bandes isolées restaient encore dans le Lyonnais et autour
d'Avignon en 1366; elles furent enrôlées, l'année suivante, par le duc d'Anjou, pour aller batailler en Provence contre la reine Jeanne. Le Sud-Est ne retrouva
une sécurité momentanée qu'à la fin de 1369, lorsque
recommença la guerre anglaise [1].

[1] Cf. Denifle, II, 428 et 478.

CHAPITRE III

ORGANISATION DES ETATS

DURANT LA PREMIÈRE PARTIE DU RÈGNE DE CHARLES V

(1366-1369).

§ I. **Etats de 1366-1368** : *Affaire des châteaux laissés en gage au comte de Savoie par Aymar de Valentinois. — Les trois Ordres se préoccupent du serment à imposer au gouverneur et de la confirmation de leurs franchises à demander au roi-dauphin ; ils proposent à Charles V de voter 30.000 florins pour le rachat des châteaux retenus par le comte de Savoie et pour la défense du pays, à condition qu'il confirmera et complétera leurs libertés; réponse de Charles V; confirmation générale et extension des privilèges contenus dans le Statut delphinal. — Etats du 27 octobre 1367 : les Elus ; concession du subside ; il sera payé par les hommes du Domaine, ceux des nobles et des gens d'église, ainsi que par les clercs, les alleutiers et les nobles qui n'ont pas juridiction ; les veuves et les orphelins pauvres sont exceptés ; on nomme des commis répartiteurs et ordonnateurs sous la haute direction du gouverneur, de l'évêque de Grenoble et du comte de Valentinois, qui sont chargés d'entendre les comptes ; on désigne un receveur par judicature ; difficultés du recouvrement. — Convocation des représentants du Briançonnais, de l'Embrunais, du Gapençais et des Baronnies à Romans, le 11 août 1368. — Nouvelles faveurs du roi-dauphin.*

Après le traité de 1355, Aymar de Poitiers avait laissé en gage au comte de Savoie les châteaux des Avenières, de Dolomieu, de Voiron, de Faverges et de La Palud, pour une somme de 50.000 florins empruntés par le dauphin. Le comte de Valentinois aurait donné cette garantie à l'insu du prince [1]. Les recherches commencées, en 1364,

---

[1] J. Cordey, 130, 168 et 200-202. Thomassin insinue qu'il fut gagné par des présents.

sur l'état du Domaine, mirent Charles V au courant de ce
fait ; il fit arrêter l'ancien gouverneur ; le parlement de
Paris le condamna à payer 1.000 marcs d'argent et à
restituer ce qu'il avait livré indûment à la Savoie pendant sa lieutenance ; « de quoy néanmoins le roi lui
accorda absolution, par lettres du mois d'août 1368 »,
après avoir transigé pour 15.000 florins d'or [1]. Amédée VI rendit les châteaux qu'il tenait en gage et fut
remboursé au moyen d'un subside voté en 1367, dans la
première réunion d'Etats dont le procès-verbal abrégé
ou acte final nous soit parvenu [2]. Ce document très important va nous permettre de préciser un certain nombre de
points, restés encore un peu douteux jusqu'ici.

L'article 52 du Statut delphinal avait prévu, en 1349,
le serment que tout nouveau dauphin devrait prêter, à
son avènement, entre les mains de l'évêque de Grenoble
ou de l'abbé de Saint-Antoine. On ne pouvait soupçonner
alors, que pendant un siècle, — sauf de rares appari-
tions, — les dauphins ou rois-dauphins seraient toujours absents de leur principauté [3] et s'y feraient remplacer par des gouverneurs. Trois de ces nouveaux
fonctionnaires [4] avaient déjà administré le pays sans être
liés par aucun engagement au sujet des libertés delphi-

---

[1] B. 3489. *C. de R. de Louppy*, n° 82. Cf. J. Chevalier,
I, 365.

[2] B. 2959, fol. 37. *Ordonn. des rois de France*, t. V, p. 84.
Cf. *Comptes des trésoriers*, n° 10, fol. 7 : Subside de 1 fl. par
feu « pour raimbre (recouvrer) les forteresses du Daulphiné, que
tenoit en gaige le conte de Savoye ».

[3] Jusqu'en 1447, à l'arrivée de Louis II.

[4] Aymar de Poitiers, qui avait succédé à l'archevêque de Lyon,
Henri de Villars, Guillaume de Vergy (6 oct. 1356) et Raoul de
Louppy (7 oct. 1361).

nales. Les baillis, juges et châtelains, astreints au serment par l'article 53 du même Statut, s'autorisaient de ce fait pour s'en dispenser eux aussi, et en prendre à leur aise avec les privilèges locaux. D'autre part, Jean le Bon était mort le 8 avril 1364 ; le *roi de France Charles V* pouvait oublier les promesses du *dauphin Charles Ier*. Ne venait-il pas d'ordonner relativement aux portions du Domaine aliénées par ses prédécesseurs, Humbert II et Guigue VIII, des informations en vue d'appliquer en Dauphiné le principe d'inaliénabilité, qui tendait à s'établir en France[1] ? Il importait d'aviser sans retard. De tout temps les *libertés* avaient été achetées à beaux deniers comptants ; leur confirmation et « ampliation » pouvaient être obtenues par le même moyen.

A la fin de 1366 ou au début de 1367[2], les représentants des trois Ordres[3], gardiens naturels des privilèges de la principauté, offrirent au roi de voter 30.000 florins pour le rachat des châteaux retenus par le comte de Savoie, avec d'autres sommes pour la défense du pays, à condition qu'il confirmerait, compléterait et ferait observer

---

[1] *Ordonn.*, IV, 360 et 497. Voir les remarques critiques faites par Guiffrey, p. 133.

[2] « Nobis *nuper* oblata supplicatio », lettres du 22 août 1367. *Ordonn.*, V, 64. Cf. B. 2959, fol. 37, *Ordonn.*, V, 80 : « Cum prelati... *nuper*... concesserunt », Etats du 27 oct. 1367. Le mot *nuper* a été omis dans les *Statuta*, fol. 85 v°.

[3] C'est-à-dire les *prélats et religieux*, les *barons et nobles* (spécialement les vassaux du dauphin) et les représentants des *communautés domaniales*. Les *trois Ordres* ne seront vraiment constitués que vers la fin du XIVe siècle; jusque-là, nous continuerons à employer, par anticipation, ce terme consacré par l'usage.

leurs franchises. Comme ils ne pouvaient établir aucun
impôt sans son autorisation, et que, d'autre part, l'expérience des précédents subsides leur avait montré la
nécessité d'assurer une répartition plus large et plus
équitable, surtout en ce qui concernait le clergé et la
noblesse, ils envoyèrent une ambassade[1] lui demander
la permission « d'élire sous son autorité certaines personnes chargées de répartir et de percevoir les tailles
qu'ils avaient l'intention de lever, soit pour le payement
du don gratuit, soit pour mettre en état de défense leur
patrie contre l'irruption des routiers, soit pour d'autres
dépenses ». Le 22 août 1367, Charles V leur permit de
se réunir « *ensemble ou séparément, à la manière
accoutumée*[2], une ou plusieurs fois, selon que tous ou
seulement une partie d'entre eux le jugeraient à propos,
et d'élire, par bailliages ou judicatures, des *commis* qui
auraient le pouvoir de péréquer, lever et distribuer les
deniers, de délivrer les quittances et de faire tous les
actes nécessités par leurs fonctions ; l'argent du subside
devait être employé uniquement au rachat des châteaux
et à la défense locale ; les commis ne pourraient engager
aucune dépense sans l'autorisation d'un certain nombre
de délégués des Etats désignés à cet effet et sous l'autorité du gouverneur ; ils leur rendraient également
compte, *et non à d'autres*[3], de la recette et de son emploi,

---

[1] Elle comprenait, outre le gouverneur, Guigue de Morges,
Amédée de La Motte et Humbert Granet ; cette ambassade fut
nommée « *de communi consensu majoris partis banneretum, nobilium et universitatum* ».

[2] « *Simul vel divisim... more solito congregati...* »

[3] Ainsi se trouve écarté le contrôle de la Chambre des
Comptes.

en temps opportun ; le tout sans préjudice des immunités du pays ». Les trois Ordres s'étaient donc réunis déjà à diverses reprises [1], mais le fonctionnement de leurs assemblées et la nouvelle organisation financière n'étaient pas encore bien fixés. Les Etats de 1367 allaient marquer un progrès considérable dans cette voie.

Charles V, dit-on, aurait été si satisfait de la libéralité des Dauphinois qu'il multiplia aussitôt lettres et ordonnances en leur faveur [2]. En réalité, ceux-ci, gens avisés,

[1] Evidemment pour voter les subsides de 1365, 1364 et 1357.
[2] Fauché-Prunelle, II, 397. *Bull. Acad. Delph.*, 1880, p. 56. Guiffrey, 306-313. Voici l'énumération de ces actes. D'abord, en août, confirmation du Statut de 1349, avec ordre au gouverneur et à tous les officiers, non seulement de l'observer désormais inviolablement « de puncto ad punctum », mais encore de redresser tout ce qui aurait pu être fait à son encontre, *Statuta*, fol. 46. *Ordonn.*, V, 34. Ensuite 8 lettres du 22 août : la première autorise, comme on vient de le voir, à nommer des répartiteurs, collecteurs et distributeurs du subside proposé, avec une commission de contrôle, *Statuta*, fol. 85 v°, *Ordonn.*, V, 64 ; la deuxième complète le Statut pour le serment du gouverneur, *Statuta*, fol., 48 v°, *Ordonn.*, V, 59. Les autres sont des confirmations ou des explications de différents articles du même Statut : Lettres du roi-dauphin par lesquelles il commet pour exiger le serment des baillis, juges, procureurs et châtelains, les personnages suivants, savoir : l'abbé de Bonnevaux et le prieur de La Côte-Saint-André pour le Viennois et la Terre de La Tour, le commandeur de Saint-Paul et le prieur de Saint-Donat pour le Viennois et Valentinois, les prieurs de Saint-Robert et de Saint-Martin-de-Miséré pour le Graisivaudan, le prévôt d'Oulx et curé de Briançon pour le Briançonnais, l'abbé de Boscodon et le curé d'Embrun pour l'Embrunais, etc., *Statuta*, fol. 84, *Ordonn.*, V, 63, Arch. de Gren., AA. 19. — Lettres qui règlent les cas où les ordonnances du roi concernant le Dauphiné seront vérifiées à Paris, *Statuta*, fol. 81 (répétées fol. 82), *Ordonn*, V, 62. — Lettres portant que l'on ne pourra arrêter les Dauphinois pour dettes fiscales, quand ils auront des biens montant à la valeur de ces dettes, ou lorsqu'ils donneront une cau-

s'assurèrent d'abord toutes les garanties désirables et, sur le rapport qui leur fut présenté par leurs ambassadeurs, mais alors seulement, ils votèrent le don gratuit qu'ils avaient simplement proposé. Les Etats se réunirent le 27 octobre[1]. Quand ils furent en possession de

tion suffisante, B. 2906, fol. 79, *Statuta*, fol. 81 v°, *Ordonn.*, V, 58. — Lettres portant que l'on ne saisira les biens des habitants du Dauphiné, en matière civile et criminelle, que dans les cas marqués par le droit, *Statuta*, fol. 46 v° (répétées fol. 83), *Ordonn.*, V, 56. — Lettres sur les monnaies, *Statuta*, fol. 86 v°, *Ordonn.*, V, 65. (Voir *ibid*, autres lettres sur les monnaies : 14 oct. 1367, V. 80; 7 sept. 1386, VII, 159; oct. 1390, VII, 378; 16 mars 1412, IX, 687). — Lettres portant que les habitants des terres cédées au roi de France, en qualité de dauphin par le comte de Savoie, jouiront des mêmes privilèges que les autres habitants du Dauphiné, *Statuta*, fol. 47 v° (répétées fol. 85), *Ordonn.*, V, 59. Tous ces actes furent confirmés par le roi-dauphin Charles VI, en avril après Pâques 1381. Le premier gouverneur qui ait prêté serment est, sans doute Jacques de Vienne, nommé en déc. 1369.

[1] Se présentèrent, pour l'Ordre des *prélats* : l'évêque de Grenoble, les fondés de pouvoirs des archevêques d'Embrun, de Vienne et des abbés de Saint-Antoine en Viennois, de Saint-Pierre-hors-la-porte à Vienne et de Bonnevaux, *représentés aussi par le gouverneur*, les prieurs de Saint-Robert, Saint-Martin-de-Miséré (Montbonnot-Saint-Martin), de Saint-Vallier, de Saint-Donat, de La Mure et de Saint-Laurent (de Grenoble). Les noms des *barons* et *nobles*, ainsi que ceux des représentants des *communautés*, sont renvoyés à la liste qui figurait à la fin du procès-verbal; elle n'a pas été transcrite sur la copie des Arch. de l'Is., B. 2959, fol. 37, ni dans les *Ordonn.*, V, 84. Cette énumération, tout incomplète qu'elle soit, suffit néanmoins pour nous faire voir qu'un certain nombre d'alleutiers, au moins parmi les ecclésiastiques, assistèrent à l'assemblée, avec les vassaux et sujets du roi-dauphin, en dépit du titre même de l'Ordonnance (Copia ordinacionum factarum super concessione trigenta milium florenorum facta *per subditos dalphinales*). Il est probable aussi que, comme dans la plupart des réunions jusqu'après 1391, les châtelains delphinaux firent partie de la représentation du Do-

l'acte confirmatif du Statut delphinal, donné à Paris au
mois d'août, et des huit parchemins authentiques signés
le 22 du même mois, le gouverneur les requit d'accomplir leur promesse. En raison de la multitude des représentants, pour faciliter et abréger le travail, on désigna
un certain nombre d'*Elus* de chaque ordre, avec pleins
pouvoirs pour délibérer et consentir au nom de tous[1].
Ces délégués se réunirent sous la direction du gouverneur, de l'évêque de Grenoble et du comte de Valentinois,
qui paraissent avoir eu la haute main sur tout ce qui
concernait le subside[2], et décidèrent ce qui suit.

1° Une taille de 9 gros par feu, le florin delphinal

---

maine avec les consuls, députés ou procureurs des communautés.

[1] Ce furent, pour les *prélats*, l'évêque de Grenoble ; pour les
barons et les *nobles*, Aymon d'Ameysin et Gui de Torchefelon,
chevaliers, pour la judicature de la Terre de La Tour ; Aynard
de Roussillon, seigneur de Tullins, Raynaud Fallavel et Aymar
de Briva, pour la judicature de Viennois et Valentinois ; Didier,
coseigneur de Sassenage, et Eymeric Leuczon, pour les nobles
du Graisivaudan ; Gui de Morges et Pierre de Véronne, pour
les nobles des Baronnies ; Guillaume Ogier et Guillaume de
Morges, pour le comté de Gapençais ; Lantelme d'Avançon et
Fassion de Prunières, pour les nobles de l'Embrunais ; *pour les*
« *universités* » *et les communautés delphinales, représentées soit*
par le gouverneur soit par leurs députés : noble Bérard Grinde
et Jean du Roux, pour le Graisivaudan ; Jean de Vallin et
Guillaume Nasset, pour le Viennois et Valentinois ; Hugonnet
de Salettes et Jean Charrière, pour ceux de la Terre de La
Tour ; Raynaud Latil et Bermond de Condorcet, pour les Baronnies ; Antoine Marron et Jean Romeyer, pour l'Embrunais ;
François Chaix et Marquiot Médail, pour le Briançonnais ;
François du Cros et Roux Perret, pour le Gapençais ; soit
1 Elu pour le clergé, 13 pour la noblesse (il n'y a pas d'Elu du
second Ordre pour le Briançonnais) et 14 pour les communautés
du Domaine.

[2] Voir le texte des articles 1, 3, 9, 10, 12.

étant compté pour 12 gros, sera répartie et levée en deux ou plusieurs termes, les riches supportant les pauvres ; à cet effet, nobles et clercs, ainsi que le gouverneur pour les hommes du Domaine, remettront, sous la foi du serment, le nombre exact de leurs feux, aux *commis répartiteurs et ordonnateurs*, d'ici à l'octave de la Saint-Martin [1] ; si le gouverneur, l'évêque, le comte et les commis constatent qu'il suffit de 6 gros pour réaliser la somme nécessaire, on ne taxera les feux qu'à 6 gros ou même à un chiffre inférieur, mais, dans tous les cas, on ne dépassera pas 9 gros [2].

2° On en fera le versement aux *receveurs* suivants, chacun dans la judicature où il séjourne : Bérard Grinde, Barthélemi Tournier, Jean de Vallin. Guillaume Armieu, Reymond Eschaffin, Antoine Marron, Fr. Chaix, chargés solidairement de la levée d'après le nombre de feux qui leur aura été indiqué [3].

3° Les clercs et les nobles qui ont des hommes, et le gouverneur pour les gens du Domaine, lèveront et payeront eux-mêmes au receveur, dans chaque judicature, d'ici à Noël, la somme exigée.

---

[1] Commis désignés : Aymon d'Amcysin et Gui de Torchefelon, chevaliers, pour la Terre de La Tour ; Aymar *de Briva* et Berlion Fallavel, chevaliers, dans le Viennois et Valentinois ; Morard d'Arces et Gilles Benoît, chevaliers, en Graisivaudan ; Guillaume Ogier et Guillaume de Morges, chevaliers, dans le comté de Gap ; Guy de Morges et Pierre de Véronne, dans les Baronnies ; Constandet de Bardonnèche, dans le Briançonnais ; Lautelme d'Avançon et Fassion de Prunières, dans l'Embrunais.

[2] On leva de fait 1 fl. d'or par feu, à cause des besoins survenus ultérieurement.

[3] Le registre B. 4398, fol. 165, précise : François Chaix dans le Briançonnais, A. Marron dans l'Embrunais, R. Eschaffin, seigneur de Piégon, dans les Baronnies.

4° Si des prélats, nobles ou religieux négligent de remettre le rôle de leurs feux et de prêter serment, ou tardent trop, les commis pourront faire procéder eux-mêmes à la recherche et à l'établissement du nombre de ces feux, aux frais des retardataires.

5° S'ils ne payent pas au terme fixé, les commis assureront la levée dans les mêmes conditions.

6° Les nobles et les hommes francs (*petits alleutiers*), qui n'ont ni juridiction ni sujets, contribueront et seront taxés comme les « populaires », tout en formant un rôle à part[1].

7° Le gouverneur fera appliquer les mêmes dispositions aux religieux et aux clercs, qui n'ont pas de justiciables ; il devra requérir de tout son pouvoir les prélats de les astreindre à contribuer[2].

8° Le gouverneur conférera aux receveurs et aux commis les pouvoirs et l'autorité nécessaires pour accomplir leurs fonctions.

9° Les receveurs ne feront aucun payement sans l'ordre exprès du gouverneur, de l'évêque, du comte et des commis ou de la majorité d'entre eux, pourvu que tous aient été convoqués ; cet ordre devra être prouvé

---

[1] Cf. B. 4398, fol. 165. *Secuntur recepte de foquis nobilium non habentium jurisdictionem.* A ce sujet, il serait intéressant de savoir si les nobles *ayant juridiction* figuraient seuls aux assemblées du pays. Voir 2ᵉ partie, art. I, *Composition des États.* Ce qui est certain, c'est que les nobles *non propriétaires de fiefs* ne seront pas admis dans le second Ordre ; nous les verrons siéger de plus en plus nombreux sur les bancs du Tiers État.

[2] Les curés des paroisses furent exempts. Cf. *C. de châtell. de Graisivaudan, 1373.* fol. 25, arrérages de 1367 : La Mure, 125 fl., dont il est déduit 19 fl. « pro curatis ecclesiarum et nobilibus dicti mandamenti ».

par des lettres patentes *des susdits gouverneur, évêque, comte* et des commis présents. L'argent du subside ne pourra être employé qu'aux dépenses prévues.

10° Les receveurs seront tenus quittes, après avoir rendu leurs comptes devant *les susdits seigneurs*, et remis ce qui leur restera comme il leur aura été ordonné [1].

11° Si un noble, un religieux ou un laïque ayant juridiction, veut payer la somme due pour les feux de ses hommes, on l'acceptera et il la récupérera ensuite, quand il voudra, sur ses justiciables qui sont peut-être trop pauvres pour qu'on puisse l'exiger d'eux à si bref délai [2].

12° Si quelque obscurité subsiste, si un doute vient à s'élever sur ce qui précède, le gouverneur, l'évêque, le comte et les commis donneront tous les éclaircissements, feront tous les changements et règlements qui leur paraîtront convenables.

13° Les veuves et les orphelins sans ressources ne seront pas taxés ; on s'en tiendra à ce sujet au serment de prud'hommes qui soient eux-mêmes contribuables.

A la fin de 1367, le *fonctionnement* des États et leur *organisation financière* autonome se trouvaient ainsi fixés dans leurs traits essentiels, avec les *Élus* d'une part, avec

---

[1] Le texte n'est pas très clair et l'on pourrait se demander s'il ne faut pas ranger les commis eux-mêmes parmi ceux qui furent chargés d'entendre les comptes. Les commis et receveurs présents jurèrent, devant le gouverneur, la main sur l'Evangile, chacun pour ce qui le concernait, d'accomplir tout ce qui était contenu dans l'ordonnance et d'exercer leurs fonctions avec diligence, fidélité et sans fraude.

[2] « ... Si vero habeant homines sine juridictione contribuant cum illis ad quos juridictio ipsorum spectabit.»

les *commis*, les *receveurs* et les *auditeurs* de l'autre. Le
gouverneur, l'évêque de Grenoble et le comte de Valentinois remplissaient les fonctions du futur *président* et
du futur *procureur général*, en même temps que celles
d'auditeurs des comptes ; avec les commis, ils étaient
aussi préposés aux payements. Les nobles et les clercs
qui n'avaient pas juridiction et les petits alleutiers restaient personnellement soumis à l'impôt. Quant aux
alleutiers souverains, ils figurent tout naturellement
dans la représentation du pays, à côté des clercs et des
nobles, vassaux du roi-dauphin, et des communautés du
Domaine ; il est certain, — pour quelques-uns au moins,
— que leurs hommes ont contribué à la défense du Dauphiné, sinon à la confirmation de ses privilèges [1]. En
principe, les uns comme les autres étaient exempts des
tailles extraordinaires, ceux-ci en raison de leur allodialité, ceux-là grâce à leurs chartes de franchises, ou
par la concession d'Humbert II confirmée et complétée
par le Statut de 1349 ; tous pouvaient et devaient également faire le sacrifice de leur immunité pour la cause
commune. C'est le développement du pouvoir delphinal
qui éloignera les archevêques de Vienne et d'Embrun,
par exemple, des assemblées des Etats ; surtout, ils ne
voudront pas supporter la charge du 'subside, quand elle
menacera de se transformer en contribution régulière et
permanente. En dépit de ces variations accidentelles, la
représentation ne tend pas moins à devenir générale et
fixe, pendant que le rôle de l'institution se précise peu à
peu.

[1] Cf. *Compte de châtell. de Graisivaudan, 1373* (arrérages du
subside de 1367).

5

La réunion semble ne s'être pas prolongée au delà du 27 octobre. Le temps pressait : on avait contracté des emprunts ; les ambassadeurs voulaient être défrayés de leurs dépenses [1]. Avant la fin du mois de novembre, les commis avaient déjà délivré plusieurs ordres de paye-ment [2]. Le rôle des feux fut établi assez vite, au moins pour le Domaine [2] ; le recouvrement des deniers fut

---

[1] B. 4398, *Comptes divers* : Ordre donné par les commis de payer 50 fl. aux consuls de Grenoble, qui les avaient prêtés ; 150 fl., avancés par Humbert Pilat « certis militibus et personis missis in Franciam, ad regiam majestatem, in exonerationem expensarum faciendarum in viagio memorato », etc. Guigue de Morges, seigneur de Barret, conseiller delphinal, apporta de Paris les 9 lettres de Charles V. Un acte du 8 mars 1369, ordon-nant de lui verser 200 fl., constate qu'il a été retenu prisonnier en chemin par les Compagñies (captus fuit per hostes impios), et qu'il n'a pu lever le subside sur ses hommes. Le 20 juillet 1370, on lui paya encore 40 fl. « pro solutione scripturarum et sigillo-rum confirmationis privilegiorum dalphinalium... que tradere re-cusabat, nisi dictorum XL florenorum solutione obtenta ».

[2] Ordre à Bérard Grinde, receveur en Graisivaudan, de payer 600 francs au gouverneur, pour son voyage à Paris en vue d'obtenir la confirmation « pactionum et libertatum dalphina-lium », — 50 fl. à Humbert Granet, « qui nuper fuit in Francia pro negotiis patrie Dalphinatus », — 100 fr. à Amédée de La Motte, « in retributionem laborum et pene que habuit propter expeditionem libertatum et privilegiorum dalph. », — 100 fr. à Guigue de Morges pour le même motif, et encore autant le 13 déc. Toutes ces ordonnances débutent ainsi : « *Radulphus, Dei gra-tia episcopus Gratianopolitanus, Radulphus, dominus de Lomp-peio, gubernator Dalphinatus, Aymarus, comes Valentiniensis et Dyensis, dilectis nostris... receptoribus deputatis in judica-turis...* », et se terminent par la formule suivante : « *Per do-minos, episcopum, gubernatorem et comitem, assistentes dominis commissariis ad hoc deputatis, expeditum.* »

[3] B. 2705, Etat des feux du Domaine dans la judicature de Graisivaudan, pour la levée du subside de 1 fl. par feu « pro redemptione castrorum que tenet comes Sabaudie occupata ». Cf. B. 4398, fol. 141, 165 et suiv. Ces diverses pièces de comp-

encore lent et difficile ; il fallut même convoquer une
seconde fois à Romans, le 11 août 1368, les représentants
d'une partie du pays [1]. Pour encourager les Dauphi-

tabilité portent la trace de multiples réclamations pour des sujets
de nobles ou de gens d'église inscrits par erreur sur les rôles des
châtellenies delphinales ; par contre, des barons s'étaient ingérés
dans la recette de ceux de leurs hommes qui étaient justiciables
du roi-dauphin. On sent les tâtonnements du premier essai d'organisation sérieuse de l'assiette de la taille.

[1] Le reçu du gouverneur pour ses 600 fr. est du 10 sept. 1368 :
celui d'Humbert Pilat pour ses 150 fl., du 10 oct. ; celui des
consuls de Grenoble, du 21 avril 1370. Le 22 juillet 1368, R. de
Louppy avertit Berard Grinde qu'il a envoyé des lettres aux
prélats, barons, nobles, châtelains et communautés du Brian-
connais, de l'Embrunais, du Gapençais et des Baronnies, pour
les convoquer le 11 août à Romans, « pro finali solutione ipsius
subsidii habenda » ; il lui ordonne d'apporter tout ce qu'il a
reçu et de presser le payement des hommes des bannerets, nobles
et églises : « Compellant *modis quibus poterint fortioribus* ad
solvendum omnia que debentur per eosdem ex dicto subsidio »,
« compellant negligentes *per captionem personarum et bonorum
et aliis modis* ». Le 2 avril 1369, on paye 16 fl. à un sergent,
qui a porté des lettres « ad compellendum et artandum illos,
qui aliqua debent pro dicto subsidio in judicatura Graisivodani ».
Quant aux receveurs eux-mêmes et aux commis, ce ne fut pas
sans peine qu'ils purent se faire liquider, assez tardivement,
leurs vacations : « *querelosa petitione intellecta* nobilium Be-
rardi Grinde, B. Tornerii et J. Vaillini, exactorum subsidii... »
12 août 1369. Tout l'argent disponible était alors employé à la
défense du Dauphiné contre les Provençaux (*Compte* n° 7,
fol. 46-49). Morard d'Arces et Gilles Benoît reçurent 52 fl.
chacun, le 16 févr. 1370. On trouve encore des arrérages du
subside de 1367 dans les comptes des trésoriers en 1389. Enfin,
par lettres données à Lyon le 25 janv. 1419, le dauphin Charles III accorda rémission à Henri, seigneur de Sassenage et
de Pont-en-Royans, pour tout ce que son oncle François « avoit
reçu des hommes de ses terres, de plusieurs subsides octroyés
par les gens des Trois Estas du pais de Dalphiné au roi Charles,
que Dieu absoille, depuis l'an 1367 jusques à l'an 1377 incluz... ». *Compte de Jean de La Barre, 1419* (n° 31).

nois à s'acquitter de meilleur gré, Charles V leur
accorda deux nouvelles faveurs, le 27 mars 1368 :
le gouverneur, remplaçant le dauphin, devait en
avoir les prérogatives utiles ; il fut confirmé dans
le droit de remettre les condamnations et amendes [1].
D'autre part, les officiers delphinaux ayant saisi certains
biens aliénés jadis par Guigue VIII et Humbert II, les
États s'étaient émus de cet acte, qu'ils considéraient
comme une spoliation ; à leur requête le roi ordonna la
restitution d'une partie des biens confisqués, reconnaissant qu'une telle saisie était contraire aux libertés
delphinales et aux clauses du transport [2].

§ II. **Guerre entre les Dauphinois et les Provençaux** (1368-
1369) : *Levées de troupes et pertes occasionnées par les hostilités. — Subside local de 2.000 florins octroyé par les nobles
du Gapençais pour racheter les châteaux occupés par la Compagnie de Saint-Georges dans le Rosanais, en 1369.*

En 1368 éclata une guerre entre Dauphinois et Provençaux, dont l'origine, demeurée longtemps obscure, a
été récemment expliquée grâce à la publication des
lettres de l'archevêque d'Embrun, Pierre Ameilh [3]. La

---

[1] *Statuta*, fol. 79 v°, *Ordonn.*, V, 104.
[2] *Statuta*, fol. 80 : *Quod tollatur appositio manus dalphinalis...*
L'acte est daté de Paris, 27 mars 1367 (1368 n. s.) ; Fauché-
Prunelle (II, 395) s'est donc trompé en lui attribuant une
influence sur les deux réunions de 1367. Le 15 mars 1367
(1368 n. s.), Charles V avait déjà décidé que la moitié du revenu de la gabelle établie sur le sel qui *traversait* le Dauphiné,
serait portée à la recette de la principauté. *Ordonn.*, V, 103.
[3] Denifle, II, 514 et pièces justif. Cf. J. Roman, *Expédition
des Provençaux en Dauphiné*, in-8°, Digne, 1889, et De Charpin-
Feugerolles, *Doc. inéd. relatif à la guerre qui eut lieu en 1368,
entre les Dauphinois et les Provençaux*, in-4°, Lyon, 1881.

politique française, après avoir atteint et même dépassé la frontière des Alpes en 1349, visait maintenant la Méditerranée. La Provence, placée sous la domination de l'étrange princesse qu'était la reine Jeanne Ire de Naples (1343-1381), semblait un territoire facile à conquérir. Le duc d'Anjou [1] l'envahit pour son propre compte, en mars 1368, avec Du Guesclin. Celui-ci avait enrôlé les routiers, toujours prêts à se battre ; il en vint de partout, même du Dauphiné où le duc avait des intelligences. Les Provençaux, croyant les Dauphinois d'accord avec lui, s'organisèrent en Compagnie de Saint-Georges, le saint anglais ; ils envahirent, au mois d'août et de septembre, l'Embrunais qui fut horriblement ravagé, et les Baronnies d'où ils pénétrèrent jusque dans le Trièves malgré les dispositions défensives prises par le gouverneur [2]. Cette guerre de dévastations et de pillage, interrompue par des négociations avec les Etats de Provence et un hiver rigoureux, recommença au printemps de 1369 ; elle ne prit fin qu'avec le traité ratifié par Charles V en septembre suivant.

Aux pertes occasionnées par l'invasion vinrent s'ajouter les dépenses qu'entraînèrent le rachat des forteresses occupées par l'ennemi, la reconstruction ou la garde des châteaux et la réparation des murailles des villes [3].

---

[1] Louis Ier, duc d'Anjou, frère de Charles V, qui l'avait nommé gouverneur du Languedoc et lieutenant général en Dauphiné. Cf. Léopold Delisle, *Mandements de Charles V*, in-8°, Paris. 1874, p. 61, et *C. de R. de Louppy*, n° 75.

[2] Cf. *Compte de Jean de Cerisy, 1368-1369 ;* B. 3007, fol. 310, et *Choix de doc.*, 181.

[3] Comme Gap et Embrun. Seules, les places fortes avaient pu échapper au pillage. Cf. Denifle, II, 527.

Contrairement à ce qui a été dit [1], aucun subside nouveau ne fut voté en 1368 ; mais Humbert Granet, nommé commissaire « super financiis recuperandis et solvendis pro facto guerrarum dalphinalium », reçut diverses sommes des collecteurs du don gratuit de 1367, comme le prouvent des actes nombreux [2]. On leva seulement, en 1369, un subside local de 2.000 florins sur les gens du Gapençais, pour racheter les châteaux du Rosanais occupés par la Compagnie de Saint-Georges [3]. Cette taille dut être d'autant plus à charge aux habitants d'une région montagneuse déjà fort épuisée, qu'au même moment, d'après le témoignage de l'archevêque d'Embrun, ils ne trouvaient plus à vendre ni grain ni bétail, à cause du départ pour Rome de la cour pontificale d'Avignon.

[1] De Charpin-Feugerolles, *Doc.*, p. 11.

[2] Cf. B. 3174.

[3] *Comptes des trésoriers*, n° 13, fol. 106 : « Subside ou don de 2.000 fl. octroyé par les nobles de Gappensois... » ; n° 14 : « Subside octroyé l'an 1369 par les gens de Gappensoiz, pour racheter, etc. ». Cf. B. 3748. Ce subside suppose au moins une assemblée locale des trois Ordres.

CHAPITRE IV

RÉACTION ADMINISTRATIVE CONTRE L'INSTITUTION DES ETATS
PENDANT LA DEUXIÈME PARTIE DU RÈGNE DE CHARLES V
ET LA MINORITÉ DE CHARLES VI
(1370-1387).

§ I. **Tentative de division des Etats ; Charles V, vainqueur des Anglais, tend à établir et à fixer lui-même le subside pour les gens du Domaine ; les clercs et les nobles tous personnellement exempts ; leurs hommes moins souvent et moins fortement taxés que les sujets delphinaux (1370-1377)** : *Victoires de Charles V sur les Anglais ; subside de 2 florins par feu accordé en 1370 au duc d'Anjou ; exemption personnelle de tous les nobles et gens d'église ; le trésorier du Dauphiné receveur général de l'aide ; les receveurs particuliers des gens d'église et des nobles contrôlés par la Chambre des Comptes. — Le gouverneur Charles de Bouville est obligé de prêter serment. — En 1373 et 1375, les gens du Domaine payent une taxe double de celle votée par les nobles ; nouvelle invasion de routiers ; les sujets delphinaux seuls taxés en 1374 ; les clercs tenus de contribuer aux tailles locales. — En 1377, les Etats refusent le concours suspect de la Savoie ; assemblées successives, taxe et procédure différentes pour les nobles et gens d'église d'une part, pour les hommes du Domaine de l'autre ; les alleutiers exempts des tailles qui n'intéressent pas directement la défense locale.*

La paix n'était pas encore assurée entre le Dauphiné et la Provence que déjà les routiers cherchaient à traverser le pays pour se rendre dans l'Ouest, où la guerre anglaise avait recommencé, mais cette fois dans de tout autres conditions, grâce à l'habileté de Charles V[1]. On

---

[1] Cf. Deux ordres de payement du 6 juin et du 26 juillet 1369 : 12 fl. à Richard de Valtravers, « cursor dalphinalis », envoyé

ne redoutait plus la lutte, on la désirait même, parce qu'on en prévoyait l'issue heureuse. Le duc de Bourgogne devait faire une descente en Angleterre, le duc de Berry opérer dans le Centre, le duc d'Anjou, aidé par le comte d'Armagnac et Du Guesclin, dans le Midi. Le patriotisme dauphinois ne pouvait rester indifférent à cette œuvre de délivrance nationale, à laquelle il était lui-même intéressé. Ce fut l'occasion d'un subside de 2 florins par feu, octroyé au duc d'Anjou, à Romans, en juin 1370 [1]. Il est très regrettable que le procès-verbal de cette réunion n'ait pas été conservé, et que l'on en soit réduit aux simples mentions des comptes des trésoriers ; car on y voit pour la première fois tous les nobles et gens d'église personnellement exempts de la taille, avec les veuves, les orphelins et les « misérables » possédant moins de 10 florins [2]. Cette concession aux membres les plus

---

successivement au duc de Milan, au comte de Savoie, à Aymar de Clermont et à Jean de Grolée « ad sciendum et explorandum statum Dispensarii et complicum ejusdem, ne terram dalphinalem subintrarent », — 500 fl. à Antoine de La Tour, sur les 1.000 fl. que les commis lui ont attribués pour ses services, « ad presentiam Dispensarii et societatum suarum Anglie et aliarum nationum obviandam, et evitandum quod dictus Dispensarius non transeat per Dalphinatum, nec dampna aliqua inferat dalphinalibus subjectis, sed per alias partes suum faciat transitum ». Arch. de l'Is., *Comptes divers.*

[1] « Subside de 2 fl. petiz... octroyé à Mgr le duc d'Anjou, frère du roy nostre seigneur dalphin de Viennois, et son lieutenant lors ou pays de la Langue d'oc et ou Dalphiné, *par les prélas, nobles et non nobles* d'icellui, à paier à 2 termes, c'est assavoir la moitié à la feste de Toussains ou dit an et l'autre moitié à la feste de Toussains ensuivant, l'an révolu, *pour les deniers d'icellui subside tourner et convertir ès guerres de nostre dit seigneur.* » Compte, n° 8, fol. 87 v°. Cf. *Trois-Doms,* 720-721 et n. 4.

[2] « Et selon l'ordenance faite par mondit seigneur le duc

influents des États avait évidemment pour but de les
gagner aux intérêts du roi, qui cherchait déjà, en Dauphiné comme en France, à confondre les recettes extraordinaires des subsides avec les recettes ordinaires du
Domaine. C'est, en effet, le trésorier général Bernard de
Montlhéry qui fut receveur du don gratuit [1].

L'institution des États est à peine organisée et déjà le
roi-dauphin, dont les affaires commencent à se rétablir,
cherche à reprendre une partie des prérogatives financières abandonnées précédemment aux trois Ordres. Il
fut énergiquement secondé dans cette œuvre par le
gouverneur, Charles de Bouville, nommé le 10 décembre 1372.

Le serment qu'on imposa à celui-ci, dès son entrée
en charge, dut lui montrer qu'il se heurterait à plus d'une

---

d'Anjou, sur le fait dudit subside exiger et lever ne au nombre
des feux cerchier et bailler... *ne doivent estre en riens compris
ains forclos gens d'églises, nobles, misérables personnes, femmes
veuves, ne orphelins, ne ayans vaillant et leur vaillant excédant
la somme de X florins.* » Les gens d'église et les nobles, qui
payèrent seulement pour leurs hommes, devaient remettre les
rôles de leurs feux à la Chambre des Comptes ; plusieurs n'ac-
complirent même pas cette formalité indispensable pour une
exacte levée de la taille : « Et en ce chapitre sont rendus les
deniers receuz et recouvrez des gens d'église et des nobles pour
leurs hommes habitans ès dites villes et chastellenies, leurs justiciables, les aucuns desquels... ont rendu en la Chambre des
Comptes dalphinal le nombre des feux de leurs diz hommes et
les autres non... » *Loc. cit.*

[1] Il le fit percevoir « per ejus gentes » dans les châtellenies
domaniales ; des receveurs particuliers élus opérèrent le recouvrement pour les hommes des nobles et des gens d'église dans
chaque judicature, mais *sous le contrôle de la Chambre des
Comptes.* Cf. B. 4398, fol. 91 ; voir *ibidem* les noms des receveurs particuliers.

difficulté. Le 26 janvier 1373, devant un certain nombre
de représentants du pays, le gouverneur ayant pris
séance en tête de l'assemblée (*sedens pro tribunali*),
Joffrey vicomte de Clermont, Fr. de Sassenage, Jean de
Grolée, Fr. de Maubec, Jean Bérenger de Morges et plusieurs autres seigneurs, au nom de la majorité des bannerets et nobles du Dauphiné, lui présentèrent les lettres
patentes de Charles V du 22 août 1367. Après les lui avoir
lues en latin, on lui en donna l'explication en français
et, pour le décider [1], on lui donna connaissance de la
forme du serment prêté par son prédécesseur, Jacques
de Vienne, le 3 juillet 1370. Bouville, pleinement instruit
de ses obligations, jura alors sur les Evangiles, présentés
par Humbert Granet, de maintenir et conserver selon
Dieu et justice, aux prélats, religieux, barons, bannerets, nobles, communautés et autres gens du Dauphiné,
tous les pactes, conventions, privilèges, libertés et franchises dont il venait d'être question, ou qui lui seraient
prouvés par des documents authentiques. Le fragment de
procès-verbal qui donne ces renseignements ne contient
pas de délibération ; mais nous savons par un ordre de
péréquation de taille envoyé au châtelain de Savines, le
30 janvier 1373, et par les comptes des trésoriers, qu'un
don gratuit de 2 florins par feu pour les hommes des
châtellenies delphinales, de 1 florin seulement pour les
hommes des nobles, avait déjà été voté, puisque l'on
commença à le percevoir le 1er janvier de la même
année [2]. Clercs et nobles demeuraient personnellement

---

[1] « Ut illud facere levius annueret. » B. 3173. *Ordonn.*, V, 60.
[2] « Pour aidier à supporter au roy, nostre seigneur dalphin,
les fraiz de ses guerres et convertir en son armée en mer »,

exempts ; leurs sujets seuls étaient taxés, moins fortement cependant que les gens du Domaine [1].

Charles V, dont le prestige s'est accru par ses victoires
sur les Anglais, dues pour une large part aux subsides
votés par les États, s'efforce maintenant de diviser les
trois Ordres, pour arriver à se passer de leur intervention. La marche à suivre semblait ici tout indiquée :
pourquoi le roi-dauphin ne fixerait-il pas la taille pour
ses hommes, comme les gens d'église et les nobles la
fixaient pour les leurs? Cette théorie sera bientôt formulée ouvertement par le Conseil delphinal. La première
étape franchie, on s'en prendrait aux hommes des vas-

Compte, n° 8, fol. 144. « Karolus de Bovilla... castellano Sabine...
Cum nuper barones... sindici et nuncii universitatum... donum gratiosum duorum florenorum duxerint concedendum..., solvendum
medietatem hinc ad primam diem instantis mensis martii et
aliam medietatem infra primam diem mensis madii..., fidelitati
vestre committimus... quod se simul valeant congregare... et
unumquemque talliare pro modo suarum facultatum et ita quod
divites alios pauperes debeant supportare, ad rationem quatuor
franchorum pro quinque florenis et trigenta duorum solidorum
dalphinalium pro uno floreno... Datum Gratianopoli, die xxx mensis januarii, anno Domini 1373 », B. 3174. Cf. État des feux
pour le subside de 2 fl. « concessi et inditi anno 1372 », B. 2706.
Dans l'énoncé, il n'est pas question des gens d'église ; mais,
comme toujours en pareil cas, il est facile de voir par le détail
de la recette qu'ils ont contribué en tant que possesseurs de
terres féodales.

[1] Les receveurs devaient opérer leurs versements entre les
mains du trésorier du Dauphiné et « compter en la Chambre des
Comptes » : Jean du Pont, « bourgeois de Grenoble », en Graisivaudan. 10.845 fl. ; Jean de Noms, dans la Terre de La Tour,
8.325 fl. ; Loys Mulet, dans le Viennois et Valentinois, 7.842 fl. ;
Pierre Robin, en Gapençais et Embrunais, 1.110 fl. ; Pierre
d'Ambel, dans les Baronnies, 2.107 fl. ; Marquiot Médail, en
Briançonnais, 2.903 fl.

saux du roi-dauphin, et l'on s'acheminerait vers la suppression de tout consentement pour les uns comme pour
les autres, en attendant que le vicariat impérial pût
donner prise sur ceux des alleutiers souverains.

S'il faut s'en rapporter aux rôles des tailles et aux
comptes des trésoriers, seuls documents qui nous soient
également restés pour l'année 1374, les prélats et les
nobles réussirent à s'affranchir de toute contribution en
argent, dans le nouvel effort que le pays dut faire pour
se défendre contre les routiers. Depuis la désastreuse
chevauchée du duc de Lancastre en 1373, les Anglais,
partout battus, se résignaient à une trêve. D'un autre
côté, les troupes soldées par Grégoire XI et les podestats
du nord de l'Italie triomphaient des Visconti [1]. Les
bandes mercenaires, venant d'abord du Piémont, refou-
lées ensuite du Midi par les victoires françaises, pénétrèrent en Dauphiné. Le 18 septembre 1374, elles étaient
sous les murs de Die, d'où elles vinrent s'établir dans le
Trièves. Grenoble redoutait leur passage; la Savoie s'in-
quiétait; une frayeur indescriptible avait saisi les populations [2]. Un subside d'un demi-florin fut octroyé au mois

---

[1] Cf. Léon Mirot, *La politique pontificale et le retour du Saint-
Siège à Rome en 1376*, in-8°, Paris, 1899.

[2] Denifle, II, 581 ; A. Prudhomme, 214 ; J. Cordey, 189. Le
fermier du Pont-de-Claix demanda aux Auditeurs des comptes
une réduction pour les entraves mises au transit, B. 3355. Les
Bretons qui se rendirent en Italie, en juillet 1375, passèrent par
Grenoble; les frères prêcheurs transférèrent leur couvent dans
l'intérieur de la ville. Denifle, II. 672 ; cf. Chorier, II, 367 ;
J. Chevalier, *Essai hist. sur l'Eglise et la ville de Die*, II, 269,
et Le Couteulx, *Annales Ordinis Cartusiensis*, VI, 158 :
« Anno 1375, transiverunt Britones per istam patriam Dalphi-

d'août, dans le Domaine, pour l'entretien de 300 lances ;
les nobles crurent, sans doute, s'acquitter suffisamment
par le service de l'arrière-ban [1]. Et lorsque, l'année
suivante, aux Etats réunis à Romans le 8 janvier, sous la
présidence du duc de Bourgogne assisté par le gouverneur, les gens du Domaine eurent encore voté 10.000 florins « pour bouter les Bretons hors du Daulphiné [2] »,
les bannerets et les vavasseurs votèrent enfin un demi-
florin ; mais, s'ils n'oublièrent pas de se faire payer pour
leur service, comme en 1364, quelques-uns attendirent
plus de quinze ans avant de s'acquitter du don gratuit [3].

nalem, magnam cladem facientes, et de mense Julii fuerunt in
Gratianopoli. »

[1] *Comptes des trésoriers*, n° 8, fol. 233 : « Autre recepte des
deniers receuz par le trésorier d'un subside de demi-florin petit
par feu... octroyé et ordené au mois d'aoust CCCLXXIIII
estre cueilli, colligé et levé sur les hommes du demaine de monseigneur le dalphin, pour convertir en gens d'armes qui furent
envoiés, ordenez et tenuz, tant en garnisons de villes et de chasteaux comme autrement, pour la deffense dudit pais dalphinal,
ycellui garder et tenir en seurté, pour raison de certaine quantité de Bretons et autres gens d'armes de plusieurs et diverses
nassions, qui lors venoient du pais de Lombardie et d'autre
part part de la guerre de notre Saint-Père le pappe, et lesquielz
s'efforçoient de entrer oudit pais dalphinal, et de fait y entrèrent
en aucunes parties. » Voir *ibid.* et B. 4398, fol. 91 v°, les noms
des receveurs de chaque judicature.

[2] Bibl. de Grenoble, R. 80, p. 526, *Choix de doc.*, 185-189,
Convocatio baronum et castellanorum Dalphinatus, simple énumération des *barons, bannerets, chevaliers, nobles, châtelains,
sindics, députés...* qui se trouvèrent à Romans, le 8 janvier 1375.
Comme dans toutes les circonstances exceptionnelles, on y voit
figurer les allentiers (gentes d. comitis Valentiniensis, d. admi-
nistratoris ecclesie Viennensis, d. Rossillionis...). Cf. Dr Chevalier, *Annales de la ville de Romans*, in-8°, Valence, 1897, p. 51,
et Chorier, II, 367.

[3] *Comptes des trésoriers*, n° 9, fol. 27, et n° 18, fol. 36.

Quand on fut délivré[1], le mouvement général de fortification des villes et des bourgades, commencé en 1363,
repris en 1369, fut poussé très activement[2]. La précau-
tion n'était pas inutile. Un certain nombre de routiers,
concentrés à Pont-Saint-Esprit en 1377, songèrent un
instant à passer dans l'Empire. Le danger fut si menaçant pour le Dauphiné, dit J. Cordey, que le comte de
Savoie essaya assez habilement de tirer parti de la situa-

La plupart furent pourtant obligés de *composer* avec la Chambre des Comptes, entre 1385 et 1388. Il faut remarquer aussi
que certaines châtellenies delphinales ne montraient pas plus
d'empressement. Cf. *Comptes des trésoriers*, nᵒˢ 9-19. Pierre
Rolant, bourgeois de Grenoble, fut nommé receveur général.
Voir les noms des receveurs particuliers pour les nobles et
pour le Domaine, B. 4398. fol. 83-85 et 92. Cf. B. 2708,
lettres de Bouville rappelant que « de consensu majoris partis
baronum et aliorum nobilium *jurisdictionem, merum et mixtum
imperium habentium* », il a été concédé un subside de demi-florin
par feu sur leurs hommes « infra fines et limites Dalphinatus
degentes » ; Jean de Verdun est chargé de contraindre les retardataires.

[1] Denifle, II, 583.

[2] Une bulle du cardinal d'Albe, du 21 oct. 1376, constate que
le roi-dauphin a adressé une supplique au pape Grégoire XI,
pour lui signaler que beaucoup de villes et de châteaux, en Dauphiné, ont besoin d'être clos, réparés ou fortifiés. De nombreux
ecclésiastiques, bénéficiers ou non, y possèdent des biens et
profitent à l'occasion des fortifications de ces villes et châteaux.
Étant données les ressources de ces ecclésiastiques et la pauvreté
des séculiers, le roi-dauphin prie Grégoire XI de les obliger à
contribuer aux réparations dans les villes et lieux où ils habitent,
pour y être taxés selon ce qu'ils possèdent. Le pape charge de
vive voix le cardinal d'enjoindre aux ecclésiastiques possédant
des bénéfices, de contribuer « in burgis, castris, locis et villis
clausis vel qui de novo clauderentur aut fortificarentur, et ubi
ipse persone cum eorum bonis et etiam populares habitant et
proprias haberent mansiones ». B. 3174. Urbain VI renouvela
cette injonction le 15 octobre 1379. B. 3272.

tion précaire où il voyait ses voisins, avec l'intention
d'étendre sur eux une sorte de protectorat. Il leur
proposa d'envoyer des troupes et de subvenir seul aux
frais de la guerre. Cette libéralité excessive les mit en
défiance : ils déclinèrent son offre et répondirent qu'ils
étaient bien décidés à défendre leur pays et capables
d'y suffire [1]. En même temps, Du Guesclin reprenait
victorieusement les hostilités contre les Anglais.
Charles V ayant envoyé à Grenoble Bernard de Montlhéry, son conseiller et trésorier général, « une patrio-
tique émulation de générosité » s'empara des Dauphinois,
malgré les embarras de leur situation personnelle. Convoqués le 12 décembre, les barons, bannerets, chevaliers
et autres nobles accordèrent, le 14, 1 franc d'or par feu
de leurs hommes *des fiefs et arrière-fiefs relevant du
dauphin* [2]. Ensuite (*ulterius*) furent mandés les consuls et
« les députés des lieux où il n'y avait pas de consuls » ;
on leur exposa ce que les nobles avaient décidé, et ils
consentirent à leur tour une levée de 2 florins par
feu sur les hommes du Domaine [3]. Ainsi les Dauphinois

---

[1] « Acceptare recusaverunt, dicentes se posse et velle custodire
Dalphinatum. » B. 3868. Cf. J. Cordey, 192.

[2] Dès qu'il ne s'agit plus de défense locale, les alleutiers se
récusent. B. 3271, fol. 61. Bibl. de Grenoble, R. 80, p. 329.
Choix de doc., 189, *Concessio doni gratuiti a nobilibus et universitatibus*, procès-verbal et liste des membres présents : on y
trouve le comte de Valentinois, Charles de Poitiers, le prévôt
de Crémieu pour la dame d'Anthon, etc. Les barons et nobles
feraient eux-mêmes la levée sur leurs hommes, pour en opérer le
versement en monnaie delphinale courante au trésorier général,
du 5 avril au 8 juillet. Le gouverneur déclarerait par un acte
officiel que cette concession ne constituait pas un engagement
pour l'avenir. Cf. *Comptes des trésoriers*, nᵒˢ 13-15.

[3] *Choix de doc.*, 192. On ne voit pas de châtelains dans les

n'avaient pas seulement pourvu eux-mêmes à leur pro-
pro sécurité sans le secours de la Savoie, ils venaient
encore en aide au roi de France. Cependant, en 1379,
Charles V voulut qu'à l'occasion le Comte Vert leur
prêtât main-forte contre les routiers, et qu'en retour on
lui rendît le même service, s'il en avait besoin ; mais les
Compagnies disparurent pour le moment de la vallée
du Rhône et les Savoyards n'eurent pas à intervenir.

La comparaison des procès-verbaux des deux sessions
successives du mois de décembre 1377, montre bien la
différence du consentement de part et d'autre. Pour les
nobles, le don gratuit est dit avoir été octroyé « *de
communi consensu et voluntate baronum... libere et
gratiose* » ; pour les consuls et députés des communautés domaniales, le texte ajoute simplement : « *Arrestatum et ordinatum fuit, ipsis presentibus et non
contradicentibus, quod subsidium gratiosum levetur et
exigatur* ». Les barons et nobles ont bien voulu accorder
1 franc d'or pour leurs hommes ; le gouverneur fixe la
taille à 2 florins pour le Domaine, et les représentants
des communautés n'ont guère qu'à s'incliner devant la
décision dont on leur fait part.

« nomina comparentium ». Les clercs vivant cléricalement et
les nobles vivant noblement étaient exempts. La taille serait
payée en deux fois, à la Saint-Jean-Baptiste et à la Toussaint,
au trésorier général, à Grenoble. Les châtelains autoriseraient
l'imposition et feraient la levée, en retenant 6 deniers par livre
« pour leur peine et le travail des notaires, mistraux ou autres
personnes ». Le trésorier, J. de Vallin, constate de nouveau
que, non seulement les pauvres (foci pauperes), mais un certain nombre de clercs et de nobles, n'ont rien payé. B. 4398,
fol. 92 v°.

§ II. Le vicariat impérial ; lutte contre les alleutiers souverains et les nobles (1378-1380) : *Importance du vicariat ;
politique du Conseil delphinal et rôle du gouverneur ; conséquences qui en résultent pour les Etats. — Caractère et œuvre
de Charles de Bouville; protestations de l'évêque de Grenoble
et des barons dauphinois. — Mort de Charles V.*

A la date de 1378 se placent un acte politique et un
événement religieux, qui allaient avoir un retentisse-
ment considérable sur l'histoire du Dauphiné : la
concession du vicariat impérial au fils de Charles V et
la division de l'Eglise en deux obédiences rivales par le
Grand Schisme. L'empereur Charles IV, voulant se
rapprocher du roi de France, en prévision de l'ouverture prochaine de la succession de Louis Ier, roi de
Hongrie[1], vint à Paris, à la fin de 1377. Après avoir
préalablement conféré au futur Charles VI, alors âgé
de huit ans, la capacité d'accomplir les actes civils, il
le créa, par deux diplômes du mois de janvier 1378,
vicaire impérial à vie, d'abord dans le royaume d'Arles,
la Savoie exceptée, puis en Dauphiné et dans les diocè-
ses de Valence et de Die[2]. Cette délégation de la souveraineté impériale, désirée depuis longtemps par les
conseillers du dauphin, était « un moyen ingénieux
d'employer les pouvoirs de l'Empereur à l'extension de
la domination française dans le Sud-Est[3] ». Jusqu'alors
simple vassal de l'Empire, comme une foule d'autres

---

[1] Cf. Noël Valois, *Ann. de la Soc. de l'Hist. de France*, 1893,
p. 209.

[2] Arch. de l'Is., B. 3015, fol. 3-11.

[3] P. Fournier, *Bulletin critique*, 5 oct. 1895 ; cf. *Choix de
doc.*, 130, 140, 286.

seigneurs et prélats, le dauphin « sortait des rangs
de la féodalité pour les dominer en vertu des attributs
qui lui étaient communiqués ». Il pouvait désormais se
comporter en souverain vis-à-vis des propriétaires
d'alleux laïques ou ecclésiastiques et des villes ; il
pouvait aussi restreindre la juridiction du clergé, car,
en cas de résistance, il avait un moyen de « compul-
sion » par la saisie du temporel des évêques[1]. Le vicariat allait être une arme redoutable entre les mains du
Conseil delphinal et du gouverneur.

Le Conseil, composé de légistes et de bourgeois qui
s'inspirent du droit romain, a déjà entrepris une lutte
sans trêve contre la féodalité : il rend la justice en
dernier ressort dans les terres relevant directement du
dauphin et connaît en appel des sentences rendues par
les nobles, qu'il contraint à subir les informations
criminelles ; il applique la prescription aux droits
féodaux et les dispositions des lois romaines aux fiefs
assimilés à des biens patrimoniaux ; il défend les petits
propriétaires libres (franchi) en vertu du principe
d'allodialité, et favorise l'affranchissement communal
aux dépens des seigneurs[2]. Il restreindra de plus en

---

[1] P. Fournier, Le royaume d'Arles, 505 : cf. Choix de doc., 225 :
Terre non moventes de feudo dalphinali ; et 294 : Allodialia.
Ces pouvoirs allaient à l'encontre de privilèges sans cesse re-
vendiqués par une fraction des Etats.

[2] En Dauphiné, terre de franc alleu, les héritages étaient pré-
sumés libres jusqu'à preuve du contraire, suivant le principe
Nul seigneur sans titre. Cf. Guy Pape, décis. 117, 371 et 489.
La prescription centenaire transformait une tenure en alleu.
Salvaing de Boissieu, De l'usage des fiefs, 1re part., chap. XIV.
Les jurisconsultes distinguaient l'alleu simple, l'alleu avec justice
et l'alleu souverain ; c'est contre ces deux derniers que le Conseil

plus le droit de guerre privée, reconnu par l'article 14
du Statut delphinal ; surtout, il va attaquer victorieusement les privilèges politiques et judiciaires des
grands alleutiers. Il complétera ainsi son œuvre de centralisation, qui tend à la suprématie du principe monarchique dans la personne du roi-dauphin. Quant au
gouverneur, il sera le principal agent d'exécution de
cette politique.

Charles de Bouville, fort de son nouveau titre de
lieutenant du vicaire impérial [1], se présenta aussitôt à
Vienne, occupa au nom de l'Empereur le château de
Pipet et le palais des Canaux et établit sa juridiction
dans la ville, malgré les protestations des chanoines
et l'excommunication lancée par l'archevêque. Vienne
fut dès lors, au moins en principe, astreinte aux subsides delphinaux jusqu'au début du xve siècle, où
Thibaut de Rougemont obtint la restitution de son
temporel [2]. La même année 1378, le gouverneur accorda
des lettres de sauvegarde à Giraud Adhémar, seigneur
de Monteil et de Grignan ; par l'hommage du comte de
Valentinois, il prépara également la réunion des comtés [3].

delphinal, — qui favorise l'alleu simple, — va diriger tous ses
efforts.

[1] B. 3141.

[2] La restitution eut lieu le 15 juillet 1401. Cf. Cl. Faure,
142-181.

[3] Le 19 juin 1379, il invita son adversaire, Rodolphe de Chissé,
évêque de Grenoble, à lui prêter hommage devant le Conseil
delphinal. Le 7 sept. 1383, il somma l'évêque de Gap de fournir
reconnaissance du temporel de son église : le Gapençais fut
même saisi vers 1400. B. 3752. En 1396, les habitants de Valence et des communautés voisines, sans cesse menacés par les
passages de gens de guerre, peut-être aussi à l'instigation du

Il se servit aussi de ses prérogatives nouvelles contre
les États. C'est une loi qui se vérifie tout le long de leur
histoire : *chaque accroissement du prestige et de l'auto-*
rité du roi-dauphin est une menace pour leur autonomie
ou même pour leur existence. Cette institution avait
été nécessaire, vingt ans auparavant, pour obtenir les
premiers subsides ; ne pouvait-on pas arriver à se
passer maintenant de son concours, comme on le faisait
déjà en France ? Les États du Dauphiné comprenaient
des éléments très divers, qui n'avaient pas toujours les
mêmes intérêts : prélats, abbés, prieurs et doyens d'une
part, barons, bannerets et simples nobles ou vavasseurs
de l'autre, enfin les gens du Domaine, plus directement
soumis au prince, sans parler des alleutiers, qui, au
contraire, échappaient encore plus ou moins à sa domination. Les sujets delphinaux étaient représentés à la
fois par le gouverneur, par ses officiers les châtelains,
par les consuls ou syndics et les mandataires des communautés. Les trois Ordres délibéraient tantôt ensemble, tantôt séparément ; en les assemblant les uns après
les autres, on affaiblissait leur résistance et on pouvait
les réduire successivement, ou même les uns par les
autres. Les deux premiers ne contribuaient plus que
pour leurs hommes ; pourquoi le gouverneur ne fixerait-il pas, lui aussi, la taxe à lever sur les gens du

gouverneur, demandèrent à être placés sous la sauvegarde du
roi-dauphin ; Charles VI y consentit et leur accorda les franchises dont jouissaient les habitants de Grenoble, à la charge
de contribuer aux subsides du Dauphiné. Pour de plus amples
détails sur le vicariat et sur l'usage qui en fut fait jusqu'en 1410,
à l'avènement de Louis Iᵉʳ, voir P. Fournier, 507-510.

Domaine, comme les prélats et les barons la consentaient pour leurs sujets ? Plus tard, lorsque ces derniers
auraient été soumis au roi-dauphin grâce au vicariat
impérial, peut-être pourrait-on envisager la possibilité
d'établir l'obligation et la permanence de la taille dans
toute la principauté. Telle est la tâche à laquelle vont
s'appliquer Charles de Bouville et Enguerrand d'Eudin,
jusqu'au jour où les Dauphinois, conscients du danger
qui les menace, se ressaisiront pour imposer, par le
refus du subside, l'obligation de les réunir en commun
et de respecter leurs privilèges.

L'audace et les excès de Bouville contribuèrent pour
une large part à faire échouer ses desseins. Homme
habile et entreprenant, mais dénué de scrupules, ce
gouverneur semble avoir été un assez triste personnage
avec lequel les Etats pouvaient difficilement vivre en
bonne intelligence [1]. Le 11 mars 1379, Jean Raymond,
chanoine de Notre-Dame, remettait au roi une longue
lettre de l'évêque de Grenoble signalant les abus de pouvoir du gouverneur : on l'accusait d'avoir spéculé sur les
grains en 1374, d'avoir détourné à son profit les tailles
votées par les Etats pour la défense de la principauté,
de s'être enfui à Avignon à l'arrivée des routiers et, au
lieu de les poursuivre, d'avoir entretenu avec eux d'ami-

[1] Cf. J. Chevalier, I, 384 ; P. Fournier, 509 ; Valois, I, 268 ;
A. Prudhomme, 217 : « Les malheureux habitants de l'Oisans,
accablés sous le poids des tailles, avaient délégué quatre de leurs
syndics pour porter au roi leurs doléances. Quand ils passèrent
à Grenoble, Ch. de Bouville les fit arrêter, les menaça de les
châtier de leur audace et les renvoya épouvantés dans leurs montagnes. » Voir *ibid.*, 216-219, quelques exemples caractéristiques
de ses violences contre les particuliers.

cales relations ; d'avoir peuplé de ses créatures les châtellenies et les cours de justice ; enfin de s'être rendu
coupable de vols, de rapts et autres excès de tout genre.
Aux protestations de Rodolphe de Chissé, qui avait jeté
l'interdit sur sa ville épiscopale et s'était retiré à
Chambéry, se joignirent celles de la noblesse. Le 26
juillet 1380, au château de la Côte-Saint-André, devant
le Conseil delphinal, une délégation des barons dauphinois présentait à Ch. de Bouville en personne leurs
requêtes et doléances[1] : « Il avait fait proclamer, disait-
on, qu'ils eussent à fournir le rôle de leurs feux, —
le juge-mage de Viennois et Valentinois avait interdit
aux avocats de cette cour de défendre les nobles dans
leurs procès, — de nombreuses infractions aux libertés
générales du Dauphiné avaient été commises, — le
gouverneur ne devait pas voir avec déplaisir les
ambassades qu'ils députaient à la Cour, mais, au
contraire, les aider à se défendre, — ils demandaient
aussi l'envoi de commissaires dans chaque judicature
pour enquêter sur la violation de leurs privilèges et
faire un rapport à ce sujet, etc. » Ch. de Bouville
répondit : « Si l'on a fait crier que les bannerets eussent à fournir le rôle de leurs feux, c'est pour faciliter
la levée du subside accordé sur leurs hommes et qu'ils
ont négligé de payer, — la défense portée par le juge-

---

[1] B. 3271, fol. 100 v°. L'acte signale les seigneurs de Clermont,
de Bressieu, de Sassenage, de Vinay, d'Illins, de Montchenu,
Pierre de Saint-Geoirs, le seigneur de Châtonnay, Aynard de
Châteauneuf, Pierre de Roussillon, le seigneur de La Motte,
Amédée de Miribel, le seigneur de Murinais, Raymond, fils du
seigneur de Morges, Raynaud de Revel, etc.

mage de Viennois et Valentinois, de patronner les nobles dans leurs procès avec le dauphin sur les droits du fisc, est légale et consacrée par un très ancien usage ; cependant, le gouverneur fera en sorte qu'ils aient des avocats et des procureurs dans leurs procès, comme il sera convenable et opportun, — il nommera volontiers des commissaires pour enquêter sur la violation de leurs privilèges et, si les plaintes sont vraiment fondées, il y mettra bon ordre, — enfin, s'ils envoient une ambassade à la Cour, il n'en aura aucun déplaisir ; il les aidera même de son appui et de ses conseils autant qu'il le pourra, sauf l'intérêt et l'honneur du dauphin. »

Le conflit en était là lorsque mourut le bon roi Charles V, « qui s'était donné pour rôle de panser les plaies sanglantes de la patrie, plaies d'honneur et plaies d'argent, blessures de défaites cruelles et d'invasion étrangère [1] ». Ayant eu constamment grand besoin de finances pour convertir « ès gens d'armes », il était parvenu à force d'habileté à rendre provisoirement permanentes, dans le royaume, les « aides de la guerre », toujours votées pour une année sous Philippe de Valois et le roi Jean ; à partir de 1369, il avait même réussi à se passer du consentement des Etats dans le domaine royal et dans un certain nombre de grands fiefs. « Au moment de comparaître devant le Juge, inquiet sans doute des plaintes que soulevait la perception des fouages, il les abolit [2]. » Le Dauphiné rele-

---

[1] Salembier, *Le Grand Schisme d'Occident*, in-12, Paris, 1902, p. 103.

[2] Lavisse, *Hist. de France*, IV-I, 266 ; cf. G. Picot, *Etats généraux*, I, 227 ; Vuitry, *Etudes sur le régime financier de la France*, nouv. série, t. II, p. 197 et suiv.

vant de l'Empire et se réclamant d'un Statut spécial que,
jeune dauphin, il avait solennellement juré d'observer,
Charles V ne parvint pas à y établir absolument le
même régime financier : mais, à l'occasion de la guerre
anglaise et des dangers que les Compagnies firent courir
à la principauté, il avait adroitement amené ses habitants à renoncer eux-mêmes au plus précieux de leurs
privilèges, l'exemption de la taille. C'est à ce prix que
les Dauphinois avaient vu s'établir chez eux l'institution
nouvelle des Etats qui, un instant encore, gravement
menacée par le despotisme des oncles de Charles VI, va
enfin s'organiser définitivement, pour jouer un rôle de
plus en plus considérable pendant la folie du roi et les
nouveaux malheurs que la guerre de Cent ans et les dis-
cordes civiles attireront sur la France.

§ III. **Gouvernement des oncles de Charles VI; mainmise
progressive sur les trois Ordres (1380-1387)** : *Les Etats
font confirmer leurs libertes par le nouveau roi-dauphin. —
Le duc d'Anjou et la reine Jeanne de Naples; concentration
de troupes en Provence; taille levée à cette occasion; fut-elle
consentie ? — Etats réunis à Vienne, en juin 1383, par le
duc de Berri; subside levé en septembre : ordonnance impérative de Ch. de Bouville. — Projet de descente en Angleterre :
dons gratuits accordés par les prélats et les nobles en 1385
et 1387; Etats tenus à Romans par le duc de Bourgogne
en 1386. — Le despotisme, la rapacité du gouvernement des
ducs et l'inutilité des sacrifices consentis par le pays amènent
les Etats à se soustraire aux influences administratives françaises.*

Pendant les huit premières années du règne de
Charles VI, la France fut gouvernée par ses oncles [1] et

---

[1] Les ducs d'Anjou, de Berri et de Bourgogne, frères de Charles V, et le duc de Bourbon, oncle maternel du jeune roi qui

à leur profit. Les princes étaient animés de dispositions très peu favorables aux Etats ; cependant, sous la pression du sentiment populaire encouragé par le dernier acte de Charles V, ils furent contraints de déclarer les aides et fouages abolis, quelques jours après le sacre. Aussi ne trouvons-nous la trace d'aucune taille, à la suite de l'assemblée des trois Ordres qui eut lieu à la fin de 1380 ou au début de 1381, pour demander la confirmation des libertés delphinales[1]. La politique ambitieuse du duc d'Anjou allait obliger à y revenir bientôt.

Après un règne dont les péripéties sont dignes d'un roman d'aventures, la reine Jeanne de Naples, pour écarter de sa succession la branche angevine de Hongrie. avait adopté le frère de Charles V. Pendant que Charles de Duras, neveu de Louis de Hongrie, descendait en Italie avec une armée et se faisait couronner à Rome par Urbain VI, Louis d'Anjou prenait possession de la Provence, liant ses intérêts à ceux de

n'avait que 12 ans en 1380 ; le roi-dauphin Charles VI était le second dauphin de la Maison de France (Charles II).

[1] Voir pourtant B. 3175 : Compte rendu par Bernard d'Arzeliers, le 24 févr. 1384, des sommes imposées en Gapençais « pro conservatione libertatum generalium dalph. ». Serait-ce un arrérage de 1367 ? Dans ses lettres du 29 avril 1381, Charles VI déclare qu'à la requête des prélats, barons, etc., il a confirmé récemment leurs privilèges. et il décide qu'un seul enregistrement dans les cours du Dauphiné suffira pour en faire foi. *Statuta*, fol. 49 ; *Ordonn.*, VI, 700, VII, 715 ; cf. Fauché-Prunelle, II, 412. Dans d'autres lettres du même jour, il ordonne, également à la requête des Etats, de réduire le nombre et le salaire des « meyniers » et des sergents, avec défense au trésorier général d'en créer d'autres à l'avenir. *Statuta*, fol. 87 v° (application de l'article 6 du Statut).

Clément VII, qui le couronnait roi de Naples, à Avignon.
Le fondateur de la seconde maison d'Anjou réunit lui
aussi une armée, pour se rendre avec le comte de
Savoie auprès de la reine, qui l'appelait à son aide.
D'abord retenu par les soucis du gouvernement, il se
disposait à partir, en 1381, lorsqu'il apprit la captivité
de Jeanne 1re et, aussitôt après, sa mort ; l'expédition fut
retardée jusqu'à l'année suivante. Mais, Clément VII
s'était fait le grand bailleur de fonds du prince français ;
on avait publié partout des indulgences pour ceux qui
voudraient aller combattre le pape de Rome : Provençaux, Angevins, Allemands, Hongrois même étaient
accourus. Autant pour protéger le Dauphiné contre les
troupes réunies dans le Midi que pour aider l'oncle du
roi-dauphin à les entretenir, le gouverneur imposa une
taille en 1382 [1]. La leva-t-il de sa propre autorité ? Ce
ne serait pas impossible, étant donné le caractère de
Charles de Bouville et les dispositions du gouverne-

---

[1] « *Tayllia nuper facta in Dalphinatu per d. gubernatorem,
pro deffensione patrie et conduccione gencium armorum d. ducis
Andegavensis, dum ibat ad partes Romanie* », 6-7 nov. 1382 ;
« *Tayllia facta per d. gubernatorem Dalphinatus, pro expensis
por ipsum factis equitando dudum cum d. duce Andegavensi,
cum accederet ad partes Romanie, ad evitandum ne gentes armorum dicti d. ducis subintrarent Dalphinatum, pro utilitate patrie* », 23 janvier 1383. *Trois-Doms*, 720-721 et n. 4. Cf. Arch.
de Gren., CC. 574, compte de Jean Raffin, collecteur de la taille
levée « *pro facto Britonum* ». Les Anglais étaient venus jusque
sur les bords du Rhône, s'emparer de Soyons. Dom Vaissette,
IX, 909 ; Chorier, II, 368. L'armée de Louis d'Anjou traversa
le Dauphiné par Gap et Briançon, au mois de juin 1382. « Quelques nobles dauphinois bravèrent, pour s'y rendre, une défense
royale. » Valois, II, 24. Le duc mourut à Bari, le 21 sept. 1384,
et ses troupes se dispersèrent.

ment des ducs, qui écrasaient impitoyablement, à la
même époque, les soulèvements de Paris, de la Flandre
et du Languedoc. On ne saurait pourtant l'affirmer.

Si l'on veut avoir l'impression très nette du rôle
effacé des Etats durant cette période, il suffit de lire la
lettre impérative adressée par Ch. de Bouville, le
2 septembre 1383, au châtelain de Savines, pour lui
transmettre l'ordre du Conseil royal de lever immédiatement une nouvelle taille de 2 florins par feu [1] ; il
n'y est pas fait la moindre allusion à un consentement
quelconque, pour légitimer cette imposition, bien que
le subside eût été effectivement voté. En effet, le duc de
Berri, se rendant à Avignon auprès de Clément VII,
avait réuni à Vienne les trois Ordres qui lui accordèrent,
dit Chorier, tout ce qu'il leur demanda pour le roi [2].

---

[1] B. 4398. Cf. *Comptes des trésoriers*, n° 13, fol. 119, et n° 14,
fol. 50. B. 2707, Etat des feux du Domaine par châtellenies pour
la levée d'un subside de 2 fl. en 1383.

[2] *Hist. gén.*, II, 382 ; *Hist. abrégée*, II, 21. Après avoir parlé
des mesures défensives prises en France pour résister à une
attaque projetée par les Anglais, il ajoute : « Le duc de Berri
fut envoyé en Dauphiné pour en tirer un secours semblable.
Etant à Vienne, il y assembla tous les prélats, les nobles et les
communautés en corps d'Etats et, durant 8 jours, délibéra avec
eux de ce qu'ils avaient à faire pour le secours de leur prince,
en cette pressante nécessité, etc. » Cf. Arch. de Romans (*Trois-
Doms*, 723) : 24 fl. et demi pour l'envoi d'un syndic, d'un député et d'un serviteur avec 3 chevaux à Vienne « ad mandatum
d. ducis Bituricensis, qui ibidem convocari fecit barones, nobiles et communitates ; ad quam ivit die penultima mensis maii...
et steterunt usque ad diem XII *mensis junii*, quo reversi fuerunt
Romanis. » Chorier donne aussi la date du mois de juin ; cependant les *Comptes des trésoriers* portent que le subside fut « octroyé et donné gracieusement au roi dalphin par les gens de son
Domaine, au mois de septembre » ; ils se réfèrent, sans doute, à

A la fin de 1384, on commença d'immenses préparatifs pour une descente en Angleterre. En attendant, les chevaliers français allaient chaque été prendre part aux incursions des bandes écossaises sur le territoire anglais [1]. Ces expéditions lointaines intéressaient la noblesse dauphinoise beaucoup plus que le peuple et les gens du Domaine, surtout préoccupés de la défense locale. Ainsi s'expliquent, peut-être, deux subsides signalés par les Comptes des trésoriers, l'un de 12.000 francs accordé par les prélats et les nobles le 28 février 1385, l'autre de 20.000 francs par les barons et nobles en 1387 [2]. Entre les deux se place une assemblée d'Etats, que Chorier date à tort de 1385. Les 10 et 11 mai 1386, des lettres furent adressées par le gouverneur aux prélats, barons, nobles et communautés, pour les convoquer à Romans, le 20 du même mois, en présence du duc de Bourgogne [3]. Philippe le Hardi demanda une aide « en vue de la prochaine exécution du grand projet ». « On ne conteste que faiblement avec les princes. Le duc, dit encore Chorier, emporta ce qu'il désirait et, l'année suivante, la noblesse de Dauphiné courut en foule à l'armement naval qui se fit à l'Ecluse [4]. » Les

l'ordonnance du gouverneur de préférence à la concession des Etats. Voir la lettre de Bouville, *Pièce justif.* V. et comparer avec celle du même gouverneur au châtelain de la même localité, le 30 janv. 1373, pour se rendre compte du chemin parcouru en dix ans.

[1] Lavisse, IV-I, 292. Cf. Bibl. de Grenoble, U, 82.

[2] *Comptes*, n° 13, fol. 119, n° 14, n° 15, fol. 23.

[3] Cf. *Choix de doc.*, 200-206, la liste des destinataires de ces lettres dans les 7 judicatures (*Mandatum prelatorum, nobilium et universitatum*) : on y voit toujours figurer le comte de Valentinois et son cousin Charles de Poitiers.

[4] *Hist. gén.*, II, 386; *Hist. abrégée*, II, 23; Bibl. de Grenoble, R. 7377.

préparatifs se poursuivirent inutilement jusqu'aux
trèves de 1388, par suite de la jalousie du duc de Berri
contre le duc de Bourgogne inventeur et organisateur de
ce projet, qui devait tourner surtout à son profit. L'argent
fut gaspillé, les approvisionnements et le matériel res-
tèrent inutiles ; les troupes, obligées de se disperser,
devinrent même un danger pour la France.

La rapacité et le despotisme des princes étaient d'autant plus inexcusables. Le 22 août 1382, des commissaires avaient été envoyés en Dauphiné, pour informer
contre les receveurs et autres comptables, suspects de
négligence ; un règlement du 11 janvier 1383, relatif
au fonctionnement de la Chambre des Comptes, obligea
à tenir désormais quatre registres : le quatrième devait
servir à consigner les subsides accordés au roi-dauphin [1].
Depuis trente ans, les Dauphinois, exempts en principe
de toute taille extraordinaire, avaient été amenés à
financer au moins une quinzaine de fois, tantôt tous
ensemble sans exception, même ceux qui ne relevaient
pas de la directe delphinale, tantôt les sujets des nobles
vassaux du dauphin et les gens du Domaine seulement.
Ces derniers avaient senti l'impôt s'appesantir sur eux,
plus lourdement et plus souvent que sur tous les autres ;
leur consentement n'était plus guère qu'une simple formalité. Les clercs et les nobles n'avaient conservé leur
immunité personnelle qu'en abandonnant leurs hommes
aux exigences du fisc. On faisait rentrer l'arriéré du
« don universel » de 1357 [2] ; les Comptes des trésoriers,
entre 1385 et 1388, mentionnent de nombreuses *compo-*

[1] B. 3288.
[2] Compte de Jean de Brabant, 1383-1384, n° 13, fol. 30 v°.

sitions par lesquelles prélats et barons furent obligés de transiger devant la Chambre des Comptes, pour se libérer de tout ce qu'ils pouvaient devoir des subsides octroyés depuis 1364 [1]. On tendait maintenant à cotiser d'une façon régulière les sujets des alleutiers, par des empiétements continuels sur le privilège d'allodialité. Les gens d'église, en particulier, voyaient leurs sujets confondus avec ceux du Domaine ; ils cherchaient vainement à échapper aux poursuites des officiers delphinaux [2]. Les dons gratuits étaient payés au trésorier

[1] *Comptes des trésoriers*, n° 15 (année 1387) : « De Mᵍʳ l'évêque de Grenoble, pour le demourant d'une composition de 160 fl. que ses hommes devoient, en quoi les gens du dit évêque avoient piéça composé, pour tout ce en quoi pouvoient estre tenuz à Mᵍʳ le dalphin ses diz hommes de toute sa terre, de tous les subsides octroyés au dit seigneur jusques à l'an 1377 incluz », — n° 18, fol. 27 v° : « Des gens de l'esglise de la cité de Vienne, pour ce qu'ilz doivent pour leur portion du subside octroyé à Romans, l'an 1375, pour la deffense du pays, excepté le Chapitre de Vienne qui avoit paié à part... », — n° 16 (1388) : « Du doyen et Chapitre de l'esglise de Vienne... pour 1375 », — n° 14 (1386) : « Des hommes de l'abbé de Saint-Pierre hors la porte de Vienne... pour 1377 », — « Des hommes du comte de Valentinois habitans à Montclar... à Beaufort... à Taulignan, depuis 1367 », — « Des hommes du sire de Clermont en Trièves, lesquels composèrent avec le Conseil de Mᵍʳ, le 11 juillet 1385... » Mêmes mentions pour le sire de Sassenage (n° 14), Turpin de Vinay (n° 15), Gille Coppier (n° 10), — « L'université de toute la jugerie de Briançonnois, pour cause de feux mal rendus » en 1383 (n° 14), — Certains habitants du Champsaur, qui s'étaient fait passer pour nobles. en 1373 (n° 16), etc. Le 28 févr. 1385, un arrêt du Conseil delphinal décide qu'Arnaud Flotte, seigneur de la Roche, doit sa part des dons gratuits, bien que ses hommes relèvent directement du comte de Valentinois. Voir B. 3715, un arrêt analogue pour le Briançonnais, 10 octobre 1388.

[2] Par exemple à Grenoble, B. 2950, et A. Prudhomme, 220 : « En 1386, le Conseil les comprit dans un rôle de taille ; les

général et semblaient déjà faire partie des revenus ordinaires du prince. Puisque les frais de la défense locale
retombaient sur les trois Ordres, bien que le roi-
dauphin fût « tenu de garder son pays et ses subgiez
à ses propres couz, despens et missions », il importait
de limiter cette charge nouvelle et de prévenir les
abus [1]. Le gaspillage royal, l'inutilité des sacrifices
consentis, vont obliger les Etats à se ressaisir et à reven-
diquer, avec la stricte observation de leurs privilèges,
la libre disposition du subside et l'entière autonomie de
leur organisation financière. Ce conflit les amènera enfin
à se constituer pleinement ; leur composition, leur mé-

protestations de Fr. de Gonzy n'obtinrent qu'une réduction de
la cote qui leur avait été imposée. » Cf. B. 2905, fol. 40, 53,
et U. Chevalier, *Ordonn.*, nᵒˢ 219, 221, 241. Pour Vienne,
voir B. 3250, procédure d'information, au sujet de la taille « pro
expulsione gencium armorum domini Silvestri Brude et Johannis
Bellenii, tunc patriam dalphinalem destruentium », par le courrier delphinal, 12 sept. 1387 : sur 800 fr., les consuls en ont
payé 600 « pro rata laycorum » ; l'archevêque et l'abbé de
Saint-Pierre prétendent qu'ils ne doivent rien ; l'archevêque a
déjà fait beaucoup de dépenses personnelles pour défendre le
pays et il est toujours excepté de toute contribution ; 12 témoins déposent en sa faveur ; les moines de Saint-Pierre et de
Saint-André affirment que « persone ecclesiastice non tenentur
ad aliquam contributionem talliarum » ; d'ailleurs ils n'ont pas
consenti cette taille et quelques-uns de leurs hommes, qui dépendent du dauphin ou des barons, ont déjà payé ; enfin, « habent
adeo exiles et paucos redditus, quod non habent unde possint sua
onera necessaria supportare ».

[1] D'après les stipulations mêmes du traité passé entre Philippe de Valois et Humbert II, le transport avait été fait « pour
mettre le pays à l'abri de l'adversité et des dangers, pour le
maintenir dans la justice, la tranquillité et la paix sous la protection du bras puissant et de la forte main du roi de France ».
Statuta, fol. 67.

canisme et leurs traits caractéristiques se fixeront alors
pour plus d'un siècle [1].

[1] A Paris, ce sera l'époque où Charles VI, affranchi de la
tutelle des ducs, gouvernera avec les Marmousets ; en Dauphiné,
Enguerrand d'Eudin et J. de Montmaur vont continuer les traditions de Bouville.

CHAPITRE V

RÉVEIL ET CONSTITUTION DÉFINITIVE DES ETATS
(1388-1391).

§ I. **Menaces d'invasion des bandes anglaises du Languedoc et d'Auvergne ; Etats de Vienne et Grande Ordonnance de 1388** : *Craintes d'irruption d'Anglais et de routiers prêts à passer le Rhône; assemblée convoquée à Vienne par Enguerrand d'Eudin. — Ordonnance de 1388 : contribution générale de tout le Dauphiné; retour à la taxation des clercs et des nobles qui ne sont pas seigneurs fonciers ; entrée en scène des communautés non domaniales et des bonnes villes; organisation financière autonome des Etats : commis répartiteurs et ordonnateurs, receveurs, auditeurs des comptes.*

Le projet de descente en Angleterre n'avait pas abouti et le régime des trêves sans cesse renouvelées allait commencer [1]. On devait donc se défendre à la fois contre les incursions des bandes anglaises et contre les ravages causés par les hommes d'armes français inoccupés et sans solde. Au début de 1388 « renommée estoit que les Anglois et compaingnes, sur le point de vuider et issir du royaume », se proposaient de franchir le Rhône et de pénétrer dans le Dauphiné [2]. Les trois Ordres, convoqués le 15 février 1388 par le gouverneur, Enguerrand

---

[1] Cf. Lavisse, IV-I, 293 et suiv.

[2] Voir, à ce sujet, Dognon, *Les instit. polit. et adm. du pays de Languedoc, du XIIIe s. aux guerres de religion*, in-8°, Toulouse, 1896, et Dom Vaissette, IX, 930 et 954, Etats de Languedoc à Rodez, traités pour l'évacuation des places occupées par les Anglais, 1387-1388.

7

d'Eudin[1], se réunirent à Vienne, le 5 mars, « pour aviser, traictier et accorder sur le fait de la tuycion et défense dudit pais[2] ». Après mûre délibération, on adopta les *conclusions* suivantes, rédigées « par chappitres, manières, protestations et ordonnances ».

1° Si les compagnies entrent dans la principauté ou dans les régions limitrophes, on assemblera, aux frais du pays, 400 lances et 200 arbalétriers dauphinois, ou, à leur défaut, étrangers, pour tout le « temps du péril », sous les ordres du gouverneur, « appelez avecques lui quatre chevaliers, tels comme il lui plaira eslire ».

2° Seront obligés de contribuer « les hommes des prélas et gens d'église, et aussi toutes autres gens d'église non aians hommes, de quelconques estaz et de quelque religion qu'ils soient (excepté les mendians), les hommes du demaine et patrimoine de monseigneur le dalphin, les hommes des barons, banneres et autres

---

[1] « Vieux capitaine endurci à la guerre », il avait été un des héros de la répression des *Tuchins*, pendant qu'il remplissait les fonctions de sénéchal de Beaucaire. Cf. Dom Vaissette, IX, 876 et 912-939.

[2] B. 3256. Cf. *Choix de doc.*, 206-212, *Papirus mandamenti facti pro custodia patrie Dalphinalis*, texte des lettres de convocation (pour le 2 mars) et liste de ceux à qui elles furent adressées : « *Ad nostram pervenit audienciam, quod Anglici et complicitates nonnulle diversarum nationum, qui breviter regnum exire debent, patriam dalphinalem subintrare satagunt et propronunt, unde, quod Deus avertat! possent varia dampna sequi...* » Le pape fit venir des troupes de Savoie et de Dauphiné pour défendre le Comtat. Valois, II, 337. Les Viennois reconstruisirent les murailles de leur ville et levèrent à cette occasion une taille de 1.500 francs d'or ; le clergé en prit sa part. Cl. Faure, 153 et 157-158.

nobles, et les nobles qui n'ont nulz hommes, et toutes
autres manières de gens estans et demourans ès confins
et destrois dudit Dalphiné, en comprenant en ce les
bonnes villes de Vienne, Romans, Grenoble, Embrun, et
toutes les autres bonnes villes ».

3° Pour « lever, exigier et recevoir la finance », les
gens d'église, nobles, communes [1] et « populaires »
nomment un receveur dans chaque judicature [2] ; le gouverneur désignera ceux du Domaine.

4° Les gens d'église, nobles et communes (non domaniales) feront péréquer « entre eulx et sur leurs hommes », sans autre commission du gouverneur, les sommes

[1] Il s'agit ici des communes qui ne faisaient point partie du
domaine delphinal, et surtout des *bonnes villes* qui jouissaient
de privilèges plus étendus. Les unes étaient des seigneuries ecclésiastiques ou laïques, tandis que, dans d'autres, l'évêque ou
l'archevêque et le dauphin se partageaient le pouvoir. Il semble
bien qu'à l'origine, les bonnes villes furent d'abord représentées
simplement par le seigneur ou l'évêque et le gouverneur (cf. Chorier, *Estat polit.*, I, 35 : « La première fois que les cousuls de
Vienne vinrent aux Etats, ce fut l'an 1400. »). Elles avaient peut-
être échappé à la taille jusqu'alors, au moins partiellement, en
raison de leurs franchises particulières ou de l'allodialité de
leurs seigneurs. Ainsi, en 1357, Grenoble paya « pour tout »
300 fl. petit poids, alors que Vizille en versait 500 et l'Oisans
1.200 ; mais on peut se demander si ce chiffre de 300 ne représente pas le nombre des feux de la ville *qui relevaient du
dauphin*. On verra aussi, plus loin, un des consuls de Vienne
figurer aux Etats en juillet 1391, et nous les trouverions sûrement sur la liste de 1388, si elle nous était parvenue, car ils
furent convoqués le 15 févr. Cf. *Choix de doc.*, 208. Voir 2e partie:
Composition des Etats.

[2] Claude Pinabel, en Graisivaudan ; Boniface de Theys, dans
la Terre de La Tour ; Pierre Piébo de Saint-Marcellin, en Viennois et Valentinois ; Pierre Motet, en Briançonnais ; Guillerme
Jordenant, en Gapençais ; Poncet Bernard, dans les Baronnies ;
Antoine Mazelier, en Embrunais.

à eux « ordenées », après avoir déclaré loyalement et
sous la foi du serment le nombre exact de leurs feux.

5° L'argent du subside ne pourra être employé que
pour la défense du pays, d'après les ordres et sous le
contrôle des commis « eslus pour faire la distribution
de ladicte finance » par les gens d'église, nobles et
communes, pour ce qui les concerne [1], par le gouverneur
pour ce qui touche les gens du Domaine ; et « ou cas
que la nécessité de ladicte deffence cesseroit », *les
deniers non utilisés seront restitués aux contribuables.*
Le trésorier du Dauphiné n'aura à intervenir en rien,
et les receveurs ne pourront être contraints à faire
aucun versement que par lettres scellées du sceau des
commis.

6° Ces commis auront « ung papier en quoy ils escri-
pront ou feront escripre les personnes à qui ils feront
faire les délivrances, les sommes et les causes de ladicte
délivrance ».

7° Ils rendront compte devant 8 délégués des trois
Ordres [2] « ou les substituez par eulx » ; le gouverneur
désignera des auditeurs pour le Domaine.

8° On payera 4 bons gros par feu, le fort portant le
faible, en comptant 5 liards pour un bon gros. Si les
villes de Romans, Grenoble, Embrun et autres ne veu-

---

[1] A savoir : pour les *gens d'église*, le doyen de Vienne ; pour
les *chevaliers bannerets*, messire Turpin de Vinay ; pour les
vavasseurs, messire Artaud d'Arces ; pour les *communes*, Jean
du Roux.

[2] Charles de Poitiers et le sire de Tullins, pour les *bannerets ;*
l'archevêque de Vienne et le commandeur de Saint-Paul, pour
les *prélats ;* messire Jean Gasteblé et Didier *de Briva*, pour les
vavasseurs ; Pierre Rolant et Antoine Blanc, pour les *communes.*

lent pas payer par feux, elles pourront verser collecti-
vement les sommes qui leur seront assignées soit par les
commis du gouverneur pour le Domaine, soit par ceux
des prélats pour ce qui les touche, quittes à en opérer
ensuite elles-mêmes la répartition sur les habitants
comme il leur plaira.

9° Les receveurs particuliers auront comme « salaire
pour leur peine et travail, séel et escripture » 6 deniers
par livre sur leur recette, et ils ne pourront rien exiger
de plus ; ils devront apporter l'argent au receveur général Pierre Piébo, à Saint-Marcellin, et délivrer des quittances scellées de leur sceau, le tout à leurs frais.

10° Pour le Domaine, les châtelains, mistraux,
consuls ou autres, qui opéreront, comme précédemment,
la recette, la verseront au receveur désigné pour eux
dans leur judicature.

11° Les gens d'église et les nobles feront de même.

12° Si les compagnies anglaises entrent en Dauphiné,
et qu'il soit nécessaire de « faire garder ès pas qui sont
à la générale deffence du pais, comme Pertuis Rostan[1],
la barrière d'Entraigues[2], la barrière de la combe
d'Avane[3] », on dégrèvera ceux qui en seront chargés
« selon le temps de leur garde[4] ».

[1] Entre le Briançonnais et l'Embrunais.

[2] A l'issue du col d'Ornon, qui fait communiquer l'Oisans et
le Valbonnais.

[3] Commune de Saint-Baudille-et-Pipet, dans le Trièves (cf. *Bas-
tida de Avana in Triviis*, B. 2962, fol. 642), ou pont de l'Aveyna
à Livet, au sortir de la plaine de l'Oisans (cf. R. Blanchard,
*Le lac de l'Oisans, Recueil des travaux de l'Institut de géogr.
alpine*, 1914, p. 420).

[4] Les hautes vallées du Dauphiné sont cloisonnées, de distance en distance, par des barres rocheuses (les *verrous* des

Les gages des hommes d'armes et des arbalétriers
seront taxés par le gouverneur assisté des quatre chevaliers choisis par lui. Il sera tenu de ratifier tout ce
qui précède, et « de promettre en bonne foy non venir
au contraire, et de ce donner aux prélas, nobles et communes lettres soubz son scel ». Les trois Ordres, « tant
ceulx qui tiennent en flé ou en arrière-flé » du prince,
« comme ceux qui rien n'en tiennent », déclarent
contribuer « de leur franche et pure voulenté, pour la
tuycion et deffense dudit pais, tant seulement ou cas-
dessus dit et pour ceste seule fois », sans déroger en
rien à leurs libertés générales ou particulières, et sans
conséquence pour l'avenir.

Indépendamment de ces protestations, communes aux
trois Ordres, les gens d'église en font d'autres, formulées
non plus en français mais en latin.

1° Ils ne consentent à payer que pour cette fois, en
vue de la défense commune, sans qu'on puisse induire,
à l'avenir, qu'ils soient tenus de contribuer en quelque
cas que ce soit avec les autres habitants du Dauphiné,
ni que personne les y puisse contraindre.

2° S'il arrivait pourtant qu'on établît encore une
imposition semblable, ils ne seront obligés d'y prendre
part que pour leurs terres, hommes et sujets temporels.

3° Pour la péréquation de la présente taille on les

---

géologues et des géographes), à travers lesquelles les torrents
se sont creusé des gorges étroites qui ont présenté, jusqu'au percement des tunnels et au tracé hardi des routes actuelles, des
difficultés presque insurmontables aux communications. Il était
facile de les fortifier et de les défendre. Cf. de Montanel, *Topo-
graphie militaire de la frontière des Alpes*, édit. de Rochas, in-8°,
Grenoble, 1875, p. 518, « le pas de la Barrière », etc.

appellera et on ne pourra, sans leur participation, imposer aucune taxe sur leurs sujets.

4° Les sommes auxquelles ils seront taxés seront levées par eux seuls et leurs officiers ; elles resteront entre leurs mains ou dans celles de leurs receveurs, jusqu'à ce que la défense du pays en nécessite le versement.

5° Les gens d'église présents à l'assemblée entendent ne s'engager que pour eux-mêmes et leurs sujets [1].

La Grande Ordonnance de 1388, conservée soigneusement comme celle de 1367, utilisée de nouveau avec des modifications de détail en 1391 et renouvelée en 1400, marque une nouvelle étape décisive dans le développement des Etats. Elle leur confirme le droit de juger de la nécessité des subsides, de les consentir librement, de les lever eux-mêmes comme ils l'entendent en dehors du Domaine, d'en conserver l'administration et la comptabilité ; en un mot *elle complète, elle fixe leur organisation financière et consacre son autonomie.* Comme en

[1] B. 3256, rouleau parchemin de 3 m. 12 sur 0 m. 29. Copies, B. 2950, fol. 351, 2906, fol. 332. Fonds des Etats, carton I, Valb., I, 218 (incomplet). Cf. Valb., I, 177. *Choix de doc.*, 206. Bibl. de Grenoble, U. 71-90, t. IV, fol. 162. On trouve, à la suite du procès-verbal, le rôle des hommes d'armes que les barons et bannerets devaient fournir ; il peut donner une idée de l'importance relative des principales seigneuries du Dauphiné à cette époque : le comte de Valentinois est taxé à 20 lances et 10 arbalétriers ; Charles de Poitiers, à 15 l. et 5 a. ; de même les sires de Bressieu, Vinay, Tullins, Clermont et Sassenage ; Aix, Maubec, Montmaur, à 10 l. et 3 a. ; Claveyson, Chatte, Montrevel, Gières, Uriage, Monteynard, Morges, à 5 ou 6 l., etc. Enfin, ce sont les noms des représentants : l'archevêque de Vienne, les évêques de Grenoble et de Gap ; la liste s'arrête malheureusement là.

France un demi-siècle auparavant, presque tout le personnel de l'impôt est issu des Etats et ne relève que
d'eux seuls. Les clercs et les nobles n'ayant pas d'hommes dans leur mouvance, — personnellement exemptés
de la taille depuis 1370, sans doute grâce à l'influence
des princes français qui avaient présidé à diverses
reprises les assemblées du pays, — voient disparaître
leur immunité encore mal établie. L'assemblée de 1388
permet aussi de constater l'entrée en scène des *communes* : il faut entendre par là les communautés existant
hors du Domaine et les « bonnes villes ». Comme les
gens d'église, les barons et les vavasseurs, elles ont leurs
commis et leurs auditeurs des comptes. C'est la conséquence du vicariat et des progrès du pouvoir delphinal
aux dépens des grands alleutiers, en particulier des évêques, jusqu'alors souverains indépendants des principales agglomérations urbaines du Dauphiné. Les communes et bonnes villes se confondront bientôt avec les
communautés domaniales pour former le troisième
Ordre, celui des communes ou communautés ; mais,
pendant quelque temps, il y eut véritablement quatre
Ordres ou même cinq, si l'on tient compte de la distinction établie entre les barons ou bannerets et les simples
nobles ou vavasseurs. Enfin, l'imposition est absolument
générale, comme la représentation du pays; elle atteint
même les clercs et les nobles qui n'ont pas de sujets ;
pour la première fois nous sommes sûrs qu'aucun rotu-
rier n'y échappe dans les limites de la principauté, qu'il
relève ou non de la directe delphinale. Le moment
approche où les Etats seront intégralement constitués,
avec leur forme, leurs attributions et tous leurs éléments essentiels.

§ II. **Le grand projet italien de Charles VI, les dévastations de R. de Turenne et l'évacuation des Compagnies d'Auvergne; assemblées de janvier-février 1391; les Etats définitivement constitués** : *Voyage de Charles VI en Languedoc; dons de joyeux avènement et taxes sur les Juifs en 1389 et 1390. — Projet d'expédition de Charles VI et de Clément VII contre les « schismatiques » italiens ; les troupes réunies sous la conduite du comte d'Armagnac se disposent à franchir les Alpes et les bandes anglaises d'Auvergne à passer le Rhône. — Etats convoqués à Romans, le 8 janvier 1391; session orageuse à Grenoble du 3 au 7 février : les prélats et barons veulent délibérer en commun avec les gens du Domaine, faire la guerre à R. de Turenne et obliger le gouverneur à prêter serment; Ch. de Poitiers remplit à leur égard les fonctions de procureur général; le Conseil finit par accorder la délibération en commun, mais non l'autorisation d'user du droit de guerre privée; refus du subside; l'institution des Etats pourvue de tous ses organes essentiels. — Formation définitive et union des trois Ordres; composition fixe, attributions définies et fonctionnement à peu près régulier des Etats.*

A la fin de 1389, le roi fit un voyage en Languedoc, pour réprimer les désordres causés par le gouvernement du duc de Berry et s'entretenir avec Clément VII d'un projet d'expédition en Italie. Le 21 octobre, il était à Vienne, où il repassa, à son retour, en février 1390[1]. Ce fut l'occasion de « dons de joyeux avènement », comme le prouvent des tailles particulières levées par des villes telles que Vienne[2], Romans[3], Grenoble[4]; les

---

[1] Lavisse, IV-I, 299; Dom Vaissette, IX, 939; *Trois-Doms*, CXXVII, 832-835 et 873.

[2] Bibl. de Gren., T. 740. *Ancienne chronique de Vienne par Mermet aîné*, in-12, Vienne, 1845, p. 155. Cl. Faure, 154-156.

[3] « *Donum gratiosum* factum d. nostro regi per incolas de Romanis, quando ivit in partibus Occitanie, de mille florenis. » *Trois-Doms*, 723-725.

[4] Arch. de Gren., CC. 1306 : « *Audito quod rex... ad partes*

juifs furent taxés à 10.000 francs d'or en 1389, et à 2.000 l'année suivante [1].

Avant d'envoyer une armée au delà des Alpes, il fallait d'abord rétablir la paix dans le Sud-Est. Raymond de Turenne, d'une des plus nobles familles de Provence, gravement lésé dans ses intérêts par Louis Ier d'Anjou, avait déclaré la guerre au pape et au comte de Valentinois, auxquels il avait inutilement fait appel pour obtenir la restitution de ses biens confisqués. Le roi fut obligé d'intervenir pour mettre fin à des hostilités qui ruinaient son vassal et retardaient la réalisation de ses rêves belliqueux. Jean III, comte d'Armagnac, désigné pour diriger la croisade contre les « schismatiques » romains, négocia une suspension d'armes. D'autre part, la trêve conclue avec les Anglais, en 1388, fut renouvelée pour trois ans (18 juin 1390). Le jeune roi, d'esprit léger et chevaleresque, était tout entier à son grand projet italien favorisé par Clément VII qui,

---

Lingue Occitane cum magna gentium armigerorum quantitate accedere proposuit et suum transitum per patriam dalphinalem facere, ad expellendum cum Dei et suorum subditorum auxilio inimicos suos et regni sui Anglicos, qui in dictis partibus... certis locis existunt... », les consuls ont accordé 600 fl. ; en attendant que la taille soit levée, le gouverneur enjoint aux officiers delphinaux de contraindre « *viriliter et rigide* » les plus riches bourgeois à prêter cette somme. Cf. A. Prudhomme, 226.

[1] Considérant que « *oncques puis que le Dalphiné vint en la maison du roy nostre sire, ils n'avoient octroyé aucun subside ne fait aucun don au dit seigneur* ». B. 3229. Cf. A. Prudhomme, *Les Juifs en Dauphiné*, 51-53. Dès lors, le nombre des Juifs ne cesse de diminuer, jusqu'au dauphin Louis II, qui cherchera de nouveau à les attirer dans sa principauté. Au XVe siècle, d'après Guy Pape, *Décision*, 395, ils seront imposés aux tailles suivant leurs facultés mobilières.

pour expulser de Rome son rival, consentait à l'établissement de deux princes français, l'un dans le nord, l'autre dans le sud de la péninsule : pendant que Louis II d'Anjou affermirait sa domination à Naples, le duc de Touraine, le futur Louis d'Orléans, assuré du concours de Milan depuis son mariage avec Valentine Visconti, se taillerait un royaume dans les Etats de l'Eglise. Le roi lui-même, à la tête de 12.000 lances, devait frayer le chemin à Clément VII jusqu'à Rome, au printemps de 1391. Cette entreprise, préparée à grand fracas, allait encore échouer : Charles VI fut retenu par les feintes promesses de paix de l'Angleterre, alliée du pape romain, Boniface IX. Surtout, Jean III détourna la croisade de son but ; au dernier moment il traita avec Florence et s'engagea à marcher contre Jean Galeas Visconti [1].

Quel que fût l'objet de l'expédition, le passage des troupes du comte d'Armagnac était un danger pour le Dauphiné. D'ailleurs, les bandes anglaises, obligées de nouveau par les trêves d'évacuer le centre de la France, menaçaient de franchir le Rhône. Les Etats furent convoqués à Romans, le 8 janvier 1391, par le gouverneur Enguerrand d'Eudin, qui leur proposa de renouveler purement et simplement l'ordonnance faite à Vienne, en 1388, dans des circonstances analogues. Mais les représentants du pays étaient divisés ou mécontents. Les communautés domaniales se résignaient, semble-t-il, à siéger séparément. Les prélats et les barons, au

---

[1] Valois, II, 186 ; J. Chevalier, I, 396 ; Lavisse, IV-I, 301-302.

contraire, n'admettaient plus qu'on les fit délibérer
seuls[1] ; ils voulaient aussi obliger le gouverneur à jurer
l'observation de leurs libertés et se venger de R. de
Turenne, dont les incursions dans le Valentinois avaient
surtout lésé les principaux d'entre eux, tandis que les
sujets delphinaux moins éprouvés, et surtout préoccupés de l'approche des garnisons d'Auvergne, se sou-
ciaient peu de s'engager encore à ce moment-là dans
une guerre de représailles. Les Etats furent transférés
à Grenoble[2].

Le 3 février 1391, « à l'heure des sacres[3] », en présence des membres du Conseil et d'un certain nombre
de baillis, le commissaire du roi rappela ce qui avait
été dit à Romans : on était menacé par une foule d'aventuriers, anglais et autres, réunis en Provence ou prêts à
passer le Rhône ; les barons et prélats devaient prendre
l'ordonnance de Vienne au moins comme base de leurs
délibérations ; n'avait-elle pas été faite par eux et
approuvée par le gouverneur, juge compétent en pareille
matière ? Même modifiée « selon leur bon avis, pour le
meilleur et le plus expédient », les officiers du dauphin
étaient sûrs de la faire approuver et observer « de point
en point » par les gens du Domaine. Après cet exposé,

---

[1] On se souvient que les gens du dauphin avaient essayé de
faire prévaloir cette façon de procéder entre 1372 et 1387. Les
prélats et barons s'y étaient d'abord facilement résignés, parce
qu'ils votaient une taxe inférieure à celle qui était plus ou moins
imposée aux hommes du Domaine ; mais ils s'apercevaient maintenant qu'on avait ainsi divisé les Trois Etats pour les affaiblir
et les réduire les uns après les autres.

[2] B. 2950, fol. 298 et 361. Cf. Arch. de Vienne, BB. 1,
fol. 34.

[3] *Sacra*, missa. Du Cange.

les prélats, bannerets et nobles, s'étant retirés dans une
salle voisine du Conseil, envoyèrent, au bout d'un instant, Jean Legendre et Pierre Girin dire « qu'ilz ne
pourroient bonnement respondre sur les proposites à
eulx faites, — attendu la multitude d'eulx, — jusque
à heure de vespres ».

Le soir, Charles de Poitiers [1] prit la parole en leur
nom, « comme commis et députez de par eulx ».

1° Pour ce qui était de renouveler l'ordonnance rédigée à Vienne, il fit observer que le péril n'était point
« pareil ne sy éminent » ; on n'avait aucune nouvelle
précise de l'arrivée des compagnies d'Auvergne ; lorsqu'il y aurait urgence, le roi ou le gouverneur les en
informeraient ; quant au comte d'Armagnac, il leur paraissait invraisemblable qu'un vassal du roi-dauphin
osât les attaquer ; les périls à venir, comme les périls
passés, les trouveraient toujours prêts à faire leur
devoir en bons et fidèles sujets.

2° Ils étaient disposés néanmoins à collaborer à une
nouvelle rédaction de l'ordonnance, mais pour résister
à R. de Turenne, qui faisait la guerre au comte de
Valentinois, « le meilleur membre du pays après la personne du roi-daulphin », aux sires de Sassenage, de
Clermont, de Montmaur, de Chalençon, d'Aix et à lui-
même, qui « ne lui avoit oncques rien meffait » ; ils

---

[1] Huitième fils d'Aymar V de Poitiers, comte de Valentinois,
et de Sibille de Baux; il fut la tige des seigneurs de Saint-
Vallier; deux de ses enfants, Louis, qui lui succéda, et Jean,
évêque de Valence et de Die, allaient jouer un rôle considérable
dans l'affaire de la cession des comtés de Valentinois et Diois
au roi-dauphin.

demandaient aussi que les représentants des communautés domaniales vinssent siéger « avecques eulx, ainsi
comme ils avoient accoustumé ». La suite de la discussion fut renvoyée au lendemain.

Le 4 février, on se réunit « à l'heure de tierce » ; le
Conseil déclara qu'il était d'accord avec les prélats et
bannerets sur la nécessité de défendre le pays contre
tous ses ennemis ; il avait même déjà fait commencer
des informations contre R. de Turenne[1]. La question de
la délibération en commun était plus embarrassante ;
on essaya de l'éluder : « Et pour la grant multitude de
vous autres seigneurs, il samble qu'il seroit expédient
pour l'avancement de la besongne, que vous en eslississiez
IIII ou VI, ou tel nombre d'entre vous que bon vous sam-
blera, pour procéder selon le contenu de ladite Ordonnance ». C'était la méthode de délibération par Elus,
déjà employée en 1367. Les prélats et barons déléguèrent donc l'évêque de Grenoble, l'abbé de Saint-Antoine,
les sires de Sassenage et de Gières, le prieur de Saint-
Laurent, avec Charles de Poitiers qui continua à parler
en leur nom : « Il avoit bien oye la bonne response qui
leur avoit esté faicte ; maiz elle leur sembloit un pou
obscure », et quelques éclaircissements étaient nécessaires. On promettait d'informer contre R. de Turenne,
de le sommer de réparer les dommages causés, et, selon
sa réponse, on procéderait contre lui ; ils voudraient
bien savoir comment on allait s'y prendre ; « car, qui
y procèderoit par voie de justice, il n'y auroit point

---

[1] Cf. Inv. ms., *Gener.*, II, 452. *Choix de doc.*, 216. Valois, II,
347, n. 1.

besoing de finances ». D'ailleurs ses « oppressions sont
touz notoires, et en a fait à plusieurs qui ne s'en osent
plaindre [1], et sont présens les bailliz, chastelains et autres subgez du seigneur, par lesquels l'on s'en pourroit
estre informez incontinent et sur piez ; et ou cas que
l'on vouldroit procéder contre lui en soy revengeant,
ainsi comme il leur semble raisonnable, ilz sont prests et
appareilliez de entendre à la besongne... non pas toutesfois tenir l'ordonnance faicte à Vienne, mais faire la
pareille ou meilleur, *pourveu toutesvoies que, ainsi
comme accoustumé est de faire ou temps passé ou dit
pays et en toutes autres, subgettes au roi-daulphin, tant
en son royaulme comme ailleurs, que les communes
soient toujours avecques les prélas, banneres et autres
nobles, senz en faire aucune séparation, laquelle a esté
accoustumée de faire puiz un pou de temps ença* ».

Les gens du Conseil répondirent que c'était leur intention de se renseigner de suite auprès des personnes
présentes, de demander les informations déjà faites par
les baillis et autres officiers, d'envoyer une délégation
des Etats requérir R. de Turenne de faire réparation et,
s'il refusait, de procéder contre lui « par voie de fait ou
autrement » ; pour tout cela il fallait de l'argent.
D'autre part, on savait ce que le gouverneur venait encore d'écrire sur le passage des Anglais; il était donc
urgent de pourvoir à la défense des frontières, « attendu
la célérité et hastiveté du cas ». Le Conseil était parfaitement d'avis que les deniers ne fussent pas détournés à

---

[1] Sur les motifs que la politique française pouvait avoir de
ménager R. de Turenne, cf. P. Fournier, *op. cit.*, 499 et n.

d'autres usages, et qu'ils fussent levés par les receveurs
des Etats. « *Quant à l'admission des communes avecques
culx, il ne samble point à mes diz seigneurs du Conseil
que il se doie faire, pour ce que, en plusieurs subsides cy
devant, chacun des III Estats a esté séparez et mis à part;
et pour ce aussi qu'ilz* (les membres du Conseil) *sont cy
pour leurs gens et communes, et ce qu'ilz font pour elles
est vallable et tenu ; considéré que le seigneur ne doit
point estre de pire condition que les subgiez et vas-
saulx* ».

Le lendemain, réplique de Charles de Poitiers : « Ilz
sont bien courroussez de ce qu'ilz n'ont bonne matière
de procéder en ce fait » pour trois raisons.

1° Malgré l'ordre exprès du roi, le gouverneur a
refusé de prêter le serment d'observer leurs libertés,
« ou s'il l'a voulu faire, pour dire vrai, il en vouloit
détraire aucuns poins, qui leur pouvoient tourner à
très grant préjudice, *et n'estoit pas besoing que de présent on leur en ostost plus que l'on n'avoit fait* ».

2° L'arrivée des Anglais n'est pas aussi prochaine
qu'on veut bien le dire [1].

---

[1] « Avoient entendu de nouvel que les Anglois estoient prests
de faire le passage, et que desjà leurs capitaines estoient en Avignon, qui avoient receu leurs finances du conte d'Armagnac,
auquel elles avoient esté envoiées de Lombardie pour faire ledit
passage par deçà le Rosne, et se devoient bien brief partir d'Avignon pour aler quérir et faire venir leurs gens au port de Roc-
quemorette, disans... que les batiaulx estoient tout prests... ; les
forteresses estoient petitement garnies de toutes choses et par
espécial ès Baronnies, Ebrunoiz, Gappensois et ès marches d'environ, et que de cent personnes estans ès diz pays l'une n'est
pas armée. » Après avoir signalé, à son tour, les rumeurs pessi-
mistes qui circulent, Charles de Poitiers s'empresse d'ajouter :
« Et ne cuidoient pas ledit passage estre si prest, si comme ils
avoient entendu. »

3° « Ilz ont toujours ou temps passé accoustumé que les communes soient avecques eulx, jusques a pou de temps ença, sans en faire aucune séparation, et ainsi est-il en touz autres pays. »

Si on leur accorde ces trois points, ils sont disposés à s'entendre sur l'Ordonnance, « combien que nostredit seigneur soit tenuz de garder ledit pays et les subgez d'icellui à ses propres coutz et despens ».

Nouvelle délibération, puis réponse du Conseil : Enguerrand d'Eudin les aime et respecte leurs privilèges ; mais il y a des articles qu'il ne peut observer sans mandement spécial du roi. Les gens du dauphin sont bien décidés à défendre le pays et à nommer des commissaires pour procéder contre R. de Turenne. En l'absence du gouverneur, ils ne peuvent prendre sur eux d'admettre les communautés.

Les prélats et bannerets ayant encore insisté, le Conseil fut obligé de céder : il autorisa, après midi, les « communes du Domaine, assemblées audit lieu de Grenoble », à se joindre à eux « pour ceste fois tant seulement, sauz préjudice de nostre dit seigneur et sanz acquisition de nouveau droit, attendu le péril éminent », pourvu que l'argent qui serait perçu fût employé uniquement à la défense du Dauphiné.

Le 6 février, les députés du Domaine reçurent l'autorisation de s'en aller après avoir nommé, eux aussi, des Elus ; ceux des prélats et bannerets présentèrent ensuite leur « cahier ». C'était l'ordonnance de 1388, modifiée par eux sur plusieurs points : l'article 1er déclarait que la levée de troupes visait tout d'abord R. de Turenne, et en second lieu les « compaignons » que l'on disait devoir bientôt passer « la rivière du Rosne » ; à défaut

8

du gouverneur, les hommes d'armes seraient mis sous
les ordres d'un « général cappitaine » désigné par le
roi-dauphin, et de quatre chevaliers dauphinois ; l'article 2 précisait que l'exemption des gens d'église s'étendait seulement aux alleutiers ou aux seigneurs de fiefs
« aiant hommes bénéficiez » ; à l'article 3, il n'était plus
question de receveurs spéciaux pour le Domaine ; à
l'article 4 on prévenait toute recherche indiscrète du
nombre des feux sur les terres des seigneurs ecclésiastiques et laïques, et, comme les communautés domaniales se plaignaient de grandes « mortalités », on déci-
dait, pour obvier aux réclamations, de s'en tenir au rôle
dressé en 1385 par Cl. Mathieu ; l'article 5 stipulait que
le subside servirait non seulement à la défense du pays,
mais encore « pour les autres nécessitez éminens de
présent », ce qui permettait de guerroyer contre R. de
Turenne ; on se réservait aussi les finances nécessaires
pour une ambassade à la Cour ; enfin on supprimait
toute ingérence du gouverneur dans le recouvrement et
dans la disposition des deniers, même pour le Domaine [1].

[1] Il y aura un receveur général pour les *gens d'église*, le
prieur de Saint-Laurent; un autre pour les *nobles et communes*,
Pierre Rolant ; des receveurs particuliers dans chaque judicature : Pierre Rolant en Graisivaudan, Pierre Piébo en Viennois
et Valentinois, Michel Fleury dans la Terre de La Tour, Pierre
Motet en Briançonnais, Antoine Vieil en Gapençais, Poncet
Bernart dans les Baronnies, Antoine Mazelier en Embrunais.
Les commis élus « pour faire la distribution de la finance »
seront : pour les *gens d'église*, l'archevêque de Vienne, l'évêque
de Grenoble et l'abbé de Saint-Antoine « ou leurs députez en la
cité de Grignoble », — pour les *chevaliers banncrets*, Pierre
Eynart, le sire d'Uriage, Bandon de Mévouillon et Jehan d'Hauterives, — pour les *vavasseurs*, messire Artaud d'Arces, — pour
les *communes*, Pierre Piébo et Fr. Audeart « du bourg d'Oy-

Le soir, « à l'heure de vêpres », les gens du Conseil protestèrent contre les « doubles et détractions » insérés dans la nouvelle rédaction de l'ordonnance, comme portant atteinte au « patrimoine » du roi-dauphin. Ils proposèrent soit de rétablir les dispositions de 1388 qui avaient été supprimées, soit d'ajouter des stipulations nouvelles sauvegardant l'autorité du gouverneur ou fixant ce qui concernait le Domaine [1] : deux baillis seraient adjoints au capitaine et aux quatre chevaliers qui commanderaient les troupes ; le gouverneur pourrait être suppléé par son lieutenant ; la taxation des sujets du dauphin dans les bonnes villes et celle des hommes des gens d'église sur lesquels ceux-ci n'avaient pas juridiction, était réservée au Conseil ; une commission déciderait de l'exemption des clercs ; quant aux « nécessitez »

sens ». En attendant la désignation d'un capitaine par le roi, *les gages des gens d'armes et arbalétriers seront taxés par 4 chevaliers, les sires de Saint-Vallier et de Sassenage, Aynart de Clermont et Pierre Aynart, qui « auront pleine poissance ad ce, nonobstant monseigneur le gouverneur ».* Auditeurs des comptes : pour les *banncrets,* Charles de Poitiers et Aynart de Clermont ; pour les *prélats,* l'archevêque de Vienne et l'abbé de Saint-Antoine ; pour les *communes,* Antoine Blanc, etc. ; la Chambre des Comptes n'aura pas à intervenir. Dans le Domaine, la péréquation sera faite par les consuls ou des personnes élues à cet effet ; *les sujets delphinaux payeront, comme les nobles et les communes non domaniales, au receveur particulier de chaque judicature ;* les gens d'église à leur receveur général. Mêmes réserves qu'en 1388, en particulier pour le clergé. Le mouvement de réaction qui entraînait les États, les amenait ainsi à libérer partiellement et momentanément le domaine delphinal lui-même de la mainmise des officiers du dauphin, dont le rêve fut toujours, au contraire, d'étendre le régime financier du Domaine à tout le Dauphiné.

[1] B. 2950, fol. 308 : « Super primo articulo advideatur, etc. »

autres que la défense du pays, on les préciserait ou bien
on supprimerait ce mot; Enguerrand d'Eudin nommerait un receveur général pour le Domaine (le Conseil
désignait Aubert Le Fèvre), des commis pour la distribution de la finance (on proposait Antoine Guiffrey, Jean
Henry et Jean de Vallin) et deux auditeurs des comptes
(Jean de Vallin et Andric Garin).

Le lendemain, on manda tout d'abord les Elus des
communautés domaniales, auxquels on donna lecture
des « détractions » faites à l'ordonnance de 1388 par les
prélats et bannerets ; ils déclarèrent qu'ils ne les approuvaient point « sinon réservé le bon plaisir du gouverneur et du Conseil ». Les Elus des prélats et des bannerets se présentèrent ensuite devant la Chambre des
Comptes ; on leur exposa les modifications apportées à
leur cahier par les gens du Conseil « et leur fut prié et
requis que, de commun accord, arrière mises toutes
cavillations et subterfuges, on regardast sur tout bien et
loyaulment, afin que la besongne peust prendre bonne
conclusion et briefve, à l'onneur du seigneur et proufft
du pays et subgiez d'icellui, senz diminution du droit des
parties ». Ils répondirent que les pouvoirs qui leur
avaient été conférés ne leur permettaient pas « de
rien oster ou adjouter oultre le contenu du cahier » ;
ils ne cachaient pas, du reste, leur projet d'aller en
France « aux despens de cest ayde, tant pour observation de leurs privilèges comme pour autres choses...,
lesquels leur sont rompus et diminuez de jour en jour
par les officiers de par deçà, jà soit ce que le roi daulphin les vueille bien tenir et observer » ; toutefois, ils
ne refusaient pas de concourir à la défense du pays ;

enfin ils « ne créoient point, que se le roy estoit bien
informez, et que l'un ou plusieurs d'eulx eussent parlé à
lui, comme ce estoit leur entention de faire bien brief »,
après la relation « sur le gouvernement de par deçà »
que messeigneurs de Bourbon et de Coucy lui avaient
déjà transmise, il leur interdit d'entreprendre « guerre
bonne et forte » contre R. de Turenne et tous leurs
ennemis.

Les gens du Conseil avaient sans doute prévu cette fin
de non-recevoir ; ils ajoutèrent « incontinent » qu'ils
étaient « moult émerveilliez » des exigences des prélats et bannerets et du mandat impératif donné à leurs
délégués ; vu l'imminence du péril, ils acceptaient intégralement le cahier proposé, sauf le bon plaisir du roi-
dauphin. Pourquoi aller en France? Les ambassadeurs
ne seraient pas plus tôt partis qu'il leur faudrait revenir
pour défendre « leurs chevances et l'onneur de nostredit
seigneur ». Enguerrand d'Eudin ne leur avait pas refusé
le serment d'observer leurs privilèges « pour mal qu'il
leur voulsist, mais en leur faveur tant seulement, afin
qu'il peust avoir plus exprès mandement sur ce, et qu'il
les leur peust tenir mieulx senz enfraindre ». Si quelqu'un avait à se plaindre des officiers delphinaux, il
n'avait qu'à « baillier les griefs par déclaration », et on
lui rendrait immédiatement justice. Le Conseil les suppliait de ne pas abandonner ainsi le Dauphiné, eux, les
« gens les plus notables pour conseillier et garder ledit
pays ». Quant à faire quoi que ce soit qui pût déchaîner
une guerre privée, le gouverneur l'avait absolument interdit; il suffisait d'attendre le résultat des informations
commencées.

Charles de Poitiers répliqua : Avant que la procédure

contre R. de Turenne fût terminée, ils seraient revenus
de France et « ilz auroient congié de nostredit seigneur
de eulx revenger et faire guerre contre ceux qui la
leur faisoient, et que ce seroit plus expédient pour
eulx que demourer par deçà en doubtes¹ » ; messire
Raymond les avait attaqués « sans deffier » ; si on ne
voulait pas le repousser par la force, s'écria le sire de
Sassenage, il n'était pas nécessaire de lever des troupes.
Le Conseil protesta qu'il ne dépendrait pas de lui que
les choses en restassent là. Si les Elus des prélats et
bannerets, à la fidélité desquels il faisait encore une
fois appel, croyaient qu'on pût procéder comme ils
l'avaient proposé, les gens du Conseil y consentaient sous
la réserve de l'approbation du roi ; mais il fallait assurer à tout prix la défense du pays. La volonté du roi,
dit Charles de Poitiers, on la saura bientôt ; « et lors se
partirent sans conclusion autre ».

Après midi, Charles de Poitiers, le sire de Sassenage
et Pierre Eynard vinrent « en la sale du Conseil,
disant le dit messire Charles qu'il estoit venuz pour ses
propres besongnes ». Les gens du dauphin leur proposèrent une dernière fois d'admettre leur cahier intégralement, réservé le bon plaisir du roi, mais « sans commencer guerre ». Tout fut inutile. Charles de Poitiers
répondit que les Elus des prélats s'en étaient allés, et
qu'il n'avait plus aucun pouvoir. Il était vraiment étrange, ajouta-t-il, de voir R. de Turenne opérer tous les
jours des incursions sur les terres des vassaux et sujets

---

¹ On sait que l'art. 14 du Statut delphinal reconnaissait formellement aux nobles le droit de se faire la guerre.

du roi-dauphin sans qu'on pût lui résister ; « et aussi pareillement le disoit le sire de Chassenage, attendu les feux que avoient boutez les gens dudit messire Reymond oudit pays et les dommages qu'ilz avoient causés ». Les membres du Conseil demandèrent alors au seigneur de Sassenage ce qu'ils devaient décider, après le refus qui leur était opposé. Il se déclara prêt à accomplir ce qu'on lui commanderait, « mais de la manière du procéder ne voulut rien dire ». La discussion se termina sur une question posée par l'avocat fiscal, Jean de Vallin : vu la gravité des circonstances et l'impossibilité d'agir autrement, ne devait-on pas pourvoir d'office à la « tuition du pays en tant comme il povoit toucher le Demaine, seigneurie et patrimoine de nostredit seigneur » ?

Tel est le *premier exemple de refus du subside* que l'on rencontre dans l'histoire des Etats du Dauphiné. Ce long procès-verbal montre l'attachement irréductible des nobles dauphinois à leurs franchises, en particulier au droit de guerre privée. On y voit aussi les prélats et barons ramener à eux les communautés du Domaine hésitantes, pour collaborer bientôt, dans une union durable et féconde, à la défense et au développement de la principauté. Enfin, le dernier organe essentiel de l'institution apparaît : Charles de Poitiers a rempli une partie des fonctions du futur *procureur général*. Unis désormais et disposant librement du don gratuit, les Etats vont imposer le respect de leurs privilèges et lutter victorieusement contre deux redoutables adversaires, les gouverneurs Montmaur et Boucicaut.

En même temps que leur *fonctionnement* et leurs *attributions* achèvent de se définir et de se préciser, leur *composition* se fixe également : les châtelains ont

peu à peu cédé la place aux consuls, syndics ou députés
des communes domaniales dans les assemblées du pays ;
les communes non domaniales et les bonnes villes vont
se confondre avec les communautés du Domaine, pour
former le troisième Ordre ; pour les deux autres, la
représentation est depuis quelque temps déjà relativement stable et générale, si l'on fait abstraction d'un petit
nombre d'alleutiers souverains, dont le sort restera
encore plus d'un demi-siècle en suspens. L'expression
Trois Etats (*Tres Status*) fait son apparition dans les
procès-verbaux, et les assemblées des trois Ordres, régulièrement constituées, convoquées à peu près tous les
ans, souvent plusieurs fois la même année, pour consentir le subside ou défendre les intérêts de la principauté,
prennent les noms significatifs de *Dieta, Conventus* ou
Placita Trium Statuum Dalphinatus [1].

---

[1] L'office du *procureur* se déterminera plus complètement durant la lutte contre Boucicaut, et la *convocation* ne sera vraiment annuelle qu'à partir de 1417.

DEUXIÈME PÉRIODE

Fonctionnement et rôle des États
à la fin du XIVᵉ siècle
et durant la première moitié du XVᵉ siècle
(1391-1440).

CHAPITRE I

LUTTE CONTRE LES GOUVERNEURS MONTMAUR ET BOUCICAUT
(1391-1407).

§ I. **Lutte contre Jacques de Montmaur (1391-1399) : le gouverneur est obligé de s'incliner devant les prérogatives des
États.** — *Les routiers du comte d'Armagnac, battus en Italie,
reprennent le chemin de la France; États du 15 juillet 1391 :
l'ordonnance de 1388 renouvelée; exemption personnelle de
tous les clercs vivant cléricalement et de tous les nobles vivant noblement; opposition au recouvrement de la taille; les
routiers dans le Gapençais et le Diois; assemblée de prélats
et de barons le 29 décembre : nouveau refus. — États du
26 février 1392 : fonctionnement normal de l'institution. —
Expédition organisée, en octobre 1392, contre les Compagnies.
— Montmaur obligé de prêter serment et de laisser les trois
Ordres délibérer en commun, le 4 mars 1393. — Subside demandé à l'occasion de la naissance du dauphin; forme conciliante des lettres royales; on finit par accorder 1 florin par feu,
le 10 octobre 1393. — Le duc de Bourgogne, revenant d'Avignon, assemble les États à Romans, 1395. — Mariage de Richard II avec Isabelle de France, 1396 : les trois Ordres
votent 2 florins. — Assemblée de 1398; ordonnance de Montmaur sur la procédure, en 1399.*

Enguerrand d'Eudin mourut à Grenoble le 6 mars 1391
et fut remplacé, au mois d'avril, par Jacques de Montmaur qui ne put ou ne voulut pas empêcher le comte

d'Armagnac de traverser le Dauphiné avec ses troupes [1].
Cette armée allait être taillée en pièces devant Alexan-
drie, le 25 juillet 1391, par le duc de Milan. On n'attendit pas la défaite des aventuriers pour prévoir leur retour. Dès le 15 juillet, les trois Ordres se réunissaient à
Grenoble en vue d' « adviser, traicter et accorder sur la
provision et deffense du pais ». Il n'était plus possible de
contester le péril imminent. Les Elus désignés pour délibérer sur les exigences de la situation [2], — après s'être
réservé la répartition, la recette et l'administration de
l'impôt, — accordèrent à peu près tout ce que le Conseil
avait proposé en vain au mois de février [3].

---

[1] D'après Dom Vaissette (IX, 959), le roi lui aurait donné
ordre de laisser passer librement le comte Jean III.

[2] L'archevêque de Vienne, l'évêque de Grenoble, l'abbé de
Saint-Antoine, le prévôt d'Oulx, le commandeur de Saint-Paul
et messire Pierre Chatard, soit 6 Elus pour les *prélats et gens
d'église*. Pour les *bannerets*, en Viennois et Valentinois : les
seigneurs de Saint-Vallier et de Tullins, Jean Gastoblé. Le
Borgne Fallavel; dans la Terre de La Tour : le sire de Vinay,
Henri de Vallin et Jean d'Hauterives pour le seigneur de Cler-
mont; en Graisivaudan : les seigneurs d'Aix, d'Uriage et Pierre
Gelin; en Gapençais : Jean de Rame, Henri d'Ambel, Antoine
Vieil; dans les Baronnies : le sire de Bésignan; en Embrunais :
Raoul Lafont; soit 15 Elus. Pour les *communautés*, en Viennois
et Valentinois : Gonon Marchon, Pierre de Bourgoin, Nicolet
de Champs; dans la Terre de La Tour : Hugonin de Bocsozel,
Antoine de Vernay, Jean Crolart; en Graisivaudan : Pierre
Bougiz dit Paulet, Hugues Faure de La Mure, Etienne d'Oulx;
en Briançonnais : Fr. Marchand, Andric Duclerc; en Gapen-
çais : Jean Girart, Giraudin de Pène ; dans les Baronnies :
Draconet Merle et Raymond Lagier; soit 15 Elus. Pour les
bonnes villes. Jocerand Laurent pour Vienne, Guigue Luc pour
Romans, Etienne Amodru pour Grenoble, Raoul Lafont pour
Embrun. B. 3256.

[3] Il est décidé que l'on « mettra sus et assemblera tel nombre
de gens d'armes comme il paraîtra nécessaire au gouverneur,

Mais déjà il était trop tard. Du reste, Montmaur ne se hâtait pas de prêter serment; en attendant le retour de l'ambassadeur envoyé au roi-dauphin, on fit opposition à la levée de la taille; si bien que les débris de l'armée

appelés avec lui 4 chevaliers du pays ». Devront contribuer, les hommes des prélats et autres gens d'église, ceux du Domaine, ceux des barons, bannerets, nobles et « *toutes autres manières de gens demeurant ès confines* » du *Dauphiné*, « *en comprenant en ce les bonnes villes de Vienne, Romans, Grenoble, Embrun et toutes les autres bonnes villes* », *excepté les clercs vivant cléricalement et les nobles vivant noblement*. Chaque feu payera 8 bons gros. Un receveur général centralisera les recouvrements dans les deux Viennois et le Graisivaudan, — avec un lieutenant à Grenoble (François de Brun de Romans est nommé receveur général; il choisit sous sa responsabilité Lantelmon Perrin pour son lieutenant); il y aura un receveur particulier dans les judicatures des Baronnies (Poncet Bernard), du Briançonnais (Pierre Motet), de l'Embrunais (Jamet Marron) et du Gapençais (Antoine Vieil). Gens d'église et nobles opéreront la répartition dans leurs terres; les consuls ou les personnes déléguées à cet effet, la feront dans le Domaine, *dont la recette sera versée au receveur désigné pour leur judicature;* les bonnes villes verseront directement au receveur général. Les gages des gens d'armes seront taxés par le gouverneur assisté de 4 chevaliers, Charles de Poitiers, le sire de Sassenage, Aynart de Clermont, Pierre Aynart. L'archevêque de Vienne et tous les possesseurs de terres qui « ne dépendent en rien du roi-dauphin », mais sont « circonvoisines » du Dauphiné ou « infra ambitum Dalphinatus », protestent qu'ils entendent bien ne pas s'astreindre aux subsides delphinaux: ils consentent seulement à payer pour cette fois et pour la défense commune des terres soumises et non soumises au roi-dauphin, à condition que tous ceux qui se trouvent dans le même cas contribuent également; ils réclament aussi le droit de lever, en cas de besoin, des troupes pour la protection de leurs terres, sur les fonds votés par les Etats; enfin, ils ne seront tenus de payer que si les conditions prévues se réalisent. Le sire d'Uriage déclare que si le comte de Genève ne contribue pas pour ses terres de Graisivaudan (Theys, La Pierre, Domène, cf. Guy Allard, I, 465, et Pilot, *passim*), lui-même sera exempt pour les fiefs qu'il tient du comte. *Commis élus pour la distri-*

du comte d'Armagnac purent franchir une seconde fois les Alpes [1]. Des compagnies s'établirent dans le Gapençais et le Diois, aussitôt pillés et rançonnés. R. de Turenne en profita pour reprendre les armes [2]. Le gouverneur assembla inutilement un certain nombre de prélats et de barons à Grenoble, le 29 décembre, pour les amener à permettre la levée de 8 gros votée au mois de juillet; on lui répondit qu'on n'y consentirait pas tant qu'il n'aurait pas juré l'observation des franchises du Dauphiné [3]. Au début de 1392, il signalait aux réformateurs royaux, de passage à Grenoble, l'arrêt de toute vie économique occasionné par la crainte des routiers et les incursions de R. de Turenne, ainsi que le peu d'empressement des États à fournir des subsides [4]. J. de Montmaur fut obligé de réunir les trois Ordres une cinquième fois,

---

bution de la finance : pour les prélats, l'évêque de Grenoble, pour les bannerets, le sire d'Uriage et Jean d'Hauterives ; pour les vavasseurs, Artaud d'Arces ; pour les communes, Pierre Piébo et Raymond d'Huez. Auditeurs des comptes : l'archevêque de Vienne, les sires de Sassenage et de Tullins, Henri d'Ambel, Antoine Blanc et Jocerand Laurent. On envoie un ambassadeur en France pour savoir le bon plaisir du roi-dauphin ; après son retour, les 6 commis se réuniront à Grenoble ou ailleurs ; ils pourront s'adjoindre les plus notables du pays, « ceux que mieux leur semblera, pour mettre à effet, selon la réponse dudit message, ce qui fère s'en devra », avec l'assentiment du gouverneur. B. 3256. Cf. A. Prudhomme, 228.

[1] Jean III était mort des suites de ses blessures. Les routiers étaient probablement sous les ordres d'Amaury de Séverac, qui aurait bousculé les nobles accourus pour l'arrêter au passage. Voir à ce sujet J. Chevalier, I, 410 et n. ; Dom Vaissette, IX, 959 ; Durrieu, Revue de Gascogne, 1884.

[2] J. Chevalier, I, 397-410 ; Beaucourt, I, 428.

[3] Choix de doc., p. 216.

[4] Loc. cit, et J. Chevalier, 401.

le 26 janvier 1392, pour leur exposer ses embarras financiers et la crise que traversait le pays[1].

Dans cette assemblée nous voyons les Etats fonction-
nant déjà normalement, comme ils le feront au XVᵉ siècle. Convoqués par lettres du gouverneur, les prélats et
gens d'église, les barons, bannerets et nobles, les représentants des communes et des bonnes villes se réunissent
à Grenoble dans la salle du Consistoire delphinal, où
Montmaur leur explique le motif pour lequel on les a
appelés. En vue de simplifier et de faciliter le travail, ils
choisissent un certain nombre d'Elus de chaque Ordre
pour délibérer et « conclure » en leur nom[2]. Cette délégation des Etats examine les propositions du gouverneur, fixe la taille à 8 bons gros par feu, en règle la répartition, la perception et l'emploi; elle nomme les *commis* chargés de la « distribution de la finance[3] », les
receveurs[4] et les *auditeurs des comptes*[5]; elle décide que
tous les sujets delphinaux contribueront, *excepté les*

---

[1] B. 3257 et 2915, fol. 356.

[2] 4 pour les *prélats*, 16 pour les *bannerets*, 12 pour les *communes* et 4 pour les *bonnes villes*.

[3] Pour les *gens d'église*, l'évêque de Grenoble; pour les *bannerets*, le sieur d'Uriage et Jean d'Hauterives; pour les *vavasseurs*,
messire Artaud d'Arces; pour les *communes*, Pierre Piébo et
Raymond d'Huez.

[4] Receveurs généraux : pour les *gens d'église*, le prieur de
Saint-Laurent de Grenoble; pour les *nobles* et les *communes*,
Fr. de Brun (ailleurs Bray ou Bran). Receveurs particuliers :
en Briançonnais, Pierre Motet; en Gapençais, Antoine Vieil;
ès Baronnies, Poncet Bernard; en Embrunais, Jamet Marron.

[5] D'abord, Jean de Vallin nommé par le gouverneur; pour
les *gens d'église*, l'archevêque de Vienne; pour les *bannerets*,
les sires de Sassenage, de Tullins, de Montchenu et Forestier
de Rame; pour les *vavasseurs*, Jean d'Ambel; pour les *communes*,
Antoine Blanc et Fr. Constant.

*nobles vivant noblement, les clercs vivant cléricalement
et les misérables possédant moins de dix francs :* telle
sera la formule usitée désormais pendant des siècles. Le
recouvrement de l'aide se fera par les mêmes procédés
que ceux fixés l'année précédente. Aucun denier de cette
finance ne pourra être employé à un autre usage que celui qui a été prévu dans la *cédule;* l'argent qui ne sera
pas utilisé devra être mis en lieu sûr; les payements seront toujours effectués en vertu de lettres scellées des
sceaux du gouverneur et des commis. Les Elus protestent
qu'en accordant ce subside, ils n'entendent pas déroger
aux libertés delphinales[1]; enfin ils demandent à Montmaur d'approuver leurs décisions : l'ordonnance exécutive est rendue par lui et publiée en leur présence, dans
l'auditoire du Conseil delphinal.

Pendant qu'à la Cour se manifestaient les premiers
symptômes de la folie du roi, les hostilités continuaient
dans le Sud-Est. Raymond de Turenne signa enfin, le
5 mai 1392, une paix soi-disant perpétuelle avec le pape,
l'évêque de Valence et le comte de Valentinois[2]; mais ses
routiers ne pouvaient se résigner à sortir du Dauphiné.
Le gouverneur réunit un certain nombre de représentants des trois Ordres à Grenoble, le 28 octobre, et organisa avec leur consentement une véritable expédition
contre les bandes qui s'étaient jetées dans le Gapençais[3]. Le 30 octobre, Montmaur écrivait aux *barons, vas-*

---

[1] L'archevêque de Vienne et les prélats font leurs réserves,
comme en juillet 1391; de même le sire d'Uriage pour les fiefs
qu'il tient du comte de Genève, etc.

[2] Arch. nat., K. 54, n° 10. Cf. Valois, II, 346. J. Chevalier, I, 403.

[3] La convocation fut générale; le procès-verbal ne mentionne

saux delphinaux et *nobles* qu'en vertu d'une décision
prise, le jour même, par la majorité d'entre eux, il les
attendait en armes, le 12 novembre, à Grenoble, pour
marcher contre les compagnies et qu'ils seraient défrayés avec les deniers du subside [1].

Les prélats et barons s'impatientaient de n'avoir encore pu obtenir que Montmaur jurât l'observation de
leurs franchises. L'ambassade envoyée au roi lui en avait
exprimé leurs plaintes, et, le 1er mars 1392, Charles VI
avait enjoint au gouverneur de s'exécuter [2]. Aussi, lorsque les Trois Etats, convoqués le 15 février, puis le
1er mars 1393 [3], se furent assemblés à Grenoble le 2 du
même mois, ils exigèrent tout d'abord le serment si
obstinément refusé [4]. Nicolas *de Rancia*, chargé avec

que des nobles et des clercs, parmi lesquels on trouve l'archevêque
de Vienne et l'évêque de Grenoble. Cf. lettres de convocation,
datées du 19 oct. (Au bailli du Briançonnais : « Quod de qualibet castellania unum ex sindicis mittat » ; à Jean du Roux,
châtelain du Champsaur : « Quod veniat et unum de sindicis
adducat » ; aux châtelains de l'Oisans, de Serres, du Buis, de
Veynes, de Saint-Marcellin, de La Côte, de Grenoble ; aux cour-
riers de Vienne et de Romans ; au juge du comté d'Embrun, etc.).
B. 3258.

[1] *Pièces justif.*, IV.

[2] Il défendit également de poursuivre et d'emprisonner les
contribuables pour payement des tailles et de tenir chez eux des
garnisons. B. 3175.

[3] Commission du roi à Montmaur pour lever des gens de
guerre et imposer les sommes indispensables pour leur entretien
(4 févr. 1392, 1393 n. s.), Inv. ms., *Gener.*, I, 82 v°. Lettres de
Montmaur, 12 févr. : « Quia rex dalphinus, per suas litteras
noviter nobis missas, mandavit *continuari* dietas Trium Statuum... » B. 3258.

[4] B. 3004, cahier XXVII, *Instrumentum placitorum baro-
rum...* et *Choix de doc.*, 219-225, *Dieta Trium Statuum Dalphinatus :* liste des représentants.

Montmaur et Jean du Drac d'exposer les besoins résultant des affaires du royaume et ceux de la principauté, s'exprima de la manière la plus conciliante : « Le roi saluait ses fidèles Dauphinois; il avait appris la conduite du gouverneur; heureux d'avoir une occasion de leur témoigner sa confiance, il envoyait deux commissaires pour mettre fin à une résistance injustifiée. » Après la lecture des lettres de Charles VI, Montmaur se déclara disposé à prêter serment suivant la forme observée par Ch. de Bouville. On lui fit lire non seulement le procès-verbal du 26 janvier 1373, mais encore celui du 3 juillet 1370 pour Jacques de Vienne, les lettres de Charles V du 22 août 1367, et on lui expliqua le tout en français. Alors, parfaitement éclairé sur ses obligations, — pour obéir aux ordres du roi-dauphin et *mériter l'obéissance des sujets delphinaux,* — il jura sur les Evangiles de respecter et de maintenir, tant qu'il serait en charge, les traités, conventions, privilèges, libertés et franchises des prélats, barons, bannerets, nobles, communautés et autres gens du Dauphiné, selon Dieu et justice, protestant solennellement que si, par mégarde, il venait à y manquer en quoi que ce soit, il réparerait ses torts aussitôt informé et n'encourrait pas le crime de parjure.

Le soir, J. du Drac et N. *de Rancia* demandèrent, à l'occasion de la naissance du dauphin [1] et pour les « nécessités » du royaume, un subside « semblable à celui qui avait été accordé quand le roi se rendit en Langue-

---

[1] Charles, duc de Guyenne, né à l'hôtel Saint-Paul le 6 février 1392, mort le 13 janv. 1401. Cf. *Trois-Doms,* 725. Il n'eut jamais, comme plusieurs autres fils des rois de France, que le *titre* de dauphin.

doc » ; la réponse fut renvoyée au lendemain, et il fallut autoriser les représentants des communes à délibérer avec les prélats et les barons; on le leur permit « pour cette fois et sans préjudice des droits du roi-dauphin ». Les Etats se décidèrent seulement le jeudi 6 mars : attendu leurs charges et leur indigence, ils ne pouvaient accorder que le recouvrement de la taille de 8 gros par feu déjà votée[1]. On les engagea à délibérer encore (*melius deliberent*), afin de donner le lendemain une réponse « plus claire ». Le vendredi, ils refusèrent de modifier leur décision; Montmaur et les envoyés du roi, après s'être retirés un instant dans la chambre du Conseil pour se concerter, n'insistèrent pas davantage.

Décidément, la politique envahissante des gouverneurs avait gravement indisposé le pays. On avait pourtant nommé, le 9 juillet 1391, des commissaires avec mission de réformer les abus, en vue d'atténuer les effets d'une centralisation encore prématurée[2]. Puisque les moyens d'intimidation n'avaient aucune chance d'aboutir, il fallait user de ménagements envers une susceptibilité devenue ombrageuse. Le 27 août 1393, Montmaur reçut ordre d'assembler de nouveau les Etats et de leur représenter les grandes dépenses que le roi venait de faire, soit pour obliger R. de Turenne à signer la paix, soit à l'occasion du « voyage de Picardie » et des pourparlers avec l'Angleterre au sujet des trêves en Guyenne; pour toutes ces raisons, Charles VI leur renouvelait la demande d'une aide semblable à celle qu'ils lui accordèrent

[1] « Quod leva VIII gross. dudum ordinata recuperetur » ; 8 bons gros ou un demi-franc par feu (Vienne fut taxée à 300 fr. pour 600 feux. BB. 1. fol. 64. Cl. Faure, 31).

[2] *Ordonn.*, VII, 441. Cf. J. Chevalier, I, 405.

quand il se rendit en Languedoc [1]. Malgré la forme insi-
nuante de ces lettres, où le roi invite le gouverneur à
rappeler aux Dauphinois « qu'il a pleu à Dieu, de sa
grâce, lui donner ung biau filx, qui est leur seigneur et
daulphin de Viennois », où il lui recommande de bien se
garder d'ordonner lui-même cette imposition, les trois
Ordres, réunis à Grenoble le 7 octobre dans l'auditoire du
Conseil delphinal, ne montrèrent aucun empressement à
répondre aux avances qui leur étaient faites. Montmaur
déclara en vain que l'intention du roi était aussi de racheter les terres du Domaine engagées par ses prédécesseurs; on avait besoin de se consulter à part, on s'expli-
querait le lendemain. La réponse fut ainsi différée de
jour en jour jusqu'au 10 octobre. On consentit finalement, sous les conditions et protestations formulées le
26 janvier 1392, une levée de 1 franc par feu, payable
moitié à la Saint-André, moitié à Pâques de l'année suivante, attendu la misère du pays qui ne pouvait donner
davantage [2].

Clément VII mourut le 16 septembre 1394. Les cardinaux d'Avignon lui donnèrent immédiatement un successeur, Pierre de Luna, Benoît XIII, qui allait opposer

[1] B. 2945, fol. 353. *Ordonn.*, VII, 574. Cf. Fauché-Prunelle,
II, 420.

[2] B. 2945, fol. 353. Cf. B. 2709, fol. 91, 2710, Etat des feux
pour le subside de 1393, et *Choix de doc.*, 219. L'Invent. ms. de
la Chambre des Comptes (I, 83) donne par erreur « 8 bons
gros en comptant 5 liards pour un bon gros »; le texte porte :
« Fuit finaliter responsum quod... *sub conditionibus et protesta-
tionibus comprehensis in ordinatione leve octo grossorum pro
foco levari ordinate anno precedenti nonagesimo secundo,
die XXVI mensis januarii... unus francus pro singulo foco levetur... cujus medietas, etc.* »

une extraordinaire résistance aux diverses tentatives
faites en vue de l'amener à accepter, comme il l'avait
promis, la « voie de cession » pour mettre fin au schisme.
Une ambassade comprenant les ducs de Berri, de Bourgogne et d'Orléans, se rendit inutilement auprès de lui,
en mai 1395. Au retour de ce voyage, le duc de Bourgogne s'arrêta à Romans et y réunit les Etats du Dauphiné [1].

Après le « bal des sauvages », les oncles du roi, en re-
prenant le pouvoir, avaient inauguré une politique extérieure toute pacifique. Une ambassade anglaise vint à
Paris négocier le mariage de Richard II avec Isabelle de
France [2], et les fiançailles eurent lieu au début de 1396.
Le 28 mars on établit « une aide en forme de taille »
sur tout le royaume. Le même jour, Charles VI donnait
plein pouvoir à J. de Montmaur et à Jean du Drac, conseiller au parlement, d'assembler « les gens d'église, nobles et autres personnes » du Dauphiné, pour leur annoncer l'union qui devait mettre fin pour toujours à la
guerre et les requérir de lui accorder une aide convenable destinée à solder une partie des dépenses et de la
dot [3]. Les Etats se réunirent à Grenoble [4] et votèrent un
subside de 2 florins par feu, payable à des échéances
assez éloignées; le roi protesta contre ces délais par des

---

[1] Chorier, II. 393. *Hist. abrégée*, II, 25 (il donne par erreur
la date de 1394). Cf. Valois, II, 15.

[2] Née le 9 nov. 1389, morte le 13 sept. 1409.

[3] Fonds des Etats, carton I. *Ordonn.*, VIII, 61 et 67. Inv. ms.,
Gener., I, 147 v°. Le roi pouvait invoquer le droit de *cas impérial* en tant que dauphin.

[4] Avant le 17 juin. *Trois-Doms*, CXXVIII, 727 n. et 733.
Cf. Arch. Drôme, E. 11330.

lettres du 29 juin, où il insistait pour un versement immédiat, faisant valoir qu'il n'avait cédé pour la dot de sa
fille ni terres ni villes et qu'il avait grand besoin d'argent [1]. La trève qui devait expirer en 1398 fut prolongée
pour 28 ans : c'était presque l'équivalent de la paix.
Moins de trois ans après, Richard II était détrôné par
Henri de Lancastre.

Des États tenus le 8 novembre 1398, nous ne connais-
sons que la liste de ceux qui y assistèrent [2]. On y fit sans
doute des plaintes contre les officiers delphinaux, car en
février 1399, Montmaur promulgua, « ad requisitionem
nonnullorum dalphinalium subditorum », une grande
ordonnance sur la procédure, qui a été imprimée en tête
de l'édition des *Statuta delphinalia* de 1619 [3].

§ II. **Lutte contre Geoffroy Le Meingre dit Boucicaut (1399-
1407) : le gouverneur récusé par les États est finalement
remplacé.** — *Un chef de routiers gouverneur du Dauphiné;
les trois Ordres l'obligent à prêter serment; ils demandent que
des livres contenant leurs privilèges soient déposés dans chaque
judicature et au consistoire delphinal. — États de 1400 :
l'ordonnance de 1388 encore renouvelée; élection de trois procureurs; mesures qui auraient été prises contre les empiétements
du clergé. — Règlement de justice en 1403. — Guerre entre
les Torchefelon et l'archevêque de Vienne; le gouverneur*

[1] B. 2776. Cf. B. 3258, autres lettres du 4 août 1396, pour
exiger le versement à Paris, avant la Toussaint. Voir, B. 3272,
formules des lettres adressées aux châtelains. Le receveur fut
J. de Vallin.

[2] Inv. ms. *Gener.*, II, 522, *Choix de doc.*, 227, *Conventus Trium
Statuum Dalphinatus;* voir p. 230 la lettre de procuration des
chanoines de Vienne, empêchés par l'arrivée de trois cardinaux.

[3] Fol. 2-14. Elle fixe aussi le salaire des avocats, procureurs et
sergents, la manière pour les châtelains de recevoir les blés du
cens, etc... Un article est intitulé : *Quod notarii in processibus
non utantur verbis superfluis.*

*obtient un subside de 1 florin à lever même sur les alleutiers.
— Cession des comtés de Valentinois et Diois au roi-dauphin;
les Etats de 1404 refusent d'accorder 50.000 livres pour cette
acquisition et envoient une ambassade porter à la Cour
leurs plaintes contre les excès de Boucicaut. — Lutte achar-
née des trois Ordres contre le gouverneur et ses officiers,
en 1405-1406; taille de 6.000 écus pour les frais des poursuites, cinq fois autorisée et cinq fois interdite ou différée;
invraisemblables péripéties occasionnées par l'anarchie qui
règne dans le gouvernement divisé entre les factions d'Orléans
et de Bourgogne. — Boucicaut est enfin remplacé en 1407.*

Le 1er avril 1399, Geoffroy Le Meingre dit Boucicaut,
frère cadet du célèbre maréchal, fut nommé gouverneur.
Si les Dauphinois se réjouirent du départ de son prédécesseur [1], qui avait toujours paru hostile à leurs libertés,
ils allaient bientôt s'apercevoir qu'ils n'avaient pas gagné au change. Aventurier sans fortune, violent et ba-
tailleur, prêt à tous les coups de main, Geoffroy venait
alors d'assiéger l'irréductible Benoit XIII dans son for-
midable château d'Avignon, pour le compte du roi et des
cardinaux qui avaient prononcé la soustraction d'obédience [2]. Avec lui, tous les conflits plus ou moins latents
depuis Ch. de Bouville vont s'envenimer : conflit avec
l'archevêque de Vienne, conflit avec les barons et les
alleutiers, conflit avec les Etats où dominent les privilégiés.

Dès son arrivée, les principaux membres des trois
Ordres l'obligèrent à prêter serment; on ne pouvait
prendre trop tôt des garanties avec un pareil personnage.
Il semble, du reste, qu'il ne se soit pas fait prier : moins

[1] D'après Guy Allard (*Bibl. hist.*, I, 170), il aurait été destitué
« sur la plainte des Etats ».
[2] Valois, III, 150 et 194-197. Cf. L. Salembier, 166.

scrupuleux que Montmaur, il se croyait, sans doute, mé-
diocrement lié par de tels engagements. Aussi les représentants du pays crurent-ils devoir aller plus loin : ils
lui exprimèrent le vœu que l'on fît transcrire « en parchemin et de bonne lettre » 9 livres contenant leurs privilèges; on en mettrait un dans chacune des 7 « juge-
ries »; le 8e au consistoire delphinal; le dernier demeu-
rerait « par devers les conseillers et avocats des Estats,
affin que leurs franchises fussent gardées et observées
selon que droit et raison le vouloit »; de plus, « beaucoup de chartres, lettres, instrumens touchant le fait du
pais, tant grossées comme non grossées », étaient entre
les mains de « notaires et autres personnes »; on ne
pouvait se les faire délivrer « sans grant finance »;
enfin, ils étaient obligés envers « plusieurs advocas, procureurs » et autres créanciers; pour toutes ces raisons,
ils demandaient la convocation des Etats [1].

Les trois Ordres ne furent assemblés qu'à la fin de
l'année suivante, à Romans [2]. Jacques de Saint-Germain
y renouvela les mêmes requêtes. On procéda ensuite à la
désignation des Elus, dont le nombre presque inusité fit
pressentir l'acharnement qu'on mettrait bientôt dans la
lutte contre le gouverneur [3]; ils votèrent un subside de

[1] B. 3004, cahier XXVI. C'est la première fois qu'on les voit
s'inquiéter de leurs archives.

[2] Le 26 nov. 1400, dans « la salle basse du couvent des frères
mineurs ». Loc. cit. Cf. Arch. de Grenoble, CC. 577.

[3] Pour les prélats : Jean Legendre, licencié en lois, représen-
tant l'évêque de Grenoble; les abbés de Saint-Antoine, de Saint-
Pierre « fors porte » et de Saint-André de Vienne et celui de
Bonnevaux, soit 5 Elus; — pour les barons et bannerets : le
comte de Valentinois, le marquis de Saluces, les seigneurs de
Saint-Vallier, Tullins, Claveyson, Châteauneuf, Montchenu,

4 bons gros par feu, après avoir renouvelé et complété l'Ordonnance de 1388. Les alleutiers échappaient à l'impôt et les Etats maintenaient l'autonomie de leur organisation financière [1]. Deux articles du procès-verbal sont à signaler : tout d'abord, les trois Ordres avaient senti le besoin d'avoir constamment un ou plusieurs *procureurs* chargés de « poursuivre les griefs et autres besoignes du païs » ; ils nommèrent à cet effet Guill. de Morges, seigneur du Chatelard, Jean Brochier et Jean Sainier; en

Gières, Montrigaud, du Châtelard, de Tournon, Sassenage, Vinay, Jean Allemand, Guill. de Mévouillon, Jean de Rame pour le sire de Montmaur, Antoine de Commiers, licencié en lois, pour le sire d'Aix. Fr. de Beaumont s. de La Frette, Pierre de Césarges pour le sire de Maubec, Joffroy Gottaffrey pour le sire de Bressieu, soit 20 Elus; — pour les *vavasseurs* : Didier de *Briva*, Soffred d'Arces et Gillet Copier, soit 3 Elus; — pour les *communes* : Fr. Crestin de Crémieu. Pierre Galbert de Saint-Marcellin, Raoult Lafont, le sire de Vinsobres, etc., soit 17 Elus, et en tout 45.

[1] Contribueront les hommes des prélats et gens d'église, ceux du Domaine, ceux des nobles « demourans ès confines et destrois du Dalphiné, qui tiennent en fié ou en rièrefié de mons. le dalphin, si comme ils ont accoustumé, excepté clers vivans cléricalement et nobles vivans noblement et les misérables ne possédant pas 10 francs, en comprenant en ce les bonnes villes de Vienne (cf. Chorier, *Recherches*, p. XXXI, Vienne imposée et déchargée), Romans, Gregnoble, Embrun et toutes les autres... estans ès dites confines... ». On nomme 6 commis pour « la distribution de la finance » (le nom du gouverneur a été intercalé en tête) et 5 auditeurs des comptes. Un receveur général, Jean Coppe, bourgeois de Romans, fera directement la recette dans les deux Viennois; il aura un lieutenant à Grenoble, pour centraliser les fonds des autres judicatures; on interdit formellement au « receveur de mons. le dalphin » de se « meller en quelque manière que ce soit de ladite recepte » ; les *sommes non utilisées seront mises* « *en déposit en aucun lieu à l'ordonnance des commis* », etc. B 3004, cahier XXVI.

outre, de nombreux arrérages des tailles précédentes
restaient à percevoir, dont la rentrée pouvait alléger
d'autant les charges de la principauté; on désigna deux
receveurs, le sire du Chatelard et messire Jayme Marc,
pour en assurer le recouvrement. D'après Chorier, il fut
aussi défendu « aux seigneurs ecclésiastiques d'attirer,
sous prétexte de leurs privilèges dont ils couvraient
toutes leurs entreprises les plus irrégulières, les sujets
dauphinois hors de leurs juridictions naturelles et de
mettre en interdit les villes ni les terres, comme ils
avaient accoutumé lorsqu'on refusait de leur obéir aveu-
glément »; dans le cas où ils ne voudraient pas déférer à
ce règlement, ils devaient y être contraints par la saisie
de leur temporel. Il n'y aurait rien d'étonnant à ce que
Boucicaut, grand détrousseur de gens d'église, ait cherché à détourner de ce côté l'attention des Etats et à les
affaiblir en les divisant; mais le texte qui nous est parvenu n'en dit absolument rien [1].

Le 2 juin 1403, le gouverneur se décida enfin à accorder une satisfaction partielle aux instances réitérées des
trois Ordres, en promulguant un règlement de justice [2].
Il était alors très occupé à rétablir la paix troublée dans
le Viennois. Guionet et Jean de Torchefelon, sortes de
brigands féodaux, faisaient la guerre à l'archevêque de

[1] Chorier, II, 396. Cf. Bibl. de Grenoble, R. 7375-7381 et
B. 3260, Mémoire sans date, présenté au dauphin par le gouverneur et le Conseil, sur les empiétements et les abus de pouvoir
des gens d'église, en particulier de l'archevêque de Vienne. U. Chevalier, Ordonn., n° 254, et Ch. Bellet, Notice hist. sur Aimon Ier
de Chissé, évêque de Grenoble de 1388 à 1427, in-8°, Paris, 1880,
p. 17.
[2] Statuta, fol. 14 v°. Reformatio, etc. : « Assiduis... Trium
Statuum interpellationibus inclinati... »

Vienne [1]. Il importait de mettre fin promptement aux
actes de violence et de pillage qui en étaient la conséquence. Mais les compétitions d'autorité entre le gouverneur, lieutenant du roi - dauphin vicaire impérial, et
Thibaut de Rougemont qui venait de se faire restituer
son temporel, compliquèrent la situation. Quand Boucicaut se présenta pour enquêter, on lui interdit l'entrée
de la ville. Violemment irrité par cette résistance, il
réunit des troupes et convoqua à Saint-Antoine les États
par lesquels il se fit accorder, le 12 septembre 1403, une
taille de 1 florin qui serait répartie *même sur les hommes des alleutiers et de tous les gens d'église sans exception* [2]. L'official et les consuls de Vienne refusèrent de
laisser établir cette taille sans l'assentiment du prélat,
qui n'avait pas assisté à l'assemblée [3]. Pendant ce temps,
les Torchefelon comparaissaient devant le gouverneur, à

----

[1] D'après la bulle d'excommunication lancée contre eux, le
8 février 1402, la famille des Torchefelon, « dont le nom signifie
félonie » (*tortuose seu tortorose felonie nomen accepit*), était
« infectée de l'hérésie vaudoise ». Guionet et Jean saccageaient
les églises et profanaient les choses saintes; ils avaient créé
parmi leurs complices un pape, un archevêque, etc., en dérision
de la dignité ecclésiastique. B. 3253, fol. 27. Cl. Faure, 183-184.

[2] B. 3273; Arch. de Grenoble, CC. 577. Sur les démêlés de Boucicaut avec l'archevêque de Vienne, cf. B. 3414-3417 et Cl. Faure,
182 et suiv. On voit commencer à la même date les premières
tentatives d'exemption de la taille en faveur de certains officiers
de justice et de finances. Cf. B. 2915, cahier 51 : Ordonnance
du gouverneur, du 5 avril 1403, portant défense aux consuls de
Grenoble et à tous autres de comprendre les conseillers delphinaux, auditeurs des Comptes, avocat et procureur général et secrétaire aux tailles et impositions de la ville. (Les charges d'avocat et de procureur général ne furent séparées qu'en 1423. Chorier. *Estat polit.*, IV, 18; Guy Allard, *Dict.*, I, 99.)

[3] B. 3250, fol. 100; Cl. Faure, 195-196.

La Côte-Saint-André : sommés de se rendre à merci, ils
s'enfuirent en Savoie, où Jacques de Saint-Germain alla
réclamer leur extradition. Boucicaut eut moins facilement raison de l'archevêque : Thibaut de Rougemont fit
éconduire Jean Luysard, châtelain de La Côte, envoyé à
Vienne pour exiger le rôle des feux[1]; condamné par le

---

[1] Luysard arrive à Vienne le jeudi 22 novembre; on refuse de
le recevoir, parce qu'il est trop tard pour parler à l'archevêque. Il
se rend, le lendemain, à l'église Saint-Maurice : Thibaut de Rougemont est, lui dit-on, au château de Seyssuel et les chanoines
« hinc inde ». A l'heure de vêpres, il trouve l'official et lui fait
part de sa mission : Thibaut est parti; personne ne peut répondre
à sa place. Il rejoint un chanoine à Saint-Maurice : le doyen est
absent, un simple particulier ne peut s'entremettre seul dans cette
affaire. Le samedi matin, l'archevêque est enfin rentré; il renvoie
sa réponse après vêpres; de son côté, le chanoine promet de
parler à ses confrères. Le samedi soir, l'archevêque et les chanoines n'ont pu encore conférer ensemble. Le dimanche, dès l'au-
rore, Luysard est à l'archevêché : Thibaut de Rougemont est allé
à Mantaille; l'official répondra pour lui, mais le soir seulement.
Enfin, le dimanche dans la soirée, l'envoyé du gouverneur se rend
« ad ecclesiam Beate Marie Veteris » (par altération, N.-D. de la
Vie), où on lui déclare que ni l'archevêque ni le Chapitre ne
peuvent laisser taxer leurs sujets pour les raisons suivantes :
l'église de Vienne n'est soumise à personne « nisi duntaxat sibi
et Sedi Apostolice ». Guionet de Torchefelon et ses complices lui
ont fait une guerre ouverte; ils ont ravagé ses terres, partant des
villes du Dauphiné et s'y retirant ensuite, au vu et su des officiers de Boucicaut qui n'ont rien fait pour s'y opposer; au contraire, plusieurs nobles et autres les ont favorisés. C'est seulement quand Guionet et les routiers qu'il avait enrôlés ont porté
leurs déprédations sur les terres delphinales qu'on les en a
expulsés. L'archevêque n'a pas demandé au gouverneur d'intervenir; il avait bon espoir avec le secours de Dieu, de ses parents
et amis, de défendre son Eglise et de châtier ledit Guionet.
Puisque Boucicaut a maintenant le coupable en son pouvoir,
qu'il prenne sur ses biens pour payer la solde des hommes d'armes. On n'a pas pu comprendre l'archevêque dans le rôle de la
taille accordée par les Etats à Saint-Antoine : il est le supérieur

roi à réparer ses torts, il excommunia ses adversaires et se fit transférer au siège de Besançon.

Après un demi-siècle d'efforts persévérants et d'habile politique, le Conseil vit enfin arriver le moment où l'héritage des comtes de Valentinois et Diois allait être réuni au domaine delphinal. En butte aux tracasseries incessantes du gouverneur, incapable de satisfaire ses créanciers, n'ayant pas d'héritier « masle, naturel et légitime » et sans « espérance d'en avoir », Louis II vendit sa principauté au roi-dauphin le 11 août 1404, moyennant 100.000 écus d'or et 20.000 écus aux Saint-Vallier pour l'abandon de leurs droits [1]. L'évêque de Valence, Jean de Poitiers, cousin du comte [2], avait largement sauvegardé les intérêts de sa famille. Une réserve très habile stipulait, en outre, que le payement aurait lieu à la Toussaint ou au plus tard à la Saint-André, sous peine de nullité du contrat. Le 18 août, Charles VI écrivit au gouverneur de réunir où il voudrait, *ensemble ou séparément*, les prélats, nobles et autres sujets du Dauphiné pour leur demander 50.000 livres [3].

ecclésiastique de presque tout le Dauphiné et le roi-dauphin lui-même lui prête hommage pour tout ce qu'il a entre l'Isère et le Rhône. L'archevêque et le Chapitre ne dépendent que du Saint-Siège ; si le pape les autorise à contribuer, ils veulent bien y consentir (B. 3273). Telle est cette information, qui montre sur le vif un curieux épisode de la lutte des grands alleutiers contre les progrès de l'autorité delphinale.

[1] Après sa mort, le Valentinois et le Diois seraient adjoints au Dauphiné « et auraient lesdites comtés et tous les habitans d'icelles, situés et demourant en l'Empire, telles libertés à toujours comme ceux du Daulphiné ». Cf. J. Chevalier. I, 420-427.

[2] Et négociateur du traité, qu'il n'avait pu empêcher.

[3] « En leur montrant de par nous, que long temps a qu'ils ne nous firent aucun aide, et mesmement que, en ceste année, com-

Les Etats s'assemblèrent à Grenoble le 14 novembre. Le lendemain, en l'absence du gouverneur[1], Jacques de Saint-Germain, avocat et procureur fiscal, leur fit lire par le trésorier Aubert Le Fèvre les lettres du roi-dauphin et développa les motifs qui y étaient exposés pour les engager à « financer[2] ». Ils exigèrent une copie de ces lettres et du temps pour réfléchir. Leur procureur, messire Jayme Marc, docteur en lois, répondit, le 17 novembre, que l'acquisition des comtés leur était fort agréable; exempts par leurs privilèges de fournir aucun subside, ils avaient jusqu'alors cédé aux vœux du prince; mais, en cette circonstance, la pauvreté du pays[3], les

bien que tous nos subgiez nous aient fait aide, pour résister aux entreprises de Henri de Lencastre, soy disant roy d'Engleterre, qui a fait et se efforce faire par lui, ses fauteurs et adhérens, guerre publique à nous et à nostre royaume..., toutesvoyes nous ne avons pour ce aucunement chargé lesdits habitans de nostre dit Dalphiné, en espérance que pour ce fait, qui touchet leur profit, ils nous aideroient. » B. 3007, fol. 3, *Ordonn.*, IX. 26. Les lettres du 30 janv. 1403 (1404 n. s.), auxquelles il est fait allusion ici, portaient cependant que l'aide serait « cueillie par tout nostre royaume, tant en Languedoïl comme en Languedoc *et aussi en nostre Dalphiné* ». *Ordonn.*, XII, 218.

[1] « Pour cause du chemin qu'il faisoit en France. »

[2] Le roi « avoit fait ladite acquisition, plus pour acroistre sa seigneurie du Daulphiné que pour autre cause..., dont se pourront échever plusieurs grands dommages et inconvéniens que ou temps passé sont survenus ou dit pais à l'occasion d'iceulx contés...; pour ces causes et autres, icelles gens des Trois Estaz devoient avoyr grant joie et plaisir de ladite acquisition...; et combien que aucuns peussent dire que en ce cas lesdites gens fussent tenus de aidier à leur seigneur par raison, considéré la coutume longuement sur ce gardée, néantmoins le roy dalphin leur faisoit exposer par manière de priez, afin que l'aide protendît de leur bonne volonté sans contrainte ». B. 3007, fol. 3.

[3] Par le contenu des lettres du roi, il apparaît bien que ni lui, ni « les seigneurs de son sang et de son Conseil n'ont esté infor-

grandes charges qu'ils avaient supportées depuis peu,
l'importance de la somme qu'on exigeait et la forme des
lettres du roi qui contenaient un mandement précis et
ne permettaient point de modification de la part de ses
commissaires [1], les décidaient à lui envoyer une ambassade pour lui exposer les motifs de leur refus « *avec
plusieurs autres choses touchant le bien et proufit du
pais* ». Comme « ceste besongne ne se pouvoit bonnement conduire sans grande dépense », ils demandaient
l'autorisation d'imposer une taille et, en attendant qu'elle
fût levée, de contracter un emprunt [2]. Après une courte
délibération, le Conseil déclara qu'il ne ferait ni commandement ni défense d'aller à Paris; les Etats étaient
assez sages pour discerner la détermination à prendre;
cependant, vu la teneur des lettres du roi, il semblait
bien que l'on ne dût pas envoyer d'ambassade, à cause du
retard qui en résulterait; les gens du Conseil n'autorisaient aucun emprunt pour ce voyage; si toutefois quelqu'un voulait bien avancer la somme nécessaire, ils ne
s'y opposeraient pas. Les trois Ordres furent d'accord de
députer le moins de monde possible et promirent qu'on

més de la pauvreté et des charges de son dict pays, car ils tiennent
tous que, s'ils en eussent été informés, ils eussent eu compassion
de les requérir d'avoir somme d'argent plus qu'ils n'ont..., et
aussy que ceste année ils n'ont eu bleds ne vins, tant pour tem-
pestes comme aultrement... ».

[1] Saint-Germain ayant dit « entre autres choses, que c'estoit
l'un des 7 cas en quoy le seigneur peut imposer taille sur ses
subjects », J. Marc avait répliqué aussitôt que, « considéré la
teneur des libertés et franchises du Daulphiné », aucune taille ne
pouvait être imposée qui ne procédât « du bon vouloir des Trois
Estats ».

[2] Bibl. de Grenoble, R. 4-13, fol. 309-314 ; *Ordonn.*, IX, 26.

serait de retour avant Noël. Le choix des ambassadeurs eut lieu le 19 novembre; l'assemblée les autorisa à engager le pays pour une somme de 3.000 francs [1].

A tous les motifs allégués pour expliquer le refus du subside, il faut en ajouter un autre, beaucoup plus important, auquel il est à peine fait allusion dans le procès-verbal : l'hostilité irréductible des privilégiés contre Boucicaut. Par son despotisme et ses exactions, par les violences et les abus de pouvoir de ses officiers, — recrutés quelquefois parmi les routiers, ses anciens compagnons de brigandage, — il avait soulevé presque tout le pays contre lui [2]. On profitait de l'occasion qui se pré-

---

[1] Furent élus : Aymar, vicomte de Clermont, Joffrey de Claveyson, Guill. de Roussillon, seigneur du Bouchage. Amédée de Miribel, les seigneurs de Savournon et d'Oze, Jayme Marc, Guigue de Commiers, Fr. Sibuet, Jean de Rame, Antoine Vieil, chevaliers ou écuyers, Jean Brun, André Michal, Jean Moinot, Pierre Chassart, Didier Aynart, Antoine Gayte et Pierre Flachier. Saint-Germain insista vainement pour détourner les trois Ordres de leur dessein ; « autre réponse ne voulurent faire, et par ce furent licenciés par lesdictes gens du Conseil ».

[2] Cf. Arch. Drôme, E. 11585 : délibérations de la ville de Romans portant que, pour apaiser la colère de Boucicaut, il lui sera fait un présent de 200 écus d'or en vaisselle ou autrement (23 avril 1402) et prêté 300 florins pour payer ses troupes (25 sept. 1403). On connaît cet épisode célèbre de nos annales : le seigneur de Montmaur arrêté, contrairement à l'article 31 du Statut, pour avoir chassé le cerf en grand appareil. « La noblesse, dit Salvaing de Boissieu, s'intéressa pour la conservation de ses privilèges et, s'étant assemblée au nombre de huit cens gentilshommes, elle investit le château de La Côte-Saint-André où était le gouverneur qui, se voyant pressé, fut contraint de se retirer la nuit, et depuis il ne vint plus en son gouvernement, comme font foi les registres de la Chambre des Comptes. » *De l'usage des fiefs.* in-fol., Grenoble, 1693, p. 155. Le 19 janvier 1375, Ch. de Bouville avait déjà défendu aux roturiers de chasser sans sa permission, « sinon aux loups et aux renards ».

sentait pour aller porter plainte à la Cour contre sa
tyrannie. Malheureusement, le conseil royal était alors
divisé par le conflit entre les ducs d'Orléans et de Bourgogne. Les ambassadeurs dauphinois furent obligés de
prolonger leur séjour dans la capitale et de contracter de
nouveaux emprunts. Avec l'autorisation directe de
Charles VI, les trois Ordres se réunirent une seconde
fois à Grenoble en vue d'imposer 6.000 écus [1].

L'ouverture de cette session particulièrement solennelle eut lieu le 2 avril 1405. Les procureurs des Etats
requirent d'abord le Conseil de présenter les lettres qu'ils
lui avaient remises de la part du roi; Jean Henri, secrétaire delphinal, leur en donna une expédition. Ensuite,
ils récusèrent Aymeric de Brisay, bailli du Graisivaudan,
comme suspect et demandèrent qu'il fût exclu; le Conseil réclama des explications avant de statuer. Le lendemain, Antoine Guiffrey, dans un grand discours [2], exposa
les méfaits du bailli; successivement, les autres « procureurs et avocats » des Etats, Louis Portier, Fr. Soffrey
et Jean Bonnet, adhérèrent à ses propositions en insistant pour que le coupable fût incarcéré. Ils sommèrent le
procureur fiscal de se joindre à eux et d'accomplir son
devoir, sinon ils auraient recours contre lui sur ses
biens; celui-ci protesta qu'on devait lui soumettre « des
articles et des informations » si l'on voulait qu'il pût
agir; ils répondirent qu'ils étaient prêts à rédiger leurs
griefs par écrit, ainsi qu'à fournir des témoins et des

---

[1] Paris, 24 février 1404 (1405 n. s.). B. 3004, cahier 24,
fol. 124; *Ordonn.*, IX, 55. Les lettres missives du Conseil convo-
quant les Etats pour le 2 avril sont du 24 mars. B. 3259, fol. 2.

[2] Malheureusement perdu; les feuillets xiv-xviii du registre
B. 3259 ont été enlevés.

preuves ; Brisay déclara, de son côté, qu'il n'avait ni pillé ni volé ; *il avait seulement accepté ce qu'on lui donnait volontairement* et il était disposé à rendre compte de sa conduite, mais devant le gouverneur, seul juge compétent[1]. Les poursuites furent continuées, le soir, contre le bailli absent et contre Bertrand Magnain, châtelain de Trièves.

Le 4 avril, nouvelle réunion devant le Conseil delphinal. Les procureurs des Etats présentent leur « cédule[2] » : elle contenait en substance qu'il serait levé une taille de 6.000 écus à raison de 5 gros par feu, dont Pierre Flachier était nommé receveur à Grenoble ; on recueillerait les charges contre Boucicaut et ses officiers et le Conseil les mettrait « en forme » ; le sire de Clermont, accompagné des procureurs et avocats du pays et de ceux qu'il lui plairait de choisir, irait en France « pour exposer au roy et à la royne, à nostre seigneur le dalphin, à nos seigneurs les ducs d'Orléans, de Berri, de Borbon et de Bourgoigne, au connestable et au chancelier, aux seigneurs de Parlement et de la Chambre des Comptes et à tout le Grant Conseil... les greuges, extorsions, oppressions, tors et autres malfais par le gouverneur, pour en

[1] « Se nullas fecisse robarias nec pillerias ; verumtamen ea que subditi dalphinales dederunt gratis et sine compulsione ipse recepit. » Lieutenant du courrier delphinal de Vienne en 1399, il avait répondu à une menace d'excommunication, que « non daret de archiepiscopo nec excommunicatione unum stercus ». B. 3250, fol. 86 v° ; Cl. Faure, 170.

[2] « Quamdam papiri cedulam... : *S'ensuivent les choses qui ont esté ordonnées par les gens des Troys Estas du pais du Dalphiné, assemblés sur ce en la présence des seigneurs du Conseil de monseigneur le Daulphin, à Grenoble. — Et premièrement,* etc... »

avoir remède, justice et provision convenable ». Ils se
firent encore délivrer par le secrétaire Jean Henri une
expédition de cet acte, puis ils furent licenciés [1]. Avant
de se séparer, ils sommèrent une dernière fois Brisay de
répondre aux accusations formulées contre lui; il en appela au gouverneur et le jugement fut ajourné au 7 avril.
Ce jour-là, le bailli se fit excuser sous prétexte de maladie. Le Conseil, vu les ordres de Boucicaut qui s'était
réservé la connaissance de toutes les plaintes portées
contre ses officiers, vu certaines lettres du duc d'Orléans
et pour divers autres motifs, se déclara incompétent. Les
procureurs protestèrent, se réservant d'en référer au
roi-dauphin.

On était alors aux plus mauvais jours de la folie de
Charles VI, et la série des pièces relatives au conflit des
Etats avec Boucicaut témoigne étrangement de l'esprit
versatile, de la rivalité des princes qui étaient les vrais
maîtres du pouvoir. Dans des lettres données à Paris, le
10 avril 1405, le roi déclare que, sur les plaintes des
Dauphinois, il avait ordonné au gouverneur, à qui appartient la connaissance de toutes les affaires du pays et qui
se trouve « par dessa » en France, de tenir des « journées » à Vienne, le 2 avril, pour rendre justice des méfaits attribués à ses officiers « de par delà »; obligé ensuite de le retenir pour ses propres affaires, il avait
chargé le duc d'Orléans de faire savoir que ces journées

---

[1] « Et quod recedant ubi voluerint. » La cédule contenait aussi
les noms des auditeurs du compte de la taille : l'abbé de Saint-
Antoine, les sires de Maubec, de Gières et de Morges, Fr. Crestin
de Crémieu, Pierre Rolant de Grenoble, Pierre Bourguignon de
Romans, etc... Le même jour, les procureurs firent prêter serment à Aymar de Clermont et à P. Flachier.

10

étaient renvoyées au 15 mai; mais il vient de recevoir
« plusieurs grans et grosses nouvelles touchant sa ville
et seignorie de Gennes », et il enjoint à Geoffroy Le
Meingre de se rendre immédiatement auprès de son frère
le maréchal, gouverneur de cette ville; en conséquence,
il renvoie de nouveau les susdites journées au 24 juillet [1]. Par d'autres lettres du 14 avril, il annule celles du
24 février et commet ledit Geoffroy pour prendre tel
parti qui lui semblera convenable [2]. Dix jours après,
celui-ci écrivait de Lyon au bailli et au juge du Graisivaudan de publier ces deux lettres et de s'opposer à la
levée, ordonnée par les Etats; le 28 avril, elles furent
présentées au Conseil qui les communiqua, le matin
même, aux procureurs; ceux-ci revinrent après midi [3] en
exiger une copie. Jayme Marc proposa en même temps
de faire emprisonner et punir Jean Roboys, qui avait
proclamé par toute la ville, « alta voce et cum trom-
petta », défense de par le roi-dauphin, sous peine de
100 marcs d'amende, de payer la taille jusqu'à nouvel
ordre [4]; le sergent allégua son ignorance et sa bonne foi.

Le 10 juin, instance des « ambassadeurs et procureurs » des Etats devant le Conseil : « Après leur retour
de Paris, on a annoncé que tous ceux qui avaient à se

---

[1] Sur le maréchal Jean de Boucicaut et l'Affaire de Gênes,
voir Jarry, *Les commencements de la domination française à
Gênes*, 1897.

[2] Le texte des Archives de l'Isère porte la date du 4 avril 1404
(1405 n. s.) ; cependant ces lettres sont transcrites après celles du
10 avril et l'Inventaire donne la date du 14. B. 3259.

[3] Avec l'évêque de Grenoble, le prévôt de Montjoux, Aymar de
Clermont, Guigue de Morges, etc...

[4] « Transgressus fuit fines mandati in prejudicium jurisdic-
tionis d. n. episcopi et bonarum gentium. »

plaindre de Boucicaut et de ses officiers pouvaient venir
demander justice; un sujet delphinal a réclamé contre
Jean Luysard, châtelain de La Côte, pour cause de vol;
en guise de restitution, Luysard l'a fait emprisonner.
Les Dauphinois ne sont pas moins opprimés qu'auparavant; des gens armés traversent secrètement le pays, menaçant et dépouillant les particuliers; Aymonet de Virieu a été arrêté sans motif. Pour informer contre les
exactions de ses officiers, Boucicaut a désigné précisément les plus coupables d'entre eux. Le Conseil sait-il
quand le gouverneur viendra et, s'il l'ignore, veut-il recevoir lui-même le *libellum recusatorium* qu'on a préparé depuis longtemps? A-t-il le pouvoir d'accorder réparation des violences, emprisonnements et vols commis
au préjudice des particuliers? » Les gens du Conseil ré-
pondent qu'ils ne savent rien de la venue du gouverneur,
en dehors de ce qu'on lit dans les lettres du roi publiées
dans toutes les judicatures; ils ne peuvent recevoir le
libellum, Boucicaut s'étant réservé de juger lui-même
ses officiers. Les procureurs protestent : « Tantôt le
Conseil dit qu'il a pouvoir d'agir et tantôt non; c'est
ainsi qu'on n'a pu obtenir justice d'Aymeric de Brisay. Il
ne doit pas ignorer qu'il a toute puissance en Dauphiné,
comme le prouvent les ordonnances d'Humbert II. » Les
gens du Conseil interdirent de convoquer les Etats sans
autorisation et se firent donner acte de cette défense. Les
procureurs protestèrent encore, ajoutant que le gouverneur avait prohibé le port d'armes sous des peines très
graves, contrairement aux libertés du Dauphiné, où les
nobles jouissaient de ce droit.

Le 20 juin, nouvelle instance des procureurs. Ils présentent des lettres accordées par le roi le 7 juin, qui con-

firment aux trois Ordres le droit de lever 6.000 écus et
délèguent Jean Allemand, seigneur de Séchilienne, qualifié de lieutenant du gouverneur, et le Conseil delphinal
pour en assurer la perception. Charles VI y rappelle son
ordonnance du 24 février, la décision prise par les Etats
de procéder à une levée de 5 gros par feu, les lettres
contraires obtenues par Boucicaut; mais les ambassadeurs sont revenus auprès du roi et lui ont montré les
graves inconvénients de sa défense; il accorde donc la
faculté qu'il avait précédemment retirée. Par une curieuse coïncidence, le même jour, à Paris, Charles VI
annulait encore une fois cette permission. Après avoir
dit qu'il avait chargé le gouverneur d'examiner avec les
gens du Conseil si la taille de 6.000 écus serait utile ou
désavantageuse au pays, lui permettant dans ce dernier
cas de la modérer ou d'en empêcher la levée, il ajoute
que Boucicaut en a suspendu le recouvrement jusqu'au
24 juillet, jour auquel il comptait se rendre aux « diètes »
de la principauté pour décider cette affaire[1]; depuis
lors, par l'importunité de Jean Brun, procureur des
Etats, le roi a accordé des lettres portant que Jean Alle-
man, chevalier, auquel il a donné à cet égard la qualité
de lieutenant du gouverneur, pourra avec les gens du
Conseil, autoriser cette taille; mais considérant que Boucicaut, envoyé à Gênes pour des affaires très importantes, pourra être de retour avant la fin de juillet et se
trouver aux « diètes » annoncées, il ordonne que l'imposition soit suspendue jusqu'à ce moment-là[2].

---

[1] On peut se demander si Boucicaut avait alors la moindre
velléité de revenir jamais en Dauphiné, après la « conduite »
qu'on dit lui avoir été faite.

[2] Paris, 20 juin 1405. B. 2961, fol. 33 ; Ordonn., IX, 74.

Les procureurs des Etats se présentèrent le 14 juillet
au Consistoire delphinal pour demander si les *journées*,
fixées d'abord à Vienne le 2 avril, prorogées ensuite au
15 mai, puis au 24 juillet, à Romans ou ailleurs, auraient
lieu effectivement. Le Conseil répondit qu'il n'en savait
rien. Il ne pouvait soupçonner, en effet, que Charles VI
venait (13 juillet) de renvoyer encore à Noël ces *journées*
toujours promises et toujours différées. La raison invo-
quée était encore la même : Boucicaut avait dû revenir
à Paris pour les affaires du roi, puis repartir pour
Gênes. Le gouverneur en profita pour retarder également jusqu'à Noël la levée de 6.000 écus. Ces deux actes
furent apportés le 25 juillet par un *cursor regius* aux
gens du Conseil, qui les communiquèrent immédiatement aux procureurs et, le 27, interdirent à Pierre Flachier d'opérer aucun recouvrement.

L'attention des Dauphinois fut alors détournée vers
des préoccupations d'un autre genre. Au mois de mars
1405, le duc d'Orléans avait fait ordonner une aide pour
la guerre anglaise; le duc de Bourgogne s'y opposa dans
ses domaines; tous deux convoquèrent leurs vassaux et
furent sur le point de se battre aux portes mêmes de la
capitale. Le 3 septembre, le roi enjoignit au Conseil delphinal d'empêcher par tous les moyens le passage des
bandes armées que les ducs appelaient de Piémont et de
Lombardie [1]. Après deux mois de conflit aigu, l'accord fut
momentanément rétabli entre les princes le 16 octobre;
mais, dès le 1ᵉʳ décembre, le duc d'Orléans formait une
coalition avec la reine et le duc de Berri. Le 11,
Charles VI prescrivit une seconde fois de garder tous les

[1] B. 3259, à la fin, sans fol.

défilés des Alpes [1] et, le 16, il autorisa la levée d'une
taille de 3 gros pour l'entretien des troupes qui en seraient chargées.

Pendant ce temps, les ambassadeurs n'étaient pas restés inactifs : ils avaient fait plusieurs voyages à Paris et
multiplié leurs démarches [2]. De leur côté, les Etats, réunis à Grenoble du 15 au 20 novembre [3], ratifièrent tout ce
qui avait été accompli par leurs délégués depuis le
2 avril [4]. Ils déclarèrent, en outre, que s'ils obéissaient
aux ordonnances rédigées au nom de Boucicaut, ils entendaient le faire en tant que ces ordonnances procédaient non du gouverneur, mais du Conseil. Enfin, ils
invitèrent les ambassadeurs à poursuivre leurs instances
« diligenter et viriliter », de façon à obtenir pleine justice et à bien mériter du pays. Ceux-ci ne perdirent pas
de temps et, le 13 décembre, le duc d'Orléans fut commis
pour examiner leurs revendications.

---

[1] *Statuta*, 2° pagin., fol. 1 : *Quod custodiantur passus.*

[2] Le 13 septembre, Jean Allemand, seigneur de Séchilienne, et
Soffrey d'Arces, chevaliers, Antoine Guiffrey, licencié ès lois, et
Jean Brun, citoyen de Grenoble, présentèrent au Grand Conseil,
où se trouvaient les rois Louis de Sicile et Charles de Navarre,
les ducs de Berri, de Bourbon, etc..., leur *libellum recusatorium*
contenant les « oppressions, extorsions, violations des libertés
delphinales » et autres crimes commis par Boucicaut pendant son
gouvernement, « au préjudice du roi-dauphin et du pays tout
entier ».

[3] *In auditorio curie superioris dalphinalis*, devant le Conseil
delphinal. B. 3259 (sur le parchemin qui sert de couverture à ce
registre).

[4] « Omnia et singula acta, gesta... per legatos et procuratores... coram regia et dalphinali majestate... approbaverunt,
confirmaverunt... potissime dicti gubernatoris recusationem ac
libelli recusatorii traditionem... ad omnes fines et effectus juri-
dicos et efficaces... »

Ce n'était pourtant là qu'un bien médiocre succès après tant d'efforts. Le duc était-il vraiment favorable aux Dauphinois? S'occupa-t-il du moins sérieusement de leurs intérêts? Il est permis d'en douter, si l'on se reporte aux chroniques du temps. Ce commencement du XVᵉ siècle évoque, en effet, le souvenir d'une époque de corruption politique et morale dans la plus effroyable anarchie. C'est « la débandade d'une nation répercutant l'insanité de son roi », pendant que deux pontifes rivaux se disputent la chrétienté. A Paris, Charles VI est le jouet des factions; en province, la guerre anglaise recommence, au milieu des horreurs de la famine et de la peste. La France est la proie de ceux qui l'attaquent et de ceux qui prétendent la défendre. En 1405-1406, le désordre est à son comble : c'est alors que Gerson prononce son fameux *Vivat Rex*, après avoir stigmatisé la corruption raffinée et les tares mondaines du parti d'Orléans, aussi bien que la grossièreté et la bassesse démagogique du parti de Bourgogne, qui prétend régenter le gouvernement avec l'appui de la populace. Et tous assistent à ces homélies : le pauvre roi, irascible et débile dans ses lueurs de raison; la reine Isabeau, intrigante, corrompue, impérieuse et vénale; le dauphin Louis, « adolescent bizarre et taciturne, précocement blasé »; Jean Sans Peur, tantôt sournois, tantôt brutal ; Louis d'Orléans, dissipateur, élégant et sceptique[1]. Quel rôle que celui des ambassadeurs dauphinois dans un tel milieu et en de pareilles circonstances! Quelle besogne utile pouvaient-ils accomplir? Les trois Ordres n'en sont que

---

[1] Les populations, affolées et désespérées, se consolaient tristement au spectacle ironique et vengeur de la *Danse des morts*.

plus admirables d'avoir persévéré jusqu'au bout, malgré tant d'obstacles capables de décourager les volontés les plus tenaces. Ils seront largement récompensés de n'avoir pas désespéré de leur cause quand tout semblait s'écrouler autour d'eux, l'ordre religieux comme l'institution monarchique. Ils triompheront à la fin et, pendant qu'en France l'assassinat de Louis d'Orléans portera les passions à leur paroxysme, pendant que la guerre civile la plus atroce livrera la capitale tantôt à la dictature des bouchers et des égorgeurs, tantôt aux représailles sanglantes des Armagnacs ou des Bourguignons, avec des lendemains qui s'appelleront Azincourt, Montereau et Troyes, le Dauphiné jouira d'une tranquillité relative; il poursuivra son développement territorial; les demandes de subsides se feront plus rares sous les dauphins Louis Ier et Jean III, pour permettre au pays de se relever et aux Etats de mettre ordre à une situation financière devenue inquiétante.

Les voyages des ambassadeurs avaient occasionné d'assez grosses dépenses. La taille de 3 gros par feu, autorisée par le roi, fut levée au début de 1406 et utilisée pour les besoins immédiats [1]. Le 27 juillet, Charles VI permit aux trois Ordres de s'assembler de nouveau et de faire recouvrer le restant des 6.000 écus. Le 4 août, il déléguait le Conseil delphinal pour informer sur les crimes imputés aux officiers du gouverneur.

Les Etats se réunirent à Grenoble le 20 septembre 1406 [2]. Louis Portier rappela encore une fois les griefs formulés contre Boucicaut, ajoutant qu'il avait été cité à

---

[1] « Pro expensis factis per banneretos. » *Trois-Doms*, 736 n.
[2] B. 3259, fol. 51. Voir *ibid.* les noms des membres présents.

Paris et l'instruction de son procès confiée au duc d'Orléans, dont l'intention était qu'on leur rendît justice. Ils
entendaient bien continuer leurs poursuites, malgré les
intrigues de quelques partisans du gouverneur qui les
avaient calomniés, les traitant de « Tuchins » et disant
qu'ils étaient animés d'une haine injuste contre lui,
alors qu'ils avaient toujours été de fidèles et loyaux sujets du roi. Le procureur demanda une information
contre ces fauteurs de désordre; pour qu'on pût les citer
et en faire bonne justice, il présenta une cédule contenant les noms de ces traîtres, à qui l'on ne devait plus
confier les secrets de la patrie[1]. Il termina en disant
qu'on allait poursuivre l'instance contre Boucicaut et
que l'on enverrait des ambassadeurs jusqu'à complète
satisfaction.

A cette date, Boucicaut venait de triompher une dernière fois à la Cour, comme le prouvent les actes suivants : le 4 septembre, lettres du roi pour défendre au
Conseil delphinal de prendre connaissance du différend
qui existait entre le gouverneur et les Etats, le Grand
Conseil devant en juger; le 12, Charles VI déclare que le
Grand Conseil a entendu « les réponses et justifications
proposées » par Boucicaut, qu'elles sont « péremptoires
et lesquelles il offre à prouver et vérifier qui voudra
contredire[2] »; en conséquence, il le confirme dans sa
charge, nonobstant l'opposition des trois Ordres; le même
jour il écrivait au Conseil delphinal d'arrêter entre les

---

[1] « Item sunt aliqui, qui profanaverunt... » ; les noms man-
quent. Le président du Conseil, Jean Legendre, promit d'informer
contre eux.
[2] B. 3176 et B. 3259. Textes un peu différents.

mains du receveur les 3.000 écus levés récemment et d'en
empêcher la distribution; le 14, nouvelles lettres qui ré-
voquent celles du 4 août et ordonnent de surseoir à tout
procès jusqu'à l'arrivée de commissaires spéciaux [1]. Puis,
sans transition, le 19 octobre, Jayme Marc apporte d'autres lettres qui ordonnent de délivrer les 3.000 écus aux
officiers des Etats. La lutte touchait à sa fin: le 25 octobre,
les procureurs demandèrent au Conseil delphinal pourquoi il continuait à rendre la justice au nom de Boucicaut depuis l'envoi du *libellum recusatorium;* après une
courte discussion, le président Jean Legendre répondit
que le Conseil ne se considérait plus comme son lieutenant, mais qu'il agissait en vertu d'une commission spéciale à lui octroyée par le roi-dauphin [2]. L'année suivante (21 avril 1407), Guillaume de l'Aire était nommé
gouverneur et son arrivée à Grenoble fut saluée comme
une délivrance [3].

---

[1] « A esté appoincté que chacune des dictes parties baillera
par escript tout ce qu'elle voudra. »

[2] Cf. Inv. ms., *Gener.*, I, 293.

[3] A. Prudhomme, 285. Geoffroy Le Meingre avait recueilli,
dans la succession de son frère le maréchal, 4 villes du Comtat
que Benoît XIII avait engagées à celui-ci pour 40.000 francs; il
les transforma en repaires de brigands. Charles VII le fit poursuivre pour ses méfaits et ses crimes à Toulouse en 1424. En
1420, Martin V lui accorda son pardon pour les dégâts qu'il avait
commis avec ses complices à Avignon et dans le Comtat Venaissin; mais les bonnes résolutions de ce routier ne furent pas de
longue durée, car il recommença ses attentats en 1428. Il mourut
en 1429. Cf. L. Salembier, *op. cit.*, 166 et n.

CHAPITRE II

PÉRIODE D'APAISEMENT ET DE RESTAURATION.
RÉORGANISATION ADMINISTRATIVE ET FINANCIÈRE.
ACCROISSEMENT TERRITORIAL
(1407-1417).

§ I. **Gouvernement de Guillaume de l'Aire (1407-1410)** : *Les Etats votent, pour l'acquisition des comtés de Valentinois et Diois, 30.000 florins le 26 août et encore 10.000 le 6 décembre, sur les instances du roi. — Ruines accumulées par le gouvernement de Boucicaut et dépenses occasionnées par la lutte que le pays a dû soutenir. — Années de paix, de réorganisation et de restauration; accroissement du territoire.*

Si les Dauphinois n'avaient eu pour eux que la justice de leur cause, ils auraient peut-être attendu encore longtemps la reconnaissance de leurs légitimes revendications; mais on savait à la Cour qu'ils ne voteraient aucun subside tant qu'on ne les aurait pas libérés de la tyrannie de Boucicaut. Or, sans subside, impossible de s'acquitter envers le comte de Valentinois, qui commençait à se lasser de donner régulièrement, chaque année, un délai. Engagé dans une guerre privée avec l'un des seigneurs de Montélimar, il avait plus que jamais besoin d'argent. Le nouveau gouverneur reçut ordre de pacifier cette querelle [1] et de prêter le serment qu'il avait d'abord refusé [2], afin de pouvoir se présenter devant les Etats

---

[1] Cf. B. 3273 et J. Chevalier, I, 420-432.

[2] Lettres de jussion le 21 mai 1407; prestation du serment, le 22 juillet, entre les mains d'Aimon Ier de Chissé, à la requête de Jayme Marc, après délibération avec le Conseil; le secrétaire

convoqués à Grenoble le 26 août 1407. Les commissaires
du roi, Jean de Boissay, maître des requêtes de son hôtel,
et Jean de Chanteprime, maître des comptes, demandèrent 50.000 livres, comme en 1404; on accorda seulement 30.000 florins. Pour expliquer cette réduction, les
Elus[1] firent observer que depuis sept ans le pays avait
été pressuré par les officiers de Boucicaut, que les
émeutes et les guerres causées par leurs exactions, les
tailles levées par eux à leur profit et la suspension de
tout commerce représentaient une perte de plus de cent
mille florins; quatre ans auparavant, une terrible famine
avait sévi sur toute la région : les malheureux sujets du
dauphin avaient vécu, eux et leurs familles, de pain fait
avec des herbes cuites; pendant ce temps, ils étaient encore obligés d'entretenir à grands frais des ambassades
à Paris pour obtenir la révocation des officiers concus-
sionnaires; si bien qu'ils pouvaient à peine payer les
cens ordinaires, loin d'être à même de fournir la totalité
du subside exigé par le roi; celui-ci ne devait donc pas
dédaigner ce qu'ils offraient, malgré leur épuisement,
par « affection et reconnaissance envers lui[2] ».

Jean Henri donna lecture du serment prêté par J. de Montmaur
le 4 mars 1393 ; étaient présents : Fr. de Commiers, doyen de
Notre-Dame, Aymar, vicomte de Clermont et seigneur de la baronnie de Bressieu, Henri, seigneur de Sassenage, Guy de Sassenage, seigneur de Montrigaud, Amblard, seigneur de Beaumont,
Soffred d'Arces, etc... B. 3004, cahier 28.

[1] Au nombre de 51; voir leurs noms, B. 3497.
[2] B. 3497 et A. Prudhomme, *Invent. Arch. de l'Is.*, III, 56.
Fonds des Etats, carton 1, Guy Allard, *Bibl. hist.*, I, 311. Les
30.000 florins devaient être payés moitié en 1408, moitié avant
Noël 1409. En attendant, grâce à la bonne administration du gouverneur, le pays pourrait se relever de ses ruines et accroître ses
ressources. La taille serait recueillie par un receveur *nommé par*

La Cour ne se tint pas pour satisfaite et réunit de nouveau les Elus, le 2 décembre, dans le palais épiscopal de
Grenoble. Le lundi 5 décembre, ces délégués des Etats,
considérant que les délibérations duraient depuis le vendredi précédent et menaçaient de se prolonger encore,
— pour faciliter la discussion et diminuer la dépense
(volentes parcere laboribus et expensis), — transmirent à
leur tour leurs pouvoirs à un petit nombre de sous-délé-
gués [1]. Ceux-ci consentirent, le lendemain, à augmenter
de 10.000 florins le don gratuit voté au mois d'août [2]; ils
sollicitèrent en même temps l'autorisation de lever une
taille pour les affaires du pays [3].

Les années suivantes furent une époque d'apaisement,
de réorganisation administrative et d'accroissement ter-

les Etats et le gouverneur (ce fut le trésorier général Aubert Le
Fèvre), avec le moins de frais possible (cum minori custu quo
fieri poterit). Si le traité de transport devenait caduc pour un
des motifs prévus, on emploierait l'argent au rachat des châteaux
delphinaux engagés et à la réparation des autres. L'acte fut rédigé par les secrétaires Jean Henri et Pierre Panet. Ce subside ne
devait être entièrement recouvré qu'après 1410.

[1] L'évêque de Grenoble et le prévôt de Montjoux, pour les
prélats et ecclésiastiques; les seigneurs de Tullins, de Chatte,
d'Aix, de Sassenage, de Châteauneuf, pour les barons, banerets
et autres nobles; Antoine Tolosan, Jean Ruelle, Fr. Morin, Ant.
Blanc, Fr. Crétin, Pierre Reymond et Jean de Vallin, pour le
Domaine.

[2] Devaient contribuer tous les feux mouvants du fief et arrière-
fief delphinal et les bonnes villes comme Grenoble, Embrun et
Romans (B. 3497). Vienne n'est pas nommée : le 2 octobre 1405,
l'archevêque Jean de Nant s'était fait restituer son temporel
confisqué sous Thibaut de Rougemont en 1404. Elle fut cependant
taxée à 1.250 florins pour 500 feux taillables, en 1410. B. 3177,
Qualiter cives Vienne tenentur contribuere in subsidiis dalphinalibus.

[3] C'est le règlement des frais du conflit de 1404-1407 qui com-

ritorial. Guillaume de l'Aire promulgua de sages ordonnances [1], que le roi confirma et compléta peu après [2]. Le
meurtre du duc d'Orléans, protecteur de Benoît XIII,
avait été un coup terrible pour le parti d'Avignon; le
25 mai 1408, une nouvelle soustraction d'obédience fut
prononcée, et les lettres de Charles VI, portant interdic-
tion au pape de « lever aucune somme d'argent en Dauphiné sur les ecclésiastiques », purent enfin être appli-
quées [3]. En même temps, grâce au traité de pariage conclu le 25 septembre 1408 entre le gouverneur et Déodat
d'Estaing, évêque de Saint-Paul-Trois-Châteaux, tous les
vassaux de l'évêque devinrent sujets du dauphin et s'engagèrent à contribuer aux subsides [4]. Le payement de
l'aide pour l'achat des comtés et les tailles levées
pour solder les dépenses faites durant la lutte contre

mence; il se prolongera jusqu'après 1413. Cf. *Papirus universitatis ville de Romanis, 1394-1410*, fol. 163 (18 avril 1408) et 177
(25 mars 1409) : « Sindici et incole ordinaverunt fieri et pere-
quari unam mediam talliam, pro solvendo Petro Audoardi, *exactori cujusdam magni subsidii indicti in toto Dalphinatu pro
nonnullis expensis factis Parisius et alibi in prosequcione cause
habite per patriam contra olim gubernatorem vocatum Boussicau-
dum*. » Voir aussi Arch. de Grenoble, CC. 577, et Bibl. de Grenoble, R. 6201.

[1] *Statuta*, fol. 16 v°. Il y a, dans l'édit. de 1619, une erreur de
date : on a oublié une fois *septimo*. Ce règlement d'octobre 1407
reproduit, sur la matière des criées, le statut de Boucicaut de
1403. A la suite se trouvent les serments que devront prêter les
différents officiers.

[2] Paris, 12 juillet 1409. B. 2947. fol. 448; *Ordonn.*, IX. 447.
Voir aussi *Statuta*, 2e pagin., fol. 1 v° et suiv. *Septem littere regie
pro septem judicaturis : quod notarii possint disponere de protho-
collis*, etc...

[3] B. 3176 : les églises tombent en ruines; la cour romaine pres-
sure les bénéficiers, etc...

[4] B. 3497. Cf. Lacroix, *L'arrond. de Montélimar*, 8 vol. in-8°,
Valence, 1868-1893, t. VII, p. 389.

Boucicaut absorbaient toutes les facultés financières du pays [1]. Un don gratuit fut cependant encore voté en 1409 pour la confirmation des libertés delphinales [2].

§ II. **Les dauphins Louis Ier (1410-1415) et Jean III (1416-1417)** : *Transport du Dauphiné à Louis Ier. — Prise de possession en son nom, le 19 avril 1410, devant les trois Ordres qui réclament le serment dû par le dauphin; ambassades à la Cour : on finit par leur donner satisfaction. — Les États de 1413 votent 30.000 florins, comme don de joyeux avènement. — Ordonnance de Reynier Pot; livres des libertés déposés dans chaque judicature, « livre de la chaîne » dans la salle du Conseil delphinal. — Immunités des villes : les consuls de Grenoble font reconnaître leur exemption, après quoi ils consentent à payer leur part du subside. — Liquidation financière du conflit avec Boucicaut, rachat de terres domaniales, protection contre la fiscalité de la Cour d'Avignon. — Azincourt. — Passage de Sigismond en 1415-1416. — Jean III. — Le Dauphiné transporté à Charles III.*

En 1410, Louis de France, duc de Guyenne, entrait dans sa quatorzième année [3]. Par lettres du 28 janvier

[1] B. 3419 et 2712-2713, états des feux.

[2] Cf. B. 3176 : ordonnance portant que trois hommes delphinaux de Gresse seront taxés avec ceux du Trièves et non avec ceux du seigneur du lieu : « Guillelmus de Area... dilecto nostro Petro Flacherie, *exactori subsidii pro confirmatione privilegiorum patrie...* », 14 mars 1409. Fauché-Prunelle, II, 506. Louis Portier fut aussi envoyé à Paris pour la confirmation des franchises des péages de Grenoble en 1407. CC. 577, fol. 152.

[3] Huitième enfant de Charles VI et d'Isabeau de Bavière, né le 22 janvier 1397; c'était un adolescent frivole, adonné à une vie luxueuse et inutile; « il disnoit à 3 ou 4 heures, soupoit à minuit et aloit coucher soleil levant, et pour ce estoit aventure qu'il vesquist longuement »; il n'était curieux que de musique et de bijoux. Cf. L. Pannier, *Les joyaux du duc de Guyenne, recherches sur les goûts artistiques et la vie privée du dauphin Louis (Revue archéol.,* 1873). « Si Louis eût vécu assez longtemps pour succéder à son père, l'histoire de France aurait eu à enregistrer, à la place

1409 (1410 n. s.), le roi lui transmit le Dauphiné « *dont il avait eu dès son enfance le nom et le titre*, pour en ordonner et disposer comme de sa chose propre et jouir de tous les revenus qui en dépendaient comme vrai seigneur et dauphin [1] ». Après avoir confirmé dans ses fonctions Reynier Pot, qui avait succédé à Guillaume de l'Aire [2], le jeune prince délégua, le 26 février, pour prendre possession en son nom, l'évêque de Valence [3], le gouverneur, le président du Conseil delphinal Guillaume Gélinon et Girard de Thurey. Le 19 avril, devant les Etats assemblés à Grenoble depuis la veille, les quatre commissaires firent publier les lettres du roi et celles du dauphin par Pierre de Clairval, licencié en lois [4], qui prononça un long discours à la louange de la famille royale, insistant sur la singulière affection de Charles VI et de Louis Ier envers les Dauphinois. Les commissaires, en signe de prise de possession, siégeaient avec Reynier Pot et le Conseil sur l'estrade où le gouverneur rendait ordinairement la justice; après eux venaient les ecclésiastiques, puis les nobles [5]. Le soir, « à l'heure de vê-

du règne de Charles VII, celui d'un mélomane bizarre, impulsif, émotif et moralement déséquilibré, comme on peut l'induire du jugement unanime des contemporains. » A. Brachet. *Pathologie mentale des rois de France Louis XI et ses ascendants*, in-8°, Paris, 1903. I, 56-59. Cf. Beaucourt, I, 18.

[1] B. 2905, fol. 80 ; B. 3176 et 3177 ; *Ordonn.*, IX, 490 ; Bibl. de Grenoble, R. 6201.

[2] Il fut nommé par Charles VI le 8 janvier 1409 (1410 n. s.) et confirmé par le dauphin le 11 février. Inv. ms., *Gener.*, I, 394.

[3] Jean de Poitiers. On avait tout intérêt à flatter son amour-propre, à cause de la question toujours pendante des comtés.

[4] Conseiller delphinal, qualifié de lieutenant du gouverneur dans un acte du 16 décembre 1410. Arch. de l'Is., Invent. n° 67, t. I.

[5] Etaient présents : Aimon, évêque de Grenoble, Hugues, abbé

pres », nouvelle séance dans le même ordre. Jayme Marc,
au nom des Etats, fit à son tour l'éloge du dauphin et des
commissaires, puis il continua sa harangue en insistant
principalement sur trois choses :

1° Les représentants du pays rendaient gloire à Dieu
et ressentaient une grande joie de l'affection et de la sollicitude qui leur étaient exprimées de la part du dauphin; ils en avaient déjà éprouvé les effets dans des circonstances difficiles et se félicitaient de la mise en possession de Louis Ier.

2° Ils étaient disposés de tout leur cœur et de toutes
leurs forces à lui obéir et à le servir fidèlement.

3° Mais, dans leurs libertés générales, il y avait un
chapitre ainsi conçu : « *Et ut predicte libertates*, etc... » ;
ils en demandaient l'observation avant que l'on commen-
çât à recevoir les hommages et reconnaissances des fiefs
delphinaux [1].

Les ambassadeurs n'avaient-ils pas prévu cette forma-

---

de Saint-Antoine, Hugues de Virieu, prieur de Vif, le procureur
du prieur de Romette, Charles de Clermont pour le seigneur de
Clermont, les seigneurs de Maubec, du Bouchage, de Châteauneuf,
les fils du seigneur de Tullins pour leur père, les seigneurs de
Claveyson, de Chatte, de Montrigaud, de Sassenage, de Morges,
Guill. Arthaud pour le seigneur d'Aix son père, les seigneurs de
Champ, de Monteynard, d'Uriage, de Beaumont, Amédée de Miribel, Raymond de Montauban pour le seigneur de Montmaur son
père, Jean *de Bucheto* (du Petit Buëch) pour le seigneur de La
Roche-des-Arnauds, le seigneur de Sainte-Jalle et 31 *consuls* ou
envoyés pour les communes. B. 3177 ; Bibl. de Grenoble, R. 6201.

[1] C'est l'article 52 du Statut, relatif au serment dû par tout
nouveau dauphin à son avènement. Le procureur se fit donner
acte de sa réclamation par Fr. Nicolet de Crémieu, notaire, secrétaire delphinal, en présence de Pierre Panet, Jean Henri et Pierre
Chanterel, également notaires et secrétaires delphinaux.

lité? N'avaient-ils pas reçu de pouvoirs à cet effet? Le
procès-verbal est muet sur la suite de la séance. Pas de
serment, pas de subside. Cela était d'autant plus regrettable que le Dauphiné, accablé de dettes, était alors menacé de fréquents passages de troupes[1]; surtout, le comte
de Valentinois attendait la fin de son payement, et il était
à craindre qu'il ne se laissât gagner par les suggestions
de ses deux cousins, l'évêque de Valence et le jeune Louis
de Saint-Vallier, qui n'avaient pas renoncé à l'espoir
d'obtenir sa succession. Les trois Ordres envoyèrent à la
Cour plusieurs ambassades, notamment le seigneur de
Montrigaud, André de Grolée et Louis Portier, en vue
d'obtenir la prorogation d'une partie du subside voté en
1407, ce qui leur fut accordé; ensuite, le seigneur de
Miribel, A. de Grolée et L. Portier pour la confirmation
de leurs privilèges et le serment du dauphin; il fallut
encore céder sur ce point. On assembla ensuite les Etats,
d'abord à Grenoble où ils présentèrent des plaintes, en
particulier sur l'administration de la justice, puis, le
4 mars 1413, à Saint-Antoine où l'on vota 30.000 florins
à Louis Ier pour son joyeux avènement et au roi pour ses
dépenses exceptionnelles[2], sans compter les sommes in-

---

[1] Cf. Inv. ms., *Gener.*, II, 399; J. Chevalier, I, 433, et U. Chevalier, *Ordonn.*, n° 298 : le roi enjoint à l'évêque de Grenoble de
publier dans son diocèse les bulles du pape Urbain V excommu-
niant les Compagnies, à cause des assemblées de gens de guerre
que faisait la faction d'Orléans (5 nov. 1411).

[2] « Attentis oneribus et expensis per dictos dominos regem et
dalphinum quasi insupportabilibus a certo tempore citra sus-
tentis. » Fonds des Etats, carton I. Ce subside était payable
moitié à la Noël 1413, moitié à la Noël 1414. Les comptes consulaires de Grenoble précisent qu'il fut accordé « in subsidium
guerrarum que urgebant in Francia ».

dispensables pour « les nécessités et les dettes pressantes » du pays. Les commis, élus pour la péréquation de la taille et le règlement des comptes de l'affaire Boucicaut, furent obligés de se réunir à maintes reprises; ils achevèrent leurs travaux à La Côte le 23 novembre : les dettes locales ne s'élevaient pas à moins de 14.000 florins[1]. Le jour même où le subside était voté à Saint-Antoine, Reynier Pot publia un règlement répondant article par article aux doléances des trois Ordres[2].

[1] A Reynier Pot, gouverneur du Dauphiné, pour services exceptionnels, 4.300 florins ; au chancelier, *pour sceau et écritures de la confirmation des libertés et de la prestation du serment du dauphin, dont les actes furent apportés à Grenoble et à Saint-Antoine,* 800 florins ; à André de Grolée, *pour ses travaux et dépenses à Paris durant les poursuites contre Boucicaut et spécialement pendant les démarches faites pour obtenir un autre gouverneur,* 50 florins ; 600 florins à Jayme Marc et à Louis Portier pour leurs dépenses aux Etats de Grenoble et de Saint-Antoine et leurs services depuis sept ans ; 300 florins au trésorier du Dauphiné, Aubert Le Fèvre, qui les avait prêtés pour une ambassade ; 500 florins au même pour le recouvrement du subside de 1413-1414, et encore 200 florins « super facto alterius subsidii per eum ultimo recuperati » ; environ 2.000 florins pour dettes arriérées, d'après le rôle de Pierre Audoard, receveur d'une taille de 1 florin par feu ; 50 florins au prieur de Domène, un des commis élus pour la péréquation des tailles ; 400 florins à Jacques Géla, maître des requêtes du dauphin, pour services rendus, etc... Fonds des Etats, carton I.

[2] 4 mars 1413. B. 2906, fol. 64 ; *Statuta,* fol. 49-53. Les Etats protestaient en particulier contre les procédés usuraires et la mauvaise foi des Juifs. L'article 15 du règlement stipule qu'ils seront contraints par la force de rendre leurs actes d'obligation aux débiteurs qui les auront payés, s'ils ne l'ont pas fait un mois après avoir été désintéressés, *et qu'ils seront tenus d'avoir leurs fours, puits et marchés séparés de ceux des chrétiens,* fol. 52 v°. Le règlement de 1413 fut renouvelé par Henri de Sassenage le 5 avril 1419 (*Statuta,* fol. 90 ; *Ordonn.,* XI, 31) et il en fut de nouveau question aux Etats de 1462. B. 2905, fol. 159. Cf. A. Prudhomme, *Les Juifs en Dauphiné.* 59.

Cette ordonnance très détaillée ne leur suffit pas encore. Pour que les officiers delphinaux fussent vraiment obligés d'observer toujours leurs libertés tant générales que particulières, il fallait qu'ils ne pussent absolument pas prétexter leur ignorance à ce sujet. Les Etats venaient de procéder à la recherche et au récolement des pièces et documents anciens qui les intéressaient; ils avaient organisé un commencement d'archives[1]. A leur demande, le gouverneur rendit exécutoire une mesure réclamée déjà par eux en 1400 : afin que les officiers et sujets du Dauphiné puissent mieux connaître et vérifier les franchises accordées par les princes dauphins et les Etats s'en aider plus promptement, on déposera dans chacune des sept judicatures un livre contenant tous ces privilèges; on en mettra un dans la salle du Conseil avec le traité de transport auquel se réfèrent certains articles des libertés; on y insérera, de plus, la teneur des concessions faites aux gens des Trois Etats, collationnée sur les titres originaux; *ce livre sera fixé et cloué solidement avec une chaîne de fer en un endroit du siège de ladite cour du Consistoire supérieur*, pour faire foi de son contenu[2].

[1] Fonds des Etats, carton I, 23 novembre 1413, compte dressé par les commis, n° 19 : « *Item pro una bona archa emenda Gratianopoli, pro reponendis et custodiendis libertatibus et aliis litteris et scripturis dicte patrie Dalphinatus*, 13 florins 4 gros. »

[2] « *Ipse liber... in dicta curia in certo loco sedis dicti superioris Consistorii cum cathena ferrea affigatur et clavetur tenaciter*, ad eo quod temporibus profuturis de ipso et contentis in eo cuicumque fieri valeat prompta fides. » Donné à La Côte, le 23 novembre 1413. *Statuta*, fol. 53. Sur la destinée de ce livre et sur les *livres de la chaîne* analogues, voir Arch. de Grenoble, AA. 6, et Fauché-Prunelle, II, 428-431. Voir aussi B. 3177, ordonnance de R. Pot déclarant qu'il entend ne pas déroger au style des cours delphinales, Grenoble, 28 novembre 1413.

Nous avons vu souvent les Etats comprendre nommé-
ment, parmi ceux qui devaient contribuer aux subsides,
les habitants de Vienne, Romans, Grenoble et Embrun.
C'est que les « bonnes villes », — en dehors de l'exemption générale qui n'avait pas dispensé longtemps les
Dauphinois de payer des « dons gratuits » de plus en
plus fréquents, — arguaient pour se défendre, comme les
clercs et les nobles, de leurs immunités particulières
qu'elles ne manquaient pas, à l'occasion, de faire confirmer. Elles devaient forcément, à la longue, subir la loi
commune. Vienne réussit à y échapper partiellement
pour quelque temps encore, après la restitution du temporel de l'archevêque; de même Gap, Embrun, Crest,
Valence, Montélimar, demeurés à des degrés divers hors
des atteintes des officiers delphinaux. Grenoble, capitale
de la principauté, soumise au dauphin plus encore qu'à
l'évêque, était dans une situation beaucoup moins favorable. Les commis réunis à La Côte pour la péréquation
de la taille de 1413 l'inscrivirent sur leur rôle, et le gouverneur ordonna de lever 625 florins sur ses habitants.
Les consuls protestèrent que leurs privilèges les exemp-
taient de toute contribution extraordinaire et que, s'ils
consentaient à fournir leur part des 30.000 florins, c'était
un don qu'ils accordaient au roi, non une dette qu'ils
acquittaient. Une certaine agitation se manifestait dans
la ville [1]. En présence de ce mouvement, Reynier Pot rap-
porta son ordonnance. Une fois leur protestation admise,

---

[1] « Et inde magna questio orta fuit, pluresque disputationes
sequte sunt. » Arch. de Grenoble, AA. 12 ; CC. 577, fol. 376 et
410. Cf. A. Prudhomme. 239, n. 4, et 240 ; J.-J. Pilot, *Hist. municip. de Grenoble*, 75-78.

les consuls promirent de verser les 625 florins auxquels ils avaient été taxés, mais n'ayant pu le faire à temps, ils furent emprisonnés par ordre du trésorier général en 1415.

En dehors des tailles destinées à payer les frais de la lutte contre Boucicaut et l'achat des comtés, on ne leva, sous le gouvernement de Louis Ier, que le seul subside de 1413. Le prince fit mieux encore : des 30.000 florins votés le 4 mars 1413, 14.000 restaient à percevoir; le 26 décembre 1414, le lendemain de la seconde échéance, il ordonna d'employer cette somme au rachat des terres domaniales engagées [1].

Il rendit encore un autre service à ses fidèles sujets. La centralisation progressive du gouvernement de l'Eglise avait permis aux papes de se réserver de plus en plus la collation des bénéfices. Quand ils s'installèrent à Avignon, obligés de faire face à de nouvelles dépenses [2], ils s'ingénièrent à accroître les revenus que cette collation leur procurait [3]. Leurs exigences s'aggravèrent encore, lorsque le Grand Schisme eut divisé l'Eglise. Les assemblées d'Etats entendirent souvent les plaintes des clercs : accablés de décimes et d'impositions de toutes sortes,

---

[1] B. 3041 et 3177. U. Chevalier, *Ordonn.*, p. XXXV, n° 13. Des lettres du gouverneur, Jean d'Angennes, datées de Paris le 27 décembre, *invitaient le Conseil à se hâter, afin que cet argent « ne pust estre converti ailleurs, car, par importunité de requérans, monseigneur nous pourroit mander le contraire »*. Suit l'énumération des terres et revenus engagés et des sommes à verser pour leur rachat.

[2] Constructions gigantesques, expéditions en Italie, projets et tentatives de croisade en Orient, rançon du roi Jean, etc...

[3] Voir à ce sujet G. Mollat, *Les papes d'Avignon (1305-1378)*, in-12, Paris, 1912.

appauvris par les ravages des routiers, ils refusaient de
contribuer à la défense ou aux fortifications des villes et
châteaux. Le Dauphiné est peut-être, a-t-on dit, le seul
pays de France dont le clergé ait pu alors se soustraire
un instant à la fiscalité pontificale [1]. Par lettres du 28 juin
1411, le duc de Guyenne signifia sa volonté que l'ordonnance royale du 18 février 1407, abolissant les taxes au
profit de la cour d'Avignon, fût exactement observée
dans sa principauté et qu'on n'y tolérât aucune des
« exactions » qui avaient été pratiquées dans le
royaume [2]. Jean XXIII s'appliquait pourtant à combler de
faveurs l'aîné des fils de Charles VI, « l'indolent et léger
personnage qui, dans l'intervalle que lui laissaient ses
plaisirs, prenait une part prépondérante aux affaires de
l'Etat ». En particulier, il décréta qu'aucun agent du
Saint-Siège ne pourrait jeter l'interdit sur une terre du
Dauphiné pour cause de non-payement d'une dette inférieure ou égale à 60 livres [3], et il accorda des indulgences
à ceux qui, s'étant dévotement confessés, visiteraient, à
certains jours, Saint-André de Grenoble, « pour lequel
Louis Iᵉʳ semble avoir eu une dévotion particulière [4] ».

Le concile de Constance travaillait alors à mettre fin au
schisme. Sigismond [5] voulut aller faire une dernière ten-

[1] Valois, IV, 191.

[2] B. 3176.

[3] Bulle du 6 avril 1415. B. 3250. Les Etats se chargeront de
défendre ce privilège.

[4] Valois, IV, 294 et suiv. Pendant ce temps, la noblesse dauphinoise allait rejoindre l'armée française qui se fit écraser folle-
ment à Azincourt. Le prestige du roi et du dauphin en reçut une
vive atteinte, comme on allait le constater bientôt. Cf. B. 2959,
fol. 561 et 565; J. Roman, *Monstres et revues de capitaines dauphinois*, in-8°, Grenoble, 1888, p. 89.

[5] Elu empereur à Francfort, le 20 septembre 1410, il ne put

tative auprès de l'irréductible Benoît XIII. Parti avec une
escorte de 16 prélats et de 4.000 cavaliers, il était à
Vienne le 2 août [1], d'où il se rendit en pèlerinage à Saint-
Antoine; à son retour, il descendit au nouveau palais
delphinal de Grenoble. Sollicité d'intervenir comme mé-
diateur entre la France et l'Angleterre, il prit le chemin
de Paris en passant par Chambéry, où il érigea, le 15 février 1416, le comté de Savoie en duché. Le duc de
Guyenne, usé par des excès précoces, était mort le 18 décembre précédent et avait été remplacé, le 7 février
1416, par son frère Jean, duc de Touraine, qui envoya, le
même jour, au Conseil delphinal des lettres par lesquelles
il le commettait pour administrer la principauté en son
nom, jusqu'à ce qu'il eût nommé un gouverneur [2]. Ce
n'est pas à lui ni à Charles VI, mais au roi des Romains
que les bourgeois de Vienne s'adressèrent, en 1416, dans
leurs querelles avec l'archevêque [3]. En traversant les pays
de l'ancien royaume d'Arles, Sigismond avait affirmé partout sa souveraineté par des actes nombreux. Les gens du
Conseil envoyèrent un mémoire sur ce sujet à Jean III.
Celui-ci leur manda de « La Haye en Hollande » de

être couronné à Rome que le 31 mai 1433; jusqu'à cette date, il
est qualifié de « roi des Romains ».

[1] Les consuls lui offrirent 200 écus d'or « pro suo adventu
jocondo ». BB. 4, fol. 33 v° ; *Trois-Doms*, CXXIX.

[2] Paris, 7 février 1415 (1416 n. s.) ; B. 3290, fol. 24 et 25 ;
2905, fol. 82 (8 févr.) ; 3178 et 2961. Jean de France, né à Paris
le 31 août 1398, marié en 1406 à la fille du comte de Hainaut,
Jacqueline, destinée à une triste célébrité; il résidait à Valen-
ciennes, à la cour de son beau-père, et fut emporté subitement par
une otite tuberculeuse, le 5 avril 1417. A. Brachet, *op. cit.*, 59-60 ;
Beaucourt, I, 18. Deux dauphins de Viennois avaient déjà porté
ce nom.

[3] Cf. Cl. Faure, 210-214.

continuer à lever les anciennes redevances, nonobstant
toute franchise nouvelle, et de lui donner « leur avis à
pourvoir sur toutes choses » ; peu après il avertissait
les barons, chevaliers et nobles de se tenir prêts pour
aller secourir son père [1]. C'est que le « roi des Romains »,
Armagnac à Paris, était devenu anglo-bourguignon à
Londres [2]. Jean III mourut le 5 avril 1417, et le Dauphiné
fut transporté à Charles, duc de Touraine et de Berri [3].
Le 1ᵉʳ mai 1417, ce dernier chargea le gouverneur Henri
de Sassenage et Jean Girard, maître des requêtes de son
hôtel, de prendre possession en son nom [4].

---

[1] B. 3313 et 2961 (12 avril et 27 sept. 1416).

[2] Le traité secret de Cantorbéry dénonce « les empiétements
des rois de France sur les pays d'Empire ». Valois, IV, 352 ;
Beaucourt, I, 265.

[3] Le 13 avril 1417. B. 2905, fol. 83 ; 3178 ; 3122, fol. 1, et 3290,
fol. 54 ; Ordonn., X, 404. Le dauphin Charles, onzième enfant de
Charles VI et d'Isabeau de Bavière, était né le 22 février 1403.

[4] B. 3290, fol. 52. L'acte de prise de possession eut lieu dans la
salle du Consistoire delphinal, en présence des gens du Conseil, de
l'évêque de Grenoble, Aimon Iᵉʳ de Chissé, de Fr. de Châteauneuf
et Saint-Quentin, Guill. Artaud d'Aix, Guill. de Roussillon, seigneur du Bouchage, Jean Aynard, seigneur de Monteynard, Jean
Allemand, seigneur de Séchilienne, Pierre Bérenger de Morges,
Amblard de Beaumont, Aymar de Beauvoir, seigneur de La
Palud, Aymar de Chandieu, etc... Le procès-verbal note la publication officielle des lettres du roi, l'éloge du dauphin par les commissaires qui reçoivent les hommages ou les reconnaissances des
prélats, barons, etc... « sedendo in loco altiori dicti supremi
Consistorii, ubi... gubernatores Dalphinatus sedere, jura red-
dere... consueverunt... », et accomplissent « tout ce qui est
requis pour une prise de possession » ; pas un mot du serment
imposé par le Statut de 1349. Il est possible que la situation
politique du dauphin Charles et la gravité exceptionnelle des événements aient fait négliger cette importante formalité.

CHAPITRE III

CHARLES III, DAUPHIN ET ROI DE BOURGES (1417-1429). APOGÉE DU RÔLE DES ETATS.

§ I. **Le dauphin Charles III (1417-1422)** : *Circonstances favorables au développement des libertés provinciales. — Le dauphin ordonne de convoquer les Etats pour organiser la défense du pays, d'abord contre les projets de Sigismond, puis contre les menées du prince d'Orange. — Les Etats de 1419 réclament l'application du statut de Reynier Pot et accordent 25.000 florins; deux règlements de Henri de Sassenage; création d'une charge nouvelle de conseiller delphinal; ordonnance pour l' « abrègement » des procès; remise d'une partie du droit de plait; commission nommée pour rechercher les causes du renchérissement de la vie; observation du Statut delphinal relativement aux monnaies. — Voyage de Charles III dans le Midi; les Etats lui votent 10.000 florins à Saint-Symphorien-d'Ozon, en 1420. — Secours en hommes d'armes et en argent aux plus mauvais moments de la guerre contre les Anglais; détresse et expédients financiers du dauphin; résistance aux aliénations du Domaine. — Rôle des Etats dans l'affaire des comtés de Valentinois et Diois revendiqués par les Saint-Vallier.*

Le dauphin Charles III, le futur roi de France Charles VII, qui, après ses victoires sur les Anglais, devait porter les premières atteintes graves à la prérogative des Etats provinciaux dans le royaume et mettre fin à l'indépendance politique du Dauphiné, arriva au pouvoir dans des dispositions bien différentes. La France, envahie par l'étranger, était plus que jamais divisée entre les factions d'Armagnac et de Bourgogne. Le jeune prince, âgé de 16 ans, lieutenant général en 1417, régent en 1418, organisa son gouvernement à Bourges, cherchant un point d'appui dans les pays du Centre et du Sud-Est, restés fidèles à sa cause. Il ne pouvait se les concilier qu'en réagissant contre les procédés administratifs du règne précédent, trop souvent hostile aux franchises provinciales[1] ; aussi, pendant un quart de siècle, la permanence des États, institution de liberté et de contrôle, sembla-t-elle entrée définitivement dans les habitudes de la monarchie. « En même temps, les progrès des Anglais dans le Midi obligeaient les provinces à pourvoir à leur sûreté et à ne compter que sur elles-mêmes, en l'absence d'un pouvoir central suffisamment fort ; de là un sentiment énergique de patriotisme local dont les États se trouvaient être naturellement l'expression. Il se produisit dans une certaine mesure, à ce moment-là, ce qui s'était déjà produit en 1356 après la bataille de Poitiers[2]. » En Dauphiné, les trois Ordres seront convoqués régulièrement tous les ans ; ils veilleront, d'une part, à la bonne administration et aux intérêts économiques de la principauté, et, de l'autre, à sa défense contre l'Empereur, le duc de Savoie et le prince d'Orange, dont l'audace ou les convoitises ont été éveillées par la défaite d'Azincourt ; ils obligeront également le dauphin à ne pas sacrifier, malgré sa détresse financière, l'héritage des comtes de Valentinois et ils ne lui ménageront ni leur or ni leur sang pour l'aider à repousser les Anglais. Ils fortifieront ainsi la royauté qui, bénéficiant du prestige d'avoir chassé l'étranger et vaincu l'anarchie, appesantira pro-

---

[1] Un de ses premiers actes fut d'abolir tous les impôts levés jusqu'alors : c'était reconnaître qu'ils avaient été perçus illégalement et s'engager à ne lever aucune contribution sans le consentement des États. A. Thomas, I, 20.

[2] A. Thomas, loc. cit.

gressivement sur eux sa mainmise jusqu'à leur « suspension » deux siècles plus tard.

Le 2 juin 1417, Charles III avertit le gouverneur Henri de Sassenage et le Conseil qu'il soupçonnait le « roi des Romains » de vouloir s'emparer du Dauphiné pour le donner à un prince anglais [1]; il leur enjoignait d'assembler les Etats à l'effet d'aviser aux moyens de défense, avec ordre d'employer toutes les recettes disponibles au payement des troupes et aux fortifications; on devait convoquer, si c'était nécessaire, le ban et l'arrière-ban, établir des garnisons dans les places fortes et raser celles qui ne pouvaient supporter un assaut [2]. Au début de l'année suivante, le sire de Lafayette et Humbert de Gro-

---

[1] Cf. Valois, IV, 381 et 385; Vallet de Viriville, *Hist. de Charles VII*, t. I, p. 47 (Chorier, II, 413, donne par erreur la date de 1418). Déjà en 1193, l'empereur Henri VI avait songé à rétablir le royaume d'Arles en faveur de Richard Cœur-de-Lion. Ce « projet anglais » avait été repris par Rodolphe de Habsbourg, en 1278. P. Fournier, 83, 230.

[2] B. 2950; 2953, fol. 495; 3122, fol. 4; 3290, fol. 57; *Ordonn.*, X, 414; *Pièces justif.*, I. Voir aussi B. 3122, visite et fortification des châteaux; Arch. de Grenoble, AA. 6, fol. 108-110, tailles pour la mise en état de défense de la ville. D'après le *Mém.* de Farconet, p. 10, les Etats furent convoqués par lettres du 7 juin (il dit 1418, mais c'est une erreur évidente). De même, Beaucourt (I, 450) reporte à 1420 une lettre des gens du Conseil datée du 29 août sans millésime (B. 3044, fol. 44), qui est au plus tard de 1418, époque où Henri de Sassenage, obligé de s'absenter, commit à sa place le Conseil delphinal : « Vous plaise savoir... que vostre pays de par deçà est en bonne disposicion, et ont grant voulenté et affection les nobles et subgiez d'icellui, de résister à la dampnable entreprinse de voz ennemis. Et pour ce faire, ont esté assemblez les Trois Estas du pays, lesquels d'un commun accord et consentement, bien voluntairement et libéralement, ont délibéré de mettre à exécucion les provisions advisées pour la garde et tuhicion dudit pays, derrenièrement envoyées par delà... »

lée se rendirent à Lyon pour organiser la résistance; le
dauphin leur réitéra ces prescriptions, ainsi qu'au gouverneur, par lettres du 1ᵉʳ février 1418 : il avait envoyé
une ambassade assurer le « roi des Romains » de ses
bonnes dispositions à son égard et lui demander un délai
pour prêter hommage; Sigismond avait néanmoins per-
sisté dans ses mauvais desseins [1]. Heureusement, le projet
de ce dernier ne put aboutir. Toutes ces précautions ne
furent cependant pas inutiles, car le Bas-Dauphiné et le
Viennois furent alors menacés par le prince d'Orange [2].

Ces événements ne faisaient pas oublier aux trois Ordres leurs intérêts plus immédiats. Réunis à Grenoble en
1419, pendant que leurs chevaliers se distinguaient aux
armées du dauphin, ils présentèrent des réclamations au
sujet du peu de cas que les officiers de justice faisaient
des récentes ordonnances [3]. A leur demande, Henri de
Sassenage les confirma et les compléta le 5 avril 1419 [4].

---

[1] Paris, 1ᵉʳ février 1417 (1418 n. s.) ; B. 3290, fol. 115. Cf.
Beaucourt, I, 30.

[2] Dom Vaissette, IX. 1052 : *Comptes des trésoriers*, n° 31,
fol. 108, et Cl. Faure, 218-219. Par lettres datées d'Amboise, au
mois de juillet 1418, Charles ordonna encore la convocation des
Etats pour veiller à la défense du pays. Beaucourt, I, 358. Voir
ci-après.

[3] Par exemple celle de Reynier Pot, du 4 mars 1413, se référant
elle-même à celle de Montmaur en 1399 et à celle de Guill. de
Vergy du 13 juin 1360.

[4] B. 2906, fol. 76 ; *Ordonn.*, XI, 31 ; *Statuta*, fol. 90-95 :
« *Justis deprecationibus per gentes Trium Statuum... factis...* »
Il renouvelle l'ordonnance de Montmaur, fixe le salaire des juges,
châtelains, notaires et autres officiers; les procès des justiciables
des bannerets, que les fermiers des cours delphinales attirent dans
les cours supérieures, seront renvoyés devant les juges des seigneurs, etc... Confirmé par le dauphin à Lyon, le 26 janvier
1420. Cf. B. 3178, *Ordonn.*, XI, 37, et *Statuta*, fol. 32-35 : « *Au-*

Leurs Elus, avant d'accorder 25.000 florins [1], renouve-
lèrent peu après leurs plaintes sur les excès commis par
la cour de Viennois et Valentinois dans la perception des
droits du sceau de la chancellerie delphinale; le gouverneur se fit représenter l'acte par lequel Humbert II
avait modéré les droits en question le 16 novembre 1344,
et il prescrivit, par son règlement du 12 août 1419, de
suivre exactement le tarif de ce prince [2]. Les Etats obtinrent, de plus, la création d'une nouvelle charge de conseiller « en la cour souveraine du Daulphiné [3] » et une

dita querimonia nobis nunc et alias pluries facta pro parte dilec-
torum fidelium nostrorum gentium Trium Statuum... »; le dauphin rappelle l'ordonnace de G. de Vergy, qui a été retrouvée à la
Chambre des Comptes, et il la complète. Lyon, 31 janvier 1419
(1420 n. s.).

[1] Payables à la Saint-André 1419. Des lettres furent envoyées
dans toutes les judicatures « pour l'accélération de la paie »;
Soffred de Toulon, conseiller delphinal, se rendit « ès pais de
Briançonnois et d'Ebrunois... pour illec solliciter, qu'ils voul-
sissent abréger et paier, considéré les nécessitez du dauphin ».
Comptes des trésoriers, n° 31. Les deniers, remis au trésorier gé-
néral Jean de La Barre, devaient être versés par lui à Jean
Gerbe, trésorier du dauphin. Romans fut taxé à 782 florins, Arch.
Drôme. E. 11334; Tain à 60 florins, Arch. mun., CC. 12.

[2] « Pro parte gentium Trium Statuum, in congregatione nuper
facta Gratianopoli, ac etiam subsequenter per certos barones,
bannerctos, viros ecclesiasticos et alios, nomine Trium Statuum
electos, nobis fuit facta querimonia non modica... » Confirmé
par le dauphin, à Lyon, en février 1420. Statuta, fol. 95-96. Cf.
Choix de doc., 252, n° 11; Ordonn., XI, 41-42.

[3] Lettres du dauphin, du 25 septembre 1422, constatant que le
nombre des conseillers est insuffisant. « tellement qu'ils ne peuvent oïr, expédier et deffinir les causes, au préjudice des gens des
Trois Estatz, lesquels le temps passé de ce ont esté et encore sont
plaintifs, et plusieurs fois ont requis sur ce leur estre pourveu... ». B. 3290.

ordonnance pour « l'abrègement des causes et procès[1] »
en 1422. D'autre part, la principauté avait changé trois
fois de maître dans l'intervalle de sept années, ce qui
entraînait un triple versement du droit de plait, payable
à chaque mutation du seigneur. A la requête des Etats,
Charles approuva les délais concédés par le gouverneur
pour l'acquittement des deux derniers droits et fit remise entière du premier; il enjoignit en même temps de
remédier à tous les abus signalés par les trois Ordres[2].
Ceux-ci firent encore nommer, en 1420, une commission
composée de bourgeois et de marchands pour étudier les
causes du renchérissement des denrées et autres articles
de commerce, des journées de travail des laboureurs et
artisans et indiquer les moyens d'en arrêter la progres-
sion[3]. Enfin, ils s'inquiétèrent des altérations et de la
faiblesse de leurs monnaies[4], ainsi que du manque de
pièces divisionnaires qui paralysait les payements et les
échanges. Se rappelant que l'article XI du Statut leur

---

[1] « Exposé nous a le procureur des Trois Estatz, que leurs
causes sont prolongées tellement que... sont rendues comme
immortelles, et advient souvent que les parties se désistent du
tout... autres fois prennent accords à eux très dommageables, et,
maintes fois, paravant que les parties soient appointées en en-
questes, leurs tesmoings vont de vie à trépassement, et, par ce,
sont privez de leurs preuves... » B. 3290; Ordonn., XIII, 1;
Statuta, fol. 24 et 25 v° (règlement de J. de Montmaur, lieutenant du gouverneur, 14 janv. 1423).

[2] 23 novembre 1419; B. 2904, fol. 59; Ordonn., XI, 28.

[3] B. 4393. Il fut constaté que cet accroissement était plus ap-
parent que réel; la hausse des prix en Dauphiné venait surtout de
la faiblesse de la monnaie locale.

[4] La Provence, la Savoie, le Piémont ne voulaient recevoir la
monnaie delphinale que pour la moitié de sa valeur. Cf. Choix de
doc., 257, 260-261.

garantissait « monetam certam et durabilem », ils demandèrent d'être pourvus « de bonne monnoye et souffisant, par laquelle ils pussent secourir à leur nécessité et marchander en leurs pays voisins ». Le dauphin s'empressa de déférer à leurs vœux : en 1419, il ordonna de frapper des espèces noires, en 1422 des espèces blanches, « comme cela s'était fait de toute ancienneté » ; en 1425, des gros de 12 deniers, des demi-gros de 6 deniers et des quarts de gros appelés liards. En mars 1430, il prescrivit la fabrication d'espèces spéciales au Dauphiné, en vue de favoriser les relations commerciales qui avaient lieu surtout avec les pays étrangers [1].

Après l'assassinat de Jean Sans Peur à Montereau et l'alliance de Philippe le Bon avec Henri V, le « soi-disant dauphin de Viennois », banni du royaume et renié par son père, fit un voyage dans le Midi pour négocier avec les Etats de Languedoc et les détacher du parti bourguignon [2]. Le 5 février 1420, il était à Saint-Symphorien-d'Ozon, où les représentants du Dauphiné lui votèrent 10.000 florins [3]. Le 5 mars, Henri de Sassenage

---

[1] B. 2827, fol. 61, 65 et 77 ; B. 2846 et 4402 ; *Ordonn.*, XI, 44 ; XIII, 151. Cf. Morin-Pons, *Numismatique féodale du Dauphiné*, in-4°, Paris, 1854, et Beaucourt, t. II, *passim*.

[2] Louis de Chalon, fils de Jean de Chalon, prince d'Orange en 1418, partisan de la reine et du duc de Bourgogne, avait essayé de gagner à sa cause le Languedoc et le Dauphiné, en promettant qu'on ne payerait plus de subsides. Dom Vaissette, IX, 1052-1055. Sur la prise du château d'Anjou et les atrocités commises dans le Viennois, en 1419-1420, par les Orangistes établis à Auberives, seigneurie de Louis de Chalon, voir Chorier, II, 414.

[3] « Tam dicto domino pro ejus jocondo et primo adventu ad patriam Dalphinatus et transitu per eam factis, quam suis servitoribus et gentibus. » *Trois-Doms*, 747. Cf. comptes consulaires de Romans et du Buis, dépense pour envoi des consuls aux Etats, Arch. Drôme, E. 11334. Beaucourt, I, 197.

donna des ordres pour que ce subside fût payé à Grenoble avant le 15 avril et remis le 1ᵉʳ mai au dauphin qui se rendait en Auvergne. Pendant ce temps, Henri V signait le traité de Troyes, épousait Catherine de France et voyait les villes de Normandie tomber les unes après les autres en son pouvoir. Fidèles à la cause de leur prince, les Dauphinois lui fournirent en 1421, — année terrible, année de guerre, de famine et de peste, — non seulement un don gratuit[1], mais des hommes d'armes qui l'aidèrent à battre les Anglais à Beaugé, le 24 mars, et à s'emparer de Meulan le 5 avril[2]. Le 5 août, Charles appela à lui tous les nobles de la principauté; ils devaient se trouver, armés et équipés, à Vendôme avant la fin du mois[3]. Le 26 novembre, il donna commission à l'abbé de Saint-Antoine et au gouverneur d'aliéner des terres du Domaine, jusqu'à la somme de 6.000 écus d'or, pour payer les troupes qu'il levait en Lombardie[4]. Cet acte inquiéta les trois Ordres; Charles III dut déclarer que ces terres seraient rachetables « à son profit et non d'autres », sans avoir égard aux lettres que des particuliers pourraient obtenir[5]. Sa situation devenant de plus en plus critique, il chargea, le 31 mars 1422, le trésorier Jean de La Barre de s'emparer du produit des monnaies, de l'aide « derrenièrement octroyée, nonobstant quel-

---

[1] Comptes consulaires de Romans : 24 florins aux députés envoyés à La Côte-Saint-André, Arch. Drôme, E. 11334 ; Beaucourt, I, 358, parle de 100.000 florins, chiffre évidemment exagéré ; ce doit être 10.000.

[2] Monstrelet, IV, 85 ; Douet d'Arcq, *Choix de pièces inéd. relatives au règne de Charles VI*, 2 vol. in-8°, Paris, 1863, t. I, p. 409.

[3] B. 2910, cahier 83 ; *Ordonn.*, XI, 126.

[4] *Ordonn.*, XI, 141.

[5] Inv. ms., *Gener.*, II, 188-189.

conques charges et assignations », et d'engager de nouvelles seigneuries [1]. On devait aller « combattre les ennemis en quelque part qu'on les trouveroit ». Mais ce
sursaut d'énergie ne fut pas de longue durée. Son mariage avec Marie d'Anjou le détourna bientôt de parti-
ciper lui-même aux opérations. Sauf un instant en 1424,
il laissera désormais ses capitaines batailler plus ou
moins à leur gré et passera son temps dans les châteaux
de la Loire, au milieu des intrigues de cour, dépensant
en folles largesses l'argent que l'on ne cessera pas de lui
fournir. En Dauphiné, ce sont les Etats qui, avec le Conseil d'abord et, plus tard, le gouverneur, vont prendre en
mains les intérêts du pays.

En 1416, le seigneur de Saint-Vallier et l'évêque de
Valence, désespérant de faire revenir par la persuasion
Louis II de Poitiers sur la vente de ses terres au roi-
dauphin, l'avaient surpris et retenu prisonnier dans son
propre château de Grane jusqu'à ce qu'il eût signé et
juré un acte de cession en leur faveur [2]. Aussitôt libre, le

---

[1] *Ordonn.*, XI, 159. Cf. Beaucourt, I, 158, n. Le registre B.
3179 nous montre à quels procédés le jeune prince était alors
réduit pour se procurer de l'argent. Le 16 novembre 1422, il écrit
à Jean de La Barre que pour payer « certain grant nombre de
gens d'armes à cheval et de pié de Lombardie et des Marches »,
avec lesquels il a bon espoir de « débouter et répellir du tout les
Angloiz ses anciens ennemis et leurs adhérens », il a besoin de
6.000 écus. L'aide ne pourra être perçue à temps ; il ordonne d'en
faire immédiatement l'emprunt forcé. Le 31 décembre, on con-
voque les hommes de la châtellenie d'Albon « subtus alam fori
dicti loci » sous peine de 100 francs d'amende. Quand ils sont
tous réunis, on leur déclare qu'ils ne sortiront pas avant d'avoir
versé les 50 écus d'or auxquels ils sont taxés, etc...

[2] Louis de Poitiers-Saint-Vallier et Jean, évêque de Valence,
étaient fils de Charles de Poitiers, seigneur de Saint-Vallier, et
cousins du comte de Valentinois. Sur les rapports de ces divers
personnages, voir J. Chevalier, *passim*.

comte se fit délier de son serment par Martin V et ne
songea plus qu'à sa vengeance. Par son testament du
22 juin 1419, il instituait le dauphin son héritier universel, à condition de poursuivre ses agresseurs jusqu'à
sentence définitive, sinon il lui substituait le duc de
Savoie et, à son défaut, l'Eglise romaine [1].

Louis II mourut quelques jours après. L'évêque de
Valence, Jean de Poitiers, sut habilement circonvenir le
jeune Charles, plus que jamais à court d'argent; il lui
versa 30.000 écus d'or et la succession du comte fut at-
tribuée, le 1ᵉʳ juillet 1422, au seigneur de Saint-Vallier [2].
Cet acte compromettait l'achèvement territorial de la
principauté et ouvrait une porte aux revendications de
la Savoie; c'était la guerre peut-être et des difficultés
inextricables en perspective [3]. Les trois Ordres se préoc-
cupèrent, sans tarder, de joindre leur opposition à celle
du Conseil. Randon de Joyeuse [4] les autorisa à se réunir à
Grenoble le 12 du mois d'août. Le 18, assemblés extraor-
dinairement, sans doute à cause de leur nombre, « sur la
grande place, devant le puits du couvent des Jacobins [5] »,

[1] Les comtés seraient unis au Dauphiné, tout en gardant leur
autonomie; c'est pour cela que les *dauphins de Viennois* s'inti-
tuleront *comtes de Valentinois et Diois*. B. 3500. Cf. J. Chevalier,
I, 439 et suiv., 458-464.

[2] Cf. J. Chevalier, II, 8-30.

[3] Charles III n'ayant pas rempli les conditions prévues dans le
testament du comte, Amédée VIII se substitua immédiatement à
lui en vertu des clauses formelles de ce testament. Avant la fin
de 1422, la bannière de Savoie flottait sur un certain nombre de
châteaux du Valentinois.

[4] Nommé gouverneur en 1420.

[5] Voir la longue liste des membres présents, B. 3029 : Jacques
de Godabla, official, et Girard de Chissé, docteur en lois, pour
l'évêque de Grenoble, Antelme Robe, licencié, pour l'abbé de

en présence de Jacques de Montmaur, lieutenant du gouverneur, et du « vénérable Conseil delphinal », ils prirent la délibération suivante : « Les Etats ont appris
« qu'un jugement, si on peut l'appeler ainsi, rédigé au
« nom du dauphin Charles, régent du royaume, attribue
« au seigneur de Saint-Vallier les terres du comte de
« Valentinois, tant dans l'Empire qu'en France, dont le
« prince était héritier de plein droit par la volonté du
« défunt. Les membres des trois Ordres représentant le
« pays tout entier, affirment que ce jugement, s'il était
« exécuté, leur causerait le plus grave préjudice.
« D'abord, il occasionnerait une guerre avec la Savoie,
« à cause des substitutions prévues par le testament du
« comte. Celui-ci a uni indissolublement et pour tou-
« jours ses biens au Dauphiné, lui apportant ainsi un
« notable accroissement de territoire, des forteresses
« inexpugnables, des barons et des nobles puissants et
« nombreux; livrer tout cela à un adversaire redoutable,
« ce serait s'exposer aux plus grands dangers. Une déci-

Saint-Antoine, Eymeric d'Arces, prévôt d'Oulx, Fr. de Commiers,
doyen de Notre-Dame, Artaud Louvat, prieur de Domène, Pierre
de Chissé, prévôt de Saint-André, Henri de Sassenage, Guill. Artaud, seigneur d'Aix, Jean Allemand, seigneur d'Uriage, Ch. de
Morges, seigneur de La Motte, Amblard, seigneur de Beaumont
et de Montfort, Guy de Sassenage, coseigneur de Pariset, Cl.
Bérenger, seigneur du Gua, Cl. de Sassenage, seigneur de Mont-
rigand, Guigue Bérenger, seigneur de Morges, Aynard de Bellecombe, seigneur du Touvet, Humbert Bérenger, seigneur de Tréminis, Fr. d'Arvillars, coseigneur d'Allevard, Guill. Pellat, notaire, pour le seigneur de Brion, Fr. de Laye, représentant aussi
le doyen et le Chapitre de Gap, Aymar, vicomte de Clermont,
Bertrand de Saluces, seigneur d'Anthon, Ant. de Sassenage, vicomte de Tallard et seigneur de Saint-André-en-Royans, Albert
de Névache, coseigneur de Bardonnêche, etc...

« sion produisant de pareils résultats est évidemment
« mauvaise et n'a pu être rendue que par surprise. Elle
« provoquerait, en outre, un renchérissement de la vie
« par rapport au sel, aux épices, aux étoffes et à tous les
« produits alimentaires qui viennent de Provence, Cata-
« logne, Languedoc et des régions maritimes; les mar-
« chands ont maintenant libre accès de ce côté : la
« guerre le leur fermerait; elle amènerait aussi une vé-
« ritable dépopulation en éloignant ceux qui vivent des
« transports. Pour éviter tous ces inconvénients, les
« États ont déjà consenti deux subsides énormes s'éle-
« vant à 70.000 florins; d'autre part, Louis II de Poitiers
« devait plus de 40.000 écus d'or, qui seraient perdus
« pour le dauphin. En conséquence, les trois Ordres
« s'associent à la protestation formulée par le procureur
« fiscal Mathieu Thomassin, le 27 juillet; ils déclarent
« en leur nom le jugement nul, parce qu'il a été pro-
« noncé à l'insu dudit procureur, arraché insidieuse-
« ment au prince mal informé de ses droits et grave-
« ment lésé. Ils s'opposent donc formellement à son exé-
« cution. » Après la lecture de ce « cahier », on en fit
dresser acte authentique par notaire et on nomma des
procureurs chargés de poursuivre l'annulation du jugement[1].

Les mandataires des États arrivèrent à Bourges au
moment où Charles III venait de se retirer avec sa petite
cour derrière la Loire, pour y vivre d'une vie « somno-
lente », sous la domination de ses favoris, dans ses belles

---

[1] Louis Portier, conseiller delphinal, Mathieu Thomassin, pro-
cureur fiscal, Pierre Cousinot, procureur du roi et du dauphin,
Laurent Marchand, secrétaire delphinal, maîtres Jean Le Beau,
Maurice Humbert, Jean Qui Rit et Jacques Amelin. B. 3029.

résidences de Berri, de Touraine et de Poitou. Il ne leur
accorda qu'une courte audience; mais, saisissant tout
l'intérêt de leur communication et ne voulant pas s'aliéner des sujets qui lui avaient apporté un si utile concours, il donna ordre, le 28 septembre, de ne rien atten-
ter au préjudice de l'appel interjeté par les Dauphinois
et renvoya l'affaire à son parlement. On rendit aux Saint-
Vallier leurs 30.000 écus en 1423 et une transaction les
débouta pour toujours, moyennant d'amples compensa-
tions, le 24 juillet 1426. L'intervention des trois Ordres,
en contribuant à empêcher l'aliénation du Valentinois et
du Diois, avait assuré à la principauté delphinale son
complément territorial et économique [1].

§ II. **Le roi de Bourges (1422-1429)** : *Le jeune roi-dauphin s'arra-
che à son inertie pour tenter un grand effort militaire contre les
Anglais; subside de 24.000 florins et emprunts en 1424; les
chevaliers dauphinois à Verneuil. — Nouveaux subsides en 1425
et 1426. — Allocation pour le pont de La Sône en 1427. — Le
prince d'Orange installe des garnisons anglo-bourguignonnes
dans la baronnie d'Anthon; 25.000 florins votés en mars 1428;
les terres de Domène, Theys et La Pierre sont remises à Louis
de Chalon; protestation du procureur général aux Etats de
Saint-Marcellin, contre une transaction qui ouvre le pays à
l'ennemi. — Situation désespérée de Charles VII; il est sur le
point de se retirer en Dauphiné. — Délivrance d'Orléans par
Jeanne d'Arc; subside de 20.000 florins et ambassade envoyée
au couronnement à Reims.*

Après la naissance de son fils, le dauphin Louis, et

---

[1] Lorsque, le 7 janvier 1462, Louis XI aura cédé le Valentinois et le Diois à l'Eglise romaine (Pilot, II, 328-330), les protestations des Etats en retarderont encore la délivrance effective
jusqu'en 1499, date où Louis XII les érigera en duché-pairie,
pour les remettre à César Borgia. Sur la partie des comtés située
à l'ouest du Rhône et rattachée à la France en 1490, voir A.
Prudhomme, *Bull. Acad. Delph.*, 3e série, t. XX, p. 260 et suiv.

sous l'influence de sa belle-mère, Yolande d'Aragon[1],
Charles III, devenu le roi de France Charles VII, se décida à prendre en main sa propre cause. Il réunit des
contingents écossais et lombards, convoqua l'arrière-ban
du Dauphiné et fit appel aux nobles du Midi : le rendez-
vous était fixé « sur la rivière de Loire » pour le 15 mai
1424. Randon de Joyeuse avait reçu ordre de rejoindre
le prince avec 200 hommes d'armes[2]. Les Etats, réunis à
La Côte le 30 avril, votèrent, le 6 mai, 24.000 florins[3].
Ce subside ne pouvait être levé assez tôt pour assurer le
payement immédiat des troupes. Laurent Marchand et
Jean de Mareuil furent envoyés dans différentes villes de
la principauté, afin d'obtenir à titre de prêt les sommes
nécessaires; on devait les rembourser au fur et à mesure que s'opérerait le recouvrement de l'aide. La plupart des chevaliers dauphinois trouvèrent la mort sur le
champ de bataille de Verneuil, justifiant une fois de plus
leur réputation d' « écarlate de la noblesse française[4] ».
Charles VII retomba dans l'indolence et l'inaction.

---

[1] Veuve de Louis II d'Anjou, roi de Sicile, mère de Louis III
et de René.

[2] B. 2961, 3290 et 3296. Il lui en aurait amené plus de 1.000
d'après Vallet de Viriville (I, 407), qui suit la légende recueillie
par Chorier (II, 421-422) et Guy Allard (Dict., II, 751 ; Bibl.
hist., I, 313). Fontanieu n'a pas eu de peine à montrer l'invrai-
semblance du récit de Chorier sur cet événement, qui a fourni à
ce dernier la matière « d'une amplification des plus fantaisistes ».
Cf. R. Delachenal, Les Dauphinois à Verneuil (Bull. Acad. Delph.,
1885, p. 353).

[3] B. 2714, Papirus doni gratiosi... et Arch. Drôme, E. 11335.
La Bibl. de l'Ecole des Chartes, 1872, p. 29, et Vallet de Viriville,
I, 407, donnent par erreur 14.000 florins. Allocations diverses sur
le subside, Bibl. nat., Fontanieu. 113-114, pièces 203, 211, 215,
228, 306, 439, et ms. fr. 20379, fol. 133 (1.000 l. à Jean, bâtard
d'Orléans, seigneur de Valbonnais).

[4] Voir dans J. Roman, Monstres et revues..., p. 91, les noms

Il lui fallait toujours de l'argent, sinon pour continuer la lutte, du moins pour ses dépenses personnelles et ses prodigalités. Les Etats lui accordèrent, malgré leur deuil récent, 20.000 florins, à Grenoble, en février 1425 [1] et 20.000 encore, à Saint-Marcellin, en 1426 [2].

L'assemblée de 1427 nous renseigne sur une forme de leur activité, particulièrement intéressante à une époque où l'on abandonnait, d'ordinaire, les travaux d'intérêt public à la charité et à l'initiative privée [3]. Réunis le 10 mars dans le réfectoire des frères mineurs de Romans,

de 159 chevaliers dauphinois morts à Verneuil. « Les gens des Troys Estatz, dit Thomassin, *Reg.*, fol. 91, en mémoire perpétuelle de la vaillance et loyaulté des Daulphiniens, ont faict fonder une messe tous les jours au couvent des Jacobins de Grenoble, qui se dict au grand autel, et, au-dessus des chaieres, là où se séent le prestre, dyacre et soubdiacre, ont faict paindre une grande ymage de Nostre Dame ayant un grant mantel, dedans lequel sout pains les dictz nobles qui furent mors à la dicte bataille... La pareille messe et pareille paincture a esté faicte à Sainct Anthoine de Viennoys, ou monastère. » Cf. Chorier, II, 422 ; Guy Allard, *loc. cit.* ; Aymar du Rivail, *De Allobrogibus*, édité par A. de Terrebasse, in-8°, Vienne, 1844, p. 505. Au XVIIe siècle, un service annuel était encore célébré, *le 17 août*, chez les Jacobins. Cf. *Directoire à l'usage des confrères et sœurs du Rosaire... dans l'église des F. F. Prêcheurs de Grenoble*, in-18, J. Petit, imprimeur de la ville, proche le grand Puys, 1689.

[1] B. 2715. Cf. Bibl. nat., Fontanieu, 113-114, pièce 414 : ms. fr. 20580, p. 56 : ordre de prendre 1.200 florins sur le subside et de les répartir entre l'abbé de Saint-Antoine, les seigneurs de Clermont, Montmaur, Aix. Arces, Hostun, *qui s'étaient entremis à la tenue des Etats*, 15 mars 1425 ; ms. fr. 20416, n° 30 : 400 l. t. à Marguerite de Valois « pour elle aidier à avoir de la robe et pour quérir ses nécessitez », Poitiers, 15 août 1425.

[2] *Trois-Doms*, 755. Arch. Drôme, E. 11335.

[3] Voir dans Chorier, *Recherches*, 111, comment on s'y prit pour trouver des ressources en vue de la reconstruction du pont de Vienne écroulé en 1402 et les « prodiges » qui avaient accompagné sa chute.

les représentants du pays constatent que le produit de la taille votée l'année précédente, — malgré la diminution du nombre des feux accusée par la récente revision, — a dépassé la somme promise au roi-dauphin; ils nomment des auditeurs pour vérifier le compte d'Etienne Courtet; puis, à la requête de Laurent Marchand, collecteur des aumônes pour le pont de La Sône, considérant que ce pont est très utile et que les gens de la localité ne peuvent l'achever à eux seuls, ils accordent « ob Dei et Beate Marie Virginis honorem et reverentiam » 200 florins, en comprenant dans cette allocation les 100 florins déjà avancés par E. Courtet sur l'ordre de leurs commis [1].

La défaite de Verneuil avait été un désastre presque comparable à celui d'Azincourt. Louis de Chalon, prince d'Orange, recommença ses entreprises contre le Dauphiné et, pour s'y introduire plus facilement, acheta la baronnie d'Anthon à la veuve de Bertrand de Saluces, qui avait été tué dans la bataille. Bertrand n'avait pas d'héritier mâle; son fief était rendable et devait faire retour au Domaine. Sans tenir compte de la mainmise delphinale, le prince installa dans les châteaux d'Anthon, de Colombier et de Saint-Romain des bandes anglaises et bourguignonnes qui pillaient les environs et rançonnaient les sujets delphinaux. Toutes les villes du voisinage furent obligées de se fortifier et de nommer des capitaines pour se garantir de leurs incursions. Aux frais de la défense locale et aux subsides désormais an-

---

[1] B. 3260 et Fonds des Etats, carton I : nombreux reçus attestant le payement de ceux qui avaient travaillé pour les trois Ordres, gouverneur, commis, collecteurs, etc... Cf. Arch. Drôme, E. 11337.

nuels[1] vint encore s'ajouter la disette. D'autre part, sur l'ordre formel de Charles VII, le gouverneur remettait à Louis de Chalon, le 16 août 1428, les terres de Theys, La Pierre et Domène, objet de contestations avec les comtes de Genève, puis avec les princes d'Orange, depuis le XIVe siècle. Satisfait de ce premier succès, le jeune présomptueux, qui allait bientôt s'intituler lui-même, d'avance, *dauphin de Viennois*, attendit, pour exécuter ses projets, de voir « le branle et la conclusion que prendraient les affaires du royaume[2] ». Les Etats se réunirent à Saint-Marcellin au mois de septembre; leur procureur, Etienne Guillon, protesta énergiquement contre un acte qui ouvrait le pays à l'ennemi et l'introduisait jusqu'aux portes de Grenoble[3].

De 1422 à 1428, le duc de Bedford avait tourné les armes anglaises contre l'Anjou, qu'il s'était réservé comme apanage. Malgré son opposition, le Conseil de régence d'Henri VI jugea préférable de s'emparer d'Orléans pour se porter, de là, sur les provinces du Centre. En janvier 1429, la ville était entièrement bloquée; les capitaines français essayèrent de la secourir[4]; mais la

---

[1] 25.000 florins furent accordés, en mars 1428, à Romans. Arch. de Grenoble, CC. 580; Bibl. de Grenoble, R. 7906, n° 227; Arch. Drôme, E. 11337. Cf. Beaucourt, II, 31.

[2] Pendant ce temps, il préparait le terrain, écrivant « litteras mendosas et diffamatorias certis prelatis, baronibus et quampluribus banneretis necnon civitatibus... ac sindicis et procuratoribus earumdem ». B. 3139, fol. 44.

[3] B. 3139, fol. 39. Sur les mesures défensives prises par cette ville, voir A. Prudhomme, 251.

[4] L'archevêque de Vienne, Jean de Norry, y aurait conduit lui-même un corps de troupes pendant que le bâtard d'Orléans et Raoul de Gaucourt organisaient la défense. L'arrière-ban de Dauphiné avait été convoqué le 6 août 1428. Les Etats généraux des

journée des Harengs acheva de décourager Charles VII.
« On avoit mis en délibération, dit Thomassin, que l'on
debvoit faire se Orléans estoit prins: et fut advisé par la
plus grant part, qu'il ne falloit tenir compte du demourant du royaume, veu l'estat en quoy il estoit, et qu'il
n'y avoit remède fors tant seulement de retraire mon dit
seigneur en cestuy pays du Daulphiné, et là le garder, en
attendant la grâce de Dieu[1]. » C'est alors que parut
Jeanne d'Arc.

Le 18 mai 1429, les Etats, assemblés à Grenoble, apprenaient la délivrance d'Orléans; le roi allait être sacré
prochainement à Reims : il demandait à cette occasion
« et pro suis satis notoriis necessitatibus » une somme
de 50.000 francs. Le pays était appauvri par la guerre et
la famine; on réclama du temps pour délibérer, en attendant un certain nombre de représentants des communes
qui n'avaient pas encore eu le temps d'arriver. Le 25 mai,
en présence du Conseil et de leurs deux procureurs,
Etienne Guillon et Jean de Saint-Germain, les trois Ordres décidèrent que, malgré la misère du peuple et les
mauvaises récoltes des trois dernières années, ils accor-

---

pays restés fidèles à Charles VII, réunis à Chinon en octobre-no-
vembre 1428, avaient également accordé 400.000 francs payables
en 2 fois, « moitié par la Langue d'oïl et moitié par la Langue
d'oc et le Dauphiné », pour résister aux Anglais « qui estoient à
présent en puissance sur la rivière de Loire et pour le secours de
la ville d'Orléans ». Dom Vaissette, IX, 1008. Ils supplièrent le
roi « de faire un suprême effort pour recouvrer sa seigneurie » ;
mais Charles VII, livré à la domination de son entourage, ne sut
que « gaspiller à son plaisir » l'argent des Etats. Les Dauphinois
n'étaient sûrement pas représentés à cette assemblée et ils ne
furent probablement pas taxés, de fait, comme déjà en 1404.

[1] Registre delphinal, fol. 96. Cf. Beaucourt, II, 176.

daient un don gratuit de 20.000 florins; on imposerait, en outre, 10.000 florins, dont 2.000 seraient employés à l'achat de vaisselle d'argent, de courtines et de tapisseries; les 8.000 autres serviraient soit à acquitter les dettes et charges du pays, soit à payer les frais d'une ambassade déléguée pour aller à Reims assister au couronnement du roi et lui offrir les présents du Dauphiné[1].

[1] On lèverait 2 florins ou 26 gros par feu, *les frais de perception restant à la charge du prince;* receveur, Jean Pollat. Le même jour, une réunion partielle des Etats, toujours assistés de leurs deux procureurs, considérant que les comptes de plusieurs subsides n'avaient pas été clos et vérifiés, nomma des auditeurs pour les examiner en même temps que le nouveau don gratuit (videlicet pro *ecclesia,* rev. in Christo patrem et d. d. Ay. divina gratia episcopum Gratianopolitanum, d. Syboudum Alamandi priorem Sancti Donati et d. curatum Sancti Anthonii pro d. abbate — pro *banneretis et nobilibus,* nobilem Aymarum de Claromonte pro magnifico et potenti viro d. Aymaro vicecomite et d. Clarimontis, magnificos viros Gabrielem de Rossillione d. Bochagii, Karolum de Pictavia d. Sancti Vallerii, d. Soffredum de Arciis militem, Aymarum de Bellovidere d. Paludis et Eynardum de Bellacomba d. castri de Thoveto, — pro *communitatibus patrie dalphinalis,* egregium virum d. Jacobum de Sancto Germano legum doctorem, nobilem Sybuetum Veherii, Petrum de Curia de Romanis et Joh. de Ruyna de Visilia). B. 2716, 2718 et 3260. Cf. Bibl. nat., ms. lat. 10961; Bibl. de Grenoble, R. 6201; *Trois-Doms,* 755; Guy Allard, *Bibl. Hist.,* I, 313-314. On sait que des prières publiques furent faites en Dauphiné (*Bull. Acad. Delph.,* 1887, et A. Prudhomme, 252) pour la délivrance de Jeanne d'Arc, dont parlent Thomassin dans son *Registre delphinal,* Guy Pape (décis. 84), Jacques Gélu, archevêque d'Embrun, et Aymar du Rivail. Cf. Lavisse, IV-II, 54.

CHAPITRE IV

LE ROI-DAUPHIN CHARLES VII VICTORIEUX DES ANGLAIS (1430-1440).

MAINTIEN ET DERNIERS DÉVELOPPEMENTS DES PRÉROGATIVES DES ETATS.

§ I. **Lutte contre le prince d'Orange (1430-1433); les Etats essayent en vain d'étendre leur rôle politique :** *Le prince d'Orange et le duc de Savoie rêvent de se partager le Dauphiné; énergie et habileté du gouverneur, Raoul de Gaucourt; réunion des trois Ordres à La Côte-Saint-André; bataille d'Anthon. — Les Etats veillent à l'approvisionnement du pays et font contribuer aux frais de sa défense tous les habitants sans exception, y compris les alleutiers. — Louis de Chalon traite directement avec le roi; protestations énergiques du Conseil et du procureur général. — Triste situation économique et financière du Dauphiné après la guerre; nouvelles aliénations de terres du Domaine; violentes récriminations aux « journées » de Saint-Marcellin, en 1433.*

La principauté delphinale avait d'autant plus de mérite à venir en aide à Charles VII qu'elle était alors gravement menacée dans son existence même. Epuisée par les secours en hommes d'armes et en argent qu'elle avait fournis au roi, n'ayant à espérer de lui aucune protection, elle apparaissait comme une proie facile à saisir. Amédée VIII, ami des Anglais, qui intriguait depuis 1422 pour avoir la succession du comte de Valentinois, et le prince d'Orange rêvèrent de se la partager avec la connivence de Sigismond [1].

---

[1] Louis de Chalon jugeait le moment favorable pour unir ses terres du Midi à celles du Jura. Il promit à Amédée VIII, « s'il en venoit à bout, Grenoble et tout le haut Dauphiné, se réservant pour lui le Viennois et le reste du pays jusqu'à Orange ». Guichenon, I, 468.

Au début de 1430, Louis de Chalon fit venir une armée de Bourgogne et de Savoie, prêt à entrer en campagne. Heureusement, l'énergie et l'habileté de R. de Gaucourt[1] furent à la hauteur des circonstances. Abandonné à lui-même, l'intrépide défenseur d'Orléans appela tous les Dauphinois aux armes et, pour suppléer à l'insuffisance de ses contingents, alla chercher dans les montagnes du Vivarais les routiers de Rodrigue de Villandrando et de Guilhem Vallette[2], avec lesquels il se rendit aux Etats convoqués à La Côte, après avoir pris en passant Auberives, le 27 mai. Ayant un besoin immédiat d'argent et connaissant la lenteur ordinaire du recouvrement des tailles, il avait contracté un emprunt remboursable sur le don gratuit qu'il ne doutait pas d'obtenir. Les trois Ordres, réunis depuis le 20 mai, terminèrent leurs délibérations le 30 et le 31 : ils protestèrent tout d'abord qu'ils n'entendaient nullement, par la concession du subside, déroger à leurs immunités, ni s'astreindre à payer les frais de cette guerre, ni d'aucune guerre quelconque; sous ces réserves, ils consentaient à une levée de 2 florins par feu. Tout le monde sans exception serait obligé de contribuer[3]. On décida également

---

[1] Gouverneur depuis le 1er novembre 1428. B. 3380.

[2] Cf. Quicherat. *Rodrigue de Villandrando*. in-8°, Paris, 1845; A. Thomas, *Annales du Midi*, 1890, 11, 209 et 418.

[3] « *Sive sint de terris allodialibus, feudalibus aut aliis quibuscumque, prelatique et persone ecclesiastice.* » (Cf. B. 2717 : Etat des feux pour le subside, 1430 : « *Quod omnes habitantes infra ambitum Dalphinatus allodiales teneantur contribuere in augmentum dicti subsidii.* ») Les propriétaires de fiefs relevant du roi-dauphin, qui n'avaient pas l'habitude de s'armer, et les étrangers possédant des biens dans le pays seraient taxés suivant leurs ressources. Le gouverneur ferait contribuer les terres du prince ré-

de faire encore une tentative pour arrêter les hostilités :
le seigneur de La Palud et Louis Portier se rendirent en
ambassade auprès d'Amédée VIII. Il déclara ironique-
ment qu'un des privilèges de la noblesse de Savoie était
de servir qui lui plaisait et que le plus sûr moyen de
l'avoir pour soi était de la gagner par l'offre la plus
avantageuse. Son insolence et la témérité du prince
d'Orange devaient être rudement châtiées.

Le gouverneur était revenu immédiatement à ses
troupes, pleines de confiance depuis leur premier succès;
il emporta d'assaut Pusignan, Azieu, Colombier et, le
11 juin 1430, non loin du château d'Anthon, chargeant
en masse contre ses adversaires surpris et dispersés au
sortir d'une forêt aujourd'hui disparue, il écrasa les uns
après les autres les divers détachements de la brillante
armée orangiste. Le nombre des morts et des prisonniers
fut considérable parmi les nobles savoyards et bourguignons; quant à Louis de Chalon, il fut sauvé par la rapidité de son cheval qui franchit, dit-on, le Rhône à la

duites sous la main du roi, les comtés de Valentinois et Diois et
les revenus ordinaires du Domaine. Dans le cas où la taille de
2 florins par feu et les autres recettes dont il vient d'être question ne produiraient pas 50.000 florins, on compléterait la somme
par une taxe supplémentaire. Pour organiser la répartition, on
élut deux commis, Soffred d'Arces « in patria superiori a Gratianopoli supra » et Antoine d'Hostun « in patria Viennensi,
Turris et Valentinesii », auxquels pourrait se joindre le procureur
des Etats, Jean de Saint-Germain. Receveur, Jean Pollat. Auditeurs des comptes : l'évêque de Grenoble pour les ecclésiastiques,
Soffred d'Arces et Pierre de Chandieu pour les nobles, Justet
Méhenze et Guigue Boissat pour les communes. R. de Gaucourt
reçut 4.000 florins pour sa peine et ses dépenses à l'occasion de
cette guerre. B. 3139, fol. 76. Cf. Choix de doc., 320; Valb., 1,
62-65.

nage. Dans sa folle présomption, il n'avait rien prévu
pour la retraite; les routiers se partagèrent un riche bu-
tin; Rodrigue se vit, en outre, gratifié par les Etats de la
châtellenie de Pusignan, confisquée pour forfaiture sur
Alix de Varax. R. de Gaucourt, après avoir délivré le
pays, redescendit la vallée du Rhône et alla occuper les
terres du prince d'Orange [1].

La bataille d'Anthon, « revanche éclatante des revers
de Charles VII dans le nord du royaume, mit fin à la
guerre de Cent ans dans le Sud-Est ». Mais le Dauphiné
avait beaucoup souffert; les ravages causés par les hommes d'armes et l'arrêt de la vie économique s'ajoutant
aux mauvaises récoltes, la misère était devenue générale. Ce furent encore les Etats qui s'ingénièrent à y
remédier par des secours matériels et une juste répartition des charges [2].

Le péril écarté, il convenait, en effet, d'alléger le plus
possible les frais de la défense commune. Tout le monde
devait en prendre sa part, proportionnellement à ses ressources, comme on l'avait décidé à La Côte. Or, malgré
la grandeur du péril qui avait mis en alarme tout le

[1] Cf. *Choix de doc.*, 300-336; Quicherat, 48; Delachenal, *Hist.
de Crémieu*, 49-53; G. Vellein, *L'invasion du Dauphiné par Louis
de Chalon, prince d'Orange, et le combat d'Anthon*, in-8°, Bourgoin, 1905; Beaucourt, II, 422.

[2] Arch. de l'Is., Fonds des Etats, carton 1 : deux lettres du
gouverneur (26 nov., 23 déc. 1430), assisté du procureur du pays,
relativement à l'achat de 320 mesures de sel, à Avignon. « pro
evidenti utilitate patrie », ensuite d'une délibération des « Elus
et conseillers des Etats » réunis à Romans. Cf. Guy Allard,
Bibl. hist., I, 314 : « Il y eut, l'an 1430, une grande disette de
blé, et les Etats... délibérèrent d'en acheter à Avignon et à Car-
pentras, pour ce que l'émine ne valait que 1 gros. » Aurait-il
confondu un achat de sel avec un achat de blé?

Dauphiné, un certain nombre de nobles, des roturiers ayant acquis des seigneuries et des possesseurs de terres allodiales, qui s'étaient abstenus de venir combattre, prétendaient, de plus, échapper à toute contribution. Cet état de choses était intolérable. A la demande du procureur général, R. de Gaucourt ordonna de procéder au dénombrement et à l'estimation de tous les fiefs pour arriver à une répartition équitable des tailles, auxquelles les alleutiers furent également astreints [1].

Mais les Etats, après les sacrifices qu'ils avaient consentis, entendaient bien ne pas borner leur rôle au vote et à la péréquation des subsides. Déjà, à La Côte, ils avaient formulé leurs exigences relativement aux revendications qu'ils se proposaient d'exercer sur les biens du prince d'Orange. Ils s'adressèrent d'abord au duc d'Anjou, qui avait fait réduire sous sa main la ville d'Orange et les châteaux relevant du comté de Provence et de Forcalquier. Le duc répondit, par lettres du 8 octobre 1430, qu'il avait simplement voulu parer aux dangers résultant de la guerre survenue entre le Dauphiné et Louis de Chalon; si celui-ci ne signait pas la paix dans un délai de deux ans avec le roi-dauphin et les gens des Trois Etats, le gouverneur pourrait exiger que la ville lui fût remise. Le procureur Jean de Saint-Germain communiqua ces lettres à R. de Gaucourt, à Avignon, dans l'auberge à l'enseigne des *Deux faucons*, près

---

[1] En 1430, on leva finalement 4 florins par feu et 2 florins ou 26 gros les trois années suivantes. B. 2965. fol. 79. B. 3179, 2711, 2717 et 2718, *Sequuntur arreragia focorum allodialium... de anno 1433.* Cf. Arch. Drôme, E. 11337. 11338. 11339; *Choix de doc.,* 369; Bibl. nat., Fontanieu, 117-118. p. 14; ms. fr. 25710, p. 74 et 87; A. Thomas, I, 290.

de Saint-Didier. Louis de Chalon eut l'habileté de traiter directement avec Charles VII. Le Conseil delphinal envoya aussitôt à la Cour un « avisamentum[1] ». Comme les négociations continuaient néanmoins sans la participation du procureur général, celui-ci présenta ses remontrances au Conseil, en l'absence du gouverneur qui avait conduit contre les Anglais les hommes d'armes dauphinois[2]. Mais déjà le traité avait été conclu à Loches, le

---

[1] B. 3139, fol. 84 : « D'après ce qui est convenu entre le gouverneur et les Etats, on ne doit rien conclure avec ledit adversaire sans les convoquer et sans entendre leur procureur, comme l'établissent des actes authentiques. Les trois Ordres ont dépensé plus de 200.000 florins pour la défense du pays, qui aurait dû être assurée aux frais du dauphin ; ils se croiront dupés, quand ils verront revenir leur ennemi capital malgré ses perfidies et ses crimes. Réduits *ad quamdam paupertatem et penuriam maximam ultra quam credi non potest*, ils consentiront désormais plus difficilement aux subsides ou même n'y consentiront plus du tout. Les nobles n'auront plus aucune confiance dans la parole du gouverneur. On encouragera un parjure. En remettant en cause le jugement sur les terres d'Anthon, Colombier, Saint-Romain, on peut provoquer une intervention du marquis de Saluces (Louis, marquis de Saluces, neveu de Bertrand, en faveur de qui celui-ci avait testé le 29 avril 1421) ; leurs habitants, qui ont été fidèles au dauphin, songent déjà à prendre la fuite : on ne peut se fier à celui qui a violé son serment, envahi le Dauphiné... »

[2] Il y rappelle les engagements pris à La Côte ; on a voté le subside parce qu'on espérait en obtenir la restitution par le prince, avec la réparation des dommages causés. Depuis lors, d'autres tailles ont été consenties sous les mêmes réserves par les assemblées tenues à Romans, à Grenoble et ailleurs. Or, le procureur vient d'apprendre que des pourparlers sont engagés en vue de la réconciliation du prince, à qui on va rendre ses terres, sans que ledit Saint-Germain ait été appelé, malgré la solennelle réquisition qui en a été faite dans la dernière session des Etats tenue à Romans. Il demande instamment, pour éviter des malheurs, que, dans une affaire qui intéresse le salut du pays, on l'entende avant de passer outre, si l'on ne veut pas obliger les Dauphinois à re-

22 juin 1432 [1]. Tous les efforts des trois Ordres pour
exercer, à la faveur des événements, une plus large influence politique, avaient échoué cette fois.

Les trois années de disette, dont ils s'étaient plaints en
1429, furent suivies de trois autres aussi mauvaises; si
bien que Aymon II de Chissé fit une ordonnance, le 16 février 1433, pour permettre de manger de la viande, des
œufs et du laitage pendant le carême [2]. D'autre part,
Charles VII, toujours besogneux, donnait alors de nouvelles commissions pour aliéner des terres du Domaine
et « en convertir le prix ou fait de la guerre ». Aussi y
eut-il « grant murmuration » aux « journées » tenues
à Saint-Marcellin, le 15 juin. On y entendit « aucunes
paroles qui ne sont mie de présent à racompter ». Les
gens des Comptes, « voulans faire leur devoir », les rap-
portèrent néanmoins à R. de Gaucourt, le 26 juin, « avant
qu'il procedât à aucune exéqution [3] ». Heureusement, la

fuser désormais tout subside. B. 3139, fol. 91, *Pièces justif.*, VIII.
Cette requête fut transmise, en juillet 1432, par le Conseil qui
écrivit de nouveau à Charles VII : « Le crime de Louis de Chalon
est énorme : on lui avait remis Theys, La Pierre et Domène; il y
a installé des garnisons d'Anglais et de Bourguignons; il a
trompé le gouverneur en lui promettant de prêter hommage; il a
fait tout le contraire d'un bon vassal; il a violé tous ses serments,
envahi, pillé la principauté; *il se faisait déjà appeler dauphin de
Viennois.* Tout était perdu sans la bravoure des Dauphinois; ils
ont versé des sommes énormes: on a promis de ne pas traiter
sans entendre leur procureur... » B. 3139, fol. 88.

[1] En dépit des stipulations de la paix d'Arras, signée en 1435
avec le duc de Bourgogne, les terres de Theys, La Pierre, Domène, etc..., ne purent cependant être recouvrées par le prince
d'Orange. Cf. Pilot, I, 149, n. 3, et II, 215.

[2] B. 2904, XVIII; Bibl. de Grenoble, R. 5769, p. 433.

[3] « Lors l'on ne dira pas que vous soyez *gouverneur*, mais
gasteur du Daulphiné. Vous et aucun autre officier ne pourrez

récolte fut très abondante cette année-là. Le 24 juillet
1433, le gouverneur ordonna de recueillir le blé dans les
places fortes pour qu'il ne tombât pas entre les mains de
l'ennemi, et il défendit de le laisser sortir de la principauté [1].

§ II. **Lutte contre les Anglais; subsides votés par les trois**
Ordres et concessions multiples de Charles VII (1434-1440) :
Le roi préside les Etats à Vienne en 1434; subside pour la
guerre anglaise; exemption des grands officiers de justice et de
finances. — Le don gratuit de 1435 est employé au rachat des
terres aliénées du Domaine. — Lettre de Charles VII aux habi-
tants de Grenoble pour les convoquer aux Etats; subside et
règlement de justice en 1436. — Le roi et le dauphin Louis à
Romans, en janvier 1437; don de joyeux avènement; le rece-
veur du subside n'est tenu de rendre compte des sommes levées
« outre le principal », pour les affaires du pays, que devant les
auditeurs des Etats. — Abus de l'excommunication et de l'in-
terdit pour affaires temporelles signalés et réprimés. — Subsides
pour continuer la guerre contre les Anglais et pour subvenir aux
besoins du roi, en septembre 1437 et mars 1438; le lieutenant
du gouverneur et le Conseil delphinal astreints à prêter serment
devant les trois Ordres. — Les Etats de 1439 obligent le roi à
traiter avec eux dans les limites de la principauté; doléances
et subside. — La Praguerie. — Etats de juillet 1440; transport
du Dauphiné à Louis II.

En 1434, Charles VII, nouvellement réconcilié avec

estre payés. La pension de 3.000 florins ordennez pour l'estat et
alimenter de monseigneur le daulphin cessera... et le divin office,
qui a esté ordenné à fère par messeigneurs les daulphins en plusieurs églises de ce païs. Les châteaux delphinaux, spécialement
ceux des frontières, tomberont en ruines. Les gens des Trois
Estas, qui ont depensé 200.000 florins, saulf le plus, pour la défense du païs, nonobstant que le seigneur doive le garder et défendre à ses propres dépens, perdront leur bon vouloir en voyant
aliéner encore leurs châteaux pour la guerre du royaume; déjà ils
commencent à dire que vous avez le gouvernement pour le roi,
oultre la rivière, que vous vous en voulez aler et qu'il ne vous
chaut plus de ce païs... » B. 2904, fol. 49.

[1] B. 2904, fol. 53.

l'empereur Sigismond, se rendit en Dauphiné pour accomplir un vœu à Saint-Antoine et assembler les Etats. Il
fit son entrée à Vienne le 1er avril, au milieu d'un magnifique cortège de prélats et de seigneurs, — le duc de
Bourbon, Charles d'Anjou, le connétable de Richemont
qui reparaissait pour la première fois à la Cour depuis
sa disgrâce, le bâtard d'Orléans, Tanguy du Châtel, R. de
Gaucourt, l'évêque de Maguelonne, les cardinaux d'Arles
et de Chypre envoyés par le concile de Bâle, — auxquels
vinrent se joindre en foule les nobles du Dauphiné et du
Languedoc. La jeune reine de Sicile, Marguerite de Savoie, mariée par procuration avec Louis d'Anjou, qu'elle
allait rejoindre à Naples, vint aussi lui rendre visite.
Amédée VIII cherchait alors à racheter sa complicité
avec le prince d'Orange en favorisant les négociations
engagées avec le duc de Bourgogne. Le roi présida les
Etats qui lui accordèrent 30.000 florins « pour faire avec
honneur la guerre aux ennemis de la France [1] » ; en retour, ils obtinrent de nouvelles « libertés » avec des
garanties judiciaires et administratives, spécialement
pour les ecclésiastiques et les bannerets [2].

[1] Chorier, II, 428; Fonds des Etats, carton 1; Bibl. de Grenoble, R. 7377 et 7906, n° 227. Cf. Beaucourt, II, 304; *Bibl. de
l'Ecole des Chartes*, 1887, p. 248; Cl. Faure, 240. Nombreuses
mentions et pièces accessoires à la Bibl. nat. : Fontanieu, 117-
118, pièces 28, 30. 48 (3.000 fl. à R. de Gaucourt pour ses
troupes), 68, 74; ms. fr. 20420, fol. 1 (Hélie de Linaye, secrétaire
du roi, nommé receveur du subside), 25710, p. 86 et 87.
Charles VII réunit en même temps à Vienne les Etats de Languedoc, qui lui accordèrent 170.000 moutons d'or. Dom Vaissette,
IX, 1116.
[2] « Il ne sera plus nommé que des officiers sages et instruits,
et ils ne seront maintenus dans leurs fonctions au-delà de 2 ans
que si les trois Ordres le demandent, conformément à l'art. 49

Charles VII promulgua à Vienne une ordonnance importante relativement aux exemptions de la taille. Dès le début du xv⁵ siècle, divers fonctionnaires avaient réussi à s'en affranchir, comme les clercs et les nobles à la fin du siècle précédent[1]; mais les trois Ordres se liguèrent habituellement contre eux et leur privilège devait subir bien des vicissitudes jusqu'au moment où il fut enfin admis que les officiers supérieurs seraient exempts du subside et les officiers inférieurs astreints à le payer. Le 8 avril 1434, les gens du Conseil et des Comptes remontrèrent au roi que leurs travaux étaient aussi avantageux à l'Etat que pouvait l'être leur contribution; ils l'aidaient même souvent de leurs propres biens; en conséquence, ils méritaient autant d'être exempts que les docteurs ès lois, les maîtres en médecine et un grand nombre de villes et communautés gratifiées de franchises particulières par les dauphins. Le même jour, Charles VII exempta le président et les conseillers du Conseil delphinal, les auditeurs des Comptes, l'avocat et le procureur fiscal, le trésorier et le juge des appellations, les deux secrétaires ordinaires du Conseil et celui de la Chambre des Comptes[2]. Ces nouveaux privilégiés furent

du Statut. — Tout juge ou officier qui violera sciemment les franchises du pays sera frappé d'une amende d'un marc d'or. — A mesure que les offices vaqueront, on n'admettra plus que des personnes originaires de la principauté. — Les châteaux des frontières seront confiés à des capitaines dauphinois, tenus d'y résider. — Les lettres du roi qui dérogeraient aux privilèges du pays ne tireront pas à conséquence. — Les juges des cours delphinales ne citeront plus devant eux les sujets des églises et des bannerets, etc... » B. 2906, fol. 95 v°; *Statuta*, fol. 53 v°; *Ordonn.*, XIII, 197.

[1] Voir plus haut, 5 avril 1403.

[2] Donné à Vienne, le 8 avril 1434 (et non 1435, comme le dit

plus attachés encore peut-être que les autres au principe
de l'exemption de l'impôt; ils sauvèrent plus d'une fois
les clercs, les nobles et les alleutiers des décisions éga-
litaires des Etats ou des municipalités; ils en retardèrent
surtout l'exécution en ne les portant pas sur le rôle des
tailles ou en retenant dans leurs archives les dénombrements que ceux-ci avaient été obligés de fournir, après
avoir épuisé tous les moyens dilatoires[1].

· La bataille d'Anthon avait rétabli le prestige et fortifié
l'autorité du roi en ramenant la tranquillité dans le pays.
Au moment où il allait conclure le traité d'Arras avec le
duc de Bourgogne, Charles VII voulut achever d'effacer
dans l'esprit des Dauphinois le souvenir des sujets de
mécontentement qu'il leur avait donnés après 1430.
Comme ils ne lui avaient accordé, au mois de juin 1435, à
Saint-Marcellin, que 8.000 florins, il ordonna, le 7 juillet,
qu'on les emploierait au rachat des terres « les plus
utiles et les plus convenables », engagées précédemment

Pilot, I, 185, n. 5, l'âques étant le 28 mars) ; B. 2904, fol. 77;
2947, fol. 622; *Ordonn.*, XIII, 194. L'ordonnance exécutive du
gouverneur est du 19 juillet ; elle ne fut présentée au Conseil que
le 10 février 1436, en présence du procureur des Etats, J. de
Saint-Germain. Les consuls de Grenoble durent se résigner :
« Consules nichil dixerunt, sed tantum petierunt copiam pro
registrando in libris ville et informando cives de ipsis litteris, ne
quis in futurum ignorantiam pretendere valeat. » Cf. Guy Pape,
Quest., 376. Voir Isambert, *Recueil général des anc. lois françaises*, VIII, 801, une série d'autres actes faits à Vienne en avril
1434.

[1] Cf. Arch. de Grenoble, CC. 581 : frais de rédaction d'une supplique adressée à l'évêque contre une décision du Conseil exemp-
tant les nobles et les clercs d'une taille imposée sur tous les habitants sans distinction, 10 gros ; à Guy Pape, docteur ès lois, pour
avoir examiné cette supplique, 8 gros ; à son clerc qui la corrigea
sous sa dictée et la mit au net, 8 gros.

pour les frais de la guerre contre les Anglais [1]. Il donna
même, le 8 décembre 1438, des lettres cassant et annu-
lant toutes les aliénations faites depuis 1418 [2]. C'était
réaliser un des désirs les plus chers des communes, si
intéressées à la conservation du Domaine, source des
revenus ordinaires du Trésor.

Par une nouvelle prévenance, — d'autant plus remar-
quable qu'il commençait, à la même date, à percevoir les
impôts sans consentement des Etats dans une partie de
la France [3], — il écrivit lui-même une lettre aux habitants de Grenoble, le 15 juillet 1436, pour convoquer
leurs représentants, le 30 août, à Saint-Marcellin. Le
30 juillet, le gouverneur changeait le lieu de réunion et
le fixait au château de La Côte-Saint-André [4]. Les ambassadeurs du roi exposèrent qu'il avait fait beaucoup de
dépenses pour la paix d'Arras signée avec Philippe le
Bon; qu'il avait repris Paris et beaucoup d'autres villes
occupées depuis longtemps par les Anglais [5]; qu'il avait
marié le jeune dauphin Louis avec Marguerite d'Ecosse [6],
négocié l'union d'une de ses filles avec le prince de Piémont, fils du duc de Savoie [7]; il s'était assuré, de la sorte,

---

[1] B. 3044; Arch. de Grenoble. CC. 581 (10.000 fl. avec les
sommes *outre le principal*). Fontanieu, 117-118, pièces 205 et 320,
note cependant deux gratifications sur ce subside : 2.000 florins à
la reine et 300 livres à H. de Linaye.

[2] Inv. ms., *Gener.*, II, 192 v°.

[3] Beaucourt, III, 441; IV, 418; P. Viollet, III, 226-227.

[4] Arch. de Grenoble. AA. 6, fol. 308; Fauché-Prunelle, II, 535.

[5] Cf. *Trois-Doms*, 754 : processions et réjouissances à Romans
« pro bonis novis de Parisiis habitis ».

[6] Le 24 juin 1436.

[7] Le contrat de mariage de Yolande de France avec Amé de
Savoie fut signé à Tours le 16 août 1436. Beaucourt, III, 44.
Yolande avait alors 3 ans et Amé était encore au berceau.

de précieuses alliances, mais il ne pouvait suffire à tant
de frais et continuer la guerre sans l'aide de ses fidèles
sujets du Dauphiné, auxquels il demandait 30.000 florins.
On lui en accorda 20.000 [1], après avoir obtenu un règlement sur différents points de justice [2].

Charles VII traversa de nouveau le pays pour se rendre
en Languedoc, au mois de janvier 1437. « Un des motifs
de ce voyage, dit Chorier, fut que les Etats, tenus l'année
précédente dans La Côte-Saint-André, ne s'étaient pas
portés à tout ce qu'on avait désiré d'eux [3]. » Le roi était
accompagné par son fils Louis, qui le suivait déjà partout et commençait à mener sa vie active et laborieuse.
Convoqués par le dauphin lui-même, à Romans, le 13 janvier 1437, les trois Ordres lui souhaitèrent d'abord la
bienvenue; puis ils se retirèrent à part dans le couvent
des frères mineurs. Après mûre délibération, il fut décidé qu'on offrirait 10.000 florins au jeune prince « pour
son joyeux advènement et convertir en vaisselle, tapi-
cerie et mesnage et autres ses bons plaisirs [4] ». On ferait

---

[1] Bibl. de Grenoble, R. 7868, et Fontanieu, portefeuilles, 117-
118, procès-verbal très incomplet « ayant été coupé en forme de
croix pour servir apparemment de patron ». Delachenal, *Bull.
Acad. Delph.*, 1884. p. 202. donne la date de 1437. Cf. Arch. de
Grenoble, CC. 581; Fontanieu, 117-118, p. 187 : 2.000 florins à la
reine sur le subside, 4 octobre 1436; Dom Vaissette, IX, 1121
et n.

[2] Le 5 septembre 1436. B. 2949, fol. 547; *Statuta*, fol. 96 v°.
Voir aussi *Choix de doc.*, 373.

[3] II, 420. et *Hist. abrégée*, II, 49. Sur les graves raisons qui
obligèrent le roi à entreprendre ce voyage pour pacifier le Languedoc et sur les intrigues de cour qui retardèrent son départ,
voir Beaucourt, III, 40-45.

[4] Sur ces 10.000 florins, Charles VII ordonna à H. de Linaye
de faire divers payements pour le dauphin : 238 livres à Fr. Dan-

une levée de 14 gros par feu, le surplus devant servir « à
leurs affaires [1] ». Ensuite, comme ils devaient s'occuper
des gages et dépenses de ceux qui avaient travaillé pour
le pays, de l'observation de ses libertés et de la réparation de certains torts qui leur étaient faits, sachant par
expérience que les membres des Etats, réunis tous ensemble et d'opinion souvent différente, ne pouvaient pas
facilement s'entendre au mieux de leurs intérêts ou du
moins aussi rapidement, ils nommèrent des Elus pour
les suppléer : l'évêque de Grenoble et l'abbé de Saint-
Antoine, pour le *clergé*; Antoine d'Hostun, Aymar d'Ambel et Joffred Gollat, pour les *nobles*; Claude Tolosan, licencié ès lois, Boniface Charrière et Jean de Vourey, secrétaire delphinal, pour les *communes*. Le lendemain,
14 janvier, ces Elus, réunis dans la « grande salle anté-
rieure de l'auberge de la Couronne » avec plusieurs
autres membres des Etats, examinèrent une requête du
dauphin : celui-ci les avait priés par trois fois d'aider à
la rançon d'un écuyer très brave, appelé Ricarville, prisonnier des Anglais. On discuta longuement; enfin, tous
furent d'avis que, pour complaire au jeune prince et lui
accorder sa première demande, il fallait lui donner encore 500 florins « *non obstantibus multis rationibus in
contrarium facientibus* [2] ».

gle, marchand d'Avignon, pour « certains draps de soie » ; 100 livres à Jean Majoris, confesseur, et à Guillaume Léotier, physi-
cien (médecin) du jeune prince, qui l'avaient accompagné, et le
prix d'acquisition d'une chapelle portative, Montélimar, 4 février
1437. Charavay, I. 164; Bibl. nat., ms. fr. 25710, p. 100. Cf.
20580, p. 53 ; Duclos, I. 20.

    [1]. Les 10.000 florins seraient recouvrés aux frais du dauphin et
le surplus aux frais du pays.

    [2]. Bibl. nat., ms. fr. 20600, p. 8; *Pièces justif.*, III. Guillaume

Charles VII donna satisfaction, l'année suivante, pour
l'un des griefs auquel il est fait allusion plus haut. Le
procureur général lui avait remontré que, lorsque les
trois Ordres votaient des tailles pour le don gratuit en
même temps que pour leurs affaires, ils laissaient recueillir la somme totale par les receveurs du prince,
afin de diminuer les frais de perception. Ces receveurs
rendaient compte devant les auditeurs nommés par les
Etats et par le gouverneur; ils dressaient trois comptes
dont l'un restait à la Chambre de Grenoble, le second
était remis au procureur et le troisième au receveur des
Etats. La Chambre des Comptes de Grenoble et celle de
Paris voulaient que les receveurs complassent devant
elles non seulement de ce qui revenait au roi, mais de la
totalité de l'assiette. Charles VII, « considérant que les
trois Etats se pourraient retraire et refroidir de lui
octroyer les dons, qu'ils avaient accoutumé de faire et
faisaient de jour en jour libéralement et largement »,
ordonna, par deux lettres du 22 janvier 1438, que l'on ne
pût exiger de compte que pour les sommes qui lui avaient
été accordées personnellement, sans « être demandé ne
requis aucune chose de et sur les sommes levées pour le
pays [1] ».

Une autre réclamation concernait l'abus de l'excom-

de Ricarville, pannetier du roi ; le 3 février 1432, il se rendit un
moment maître de la grosse tour de Rouen ; il prit part à la bataille de Formigny et témoigna dans le procès de réhabilitation
de Jeanne d'Arc. Beaucourt, II, 44 et 281 ; V, 51 et 380. Cf. Bibl.
nat., ms. fr. 20420, fol. 2, et Pilot, I, 1 : H. de Linaye nommé par
le dauphin receveur des 10.000 florins.

[1] B. 2947 ; *Statuta*, fol. 97 v°-101 ; *Ordonn*., XIII, 252, 254.
Cf. A. Thomas, I, 102.

munication et de l'interdit pour affaires temporelles. Le
2 avril 1343, Clément VI avait accordé aux sollicitations
d'Humbert II que les terres de ses domaines ne pourraient être soumises à l'interdit par les juges ecclésiastiques pour des motifs purement pécuniaires; les papes
furent obligés de rappeler plusieurs fois cette défense[1].
A la requête du procureur des Etats, Eugène IV leva les
excommunications et les interdits *ob debita non soluta*
qui frappaient des personnes ou des localités du Dauphiné[2]. Laurent Deyrier, prieur de Saint-Laurent de
Grenoble, délégué par le Saint-Siège pour assurer l'exécution de la bulle pontificale, la notifia, le 20 mars 1437,
aux archevêques de Vienne, Lyon, Embrun, aux évêques
de Grenoble, Valence, etc..., et leur enjoignit de l'observer exactement à l'avenir. Presque partout le clergé fit
opposition. A Vienne, on ne voulut même pas recevoir le
secrétaire delphinal, Symond Galbert; il en fut réduit à
afficher une copie de la bulle aux portes de l'église
Saint-Maurice. L'archevêque de Lyon, Amédée de Ta-
laru, alla plus loin : il obtint d'un soi-disant commissaire du concile de Bâle une ordonnance contre le dauphin Louis, le procureur des Etats et le prieur de Saint-
Laurent; au nom des trois Ordres, le procureur fiscal

---

[1] Innocent VI, le 22 mars 1360 (commission à Raymond Bérenger, prévôt de Saint-André de Grenoble, le 17 août) ; Clément VII,
le 2 avril 1388. Par bulles datées d'Anagni, le 31 mai 1302, Boniface VIII avait déjà porté une défense générale. B. 4200. Cf.
Bull. Acad. Delph., 1908, p. 161, n° 251.

[2] Bulle d'Eugène IV, du 3 des ides de juillet 1435, par laquelle,
à la sollicitation des Trois Etats. il confirme la bulle de Boniface VIII interdisant l'usage de l'excommunication *ob debita non
soluta* dans les affaires ne relevant pas du juge d'église. B. 3179,
4200 et 4201; Bibl. de Grenoble, R. 6201. Cf. Pilot, II, 339, n. 3.

Jean Baile en appela au pape et au concile, le 8 janvier
1438. Le 22 août, Laurent Deyrier dut encore écrire à
tous les chanoines, curés, chapelains, clercs et tabellions
du diocèse de Die pour leur enjoindre de lever l'interdit
mis par l'official sur la ville de Mens au mépris de la
défense d'Eugène IV. Ces abus, que le Grand Schisme
avait singulièrement aggravés, expliquent et légitiment
jusqu'à un certain point les restrictions que Louis II
imposera bientôt à la juridiction ecclésiastique et la
mainmise du dauphin sur le temporel des évêques.

Au printemps de 1437, les Anglais avaient esquissé un
mouvement offensif vers la capitale, où ils cherchaient à
rentrer en y fomentant des complots. Charles VII en prit
prétexte pour charger Thibaut de Lucé, évêque de Mail-
lezais, d'aller demander de l'argent aux Etats du Dauphiné : ils lui votèrent 20.000 florins à La Côte, au mois
de septembre [1]. De toutes parts on pressait le roi d'agir.
Il se décida enfin à se mettre à la tête de ses troupes,
enleva Montereau le 10 octobre et fit son entrée solennelle à Paris, le 12 novembre. Trois semaines après, il
retournait vers « ses chères résidences de la Loire »,
d'où il envoya, au début de 1438, Guillaume Le Tur, président au parlement, Gabriel de Bernès et Raoul de Gaucourt auprès des Dauphinois pour solliciter encore une
aide. L'assemblée se réunit à Romans, dans le réfectoire
du couvent des frères mineurs, le 18 mars. En présence
des grands officiers et de la majorité des membres des
Etats (*major et sanior pars*), sans attendre le gouverneur

---

[1] Bibl. nat., ms. fr. 20885, fol. 21 ; Thibaut de Lucé reçut
pour ce fait 400 livres, le 24 janvier 1438 (fol. 23). Cf. Fontanieu,
117-118, pièces 331-346, et A. Thomas, I, 335.

retenu par le service du prince, Le Tur prit la parole :
le roi saluait « corde sincero » ses fidèles sujets, qui
l'avaient toujours aidé de leurs personnes et de leurs
biens; ils savaient déjà que ses affaires s'étaient relevées
et s'amélioraient de jour en jour; tous les princes du
sang lui étaient soumis sans inimitié ni division; beaucoup de villes occupées depuis longtemps par les Anglais
étaient rentrées sous son obéissance. Charles VII traitait
avec Montargis, Dreux, Chevreuse[1]; il aurait bientôt recouvré tout le territoire jusqu'à Paris et au delà. Mais il
avait de nombreuses troupes en campagne et des garnisons dans les places fortes situées à la limite des régions
où se trouvait encore l'ennemi; il ne pouvait les entretenir et payer leur solde sans le concours de ses sujets.
D'autre part, le duc de Savoie lui avait envoyé une
ambassade pour réclamer les comtés de Valentinois et
Diois; Le Tur en personne avait expliqué ses droits au
roi-dauphin devant le Conseil où étaient les princes du
sang; Charles VII avait répondu qu'il ferait ce que la
justice exigeait, et Amédée VIII n'avait rien pu obtenir
de plus; ces comtés lui étaient à cœur et leur conservation lui avait occasionné de grandes dépenses[2]. Pour

---

[1] « Mediante certa magna financia cappitaneis earumdem villarum. » Sur ces négociations, voir Beaucourt, III, 14.

[2] On a vu que le duc s'était substitué au roi-dauphin pour la
succession des comtés; depuis 1422, il pressait la cour d'Avignon
de se prononcer en sa faveur. En 1437, Amédée VIII, déjà retiré
à l'hermitage de Ripaille, en attendant de devenir pape, voulut se
faire attribuer le Valentinois et le Diois en récompense de sa médiation durant les préliminaires du traité d'Arras. Le Conseil
delphinal adressa à Charles VII un mémoire qui rééditait les arguments fournis par les Etats quinze ans auparavant. Cf. J. Chevalier, II, 304.

tous ces motifs, il demandait le vote de 30.000 livres tournois à lever le plus tôt possible. Jean de Saint-Germain répondit que les Etats allaient délibérer immédiatement et voir comment ils pourraient contenter le roi. Le 22 mars, le gouverneur étant arrivé, le procureur présenta « in quodam papiri foleo » la *cédule* contenant la décision qui avait été prise : attendu leur pauvreté, due à la disette de blé et de vin, les trois Ordres accordaient, « en pur et libéral don », 25.000 florins « avec aucunes sommes pour leurs affaires nécessaires », ce qui constituait déjà pour eux une charge très lourde; le subside serait payable à la Saint-André, pas avant, sous peine d'annulation[1]; s'il survenait une invasion[2], tout ou partie de la somme serait employé à la défense du pays; enfin on donnerait 1.000 florins à la reine et 1.000 au dauphin[3]. Les ambassadeurs acceptèrent au nom de Charles VII et approuvèrent les protestations des Etats au sujet de leurs franchises, « auxquelles ils entendaient bien ne pas déroger[4] ».

---

[1] Il serait reçu par Hélie de Linaye, qui *rendrait compte aux Etats ou à leurs commis des sommes levées outre le principal.*

[2] On redoutait alors l'arrivée des bandes d'Ecorcheurs qui ravageaient la France depuis la paix d'Arras.

[3] Cf. Bibl. nat., ms. fr. 20620, fol. 2 : ordre du dauphin de payer ces 1.000 florins à son maître d'hôtel, Gabriel de Bernès. Les Etats firent aussi un présent de 300 florins à Le Tur. A. Thomas, I, 361.

[4] Jean du Plâtre, secrétaire delphinal, rédigea avec Symond Galbert l'acte constatant le résultat du vote final (instrumentum subsidii), dont Saint-Germain réclama une copie pour les Etats et une autre pour le dauphin. Bibl. nat., ms. fr. 20600, p. 4 ; publié par R. Delachenal avec des notes, *Bull. Acad. Delph.*, 1884, p. 202. Cf. *Statuta*, fol. 102 ; Arch. Drôme, E. 11339. Diverses allocations, Fontanieu, 117-118, p. 346.

L'absence de R. de Gaucourt, signalée au début du
procès-verbal de 1438, motiva encore une requête de la
part du procureur général. Il n'était pas rare de voir les
gouverneurs s'éloigner du Dauphiné pour le service du
roi; quelquefois aussi, un temps assez long s'écoulait
entre leur décès et la désignation de leur successeur. Ils
étaient alors suppléés dans leurs fonctions par un lieutenant ou par le Conseil delphinal, à la fois cour de justice et Conseil d'Etat[1]; ni l'un ni l'autre n'avaient été
soumis à l'obligation du serment imposé au gouverneur
et à tous les officiers delphinaux. Les trois Ordres y
firent pourvoir par une ordonnance du 2 avril 1439 :
lieutenant[2] et Conseil jurèrent d'observer les libertés du
pays, et Jean de Saint-Germain autorisa Hélie de Linaye
à leur délivrer 400 florins, dont l'assemblée de Romans
les avait gratifiés l'année précédente[3].

Nous avons vu les Etats réunis à Grenoble, à Romans,
à Vienne, à Saint-Antoine, à La Côte-Saint-André, à
Saint-Marcellin...; ils pouvaient l'être partout, pourvu
que ce fût dans les limites de la principauté, en vertu
d'une interprétation extensive des articles 13 et 17 du
Statut delphinal[4]. C'est en 1439 qu'ils obtinrent pour la

---

[1] Par lettres du 26 août 1385, Charles VI avait commis directement le Conseil pour exercer par intérim les fonctions de gouverneur. Ce pouvoir fut étendu jusqu'à la nomination à tous les
offices vacants, le 7 février 1416. *Ordonn.*, VII, 131; *Bull. Stat.
Is.*, 2ᵉ série, I, 72.

[2] C'était Guillaume Jouvenel des Ursins. Cf. Pilot, I, 11, n. 3.

[3] *Statuta*, fol. 101 v°. Cf. Fauché-Prunelle, II, 409.

[4] L'article 17 du Statut défend de distraire un sujet du Dauphiné du ressort du juge du lieu où il aura commis un délit, sous
prétexte d'une information à faire, à moins qu'il ne plaise au
dauphin d'évoquer la cause par devant lui ou son Conseil *et en*

première fois la reconnaissance officielle de ce privilège [1]. Charles VII avait écrit au gouverneur de les convoquer à Vienne, où il comptait se trouver le 12 mai [2];
ayant appris que la peste sévissait dans cette ville et y
avait déjà fait de nombreuses victimes, il résolut de
« traiter » avec eux à Lyon [3]. A cette nouvelle, les représentants du pays s'entendirent pour se rendre à Saint-
Symphorien-d'Ozon, localité dauphinoise qui n'en est pas
très éloignée; ils y furent rejoints par quelques-uns des
secrétaires du roi et invités à se rendre auprès de lui.
Ne voulant pas, dit le procès-verbal, laisser enfreindre
l'article de leurs libertés, qui ne permettait pas d'assigner les sujets delphinaux hors de leur territoire, ils
envoyèrent, le 17 mai, Antoine d'Hostun, seigneur de La
Baume, et Gillet Richard, seigneur de Saint-Priest, demander à Charles VII de désigner des ambassadeurs qui
viendraient transmettre ses propositions aux Etats. Le
roi accéda volontiers à cette requête.

Le lundi 18 mai, devant les trois Ordres assemblés
dans la salle de la maison du seigneur de Saint-Priest, à
Saint-Symphorien-d'Ozon [4], se présentèrent : Denis Du-

Dauphiné. D'après l'article 13, les barons, nobles, etc., ne pourront être obligés par le dauphin à le suivre pour aucune guerre
hors des limites de la principauté, *si ce n'est de leur consentement,* ou pour une guerre delphinale.

[1] Procès-verbal aux Arch. nat., K. 687, pièce n° 2.

[2] Par lettres datées du Puy en Velay. Cf. Vallet de Viriville, II,
397 ; Beaucourt, III, 57.

[3] « Disposuit venire in suam civitatem Lugdunensem et ibidem
cum gentibus predictis... negociare. » Sur la peste qui ravagea
la France de 1437 à 1439, voir Beaucourt, III, 12 ; Monstrelet, V,
319, 339.

[4] Jacques de Saint-Germain, docteur en lois, remplissait les
fonctions de Jean de Saint-Germain, prévôt de Saint-André de
Grenoble, leur procureur général, absent pour cause de maladie.

moulin, archevêque de Toulouse, Robert de Rouvres, évêque de Maguelonne, l'un président, l'autre membre du
Conseil royal, et Jean Rabateau, docteur en lois, président au Parlement de Paris [1], assistés de Guillaume Jouvenel des Ursins, seigneur de Traynel, lieutenant du
gouverneur, Aynard de Bletterens, Mathieu Thomassin,
Louis Portier, président de la Chambre des Comptes du
Dauphiné, Jean Bayle, avocat fiscal, et Nicolas Erland,
trésorier [2]. L'archevêque de Toulouse prit la parole : le
roi envoyait ses ambassadeurs pour observer les libertés
delphinales; il leur avait remis une lettre de créance
signée de sa main. La lettre lue « alta voce » et écoutée
« humiliter, cum omnibus reverentia et honore », Dumoulin exposa quatre choses en particulier : Charles VII
mariait sa fille Catherine avec le fils d'illustre prince le
duc de Bourgogne et allait resserrer ainsi les liens de
leur alliance [3], — il se proposait de réunir une armée et
de se mettre à sa tête pour recouvrer entièrement le
royaume [4]; — en attendant, une ambassade solennelle de
princes du sang, de prélats, barons, chevaliers et nobles
s'était rendue à Gravelines pour essayer néanmoins de
traiter avec les Anglais, ses ennemis anciens [5], — pour
toutes ces raisons, il demandait une aide de 30.000 francs.

[1] Cf. Daniel-Lacombe, *L'hôte de Jeanne d'Arc à Poitiers, maître Jean Rabateau...*, in-8°, Poitiers, 1891.

[2] Sur ces divers personnages, voir les notices de Pilot, I, 32,
n. 2; 55, n. 1; 77, n. 1; 83, n. 1; 417, n. 3.

[3] Sur le mariage de Catherine de France avec Charles de Bourgogne, comte de Charolais, voir Beaucourt, III, 101. Le contrat
avait été signé le 30 septembre 1438 et la dot fixée à 120.000 écus.

[4] Cf. Beaucourt, III, 20, campagne de Richemont en Normandie.

[5] Cf. Beaucourt, t. III, chap. IV.

Jacques de Saint-Germain déclara que les trois Ordres se réuniraient après midi et feraient leur possible pour satisfaire le roi. Mais Denis Dumoulin ajouta aussitôt, au nom des ambassadeurs, qu'ils n'avaient pas qualité pour négocier; leur rôle se bornait à transmettre les propositions de Charles VII; celui-ci désirait que la réponse lui fût apportée par les Etats eux-mêmes. Ils s'expliquèrent ensuite longuement avec les représentants du pays avant de repartir.

Le soir, vers 3 heures, discussion très animée sous la présidence de l'archevêque d'Embrun, Jean Girard : on décida de se réunir le lendemain, entre 5 et 6 heures, en vue de choisir des hommes prudents et notables pour retourner à Lyon.

Le 19 mai, Jean Girard « recueillit les opinions et les votes » : furent élus l'archevêque d'Embrun, Antoine de Clermont et Soffred d'Arces, les seigneurs de La Baume et de Saint-Priest, le prieur de Guignaise [1] et Jacques de Saint-Germain, que les Etats chargèrent d'aller vers le roi et de s'entendre avec lui sur l'observation de leurs privilèges ; ils partirent après dîner. Reçus par Charles VII dans la grande chambre du couvent des frères mineurs, ils se prosternèrent devant le prince; l'archevêque d'Embrun lui rappela sa précédente promesse et le pria de désigner des ambassadeurs qui viendraient à Saint-Symphorien recevoir la réponse des trois Ordres et accepter en son nom le subside. Le roi accueillit cette nouvelle demande avec bienveillance.

Le mercredi matin 20 mai, vers l'heure de tierce, on vit arriver à Saint-Symphorien-d'Ozon l'archevêque de

---

[1] Commune de Châtillon-en-Diois, arrondissement de Die.

Toulouse, Geoffroy Vassal, archevêque et comte de
Vienne, l'évêque de Maguelonne et Jean Rabateau. Les
Etats, déjà réunis, les attendaient avec le lieutenant du
gouverneur et le Conseil delphinal. C'est encore Denis
Dumoulin qui prit la parole : Charles VII, toujours disposé à observer leurs franchises, déléguait ses ambassadeurs, conformément à leur désir, pour accepter le don
gratuit qu'il espérait proportionné à ses besoins et entendre les requêtes qu'on pouvait avoir à présenter.
Jacques de Saint-Germain exprima alors, au nom des
trois Ordres, les demandes suivantes :

1° Que le roi fasse respecter par ses officiers les libertés delphinales.

2° Qu'il ne cède à aucun titre les comtés de Valentinois et Diois, et qu'il ne les sépare point du Dauphiné.

3° Gabriel de Bernès, maître d'hôtel du dauphin, et
d'autres personnes de sa suite, envoyés récemment en
ambassade par Charles VII, ont emprunté en son nom à
des gens du pays certaine somme de ducats; plaise au
roi d'en ordonner le remboursement par le receveur du
subside.

Deux autres réclamations avaient trait, l'une aux biens
du Domaine delphinal aliénés [1], l'autre à une faveur octroyée par Charles VII aux marchands drapiers de
Vienne, pour les dédommager des frais occasionnés par
son séjour en 1434 : il leur avait permis de ne payer que
l'ancienne redevance de quatre deniers par livre pour les
draps apportés de France et de Languedoc; les Etats demandaient qu'on étendît ce privilège à tout le Dauphiné

---

[1] « Que le roi fasse observer les ventes et aliénations de biens
faites par lui et ses officiers. »

et qu'on leur délivrât des lettres à ce sujet [1]. A ces conditions, ils accordèrent au roi, quoique absent et sans
conséquence pour leurs libertés, 28.000 florins de monnaie courante, plus à la reine, Marie d'Anjou, sur sa requête aux gens des trois Ordres, datée de Tours le
11 mai, 1.000 florins [2] et 1.000 au dauphin Louis [3], soit
30.000 florins à lever à la Saint-André, pas avant, attendu
la pauvreté du pays. Cette somme était destinée aux besoins du roi et à la continuation de la guerre; si le Dauphiné venait à être envahi, on pourrait en disposer, en
totalité ou en partie, pour sa défense. On suppliait
Charles VII de vouloir bien se contenter de ce subside et
d'en confier la perception à Hélie de Linaye. L'archevêque de Toulouse répondit qu'il acceptait le don consenti par les États et qu'il transmettrait au roi leurs demandes [4].

---

[1] Arch. de Vienne, AA. 1, fol. 9; Cf. Faure, 241. On exigeait
d'eux un autre impôt de 12 deniers, dont les marchands de Vienne
avaient été seuls exemptés en 1434.

[2] Cette attention n'était pas inutile. En 1428, les habitants de
Tours firent cadeau à la reine de pièces de lin, ayant su qu'elle
manquait de chemises. Sur la triste situation où fut trop souvent
laissée Marie d'Anjou, voir Beaucourt, II. 301.

[3] Cf. Bibl. nat., ms. fr. 20437, n° 8 : ordre du dauphin à H. de
Linaye de verser ces 1.000 florins à Guill. Goyet, son argentier,
qui les lui avait avancés.

[4] Il leur conseilla néanmoins d'envoyer à Lyon une délégation
des membres les plus notables de l'assemblée. Arch. nat., K. 687,
pièce n° 2. Cf. Arch. Drôme, E. 11339; Charavay, I, 3, ordres de
payement et reçus; Bibl. nat., ms. lat. 17025, fol. 63; ms. fr.
20580. p. 54; 26531, quittance du 16 août 1439, délivrée à H. de
Linaye par Pierre d'Amboise, seigneur de Chaumont, pour 200 florins dont le roi l'avait gratifié. Par lettres du 21 mai, Charles VII
donna à divers seigneurs 1.800 florins à prendre sur ce subside :
Jean Girard, les seigneurs de Surgères et du Bouchage reçurent

Quelques mois plus tard éclatait la révolte connue sous le nom de Praguerie. Les ducs de Bourbon et d'Alençon, qui avaient entraîné dans leur parti le jeune Louis, adressèrent un manifeste aux Dauphinois : ils leur promettaient la suppression des aides et convoquaient leurs représentants à une assemblée qui devait se tenir à Lyon. L'énergie du roi, la rapidité de ses opérations et la fidélité des villes firent échouer cette tentative au printemps de 1440. Tout cela n'empêcha pas le dauphin d'aspirer, aussitôt après, au premier rang dans le conseil royal. Ecarté par l'entourage de Charles VII, auquel il ne pardonna jamais de s'être opposé à ses desseins, il exigea d'être mis en possession de sa principauté, « dont les fils aînés des rois de France avaient joui même dans un âge moindre que le sien[1] ». Pendant ce temps, une lutte victorieuse était engagée contre les Anglais en Normandie. Charles VII demanda encore aux Dauphinois 40.000 florins. Les Etats, réunis à Saint-Symphorien-d'Ozon du 16

chacun 180 florins ; le seigneur de La Palud, 170 ; le seigneur de Châteauvilain, 160 ; le seigneur de La Baume-d'Hostun, 140 ; le seigneur de Saint-Priest, 120 ; Soffred d'Arces, 50 ; le prieur de Guignaise, 30. Ms. fr. 20580, p. 54. Voir aussi Pilot, I, 154, n. 3, *Bibl. de l'Ecole des chartes*, 1872, p. 40, et Vallet de Viriville, II, 397.

[1] D'après Chorier (*Hist. abrégée*, II, 47) et l'*Art de vérifier les dates*, Charles VII aurait transporté une première fois le Dauphiné à son fils âgé de 3 ans, en 1426. Cf. bulle d'Eugène IV, du 13 juillet 1435, permettant *au dauphin Louis* de faire contribuer les ecclésiastiques. Une seconde bulle du même jour, relative à l'interdit pour dettes, vise également le dauphin. Pilot, II, 340, 339. Enfin, par lettres des 23 avril et 2 mai 1440, le roi défendit aux habitants du Dauphiné d'obéir à son fils. Pilot, II, 342, 343. Mais le discours du président du Conseil delphinal, le 13 août 1440, semble bien indiquer que le Dauphiné n'a pas été effectivement remis à Louis II avant le 28 juillet précédent.

au 20 juillet 1440, lui en accordèrent 30.000 [1]. On députa
au roi, à cette occasion, des ambassadeurs qui le trouvèrent à Charlieu. C'est là que Charles VII transporta le
Dauphiné à son fils Louis par lettres du 28 juillet 1440 [2].

---

[1] Dont 2.000 à percevoir sur « le pays de Valentinois », avec
prière de donner 1.000 florins à la reine. Le subside était payable
après la Saint-André, pas avant, sous peine d'annulation et de
répétition par les gens des Trois Etats des deniers dont le recouvrement aurait été anticipé ; tout le monde devait y contribuer,
excepté les nobles et les clercs ; il serait perçu par Hélie de Linaye, secrétaire du roi, « et aux gages d'icellui seigneur » ; si
une guerre survenait, on pourrait s'en servir pour la défense du
pays ; enfin, si la levée dépassait la somme prévue, le surplus de-
meurerait à la disposition des Etats. Bibl. nat., ms. fr. 20600,
pièce 3. Cf. Arch. Drôme, E. 11340 ; *Trois-Doms*, 755.

[2] B. 2905, fol. 85, et 3232, fol. 54 v° ; *Ordonn.*, XIII, 318 ;
Bull. Acad. Delph., 1907 (A. Dussert, *Fin de l'indépendance poli-
tique du Dauphiné*, p. 34). Cf. Pilot, II, 344 ; *Trois-Doms*, 755 ;
Duclos, IV, 20.

TROISIÈME PÉRIODE

Le dauphin Louis II
(1440-1457).
Commencement de la décadence des États.

CHAPITRE I

LE DAUPHIN LOUIS II AVANT SON ARRIVÉE EN DAUPHINÉ
(1440-1446).

GOUVERNEMENT AUTORITAIRE DU JEUNE PRINCE.

TENTATIVES DE RÉSISTANCE DES ÉTATS.

Le dauphin Louis II. — Prise de possession en son nom, le 13 août 1440 : discours d'Etienne Guillon, principe qu'il formule; les États réclament le serment dû par le dauphin; don de joyeux avènement. — États de 1441 : demande de 50.000 florins pour continuer la guerre anglaise; plaintes au sujet du serment, des destitutions d'officiers, de la gabelle sur le sel allant en Savoie; on accorde un subside de 25.000 florins, élevé ensuite à 30.000; le procureur Jean de Saint-Germain. — Ambassade à la Cour : confirmation des libertés, suppression de la gabelle; poursuites contre Et. Guillon. — Les Écorcheurs dans le Sud-Est; R. de Gaucourt prisonnier des Anglais : 30.000 florins accordés en 1442. — Mécontentement croissant; le dauphin demande 40.000 florins; les États de 1443-1444 en votent 24.000; faux rapports faits à la Cour; 14 articles de doléances : vœu contre la vénalité des charges; imposition générale pour les frais de la défense du pays contre les bandes de Salazar et du bâtard d'Armagnac. — Subside de 28.000 florins accordé à Grenoble en décembre 1444. — Règlement administratif et judiciaire de 1445; nouveaux subsides en 1445 et 1446.

Le dauphin Louis II, devenu plus tard le roi de France Louis XI, est peut-être le personnage de notre ancienne monarchie sur lequel on a émis les appréciations les plus contradictoires. Avant même de monter sur le trône, il eut des panégyristes enthousiastes et des détracteurs passionnés, et, depuis lors, ses historiens ont rarement su garder cette juste mesure dans l'éloge comme dans le blâme, sans laquelle il n'y a pas d'équité.

Au physique, ce petit-fils de Charles VI et d'Isabeau de Bavière était un dégénéré, comme ses deux oncles, le mélomane Louis, duc de Guyenne, et le scrofuleux Jean, duc de Touraine. Il était atteint de zoophilie et de cleptomanie dès sa jeunesse, en attendant les attaques d'épilepsie, « que ne devaient guérir ni les cautères des physiciens, ni les pieuses offrandes à saint Eutrope et à saint Fiacre [1] ». D'une piété incontestable, mais par trop extérieure et « italienne », il croyait pouvoir conclure avec les saints de petits marchés, comme les anciens Romains avec leurs nombreuses divinités. Quand il avait conçu un projet, aucune considération n'était capable d'amollir sa volonté despotique, aucun obstacle ne pouvait l'arrêter. Il avait, d'autre part, de solides facultés intellectuelles, une grande puissance de travail, un vrai génie administratif et un merveilleux talent de diplomate. Par contre, la nature lui avait refusé les qualités de l'âme et, plus encore peut-être, celles du cœur. Précocement spéculatif, voyant plus loin que son temps, il avait conçu le type du monarque absolu et l'ambition lui était venue de le réaliser; bientôt cette passion l'avait pris tout entier; tyrannique et exclusive, elle absorbait son activité et tarissait en lui la source de tout autre sentiment. Sa politique à la fois cauteleuse et

[1] A. Brachet, op. cit.; Chorier, passim; Marcel Thibault, La jeunesse de Louis XI, in-8°, Paris, 1906; Pilot, I, 65.

autoritaire, souple et tenace, allait soumettre pour toujours évêques et barons au pouvoir delphinal et commencer d'amoindrir adroitement le rôle et les prérogatives des Etats[1].

Louis désigna, le 2 août, son chambellan Jean de Gamaches et son maître d'hôtel Gabriel de Bernès pour prendre possession en son nom[2]. Les formalités officielles eurent lieu le 13 août, à Grenoble, devant un petit nombre de représentants des trois Ordres[3]. Après la lec-

[1] Cf. M. Thibault, *op. cit.; Bull. Archéol. Drôme*, 1873, p. 47; Chorier, II, 462; Pilot et Beaucourt, *passim*.

[2] B. 3180; Pilot, I, 2 (erreurs dans l'analyse du procès-verbal); voir *ibid.*, notices, n. 3 et 4; Charavay, I, 4.

[3] On n'avait pas eu le temps d'avertir les autres. Etaient présents : Jean Girard, archevêque et prince d'Embrun (cf. Pilot, I, 154, n. 3), Aimon II de Chissé, évêque et prince de Grenoble (Pilot, I, 4, n. 3), Humbert de Brion, abbé de Saint-Antoine, Fr. de Commiers, doyen de Grenoble, Sibuet Allemand, prieur de Saint-Donat, Laurent Deyrier, prieur de Saint-Laurent de Grenoble, représentant l'*Etat ecclésiastique*, — magnifiques et puissants hommes Antoine de Clermont, seigneur de Surgères et d'Hauterives, Gabriel de Roussillon, seigneur du Bouchage, Fr. de Beauvoir, seigneur de La Palud, Huguet de La Tour, seigneur de Vinay, Gilet Richard, seigneur de Saint-Priest, Antoine d'Hostun, seigneur de La Baume-d'Hostun, Bernard de Brion, seigneur d'Argental et de Beausemblant, Soffred d'Arces, chevalier, Antoine de Champ, seigneur de Saint-Georges, Rodolphe de Commiers, chevalier, Aynard de Bellecombe, seigneur du Touvet, Fr. de Beaumont, seigneur de La Frette, Guill. Allemand, seigneur de Séchilienne, Humbert Bérenger, seigneur de Morges et de Tréminis, Antoine de La Poype, chevalier, Aymar de Clermont, écuyer, Antoine d'Uriage et Boniface Charrière pour le seigneur de Miribel, représentant les *nobles*, — Georges Motet et Valentin Baquelier, consuls de Grenoble, Fr. du Plâtre pour Romans, Et. Garin pour Bourgoin, Aymonet de Vanjany pour l'Oisans, Pierre Monet pour le Pont-de-Beauvoisin, Aymeric de Aymonet et André Chabassol, procureurs de la ville d'Embrun, André Gonin pour la châtellenie d'Albon, représentant l'*Etat des « plébéiens »*. B. 3180 et 3232, fol. 54. Cf. Bibl. nat., ms. fr. 20600, p. 6.

ture des lettres apportées par les commissaires, Etienne
Guillon, président du Conseil delphinal, prononça un discours en trois points, hérissé de citations latines em-
pruntées au droit romain et aux Saintes Ecritures. Cette
curieuse harangue, dans le goût de l'époque, donne une
assez pauvre idée de l'éloquence parlementaire alors en
honneur en Dauphiné [1]. Cependant, de ce pathos pédan-
tesque se dégage l'affirmation d'un principe : c'est que
l'Etat delphinal n'appartenait vraiment aux fils aînés de
France qu'à partir du transport fait officiellement par le
roi [2]. Jean de Saint-Germain requit J. de Gamaches et G.
de Bernès de prêter, au nom de Louis II, le serment imposé par le Statut de 1349; ils répondirent que, sur leurs
lettres, on avait oublié de mentionner cette obligation,
mais qu'il suffirait d'envoyer quelqu'un à leur maître
pour la lui rappeler et il ne manquerait pas de s'y soumettre. Alors les gens des trois Ordres, « soi conflans du
vouloir et consentement des autres seigneurs d'esglise,
nobles et autres, qui à cestes journées n'avoient point
esté mandés, et icelluy consentement toujours réservé »,
accordèrent « pour le joyeux et nouvel advènement » de
leur « très redoubté et souverain seigneur » et pour
qu'il fût « plus incliné à libéralement confirmer les libertés du pais », une somme de 8.000 florins à lever dans
les mêmes conditions que l'aide récemment octroyée au

---

[1] Voir *Pièces justif.*, II. On se livrait volontiers à ce genre
d'exercices littéraires au moyen âge et les exemples n'en sont pas
rares. « Qui parleroit aujourd'hui de cet air, on s'estonneroit
pourquoy les pieds feroient tant de tort aux oreilles que d'en
souffrir l'attention. » Mathieu, *Hist. de Louis XI*, in-fol., Paris,
1610, p. 478.
[2] A. Prudhomme, 255.

roi, à Saint-Symphorien, sans préjudice des franchises delphinales [1].

Le nouveau dauphin ne se pressa pas de prêter un serment peu en harmonie avec ses projets de réformes; il préluda, au contraire, à celles-ci en supprimant un certain nombre d'offices [2]. De son côté, le roi recommençait la guerre contre les Anglais. Pour délivrer la capitale de leurs menaces continuelles, l'armée où se trouvait Louis II entreprit le siège de Pontoise. L'argent manquait, comme d'ordinaire : Charles VII établit un impôt de 8 gros par charge de sel qu'on transporterait de Dauphiné en Savoie et fit convoquer les Etats [3]. Le 23 mai

---

[1] Dans une circonstance identique, en 1410, les Etats avaient refusé tout don de joyeux avènement. En 1440, on savait déjà qu'une telle indépendance n'était plus de mise avec Louis II.

[2] Contrairement aux lettres du 28 juillet 1440, d'après lesquelles il ne devait pas changer les officiers en fonctions « tant comme ils vivraient, sauf forfaiture ».

[3] U. Chevalier, *Ordonn.*, p. 46; Pilot, I, 18. Déjà au XIVᵉ siècle, Charles V avait publié plusieurs ordonnances sur le sel qui passait en Dauphiné. Ce pays ne faisant point partie du royaume, les voituriers et marchands étrangers, pour se soustraire à la gabelle quand elle fut définitivement établie le 5 décembre 1360, achetèrent leur sel en Provence et lui firent traverser le Dauphiné, où il n'était soumis à aucune contribution (mercatores et vecturerii, qui antea de partibus longinquis sal capere consueverant et mercari de salinis regni nostri, modo divertuntur ab eisdem et ad alias salinas accedunt, ut evitent gabellam per nostrum Dalphinatum transeundo... B. 3173). Par lettres du 15 mars 1367 (1368 n. s.), le roi ordonna que le sel acheté hors du royaume et qui sortirait du Dauphiné payerait les mêmes droits que le sel acheté dans l'intérieur; pour intéresser la principauté à l'exécution de cet ordre, il décida que la moitié de l'impôt ainsi perçu serait portée à sa recette. Les marchands transportèrent alors leur sel par voie d'eau sur le Rhône, entre royaume et Empire, ce qui motiva de nouvelles lettres du 20 juin 1371, pour obvier à ce subterfuge. *Ordonn.*, V, 103, 104. Le mot gabelle, qu'on trouve dans les an-

1441, à Grenoble, dans la grande salle du palais delphinal,
Guillaume Cousinot et Gabriel de Bernès développèrent
le thème habituel : amour du dauphin pour ses fidèles
sujets; dépenses « innombrables » faites par le roi pour
expulser du royaume l'Anglais, « antique ennemi » ; puis
ils conclurent en demandant, au nom du jeune prince,
une aide de 50.000 florins. Les représentants des trois
Ordres se réunirent le soir à l'évêché [1] : après avoir rap-
pelé les exigences des ambassadeurs, Jean de Saint-Germain exposa les nouveautés introduites au détriment du
pays, en particulier la gabelle, les destitutions de baillis,
de conseillers delphinaux et d'auditeurs des Comptes,
fonctionnaires indispensables à l'administration de la
justice et à l'expédition des affaires, surtout depuis l'adjonction des comtés de Valentinois et Diois. La délibération occupa toute la soirée et continua le lendemain
mercredi [2] : on fit observer que les ambassadeurs, chargés de prendre possession au nom de Louis II, n'avaient
pas reçu, par inadvertance ou autrement, de pouvoirs
pour jurer l'observation des libertés, et qu'il avait été
convenu d'envoyer un mandataire des Etats réclamer ce
serment. Il fut décidé qu'on nommerait à cet effet un
homme capable et connu à la Cour; on lui donnerait en
même temps des instructions au sujet de la gabelle et
des officiers destitués. En considération de l'avènement
récent du dauphin et des grandes charges militaires du

ciens textes dauphinois, ne doit pas faire illusion : il avait alors le
sens de péage. Cf. Guy Allard, *Dict.*, I, 530.

[1] « In domo episcopali, in majori superiori aula. » B. 3261.

[2] « Habitis inter eos... quamplurimis et diversis colloquiis,
altercationibus et opinionibus... »

roi, il était convenable de voter une aide; on se réunirait le jour suivant pour en fixer le chiffre.

Le jeudi 25 mai, Jean de Saint-Germain énonça encore une fois l'ordre du jour; il donna ensuite sa démission de procureur à cause de son grand âge, de ses infirmités et de ses occupations : il avait servi son pays le mieux qu'il avait pu et il ne reculait pas devant la peine; mais déjà il lui avait été impossible de se rendre à Lyon et à Saint-Symphorien; il ne voulait pas occasionner par son absence « scandalum aut sinistrum ». La discussion, très animée, fut reprise le soir entre 3 et 4 heures; l'évêque de Grenoble recueillit les suffrages et l'on conclut ce qui suit : Pour les raisons précédemment énoncées, on accordait 25.000 florins, — trois ou quatre personnages notables, accompagnés par le secrétaire delphinal, Symond Galbert dit Barjène, iraient auprès de Louis II pour lui exposer leurs doléances, — Eynard de Vourey, riche marchand et citoyen de Grenoble, était nommé, sous le bon plaisir du dauphin, receveur de la taille, en remplacement d'Hélie de Linaye qui s'était parfaitement acquitté de la recette des subsides précédents, — Fr. Portier, licencié en lois, serait adjoint comme second procureur à Jean de Saint-Germain, dont la démission était refusée; on lui attribuait les gages, prérogatives et honneurs ordinaires de cette fonction.

Les ambassadeurs, introduits devant l'assemblée et mis au courant de ce qui a été résolu, protestent qu'ils ont ordre de ne pas accepter moins de 50.000 florins; il faut absolument voter cette somme si l'on veut conserver la bienveillance de Louis II. Nouvelle délibération : on se met d'accord pour élever le subside à 30.000 florins, sur lesquels on demandera d'attribuer quelque argent à la

reine et à la femme du gouverneur, qui ont écrit des lettres pour obtenir une gratification. La « conclusion »
officielle est renvoyée au lendemain.

Le vendredi matin 26 mai, après de vives discussions [1],
la majorité vota péniblement la somme convenue; le
subside serait payable à la Saint-André, entre les mains
d'Eynard de Vourey et sans préjudice des libertés delphinales [2]. Le soir, J. de Saint-Germain invita les trois
Ordres à en finir au plus tôt, pour ne pas prolonger davantage leur séjour à Grenoble et accroître inutilement
leurs dépenses. On ratifia le vote précédent : le subside
resterait fixé à 30.000 florins; on lèverait à cet effet et
pour les charges du pays une taille de 3 florins par feu;
tout le monde contribuerait, excepté les clercs et les nobles; Guill. de Poitiers [3], le seigneur de Châteauvilain [4] et
Jean Copier, bailli de Viennois et Valentinois, iraient en
ambassade auprès de Louis II avec Fr. Portier et Symond
Galbert; si les habitants du Briançonnais voulaient y
joindre un des leurs pour leurs propres affaires, comme

---

[1] « Post plurima verba, plurimasque altercationes et diversas
opiniones multorum. »

[2] On nomma l'évêque de Grenoble et le prieur de Saint-Donat,
les seigneurs de Saint-Priest et de Morges, un syndic de Grenoble
et un de Romans, avec le secrétaire Symond Galbert, pour entendre les comptes d'Hélie de Linaye sur les 30.000 florins accordés
au roi à Saint-Symphorien, en juillet 1440, et les 8.000 accordés
au dauphin, à Grenoble, en août suivant. Ils devaient exercer
leurs fonctions avec l'assistance du procureur, du gouverneur et
d'un auditeur désigné par ce dernier. Ils liquideraient les gages du
receveur et de tous ceux qui avaient travaillé pour le pays ; ils
cloraient les comptes et donneraient des quittances finales; les
membres des Etats promirent, en levant la main (*manibus in
altum elevatis*), d'approuver tout ce qu'ils auraient ordonné.

[3] Seigneur de Barry, chambellan du dauphin. Pilot, I, 16, n. 1.

[4] Charles de Grolée. Cf. Pilot, I, 175, n. 3.

ils en avaient formulé le vœu, ils pouvaient choisir un
mandataire et l'envoyer à leurs frais. Les Etats se rendirent ensuite dans la grande salle du palais delphinal
pour donner leur réponse définitive. En présence du
lieutenant du gouverneur et du Conseil, Jean de Saint-
Germain exposa dans un grand discours pourquoi l'on
ne pouvait accorder toute la somme demandée et fit lire
la cédule de concession. Les ambassadeurs n'insistèrent
pas davantage (*placide acceptaverunt*) et promirent de
transmettre au dauphin l'expression du dévoûment de
ses fidèles sujets, toujours obéissants..., comme l'expérience venait de le prouver (*ut experientia docet*)[1].

L'ambassade envoyée à la Cour obtint satisfaction sur
deux points, la prestation du serment et la suppression
de la gabelle. Par lettres données à Saint-Denis, le 3 août
1441, Louis II confirma les libertés, tant générales que
particulières, accordées par ses prédécesseurs, depuis le
1er septembre 1341 jusqu'au mois d'avril 1434[2]. De son
côté, Charles VII, informé que la gabelle de 10 sous tournois, même abaissée ensuite à 5 sous, qu'il avait mise,
pour subvenir aux frais de la guerre, sur toute bête
chargée transportant du sel en Savoie et en Piémont,

---

[1] B. 3261. Cf. Bibl. de Grenoble, R. 7377 et 7807, fol. 63 ; Pilot,
III, 6. Nombreuses gratifications sur le subside, Pilot, I, 8, 12 ;
Charavay, I, 184-185, et Fontanieu, 117-118 : 1.613 florins ré-
partis entre les seigneurs de Saint-Vallier. Clermont, Surgères, du
Bouchage, de Châteauvilain, Saint-Priest, La Baume-d'Hostun,
Aymard de Clermont, le prévôt de Saint-André de Grenoble,
Soffrey d'Arces, Fr. Portier, 9 août 1441, et payement de
6.000 l. t. à Poton de Xaintrailles. Cf. Arch. Drôme, E. 11340.

[2] B. 2906, fol. 32-95 (l'acte de 1441 est au fol. 83 v°) et B.
3005, fol. 91-184 ; *Ordonn.*, XIX, 160 (incomplet). Cf. Pilot, I, 9,
et II, 345.

causait un grand préjudice soit au fisc, soit à ses sujets
et à ceux du Dauphiné, déclara, le 3 février 1443, qu'à
l'avenir le sel importé en Savoie ne payerait que les
droits anciens, à condition que le duc laissât entrer librement dans ses Etats le sel venant du royaume ou du
Dauphiné [1]. En ce qui concernait les destitutions d'officiers, le résultat de l'ambassade semble avoir été plutôt
négatif. Louis II, attribuant sans doute au Conseil delphinal la résistance qu'on venait de lui opposer, fit poursuivre pour malversations et prévarications le président
Et. Guillon et le remplaça, le 22 avril 1442, par Guillaume Cousinot, une de ses créatures [2].

A partir de 1442, les Ecorcheurs se répandirent en
grand nombre dans le Lyonnais, menaçant les frontières
de la Savoie et du Dauphiné. D'autre part, R. de Gaucourt avait été fait prisonnier par les Anglais en 1440,
pendant qu'il allait secourir Harfleur avec les comtes
d'Eu et de Dunois. Les Etats votèrent encore 30.000 florins, à Grenoble, au mois d'avril 1442 [3]; ce qui n'empêcha pas le dauphin de demander à l'évêque, le 8 avril
1443, un dixième en sus du subside pour payer la rançon
du gouverneur [4]. Cependant, s'il imposait à ses sujets des
charges de plus en plus lourdes, Louis II s'efforçait d'en

---

[1] Pilot, I, 18, 26, et III, 16. Le duc s'exécuta le 25 mai 1443.
Pilot, II, 347.

[2] B. 3003, fol. 52. Guillon, condamné le 30 avril 1442, fut
gracié et réhabilité le 15 janvier 1443, puis rétabli dans sa charge
le 2 janvier 1444. Pilot, I, 18-19 et 181. Sur G. Cousinot, cf. I,
18, n. 2.

[3] Trois-Doms, 751, n. Cf. Pièces justif., VII.

[4] Charavay, I, 11. Il s'était déjà fait prêter 2.000 écus par
Aymon II de Chissé pour guerroyer en Guyenne et les avait rem-
boursés sur l'aide votée en 1442. Pilot, II, 346.

15

alléger le fardeau en développant leur prospérité maté-
rielle et en répartissant plus équitablement les tailles
sur tous les contribuables. C'est ainsi que, par lettres
datées de Saint-Sever, le 30 juin 1442, il ordonna de
procéder à la revision des feux dans les communautés
qui se plaindraient de charges excessives. Cette mesure
n'était pas inutile : les Trois Etats des comtés de Valentinois et Diois, réunis à Crest, refusèrent, peu après, de
fixer la somme du subside à accorder au dauphin avant
de savoir le nombre exact de feux auquel ils seraient
taxés; le gouverneur fut obligé d'envoyer des commissaires pour procéder à cet effet avec le bailli des comtés,
les curés, vicaires, officiers delphinaux et des prud'hommes élus; ils devaient s'enquérir des causes de misère et
de dépopulation, accueillir fidèlement toutes les plaintes,
rédiger un rapport et le transmettre au Conseil [1].

Au bout de trois années du nouveau gouvernement, les
procédés autoritaires de Louis II commençaient à porter
leurs fruits. Ce qui avait d'abord paru simple malen-
tendu devenait défiance et mécontentement. Le désaccord
s'accentuait tous les jours, surtout avec les privilégiés,
dont l'influence était prépondérante aux Etats; il apparaît très nettement dans le procès-verbal de la réunion
qui eut lieu à Grenoble du 30 décembre 1443 au 6 janvier 1444; à peine y retrouve-t-on les formules respec-

---

[1] Pilot, I, 20, et III, 17. On imposa un feu pour 10 habitants.
Les Trois Etats de ce bailliage déléguèrent un membre de chaque
Ordre pour demander encore une diminution : Guill. de Poitiers,
seigneur de Barry, frère Aimar Burtin, commandeur du Poët-
Laval, Jean d'Eurre. châtelain d'Allex, et Claude Chapuys, syndic
de Crest. Cf. Arch. Drôme, E. 11340 : 200 florins au seigneur de
Barry sur le subside, 1443. Y eut-il pendant longtemps des réu-
nions séparées de gens des trois Ordres des Comtés?

tueuses ordinaires. On avait à couvrir les frais occasionnés par la défense du pays contre les bandes d'Ecorcheurs de Jean de Salazar et du bâtard d'Armagnac[1]. D'autre part, le dauphin, qui venait de faire lever le siège de Dieppe, préparait une nouvelle campagne contre les Anglais[2]; il envoya son premier chambellan Amaury d'Estissac[3] demander 40.000 florins. Les Etats firent attendre leur réponse pendant cinq jours[4]. Tout d'abord, le seigneur de Châteauvilain et Fr. Portier rendirent compte de leur ambassade à la Cour pour réclamer la prestation du serment, l'abolition de la gabelle et le rétablissement des offices supprimés : ils exposèrent que pendant leurs démarches auprès du jeune prince, des lettres et des mémoires lui étaient arrivés du Dauphiné; on les représentait comme les mandataires d'une fraction des Etats qui voulait empêcher le dauphin de conférer les charges à ses serviteurs les plus dévoués; cette dénonciation calomnieuse avait paralysé leurs efforts,

[1] Lieutenants de R. de Villandrando. Cf. Beaucourt, *passim;* Dom Vaissette, IX, 1130; Pilot, I, 37, 315 et 512.

[2] B. 3003, fol. 308 : « Proponendo voluntatem et impreysias dalphini circa expulsionem hostium antiquorum et etiam Salazar et bastardi Armaniaci... »

[3] Notice, Pilot, I, 191, n. 3.

[4] Le bâtard d'Orléans, comte de Dunois, fit demander, avec l'assentiment du dauphin, 4.000 écus : on lui accorda 2.000 florins pour l'encourager à bien servir le roi et à chasser les Anglais; on donna aussi 1.000 florins à la dauphine, sur sa requête présentée par le seigneur d'Ameysin (quod patria habeat ipsam recommissam), 500 au sire d'Estissac et à Jean Daillon (plus tard gouverneur du Dauphiné, 1474-1481; cf. Pilot, I. 36, n. 2) ; Guillaume Jouvenel des Ursins réclama une ancienne gratification de 100 fr., qu'il n'avait pas encore reçue. Tout cela ne souffrit pas trop de difficultés. Le véritable intérêt de cette session est dans ce qui touche directement la politique de Louis II. Cf. Pilot, I, 36, 191; III, 20 (plusieurs erreurs dans l'analyse du procès-verbal).

Louis II ayant répondu qu'il s'informerait à ce sujet; ils demandaient en conséquence une attestation officielle de leur mission, ce qui leur fut accordé sur-le-champ. On revint encore sur ce point le 3 janvier : l'envoi de lettres closes à l'insu des Etats et contrairement à leurs intentions fut déclaré « valde indecens et periculosum », comme les événements venaient de le montrer; le sire d'Estissac serait prié d'avertir la Cour de n'ajouter foi qu'aux lettres scellées du sceau de l'évêque de Grenoble ou du vicomte de Clermont, signées par le procureur Fr. Portier et le secrétaire Symond Galbert.

Les doléances, formulées à plusieurs reprises, furent finalement rédigées en 14 articles; elles concernaient les atteintes portées à la juridiction des nobles [1], — le nombre excessif des sergents et les gages trop élevés qu'ils exigeaient quand les receveurs des subsides étaient obligés de faire appel à leurs services [2], — la nécessité de diminuer le nombre de feux taillables quand des communautés demandaient une revision. L'article le plus important, sans contredit, était celui qui avait trait à la vénalité des offices [3]. Ce trafic commençait alors à s'introduire; le pouvoir fermait les yeux ou en profitait. Les Etats, trop bien fixés sur les conséquences d'un abus qui introduisait la corruption et le désordre dans toutes les branches de l'administration, le condamnèrent énergique-

---

[1] « De infractione juridictionum nobilium que fit per concessionem querelarum. »

[2] Les revisions de feux contiennent de nombreuses plaintes contre leurs exactions. Voir en particulier B. 2742, fol. 348 et 559; B. 2744, fol. 64 : « Multum fuerunt oppressi tam pro ipsis talliis solvendis, quam pro salariis servientium... » Cf. *Statuta*, fol. 109.

[3] « Primo etiam de judicibus qui precio appreciato judicaturas emunt. »

ment et demandèrent qu'on y mît ordre. Les charges devaient être données seulement au mérite et récompenser
les services rendus au pays. Sous le bénéfice de toutes
ces réparations, on accorda un don gratuit de 24.000 florins qui, à raison de l'urgence, devait être péréqué en
deux termes, un tiers payable à la Pentecôte, deux tiers
à la fête de la Conception de la Vierge et perçu aux frais
du dauphin. Comme les tailles, devenues annuelles avec
Charles VII, montaient à un chiffre de plus en plus
élevé, on décida que le subside serait réparti sur tous les
sujets delphinaux sans exception; contribueraient également les gens du Valentinois et du Diois, soumis au
dauphin comme comte, tant ceux du Domaine que ceux
des nobles et aussi les hommes du lieu et mandement de
Roussillon. On fit observer au représentant de l'archevêque de Vienne que la garde des frontières intéressait
les ecclésiastiques comme les autres ; on priait donc
Geoffroy Vassal d'obliger ses sujets à payer leur part
des sommes qui avaient été nécessaires pour repousser le
bâtard d'Armagnac et le capitaine Salazar [1]. Le vendredi
soir, une dernière séance eut lieu au Consistoire delphinal, en présence du sire d'Estissac et du Conseil,
« pro responsione conclusiva fienda ». On renouvela
toutes les demandes convenues précédemment. Jean Baile
et Reymond Meffred déclarèrent que les habitants du
Briançonnais entendaient ne contribuer aux frais de la
défense du Dauphiné que sous déduction des dépenses
qu'ils avaient faites pour leur pays. Enfin, Fr. Portier
rédigea la cédule contenant le don de 24.000 florins avec

---

[1] On lui adressa encore d'autres réclamations : « Et etiam ut
aufferat tam excessivum numerum sacariorum litteras officialatus
portantium, qui multa dampna afferunt subditis dalphinalibus. »

les protestations accoutumées et les réserves prévues par les États[1].

Un édit du 12 août 1445 donna force de loi à quelques-unes des sages prescriptions suggérées par les trois Ordres sur la justice, les finances et l'administration. Il annonçait, dit Legeay, l'intention de réformer les abus et le dessein d'arriver de tous points à plus de régularité[2]; il laissait aussi prévoir l'œuvre que Louis II allait accomplir aussitôt après son arrivée en Dauphiné. En attendant, le jeune prince se fit voter encore deux subsides, à Grenoble, en décembre 1445[3], et à La Côte-Saint-André, en 1446[4]. Enfin, un traité signé avec le duc de Savoie, le 3 avril 1446, assura définitivement à la France l'héritage du comte de Valentinois[5].

[1] Copie, B. 3003. fol. 308; Pilot, III, 20. Mentions, Arch. Drôme, E. 11341 et 12251. Divers ordres de payements sur le subside à Nicolas Erland, Pilot, I, 39, et Charavay, I, 190 : 2.750 l. t. à Jean Majoris, confesseur du dauphin, « pour employer à certains pèlerinages et veuz fais par mon dit seigneur », 16 avril 1444; ms. fr. 20580, pièce 55 : 500 florins au sire d'Estissac, 300 au seigneur de Saint-Vallier, 300 au seigneur de Clermont, 150 à chacun des seigneurs de Surgères, du Bouchage, de Châteauvilain, de Barry, 100 au seigneur de Saint-Priest, 100 à Ant. d'Hostun, 24 juillet 1444. Un second subside de 28.000 florins, également reçu par Nicolas Erland, aurait été accordé par les États, à Grenoble, en décembre 1444. Cf. Ordre de payement du 14 février 1445, après la campagne du dauphin en Suisse et en Alsace, Pilot, I, 54. Arch. de Tain, CC. 63, fol. 4; Charavay, I, 197.

[2] Hist. de Louis XI, I, 146; B. 3180; Pilot, I, 62.

[3] Mention, B. 2987, fol. 83. Guy Allard date cette réunion de 1446 et ajoute : « J'en fais la remarque pour observer que l'évêque de Grenoble, président-né des États, y présida et que l'archevêque d'Embrun y siégea après lui. » Bibl. hist., I, 315.

[4] Arch. Drôme, E. 11341 et 12251. Cf. baron de Coston, Hist. de Montélimar, II, 12.

[5] Pilot, I, 68; J. Chevalier, II, 126.

CHAPITRE II

LE DAUPHIN LOUIS II EN DAUPHINÉ (1447-1456).
FIN DE L'INDÉPENDANCE POLITIQUE DANS LA PRINCIPAUTÉ.

§ I. **Administration personnelle et œuvre de centralisation de Louis II (1447-1448)** : *Louis II quitte la Cour et vient administrer le Dauphiné; importance et caractère de son œuvre. — États de 1447 à Romans : vote de 45.000 florins; le dauphin affirme sa volonté de gouverner par lui-même; hommages et dénombrements. — Louis II et les villes : Saint-Vallier, Montélimar. Gap et Embrun; les exemptions de la taille à Grenoble. — Réorganisation administrative et judiciaire; protection des intérêts économiques. — États de 1448.*

A peine âgé de 16 ans, le dauphin Louis avait essayé d'arracher le pouvoir à la faiblesse de son père. Après avoir, dit-on, cherché en vain à dissiper le ressentiment du roi et à se concilier la favorite Agnès Sorel, il s'éloigna de la Cour [1] pour se rendre en Dauphiné, sous prétexte de recevoir l'hommage de ses vassaux et de hâter la réalisation des projets de Charles VII en Italie [2]. « Il n'eut congié de demourer que quatre mois, dit Mathieu d'Escouchy, et il a demouré près de dix ans, au grand regret et déplaisir du roi [3]. »

---

[1] « De sa seule volonté. » Lettres du roi du 27 septembre 1456. Cf. Chastellain, *La chronique des ducs de Bourgogne*, édit. Kerwyn de Lettenhove, 3 vol. in-8°, 1863-1865. III, 217.

[2] « Pour faire épaule au fait de Gênes, prendre ses hommages, avoir quelque aide de son dit pays et incontinent soi en retourner devers le roi. » Bibl. nat., ms. fr. 15537, fol. 62.

[3] *Chronique*, édit. de Beaucourt, 3 vol. in-8°, Paris, 1863, II, 339.

Le 13 janvier 1447, il entrait dans sa principauté et se rendait compte aussitôt du désordre que les restes du régime féodal laissaient subsister dans toutes les branches de l'administration. Incapable de comprendre ce que les libertés particulières et locales pouvaient avoir de légitime et d'utile, fort peu disposé à respecter les usages traditionnels et les droits historiques acquis depuis des siècles, il n'allait pas tarder à transformer dans le sens d'une plus étroite centralisation tout l'organisme administratif, judiciaire et financier, en même temps qu'il ferait disparaître les grandes seigneuries allodiales, pour obliger évêques, barons et villes à le reconnaître comme suzerain et à contribuer aux tailles [1]. Mais pendant qu'il travaillera à réunir entre ses mains toutes les parcelles de souveraineté encore éparses dans son petit Etat et achèvera brusquement son unité politique, il lui procurera les bienfaits de la pacification intérieure et d'un sage développement économique dont il ne sera pas le dernier à profiter [2].

Si les Dauphinois avaient encore des doutes sur son caractère et ses intentions, ils furent immédiatement fixés. Il était à Romans le 4 février et présidait l'assemblée des trois Ordres, qui durent lui accorder 45.000 florins [3]. Les nobles, peu habitués à obéir à un prince qui

---

[1] Il interdit aussi le port d'armes sans autorisation expresse, le 17 novembre 1447, et abolit le droit de guerre privée, le 10 décembre 1451. Pilot, II, 379, et I, 343.

[2] Cf. J. Chevalier, *Mém.*, II, 132.

[3] Legeay, I, 48. Texte de la cédule, Bibl. nat., ms. Legrand, 6965, fol. 176; Charavay, I, 219; elle précise toujours que c'est « par pur et libéral don, sans préjudice des libertés du pays ». Duclos (I, 97) fait une réflexion un peu prématurée quand il ajoute : « Cette clause, portant une image de liberté, consolait

gouvernât par lui-même et mécontents de voir les charges données à des étrangers, serviteurs et amis du dauphin ou personnages de sa suite, lui firent demander
par Charles de Grolée, seigneur de Châteauvilain, de
subordonner ses choix aux avis du Conseil delphinal.
Rien ne convenait moins à Louis II que cette sorte de
tutelle; il montra par ses actes qu'il entendait ne dépen-
dre que de sa volonté et de son bon plaisir[1]. Sur son
ordre, tous ses vassaux vinrent lui prêter hommage; ils
furent invités à fournir, comme à chaque mutation de
seigneur, des dénombrements exacts de leurs hommes et
de leurs biens, en même temps que l'on ferait la revision
des feux du Domaine : c'était le seul moyen efficace de
les astreindre effectivement aux subsides[2]. Par ailleurs,
la lutte entreprise depuis un siècle contre les exemptions
des villes et surtout contre le privilège des alleutiers
allait rapidement aboutir : tous les roturiers sans excep-

ceux qui l'avaient perdue. » J. Chevalier, II, 135, donne 46.000 florins; Duclos, 40.000. Cf. *Trois-Doms*, 760, frais d'installation des
Etats dans le réfectoire de Saint-Barnard et celui des frères mineurs. Diverses gratifications du 18 février suivant sont assez
suggestives de la façon dont Louis II savait récompenser les représentants, dont l'influence avait sans doute déterminé le vote des
Etats : 3.000 florins distribués à Humbert, abbé de Saint-Antoine,
Ch. de Grolée, Antoine de Clermont, etc... Pilot, I, 106; Charavay, I, 218-219.

[1] Legeay, I, 141. Sur le Grand Conseil de Louis II, voir Pilot,
I, 269, n. 2.

[2] Pilot, I, 84-165, et II, 353. Le délai qu'avaient les nobles
pour fournir les dénombrements et aveux de leurs biens était d'un
an et un jour à partir de l'hommage prêté. A la requête des Etats,
Louis II défendit aux fermiers de la cour de Viennois et Valentinois, à Saint-Marcellin, de connaître en première instance des
causes relevant de la juridiction des bannerets (24 févr. 1447).
B. 2904, fol. 207.

tion vont être bientôt, au moins en principe, soumis à la taille.

Invités à payer leur part du subside en décembre 1445, puis en février 1447, les habitants de Saint-Vallier réclament et produisent des titres établissant qu'ils n'ont jamais contribué; le 1er mars 1447, après avoir examiné en Conseil leur requête, le dauphin répond que la ville « lui est tenue à foy et hommage » comme comte de Valentinois; rien ne saurait donc l'exempter[1]. Ceux de Montélimar, plus heureux, bénéficient provisoirement des circonstances. Il n'y avait peut-être pas d'endroit en Dauphiné où le régime féodal eût créé plus de complications politiques. Les diverses branches de la famille des Adhémar s'étaient partagé la ville, puis en avaient repris une partie en fief de l'évêque de Valence en 1285 et une autre du comte de Valentinois en 1339; ils avaient, en outre, vendu au pape une part de la cité en 1340, et chaque jour elle se voyait contrainte d'épouser autant de querelles qu'elle avait de maîtres. Louis II étant devenu seul seigneur de Montélimar, les habitants s'inquiétèrent des conséquences de ce fait. Pour les rassurer, il reconnut officiellement leurs franchises, le 30 mai 1447; il dispensa les consuls de se rendre aux assemblées des trois Ordres, lors même qu'on les y convoquerait, et exempta les Montiliens de tous les subsides, dons et impôts qui y seraient votés[2].

---

[1] Pilot, I, 125. Saint-Vallier fut taxé à 10 feux, puis à 6.

[2] Pilot, I, 158; U. Chevalier, Cartul., 283. Cf. baron de Coston, Hist. de Montélimar, 3 vol. in-8°, 1883. Aux Etats de Grenoble, en 1448, le seigneur de Barry obtint confirmation de ces privilèges. Lacroix, op. cit., VI, 52. Les Montiliens n'en furent pas moins compris dans le rôle de la taille imposée d'office en 1452; le 2 août, le dauphin les déclara « francs, selon la forme de leurs

La ville de Gap avait montré peu d'empressement à l'arrivée du dauphin. L'évêque Gaucher de Forcalquier, sous prétexte que son temporel relevait des comtes de Provence, rois de Sicile, affichait des allures indépendantes; Jacques de Forcalquier, son frère, déclarait hautement qu'il aimerait mieux être sujet des Juifs que de Louis II. A leur instigation, les habitants s'opposèrent au passage des troupes envoyées par Charles VII en Lombardie, en 1448, et tuèrent le capitaine qui les commandait. On informa contre eux et le temporel de l'évêque fut saisi. La ville implora son pardon; mais Gaucher excommunia le dauphin, puis en appela à la cour romaine et au comte de Provence; il dut faire amende honorable en 1450 [1]. Cependant, malgré l'habileté de Guy Pape, chargé de circonvenir le cardinal d'Estouteville, légat du Saint-Siège, Louis fut obligé de reconnaître la suzeraineté de René d'Anjou, en 1452 [2]. Au plus fort des démêlés, il adressa vainement aux habitants de Gap une

premières lettres ». *Cartul.*, 293 ; Pilot, I, 369. Après sa fuite en 1456, on les taxa encore « au prouchas et instance des Trois Estas », d'où « grans involucions de procès » ; Louis XI les délivra par ses lettres du 26 octobre 1461. *Cartul.*, 296 ; Pilot, II, 18. Nouvelles tentatives en 1465 et 1467 (*Statuta*, 2e pagin., fol. 21 ; *Ordonn.*, XVII, 21 ; Pilot, II, 119 et 130) ; des Montiliens, arrêtés à Voiron, sont remis en liberté par le trésorier du Dauphiné qui leur dit : « Vous estes relachiés ; mais, quand vous serez là-bas, dites à vos gens que fassent que je aye d'argent ; quar le roy le veult, nonobstant quelzconques lettres » (*Délibér. consul.*). On décide d'envoyer à Louis XI trois hommes à cheval et six à pied pour lui demander justice en public et à haute voix ; puis on se ravise et l'on envoie à la Cour « trois hommes intelligents et de qualité ». Les Montiliens furent maintenus dans leur exemption par lettres du 26 novembre 1467. Pilot, II, 134 et n. 3.

[1] Pilot, I, 23, 25, 52, 162, 253, 258 et 276 ; II, 264, 373 et 384.

[2] Pilot, I, 303, 342, 349, 351, et II, 427 (5 avril 1452).

missive doucereuse pour qu'ils lui accordassent 2 florins par feu comme les autres alleutiers[1]. Il leur envoya Guy Pape lui-même, aussi inutilement, en 1455 : la population se souleva ; des troupes de jeunes gens parcoururent la ville, drapeau de Provence en tête, protestant qu'ils étaient sujets du roi René et que lui seul avait le droit de leur demander des subsides[2].

Des entreprises du même genre furent tentées contre l'archevêque d'Embrun, auquel les dauphins avaient longtemps prêté hommage, même après qu'ils se furent partagé la souveraineté de l'Embrunais. Déjà, en 1373, Ch. de Bouville avait voulu imposer, pour le don gratuit de 2 florins voté par les gens du Domaine, les biens possédés par les bourgeois hors de la commune ; ceux-ci en avaient appelé au Conseil delphinal. Le 17 juillet 1447, Louis II confirma les privilèges de l'Eglise d'Embrun ; ce qui ne l'empêcha pas, après le vote obtenu des Etats, pour l'imposition régulière des alleutiers, de donner ordre de cadastrer les maisons de la ville et de les taxer avec modération. Le 9 mai 1452, il enjoignit au bailli des Montagnes de surseoir à cet ordre ; puis, le 6 juin, il renouvela sa première ordonnance. Ces hésitations témoignent de l'opposition qu'il dut rencontrer[3]. A Embrun et sur-

---

[1] « Chers et bien amés. A ceste assemblée des Trois Estats... tenue en ceste ville de Bourgoing, au mois de janvier dernier passé, nous vous avons mandez y estre comme les autres allodiaux... », février 1449. J. Roman, *Hist. de Gap*, in-8°, 1892, p. 83 ; Charavay, I, 38. Cf. Pilot, I, 328 et n. 3.

[2] Gautier, *Hist. de Gap*, publ. par l'abbé Guillaume, t. I, 1909, p. 457 ; J. Roman, 87.

[3] Pilot, I, 165, 336, 357, 362, 433. Le 8 août 1466, Soffrey Allemand, lieutenant du gouverneur, déchargea les habitants d'Embrun « de leur part des aides votées par les trois Ordres ».

tout à Gap, le terrain était peu favorable : on s'y heurtait à une souveraineté étrangère et à une tradition historique ininterrompue. En 1447, la tentative du dauphin était encore un peu prématurée.

Malgré les privilèges concédés par Humbert II aux habitants de Grenoble et longtemps invoqués par eux, cette ville avait été soumise à la taille. On se rappelle qu'à Vienne, le 8 avril 1434, Charles VII exempta les membres du Conseil, de la Chambre des Comptes et quelques hauts fonctionnaires. Depuis lors, certains « docteurs, licenciez et graduez et autres clers, menus officiers, manans et habitans de ladite ville » cherchaient à se soustraire aussi à l'obligation de l'impôt. A la requête des consuls, Louis II déclara, le 21 octobre 1447, que « toutes manières de gens, soient clers, docteurs, licenciés, officiers et autres de quelque état ou condition qu'ilz fussent », seraient contraints de payer leur part des aides, à l'exception des membres du Conseil et de la Chambre des Comptes, du juge ou lieutenant du bailli de

Arch. de Guillestre, AA. 7 ; Pilot, II, 99 et 131, n. 3. Le 25 mai 1467, Louis XI confirma d'abord cette décision pour la ville (Pilot, II, 121) ; mais les Etats de février de la même année lui avaient octroyé 81.000 florins à la condition que tous les sujets du Dauphiné « se prétendant allodiaux », comme ceux de Montélimar, Crest, des terres de l'archevêque d'Embrun et autres y contribueraient ; il décida, le 7 octobre 1467, que, conformément au vœu des Etats, toutes ces « prétendues exemptions » étaient annulées. Pilot, II, 130. Cependant, en 1476, le chanoine Mondon David protestait encore devant Pierre Gruel, président du parlement, que jamais les habitants des terres archiépiscopales n'avaient été taxés (nec reperietur in aeternum quod homines episcopales locorum ligiorum archiepiscopatus Ebredunensis contribuerint nec fuerint vocati neque perequati in subsidiis dalphinalibus). Arch. de Guillestre, AA. 7. Cf. Valb., I, 247-251 ; Guy Allard, Dict., I, 416-418. Voir plus loin, p. 335, n. 1, vers la fin.

Graisivaudan, des gens d'église et des pauvres men-
diants [1]. Par lettres du 23 septembre 1447, renouvelées le
27 novembre, il prit une mesure générale à la demande
des trois Ordres : tous les sujets delphinaux contribueraient aux subsides, nonobstant les privilèges et affranchissements concédés par lui ou ses prédécesseurs, sauf
les clercs vivant cléricalement et les nobles vivant noblement [2].

C'est en juillet 1447 que le dauphin réduisit à deux le
nombre des bailliages : celui du Plat-Pays et celui des
Montagnes, avec la sénéchaussée de Valentinois et Diois [3].
Le 10 août, il obtint de Charles VII l'abolition d'un droit
de 5 deniers par livre, récemment établi sur les marchandises qui allaient du Dauphiné dans le royaume
d'Aragon ou en venaient [4]. Ainsi, Louis II simplifiait

---

[1] Pilot, I, 185, 246. Cf. Fauché-Prunelle, II, 444 et suiv.

[2] Pilot, I, 179, 193. Les revisions de feux permirent aussi d'astreindre à la taille beaucoup de particuliers qui s'en prétendaient
exempts, mais ne purent justifier de leur noblesse devant les commissaires. Pilot, III, 24.

[3] Le siège de vibailli fixé à Bourgoin fut transféré à Vienne
après l'accord avec l'archevêque sur la juridiction temporelle de
cette ville, rendu à Bourgoin, en 1457, sur la demande des Etats,
et rétabli définitivement à Vienne, en 1478. La cour des appellations, d'abord supprimée, fut rétablie à la requête des trois Ordres,
le 15 mai 1455. Pilot, I, 167, 459.

[4] D'après un accord intervenu entre les rois de France et d'Aragon, toutes les marchandises qui passaient la frontière entre les
deux royaumes étaient frappées d'un droit de 5 deniers par livre.
Pour l'éluder, les marchands se détournaient par la Provence et
le Dauphiné. Charles VII ayant décrété, le 7 octobre 1444, que
les marchandises venant du Dauphiné seraient assimilées à celles
du royaume, le procureur des Etats en avait appelé au dauphin.
Celui-ci obligea le roi, son père, à abolir le droit en question et à
écrire à la reine, Marie d'Aragon, que le Dauphiné « n'était pas
compris dans les limites du royaume de France ». Pilot, II, 370

l'administration de sa principauté, en même temps qu'il élargissait la base de l'impôt et favorisait la liberté des transactions. Il pouvait, dès lors, demander aux États réunis à Grenoble, le 10 février 1448, un don gratuit égal à celui de l'année précédente.

Il présida lui-même la séance solennelle d'ouverture, « assis sur son trône, dans la salle basse du palais delphinal », assisté de son chancelier Yves de Scépeaux, du gouverneur Louis de Laval [1], de l'évêque de Valence, du sénéchal Guill. de Poitiers, de G. de Bernès, avec le président du Conseil delphinal, trois conseillers, l'avocat général, le trésorier et deux auditeurs des Comptes [2]. Dans son discours, le chancelier exposa que le dauphin, depuis son arrivée, ne s'était encore rencontré qu'une seule fois avec les représentants du pays, à Romans; il lui tardait de les voir, de connaître leurs besoins et d'entendre leurs requêtes. Louis II ne devait pas être, en effet, sans inquiétude sur l'impression produite par son activité fiévreuse et son gouvernement personnel dans une principauté de tout temps fort jalouse de son autonomie. Yves de Scépeaux conclut en demandant un sub-

et n. 1. Cf. II, 315, n. 1, percement du tunnel du mont Viso, entre la vallée du Guil et le marquisat de Saluces; III, 51. autorisation de construire un pont sur l'Isère au lieu dit Maupas, dans le mandement d'Avallon; commission à François de Bonne, vichâtelain de Champsaur, d'informer sur l'utilité de construire un pont sur le Drac, à Saint-Bonnet, etc...

[1] Nommé le 1er janvier 1448; il prit parti pour Charles VII en 1456 et conserva sa charge jusqu'à l'avènement de Louis XI. Cf. Pilot, I, 200-201 et n. 1. Sur Yves de Scépeaux, cf. I. 217, n. 2.

[2] Bibl. de Grenoble, R. 7377, 7807, fol. 65, et R. 80, t. VII, p. 601, collection Ollivier. IX, 297; Charavay, I, 219. Le vicomte de Clermont est nommé en tête des nobles, l'évêque de Grenoble après l'archevêque d'Embrun et l'évêque de Valence.

side convenable, que les Etats accorderaient librement
pour la guerre anglaise et les autres besoins du dauphin [1]. La délibération traînant en longueur, Louis pré-
cisa, les jours suivants, qu'il lui fallait encore 45.000 florins; on les lui vota le 15 février [2]. Le procès-verbal nous
renseigne sur la réduction du nombre des feux, à la suite
des récentes revisions : on en compta 3.783 pour le Domaine [3], 2.873 pour les nobles et gens d'église [4], soit en
tout 6.656; il en résulte qu'on dut lever une taxe de
8 florins par feu, alors que précédemment elle ne dépassait guère 2 ou 3 florins. Il ne restait à Louis II qu'un
moyen d'alléger cette charge excessive : c'était, en conti-
nuant de mettre en valeur les richesses économiques du
pays, de courber sous le joug les alleutiers toujours ré-
fractaires. Le dauphin allait maintenant s'appliquer à
cette œuvre de tout son pouvoir, avec l'habileté, l'absence

[1] Les conseillers de Charles VII préparaient la campagne qui
allait aboutir, en 1451, à l'expulsion presque totale des Anglais,
par la conquête de la Normandie et de la Guyenne. Beaucourt, IV,
chap. XI. Le dauphin ne prit aucune part à ces opérations militaires.

[2] En même temps que 1.000 florins pour « les nécessités du
pays », 5.000 au gouverneur, 2.000 aux chambellans du dauphin,
200 au seigneur de Séchilienne, 100 à Bournasel et 50 aux frères
mineurs de Grenoble, en tout 53.350 florins. Très habilement,
Louis II avait donné aux nobles, le 12 février, un délai de deux
années pour fournir leurs dénombrements. Pilot, I, 205 ; B. 2904,
cahier 63 : « Receue avons humble supplication de nos chiers et
bien amez, les gens des Troys Estas... »

[3] Graisivaudan 1.548 1/2, Viennois-La Tour 783 1/2, Viennois-
Valentinois 616 1/2, Briançonnais 437, Embrunais 139, Gapençais 19, Baronnies 78, Valentinois et Diois 161 1/2.

[4] Graisivaudan 700 1/2, Terre de La Tour 946, Viennois-Valen-
tinois 756 1/2 1/7, Briançonnais 26 1/2, Embrunais 71, Gapençais 189 1/4, Baronnies 90 1/2, Valentinois et Diois 91 3/4 1/3.
Total 2.873 1/3 1/7.

de scrupules, mais aussi l'esprit d'ordre et de justice, qui caractérisent la plupart de ses actes.

§ II. **Soumission des alleutiers (1449-1450)** : *Etats de Bourgoin en 1449 : 11 articles de doléances; promesses du dauphin; il obtient des alleutiers une contribution « exceptionnelle », en déclarant qu'elle sera sans conséquence pour l'avenir, et ordonne aussitôt la recherche de leurs feux. — Etats de 1450, à Romans : imposition générale des terres allodiales. — Soumission de l'archevêque de Vienne, des évêques de Valence et de Grenoble et du chapitre de Saint-Barnard de Romans.*

Louis II commença par se faire accorder, une fois de plus, 45.000 florins par les Etats réunis à Bourgoin, en janvier 1449[1]. On lui présenta de nombreuses réclamations, auxquelles il répondit par les plus belles assurances : il concédait aux nobles un nouveau délai de deux ans « pour bailler les dénominations de leurs fiefs »; il promettait de dispenser les marchands dauphinois de payer la « marque d'Aragon », qu'on exigeait d'eux comme si le Dauphiné faisait partie du royaume, — de mettre fin aux excès commis par les châtelains dans la

---

[1] « Dans la salle neuve de la commanderie de Saint-Antoine. » On vota en outre : au gouverneur Louis de Laval. « ut potius habeant patriam apud d. nostrum recommissam », 5.000 florins payables comme la même somme votée, l'année précédente, « in congregatione apud Gratianopolim facta ». — 2.000 florins à des membres du Grand Conseil de Louis II. le sire d'Estissac, A. Bolomier, G. de Bernès, « ut patriam apud d. dalphinum habeant recommissam », — 100 florins au « maréchal des logiz » Jean Lebrun et 300 florins seulement pour les *affaires du pays* (la perception du subside se faisant *aux frais du dauphin*, on n'avait plus guère à payer que les commis, qui étaient en même temps auditeurs des comptes pour les sommes mises *outre le principal*). Total, 52.400 florins. Arch. de l'Is., Fonds des Etats, carton 1; Bibl. de Grenoble, R. 80. t. VII. pièce 602, et U. 208, p. 297; Fochier, *Souvenirs hist. sur Bourgoin*, in-8°, 1880, p. 33 et 51.

16

« connaissance des causes criminelles », dans les « exé-
cutions » et pour « l'assiette des subsides », — de re-
viser les exemptions qu'il avait accordées à des villes ou
à des particuliers, — de remédier aux abus provenant du
don qu'il faisait « à ses serviteurs ou autres, des amendes
des déliz » avant qu'ils fussent connus et jugés, — à ceux
commis par les fermiers des cours de justice, — à ceux
résultant des « muages demandés à aulcuns nobles et
gens d'église », ou de la contrainte exercée par le trésorier général pour le paiement des dons et aides; enfin,
il autorisait la chasse des bêtes fauves qui endomma-
geaient les récoltes, ainsi que la pêche sous certaines
conditions, et il permettait d'avoir des arbalètes pourvu
qu'on en « jouât licitement[1] ».

On a vu que, dès l'origine, les alleutiers avaient toujours contribué plus ou moins aux tailles dans les circonstances exceptionnelles et quand la défense commune
était en cause; mais ils avaient toujours aussi réservé
leur privilège à l'égard des subsides ordinaires accordés
au dauphin par ses sujets et vassaux. Nous savons par
des lettres adressées, le 30 mai 1449, aux châtelain et
notaire de Mens en Trièves, pour la recherche des feux
dans les terres de l'Eglise de Die, qu'une décision fut
prise aux Etats de Bourgoin, d'après laquelle « tous les
allodiaux seroient tenuz de payer » au dauphin « certaine somme pour ceste foiz[2] ». Le 26 février précédent,

---

[1] *Pièces justif.*, IX. Le 21 février 1447, Louis II avait interdit
la chasse dans les forêts et garennes delphinales (Pilot, I, 113) ;
le 21 décembre 1448, il avait défendu de se servir de filets, arbalètes ou autres engins (I, 235). Sur la violente passion du dauphin pour la chasse, cf. I, 182, n. 2, et Thomassin, fol. 113.

[2] B. 2776; Pilot, I, 253. Chorier (II, 440 et 446) prétend

à Bourgoin même, Louis II avait, en effet, publié une
déclaration dans laquelle, après avoir reconnu que les
possesseurs d'alleux n'étaient pas compris dans les tailles,
il ajoute qu'il leur avait demandé de vouloir bien contribuer au don gratuit, leur promettant que ce serait
sans conséquence pour leur privilège. Le même jour, le
gouverneur avait expédié partout des ordres pour que
l'on procédât au recensement des feux dans les terres
allodiales possédées soit par la noblesse, soit par le
clergé [1]. L'année suivante, le dauphin fera décider par
les Etats qu'à l'avenir tous les alleux contribueront aux
dons gratuits, sans plus s'inquiéter de ses engagements [2].

qu'aux Etats de Bourgoin (il les date de 1448), le don gratuit fut
voté « sur le pied de 2 florins par feu ; c'est, dit-il, par où on a
commencé à jeter les fondements de la réalité des tailles ». Or, le
subside avec les gratifications accordées s'éleva à 52.400 florins :
le nombre des feux sur les cartulaires déposés à la Chambre des
Comptes n'étant plus que de 6.190 1/4 1/7, les auditeurs les
taxèrent à 8 florins 5 gros 2/3 : Indeque facta cartulatione in
dicta Camera per dominos auditores, ibidem repertum quod eve-
niunt pro quolibet foco octo floreni, quinque grossi cum duobus
tertiis unius grossi. Bibl. de Grenoble, R. 80, t. VII, p. 602.

[1] Pilot, I, 242 et 253. Cf. Arch. de l'Is. *Primus liber visita-
tionis focorum qui dicebantur allodialia*, 1449. Un certain nombre
de villes protestèrent en alléguant qu'elles avaient des motifs particuliers d'exemption. Cf. Pilot, I, 270, 273, etc... Voir aussi
Fauché-Prunelle, II, 447 et suiv.

[2] Ceux qui ont mentionné incidemment des assemblées des trois
Ordres sous Louis II n'ont pas toujours pris garde que ce prince
avait introduit en Dauphiné, durant son administration, les habitudes chronologiques de la cour de France, c'est-à-dire le style de
Pâques, qui finit par être adopté quelquefois même par les secrétaires des Etats. L'analyse donnée par Pilot, I, 253, n° 710, pourrait induire en erreur à ce sujet : il voit dans l'acte du 30 mai
1449 la conséquence d'une assemblée d'Etats tenue à Romans ; cet
acte parle bien de l'ordonnance faite « na gaiers à la dernière
assemblée des Trois Estas » ; mais il ne dit pas que cette réunion

La réunion eut lieu à Romans, le 20 janvier 1450. On accorda une quatrième fois 45.000 florins pour le subside et 4.300 pour des payements ou des gratifications[1]. Le jeudi 29 janvier, un certain nombre de nobles se rendirent à Peyrins afin de transmettre à Louis II le résultat de leurs délibérations; là ils votèrent encore 500 florins pour se rendre favorables divers personnages de sa suite, à l'effet d'obtenir les « provisions » qu'ils avaient sollicitées, en particulier l'annulation des nombreux affranchissements octroyés par le dauphin[2]. Le procès-verbal mentionne dans un dernier paragraphe la requête pré-

---

ait eu lieu à Romans, et il s'agit en réalité de la réunion tenue à Bourgoin, dont le procès-verbal commence ainsi : « Anno dominice incarnationis 1448 et die (en blanc) mensis januarii, congregatis mandato serenissimi principis d. n. dalphini in loco Burgondii gentibus Trium Statuum... et ipsis existentibus in aula nove domus preceptorie Sancti Anthonii, de negociis dicte patrie tractantibus... » Qu'il s'agisse du style de l'Incarnation ou du style de Pâques, c'est forcément janv. 1449 n. s.

[1] 2.500 florins au gouverneur, 1.000 florins au chancelier « et domine ejus consorti », pour qu'ils aident le pays à obtenir diverses satisfactions, — 300 florins soit aux auditeurs des comptes de Nicolas Erland pour les sommes mises outre le principal aux Etats de Grenoble en 1448 et à ceux de Bourgoin en 1449, soit aux ambassadeurs chargés de poursuivre la réparation de certains griefs et aux secrétaires qui avaient rédigé ou rédigeraient les lettres obtenues à ce sujet. Avec les 500 florins votés le 29 à Peyrins, la taille s'éleva à 49.300 florins. Les comptes consulaires de Romans nous ont conservé le détail des dépenses occasionnées par la tenue des Etats : 3 florins 1 gros pour faire un trône avec une estrade dans le couvent des frères mineurs et pour les transporter ensuite avec deux escabeaux dans la maison abbatiale ou archiépiscopale; 2 florins pour bancs, etc...; il y eut même des dégâts commis : « Item pro tapedibus mensarum fratrum minorum, qui fracti fuerunt in dietis predictis... 12 gr. 4 liards. » *Trois-Doms,* CXXXVIII et pièce 763.

[2] Sur ces exemptions, voir Pilot, I, 531.

sentée par le procureur et la majorité des Etats pour
soumettre à la taille les possesseurs d'alleux en même
temps que les particuliers et les villes exemptés par le
prince [1]. Le 10 février, Louis II pouvait écrire de Pisan-
çon qu'à la demande des représentants du pays, il avait
fait appel à « ceulx qui se tenoyent allodiaux le temps
passé » ; qu'ils avaient consenti à laisser taxer leurs sujets et qu'ils en étaient « contens » ; en conséquence, il
nommait des commissaires pour vérifier lesdits feux [2].
C'était le triomphe de la politique du dauphin et des
revendications séculaires du Tiers Etat. Quelques alleutiers, soit dans le dessein de complaire à Louis II, soit
par générosité, secondaient ses intentions [3] ; la plupart

---

[1] Symond Galbert s'exprime de la façon suivante : « Et etiam
per d. dominum n. et ejus Magnum Consilium, annuendo requeste
per d. procuratorem et majorem et saniorem partem dictarum
gentium Trium Statuum super hoc facte, ordinatum et appuncta-
tum et concessum, quod omnes homines in et sub dominio et patria
dalphinali comorantes, etiam locorum que acthenus dicebantur
allodialia, et illi qui de novo per d. d. n. fuerunt affranchiti, in
dicto dono et subsidio contribuant et contribuere teneantur, ad
quod etiam consentierunt domini barones et bannereti in dicta
congregatione existentes, prout in quaterno per me super hoc
facto continetur. » Bibl. de Grenoble, R. 80, t. VII, pièce 600.
Bibl. nat., Nouvelles acquisitions latines, 2131, fol. 103. Cf. Arch.
Drôme, E. 11343.

[2] B. 2747, fol. 7 v° ; Pilot. I, 267. Voir l'énumération de ces
terres, Pilot, I, 268, 299, 328, etc... Quant aux exemptions que
le dauphin avait lui-même accordées, les Etats lui laissèrent le
soin d'en décider : Louis II se garda bien de les abolir, comme
nous le constaterons par les réclamations ultérieures des trois
Ordres. Le nombre des feux taillables fut de 5.608 1/2 1/3 1/4,
dont 3.058 1/3 1/4 pour le Domaine, 2.291 3/4 1/3 1/2 pour les
nobles et 257 2/3 1/4 pour les alleutiers.

[3] Comme Aymar de Bressieu, seigneur de Parnans. Pilot, I,
242 ; Inv. ms., Gener., I, 98.

s'ingénièrent à paralyser l'action des vérificateurs et à
retarder la remise de leurs dénombrements, jusqu'au
jour où ils furent trop heureux de se prononcer pour
Charles VII, quand il vint, sur leurs instances, reprendre
l'administration du Dauphiné [1].

L'année 1450 vit disparaître à peu près les derniers
vestiges d'indépendance féodale et s'achever l'unité politique de la principauté [2]. A la faveur de compétitions qui
se produisirent pour des changements de titulaires,
Louis II amena adroitement ou obligea, malgré leurs protestations, l'évêque de Valence, l'archevêque de Vienne [3],

[1] Cf. Demandes formulées par la Chambre des Comptes en
1469 : « Dominus rex dalphinus, tempore quo erat in Dalphinatu,
ordinavit quod nulla essent allodialia sed omnia recognoscerentur
de feudo et directo dominio dalphinali, et super hoc deputati sunt
commissarii qui recognitiones receperunt... ; paulo post dum
absentaret dominus noster... hanc patriam..., rex Carolus geni-
tor suus, ad hanc patriam veniens, ordinavit omnia reduci ad
pristinum statum ; et sic ipsa materia remansit usque modo quasi
sopita ; petitur etiam provideri et declarari quid fiendum supe-
rinde, cum sit maxime importantie. » B. 3232, fol. 38 v° ; L. Chabrand, 113.

[2] Abstraction faite de la situation spéciale de Gap, Embrun, etc.

[3] Le dauphin avait décidé les consuls de Vienne à lui prêter
hommage, le 31 octobre 1448, en leur donnant sa parole de prince
(promisit in verbo et fide principis) qu'il ne les obligerait pas à
venir aux assemblées des Etats, ni à contribuer aux subsides. Il
avait également confirmé, le 17 février 1446 et le 16 juillet 1448,
les privilèges de Valence. Pilot, I, 67, 224, 226 et 234. On allait
voir bientôt ce que valaient ces promesses. Geoffroi Vassal ayant
été transféré au siège de Lyon, les chanoines de Vienne refusèrent
Jean Girard nommé par le pape pour élire Louis de Poitiers. Le
dauphin décida ce dernier à faire échange avec son oncle, Jean de
Poitiers, évêque de Valence, vieillard de 79 ans, qui signa un
traité avec Louis II, le 21 septembre 1450 ; Louis de Poitiers
avait dû se résigner à un accord analogue, le 14 septembre. Archevêque, évêque et chanoines prêtèrent hommage, et le dauphin s'empressa « de mettre et réduire à feux » les terres de leurs églises.

l'évêque de Grenoble [1] et le Chapitre de Saint-Barnard
de Romans [2] à prêter un hommage qui était la reconnaissance officielle de la souveraineté du dauphin.

§ III. Louis II, prince indépendant et souverain en Dauphiné (1451-1456) : *Il épouse Charlotte de Savoie, malgré l'opposition*

B. 3507 ; Pilot, I, 283, 285, 287-289 et 299. Vienne paya 2.000 florins en 1451 pour sa part de la taille votée par les Etats et pour
un don de 600 écus à Charlotte de Savoie, bien que ses députés
n'eussent point paru à l'assemblée (BB. 6, fol. 100 v° ; Chorier,
Recherches, XXXVII, et *Hist.*, II, 451), — 900 florins en 1452
(BB. 6, fol. 132) ; elle fut taxée à 624 florins en 1453 ; le 11 janvier 1452 (1453 n. s.), Louis II, comme compensation pour les
frais de son séjour et les dépenses occasionnées par les fortifications de la ville contre la première menace d'intervention de son
père, lui abandonna pour sept ans toutes les sommes auxquelles
les Etats pourraient la taxer. Pilot, I, 389. « La revision des
feux taillables ayant été ordonnée l'an 1461, dit Chorier, *loc. cit.*,
fut enfin un écueil où se brisa ce noble vaisseau, que tant d'orages
et de tourmentes avaient déjà agité si longtemps et si cruellement. » Les consuls refusèrent de livrer leurs rôles de tailles au
commissaire Etienne Bertal, en appelèrent au parlement, puis au
roi, qui leur accorda seulement une réduction du nombre de feux.
Cf. Cl. Faure, 252 et suiv. ; J. Chevalier, II, 171.

[1] Après la mort d'Aimon II de Chissé, les chanoines de Grenoble avaient élu leur doyen, Siboud Allemand, de préférence à
Antoine de Poisieu, candidat du prince ; celui-ci contraignit le
nouvel évêque à lui prêter hommage, le 3 octobre 1450, en présence de l'archevêque d'Embrun, de l'évêque de Valence, du gouverneur et d'un grand nombre de nobles dauphinois. Pilot, I, 291.

[2] Les bourgeois de Romans, enrichis par leurs fabriques de
draps et leurs cuirs, supportaient impatiemment la tutelle du
Chapitre de Saint-Barnard ; Louis II leur accorda des franchises
très étendues et exempta leur commerce de tout tribut, sans s'inquiéter des droits des chanoines, qu'il obligea à lui prêter hommage, le 23 novembre 1450. Pilot, I, 304. En 1451, Romans fut
taxé à 600 écus pour le joyeux avènement de la dauphine ; les
nobles et gens d'église, d'abord exemptés, furent contraints de
payer 200 écus, en raison de la peste qui avait fait périr plus de
2.000 personnes. Pilot, I, 340 et 341, n. 1.

de Charles VII; les Dauphinois obligés de payer en 1451, outre
le subside, 21.000 florins comme don de joyeux avènement;
25 articles de doléances : réclamations en faveur des alleutiers,
sur divers points de justice, sur les exemptions accordées à des
particuliers ou à des villes, sur l'établissement de la milice des
francs-archers. — La peste en 1452; taille imposée d'office. —
Première menace d'intervention de Charles VII. — Concessions
du dauphin en janvier 1453; Etats de Romans : 15 articles de
doléances contre le gouvernement personnel de Louis II. —
Expédition en Italie. — Imposition pour les gens de guerre et
invasion de la Bresse en 1454. — Intrigues du dauphin; multi-
plication et aggravation des tailles; mécontentement général et
plaintes à la Cour; Charles VII se décide à intervenir.

Tout cédait devant la volonté ou les caprices du dauphin. Depuis 1448, il négociait lui-même son mariage
avec Charlotte, fille de Louis de Savoie; il l'épousa, le
8 mars 1451, malgré l'opposition formelle de son père[1].
Le contrat, signé au mois de février, lui permit de demander aux Etats réunis à Romans, outre le subside ordinaire, un don de joyeux avènement pour la dauphine.
Chaque ville devait se taxer « volontairement »; on
offrit 6 à 7.000 florins : il fit tant par ses sollicitations
que le don s'éleva à 21.000 florins[2]. Le cahier de do-

---

[1] Pilot, I, 321 et n. Voir l'étrange façon dont on se joua de
l'envoyé du roi et l'alliance conclue entre le dauphin et le comte
de Savoie contre tous leurs ennemis, même contre Charles VII,
dans Beaucourt, V, 134-144.

[2] Arch. de Vienne, BB. 6, fol. 100; Arch. Drôme, E. 11343 et
12590; *Trois-Doms*, CXXXIX et 764; Duclos, I, 119; Chorier,
Hist. gén., II, 451, et *Recherches*, XXXVII. Grenoble fut taxée
à 900 écus d'or, Vienne, Romans, le Briançonnais et l'Embrunais
à 600, le Gapençais à 300. Louis II ne craignit pas d'user de
contrainte pour se faire payer; cet argent alla simplement grossir
les recettes du trésorier général. Charavay, I, 230; Pilot, I, 336-
337. Les Romanais durent encore offrir des présents en cire, con-
fitures... à la dauphine et aux dames de sa suite; on joua sur la
place des Cordeliers le mystère du Géant Goliath. Cf. J. Chevalier, II, 202.

léances qui fut présenté ne contenait pas moins de 25 articles : on réclamait un délai pour les dénombrements
que devaient fournir les nobles, — le rétablissement de
la franchise des terres et autres choses allodiales, — le
retrait de l'ordonnance sur les notaires et de l'obligation
de faire sceller les contrats de deux sceaux, celui du dauphin et celui des prélats ou barons[1]; on exprimait des
plaintes sur les amendes, dont Louis II abandonnait toujours le recouvrement à ses familiers, — sur la violation
des juridictions ecclésiastiques et nobles, — sur l'évoca-
tion des procès devant le chancelier, — sur les exemptions de la taille multipliées par le dauphin, — sur les
frais occasionnés par l'envoi de commissaires et les
peines qu'ils infligeaient, — sur les « monstres et ha-
billiements de guerre imposez aux communautez » et
l'organisation des arbalétriers ou francs archers... Depuis 1440, on sent grandir le mécontentement général.
Louis II prorogea encore d'un an, à partir du 14 février,
le terme fixé pour les dénombrements[2], — il maintint
l'ordonnance relative aux notaires avec quelques modifications de détail[2] ; un seul sceau serait désormais obligatoire, — il entendait bien respecter les juridictions des
ecclésiastiques et des nobles, ainsi que les pariages et les
cours communes, mais il voulait obvier aux abus, — s'il
y avait des excès commis pour les amendes, on n'avait
qu'à s'adresser à lui pour en avoir « toute raison », —
sur les évocations des causes devant son grand Conseil,

---

[1] Ordonn. du 23 novembre 1450. Pilot, I, 304. Voir aussi I, 73.
[2] A la demande du procureur Fr. Portier et du seigneur de
Saint-Priest, le dauphin accordera un nouveau délai d'un an, le
23 novembre 1451. Pilot, I, 341.
[3] Cf. Pilot, I, 334-336 et notes.

il déclara qu'on ne devait pas limiter sa puissance souveraine, — il affranchissait rarement de la taille et pour
de bons motifs [1], « et n'en devoient jamais parler contre
sa seigneurie se ils estoient bons et loyaux subgiez », —
il accordait jusqu'à la Saint-Jean pour que ceux qui
avaient « accoustumé de tirer de l'arbalète s'en gar-
nissent, et les autres d'un voulge », — quant aux « monstres » et revues, il exigeait qu'on s'en tînt à ses prescriptions [2], — il veillerait aux « poines imposées par les
commissaires », — enfin « touchant les recognoissances
des fiefs franz et choses allodiales, il vouloit que les ordonnances sur ce faites fussent gardées [3] ».

La peste sévissait alors dans la principauté. L'écho des
fêtes données sur le passage de Louis de Savoie, au mois
de mai 1451, dut être d'autant plus douloureux parmi les
populations obligées d'en supporter les frais. Le dépeu-
plement fut tel que le dauphin accorda, le 23 novembre,
à la requête de Fr. Portier lui-même, l'exemption de
tout impôt, pendant dix ans, aux étrangers de France ou

[1] Cf. Pilot, I, 362, exemption pour familles nombreuses; I, 426,
pour épidémies; I, 215, pour inondations; I, 178, pour incen-
die, etc...
[2] « C'est assavoir que ceulx qui auront puissance tendront trois
chevaulx, les autres deux et les autres ung, selon leur faculté...
et à tout le moins que ung chascun ait ung bon cheval; et doivent
avoir considération que monseigneur ne les a point contraint à
payer aucuns gens d'armes ne à les faire vivre sur le pais pour
la garde d'icellui..., et, au partir, le Roi le remonstra à mondit
seigneur, ainsi que monseigneur le chancelier le dira plus à
plain. » Il est piquant de constater que ces armements, faits par
le dauphin sous le couvert d'une ordonnance de Charles VII,
allaient être dirigés contre le même Charles VII, son père.
[3] 14 février 1450 (1451 n. s.). Cf. Pilot, I, 320.

d'ailleurs qui viendraient s'établir en Dauphiné[1]. La terre étant mal cultivée, les récoltes manquèrent ou furent compromises. Louis II ne diminua pas pour cela ses exigences fiscales : prévoyant qu'il lui serait bien difficile d'assembler les Etats au début de l'année suivante, ou qu'on lui voterait un médiocre subside, il fit exiger une taille équivalente à celle de 1451, comme on peut le voir dans les lettres données par le gouverneur à La Côte-Saint-André, le 12 décembre. Louis de Laval y explique que le dauphin se prépare à envoyer son armée au siège de Calais, seule ville de France encore occupée par les Anglais[2]; il n'a pu convoquer les gens des trois Ordres à cause de la peste qui ravage le Dauphiné; mais, plein de confiance en ses sujets toujours prêts à lui venir en aide dans ses affaires difficiles, il a ordonné, sans vouloir porter atteinte aux libertés du pays, une imposition égale à celle de l'année qui s'achève; le gouverneur mande, en conséquence, de répartir une seconde fois les mêmes sommes dans chaque communauté[3]. C'est le pre-

---

[1] 23 novembre 1451. B. 2904, fol. 87; Pilot, I, 341.

[2] « *Que sola villa in regno per Anglicos possessa...* » La conquête de la Normandie était achevée depuis la bataille de Formigny (15 avril 1450) et la première conquête de la Guyenne depuis le traité conclu par « les gens des trois Estats de la ville et cité de Bourdeaux et pays de Bourdelois », le 12 juin 1451. Appelés par les Gascons mécontents, les Anglais allaient revenir sous les ordres de Talbot, en octobre 1452, et se faire battre une dernière fois à Castillon (17 juillet 1453).

[3] 12 décembre 1451. Original, B. 3508. Cf. Arch. Drôme, E. 11591; Pilot, II, 427, et I, 385, n. 2. Les lettres parlent du subside accordé « anno proxime preterito »; il faut évidemment traduire : 1450 (1451 n. s.). Cet ordre, donné en décembre, ne pouvant être exécuté qu'en janvier suivant, Louis II ne devançait guère la date à laquelle il demandait habituellement le subside.

mier exemple certain d'une *taille imposée d'office* que
nous ayons rencontré jusqu'ici. Louis II ne s'arrêtera pas
à mi-chemin dans cette voie : il insérera bientôt ouvertement dans ses demandes la clause de contrainte. Après
les alleutiers ecclésiastiques ou laïques, les Etats eux-
mêmes voient leur privilège essentiel méconnu. Décidément les beaux jours de l'indépendance féodale sont passés et l'autonomie financière des Etats, née des franchises delphinales à la faveur de la guerre de Cent ans,
menace déjà de prendre fin avec elle.

La guerre anglaise n'était qu'un prétexte. Le dauphin
sentait pourtant la nécessité d'apaiser la colère de
Charles VII, irrité de sa désobéissance et assailli chaque
jour de plaintes nouvelles sur « sa tyrannie et ses dépor-
tements [1] ». Le roi savait que son fils, non content de
trancher du souverain en Dauphiné, ne cessait d'intri-
guer parmi les courtisans, avec lesquels il conservait des
intelligences [2]. Cette situation ne pouvait se prolonger
longtemps sans conflit : une première crise éclata en
1452. Au mois d'août, on apprit que Charles VII traversait l'Auvergne avec son armée, se dirigeant vers l'Est, et
le bruit courait qu'il allait châtier le dauphin, à moins
que celui-ci ne se décidât à « corriger l'esclandre qui
était partout de son gouvernement, à éloigner ses mauvais conseillers et à rentrer à la Cour ». La fidélité des
barons dauphinois paraissait fort douteuse [3]. Louis, bien

---

[1] Vallet de Viriville, *Hist. de Charles VII*, t. III, p. 225.

[2] Beaucourt, IV, 207, affaire Mariette ; IV, 341, relations avec
le duc de Bourgogne ; V, 127, complicité présumée de Jacques
Cœur.

[3] Dammartin écrivait au roi : « Les nobles et tous ceux dudit
pays n'ont fiance qu'en vous, et dient qu'ils sont perdus à cette

résolu à ne pas retourner vers son père, chercha à gagner
du temps pour se mettre en état de s'opposer par la force
à l'entrée de l'armée royale dans sa principauté. Pendant que Gabriel de Bernès allait à La Palisse parlementer avec le roi [1], il pressait le recouvrement de la taille
qu'il avait fixée lui-même, empruntait à des particuliers
sur le subside de l'année suivante, convoquait l'arrière-
ban en armes à Saint-Marcellin et faisait compléter les
fortifications de Vienne, « clef de la province »; il y
achemina aussitôt ses troupes sous la conduite du bâtard
d'Armagnac et, comme beaucoup de nobles s'étaient
abstenus de venir, il promulgua, au mois d'octobre, trois
ordonnances pour s'assurer une armée plus nombreuse,
mieux disciplinée et dévouée à ses intérêts [2]. L'expédi-

fois, si vous n'y mettez remède, et dès qu'ils vous verront démar-
cher, ils parleront haut. » Duclos, *Preuves*, p. 121; Beaucourt,
V, 433.

[1] Louis II se déclarait tout disposé à « faire hault et bas »
tout ce qu'il plairait au roi de lui commander. Charles VII lui
demanda simplement de venir s'expliquer lui-même. Il répondit
que cela lui était impossible « pour certains pèlerinages qu'il
disoit avoir vouez accomplir avant que venir devers » son père.
Beaucourt, V, 456-461; Charavay, I. 57.

[2] *Trois-Doms*, 769; Pilot, I, 376, 375, 378; Chorier, II, 454;
Beaucourt, V, 74, 176, 456, et Arch. de Grenoble, CC. 1315 :
Ordre de presser le recouvrement de la taille par la force. Voir
aussi B. 2764 et 3508, tailles péréquées à Bourgoin et ailleurs, à
la suite d'une concession des Etats qui auraient été tenus à La
Côte au mois de février 1451 (sans doute 1452 n. s.). Le dauphin
éprouva-t-il le besoin de régulariser après coup l'ordonnance du
12 décembre 1451 ? On lit au dos du premier de ces documents :
« Copia parcellarum tallie... concesse d. n. dalphino in loco
Coste die duodecima mensis decembris anno jamdicto. » Aurait-on
cherché à tromper les contribuables au sujet de la taille de 1452
ordonnée par le gouverneur, à La Côte, le 12 décembre 1451, mais
non consentie par les Etats? Le secrétaire ou le notaire a-t-il simplement négligé de modifier sa formule habituelle?...

tion royale était surtout dirigée contre le duc de Savoie,
qui favorisait alors l'insubordination du jeune prince.
Louis Ier, moins audacieux que son gendre, vint traiter le
27 octobre, à Cleppé, avec le roi, que la dernière descente
des Anglais en Guyenne obligea ensuite à retourner vers
le Sud-Ouest. Le dauphin était sauvé. Toutefois, heureux
de trouver un prétexte pour légitimer ses armements, il
écrivit à son père en lui proposant ses services.
Charles VII les refusa [1].

Conciliant et souple quand il le fallait, Louis II donna
satisfaction à plusieurs anciennes demandes des Etats,
en janvier 1453 : il prolongeait encore d'un an, à partir
de Noël suivant, les délais déjà accordés pour les dénombrements des nobles, — il abolissait la défense faite aux
sujets delphinaux de pêcher dans les rivières, sauf pour
celles où la pêche avait été interdite de tout temps, — il
promettait d'obliger le maître des garnisons de son hôtel
et son écuyer d'écurie à payer leurs fournisseurs et les
dettes qu'ils avaient contractées « par le pays [2] ».

Les trois Ordres, convoqués à Romans, lui présentèrent,
le 21 janvier, de nouvelles requêtes en 15 articles; l'analyse en est assez suggestive de l'état de choses qui allait
motiver bientôt l'intervention du roi : Il n'y a plus moyen
de supporter les charges qui s'accroissent de jour en jour
si l'on ne taxe pas les villes et les particuliers exemptés
par le dauphin, car « ceulx qui sont affranchis sont lés

---

[1] Beaucourt, V, 180, 456. Cf. De Barante, *Hist. des ducs de
Bourgogne*, VIII, 10 : « Ce n'est pas contre les Anglais, disait le
roi, qu'il a assemblé ses gens; nous avons déjà conquis la Normandie et la Guyenne sans lui, et nous les pourrons encore conquérir de même. »

[2] Bibl. de Grenoble, R. 80, pièce 1359; Pilot, I, 387.

plus riches et marchans et ne sont poinct nobles », —
qu'il soit permis de chasser les « bestes sauvaiges qui
destruisent les bleds et gastent le bestail des bonnes gens,
en spécial en pais des montagnes », — le prince a fait
remise dernièrement, à Vienne, à tous les nobles qui l'ont
servi cette année à la guerre, de tous les droits et
amendes dont ils pouvaient être redevables; or, on instruit contre eux des procès, on les emprisonne; tel Antoine de La Vilette « qui l'a bien servi pour une lance »
et est prêt à le servir encore « quand sera le bon plaisir »
du dauphin, — ceux du Briançonnais, de l'Embrunais et
du Gapençais expriment le vœu que le Conseil delphinal
et la Chambre des Comptes, transférés à Romans à cause
de la peste, soient réinstallés à Grenoble, sinon ils « seront perdus et destruiz pour les grandz despens des journées qu'il leur fault payer aux sergens et commissaires
qui viennent faire les assignations tant pour les procès
qui sont audit Conseil que pour les debtes qu'ilz doibvent
au trésorier », et aussi à cause des dangers qu'ils courent
en portant « l'argent, de si lointain pais », — il y a partout des receveurs pour la taille, cependant « bien que
chascun doibve estre content » quand il s'est mis en règle
avec eux, les sergens « exécutent ceulx qui leur semblent estre les plus riches, et qui bien souvent ont payé
leur quotte », — les Etats demandent que l'on tienne
compte aux villes des sommes avancées par elles au dauphin sur le premier terme de l'aide, — que l'on instruise
les « cas criminels », au lieu de donner les amendes à
des gens qui les font débourser avant tout jugement, —
la ville de Saint-Marcellin est « bien paouvre et bien
chargée » ; or le capitaine châtelain exige 100 francs par
an, soit 20 florins 10 gros un tiers par feu, « oultre les

aides et autres charges, et, quant prestement ne luy
baillent l'argent, car ne le peuvent avoir, fait mettre les
consuls en prison » ; les habitants supplient le dauphin
de les décharger de cette pension, sinon « leur faudroit
aller demourer ailleurs », — le siège de la cour de Viennois Terre de La Tour doit être ramené à Bourgoin qui
est au milieu du pays, tandis que Vienne est au bout, —
les gens des communes se plaignent de ce que les ecclésiastiques exigent pour leurs « censes et revenus six
liards, là où la seignorie n'en prend que quatre et demi,
qui est contre toute raison[1] », — le pays a bien peu d'argent, il ne pourra acquitter les aides si l'on ne rapporte
pas l'ordonnance interdisant l'exportation des blés, — les
Etats demandent encore que l'on respecte la juridiction
des nobles, — que l'on ne réquisitionne plus de vivres en
dehors des marchés sans payer ou en payant moins qu'ils
ne valent, — que les Juifs qui sont venus s'installer à
Briançon en soient expulsés, car ils ruinent le pays « à
cause des usures qu'ilz preignent et des seductions qu'ilz
font aux bonnes gens qui sont simples[2] », — enfin que

---

[1] Avec le renchérissement progressif de la vie, les gens d'église
voyaient, non sans regret, diminuer le revenu réel de fondations
nécessaires pour leur subsistance ; ils s'efforçaient naturellement
de percevoir une somme équivalente à celle qui leur avait été
donnée à l'origine ; c'est ainsi que les tailles comtales de La Mure,
qui étaient de 100 l. 16 s. quand Humbert II les donna au monastère de Montfleury, furent portées peu à peu à 400 l. par divers
arrêts du parlement.

[2] On trouve de nombreuses plaintes contre eux dans les revisions de feux. Cf. B. 2739, fol. 85 et 94 ; B. 2743, fol. 20, 115,
183. Dans une requête pour obtenir une diminution d'impôts, en
1461, les gens des comtés de Valentinois et Diois s'expriment
ainsi : « In dicto bayllivatu... habitant Judei... qui maximum
gravamen et onus inferunt habitatoribus ejusdem, quod, ut est

l'on rende justice des extorsions et des violences du capitaine d'Embrun sur les sujets du dauphin et des nobles
du voisinage. Louis II fit répondre : « Mᵍʳ ne cuide pas
que les affranchiz soyent en si grand nombre qu'ilz pré-
judicient au pais », sinon il y pourvoira [1], — la chasse
est un privilège des nobles; elle apporterait aux roturiers plus de dommage que de profit, — on observera
l'ordonnance pour les gens d'armes qui l'ont servi et le
procès de La Vilette sera abrégé le plus qu'on pourra, —
Grenoble étant maintenant « seur et net de mortalité »,
on y ramènera le Conseil, les Comptes et le trésorier [2],
— pour le recouvrement des tailles, on s'en prendra
d'abord « au recouvreur et à ses pleiges s'ilz sont solvá-
bles, aultrement, en leur défaut, aux aultres », — pour
les emprunts faits par le dauphin, « Mᵍʳ y aura advis et
y donra la provision qui lui sera possible », — Pierre
Gruel, juge de Gap, est chargé du don des amendes; on
aura recours contre lui s'il y a des abus, — Saint-Marcellin « portera » cette année la pension du capitaine
« et après, Mᵍʳ y donra provision telle qu'ilz devront
estre contens », — le siège de la justice du Viennois restera à Vienne, — on payera leurs cens aux gens d'église

notorium, vivunt de usuris extortis a christianis... nec artem
quamcumque aliam habent seu exercent unde sustententur nisi de
usuris et ex sudore atque labore pauperum subdictorum..., et nisi
de proximo aliquod remedium apponatur, erit occasio depopula-
tionis et destructionis totalis dicte patrie. » Nous n'avons pas
besoin de souligner l'exagération ordinaire des plaintes dans les
revisions de feux.

[1] Le 19 mars 1453, il ordonna de procéder à une revision générale de tous les feux du Dauphiné et des comtés de Valentinois et
Diois. Pilot, II, 392.

[2] Le Conseil delphinal, érigé en parlement au mois de juin
1453. fut réinstallé à Grenoble en juillet suivant. Ordonn., XIII,
162; Guy Pape, Quest., 43 et 554.

17

suivant les reconnaissances anciennes et le reste en
monnaie courante, — le dauphin concède la liberté du
commerce des blés, — ses officiers ne feront plus de ré-
quisitions de vivres sans les payer, — les Juifs demeu-
reront à Briançon, — le capitaine d'Embrun sera cité
devant le Grand Conseil [1].

Louis II, voyant détourné pour un temps l'orage qui le
menaçait du côté de la Cour, avait repris sa politique
ambitieuse et continué ses pratiques tantôt sournoises,
tantôt violentes. Au mois d'août 1453, une tentative
d'expédition en Italie n'aboutit qu'à le brouiller avec son
oncle, le roi René, et avec son beau-père, le duc de Savoie. Cet échec ne découragea pas son infatigable activité : aux Etats de janvier 1454, encore réunis à Romans,
il demanda, pour payer ses hommes d'armes, une imposition de 15 florins 6 gros par feu [2]; puis, au mois de juin,
il envahit et ravagea la Bresse pour se venger de Louis
de Savoie, parce qu'il avait traité seul avec Charles VII
en 1452 et, l'année suivante, essayé tout d'abord de refuser le passage à travers les Alpes aux troupes que le
dauphin conduisait en Lombardie [3]. Pas de guerre en
1455, mais Louis II intrigue partout : il envoie le jurisconsulte Guy Pape en ambassade à la Cour [4]; il cherche

---

[1] Bibl. de Grenoble, R. 80, t. IX, fol. 146 v° ; Pilot, I, 391.

[2] *Pièces justif.*, VI. Cf. Arch. Drôme, E. 11345; Pilot, I, 417.
A la demande des consuls de Grenoble, il ordonna, le 19 juillet
1454, que tous les habitants contribueraient pour cette fois, sauf
les officiers ordinaires et ceux qui le servaient en personne à l'armée. Pilot, I, 431.

[3] Le duc écrivit à Charles VII pour le prier d'intervenir; il
restera désormais fidèle au roi pendant tout le conflit. Le dauphin
traita avec Louis de Savoie, le 14 septembre 1454. Pilot, I, 436
et n. 1.

[4] *Decisiones*, quest. 84. Voir les détails donnés par Chorier

à gagner à sa cause Calixte III, en lui promettant de
prendre part à la suprême croisade prêchée contre les
Turcs après la prise de Constantinople; il entretient auprès de lui une garde de 50 gentilshommes avec des
archers et des arbalétriers. Ambassades et opérations
militaires coûtaient beaucoup d'argent : le dauphin se vit
obligé de multiplier et d'aggraver les tailles ; il allait
ainsi faire déborder la coupe déjà pleine [1]. Impitoyable
pour la féodalité ecclésiastique et laïque, il avait plutôt
favorisé les bourgeois, les marchands et les paysans. A la
fin ce fut un concert unanime de plaintes des trois Ordres
auprès du roi, qui se décida à intervenir personnellement, de façon à prévenir par sa présence toute tentative
de rébellion [2].

(II, 457) et le discours qu'il met dans la bouche de Guy Pape.
Sur ce personnage et sa collaboration à l'œuvre de Louis II, dont
il fut comme le théoricien et le légiste, cf. L. Chabrand, *Étude sur
Guy Pape (1404?-1477)*, in-8°, Paris, 1912.

[1] B. 2754, fol. 341; Pilot, III, 47 : Ordre aux châtelains de
répartir le subside voté par les Etats à Romans, au mois de février, et de l'apporter à Grenoble avant le 1er mai (13 mars 1455).
Cf. Arch. Drôme, E. 11345, et Bibl. de Grenoble, R. 80, p. 541,
deux états de dépenses des 26 février et 18 juillet 1455, signés
Louis.

[2] Un ennemi de Louis II, Thomas Basin, évêque de Lisieux,
nous a conservé l'écho de ces doléances dans son *Hist. des règnes
de Charles VII et de Louis XI*, publiée par J. Quicherat, 4 vol.
in-8°, Paris, 1855, livre V, chap. XII, t. I, p. 284 : « Quid vero de
plebibus dicam?... patria olim sic libera et opulenta velut hortus
quidam deliciarum omnibus per eam peregrinantibus... in tantam
redegit servitutem, ut jam non absimilem calamitatem talliarum
ceterarumque exactionum subire habeant, quam miserrime patiun-
tur ceteri populi Galliarum » : et chap. XIII, p. 286 : « Sed ani-
mus ille ferox et indomitus nec sic ad patris reverentiam inflexus
est... » Dans un sens opposé, voir les *Mémoires* de Commynes,
liv. I, chap. XII et liv. VI, chap. XII (édit. Dupont. I, 83. et II,
274; édit. de Mandrot, coll. Picard, I, 73-74; II, 82 et suiv.).

CHAPITRE III

CHARLES VII REPREND POSSESSION DU DAUPHINÉ
(1456-1457).

§ I. **Derniers actes de Louis II avant sa fuite en Bourgogne et en Flandre (1456)** : *Le dauphin organise la défense de sa principauté, réunit les Etats, négocie des alliances et envoie des ambassadeurs à son père; le Registre Delphinal. — Il reconnaît la suzeraineté du Saint-Siège sur le Valentinois et le Diois pour engager le pape dans sa querelle. — Ultimatum de Charles VII; l'armée royale se dirige vers le Dauphiné. — Terreur de Louis II; il s'enfuit chez le duc de Bourgogne et va s'installer en Flandre.*

Au mois d'octobre 1455, Charles VII s'arrachait non sans effort à la « fertile et délectable » campagne du Berry et s'éloignait lentement des pays de la Loire moyenne, refuge de la royauté en péril pendant la seconde période de la guerre de Cent ans. Louis II recommença aussitôt ses préparatifs de défense; il réunit des troupes et accéléra la mise en état de ses places fortes [1]. Songea-t-il à prendre ouvertement les armes contre son père?... Il écrivait alors au duc d'Alençon, qui s'apprêtait à livrer la Normandie aux Anglais : « Mon parrain, mon parrain, ne me faillez pas au besoin et ne faites pas comme le cheval au pied blanc. » Et le duc d'avertir immédiatement ses amis d'outre-Manche : « L'occasion est favorable; le roi est parti en guerre contre son fils; venez »; il aurait même ajouté, parlant de ses complices à l'envoyé du duc d'York : « Tu serais bien ébahi si

---

[1] J. Chevalier, II, 225-226; Beaucourt, VI, 74-75.

monseigneur le dauphin en faisait autant que moi[1]. »
Quoi qu'il en soit, Louis II, revenu d'un pèlerinage à la
Sainte-Baume, ne perdit pas de temps. Au mois de janvier 1456, il réunit les Etats à Grenoble et se fit octroyer
un subside[2]. Il employa surtout l'arme qu'il savait le
mieux manier, les négociations. Après s'être rapproché
de l'évêque de Valence, chef de la puissante maison de
Poitiers, il envoya en secret des émissaires au duc de
Bourgogne, au duc de Bretagne et au comte d'Armagnac[3].
Le 20 mai, il ordonna à Mathieu Thomassin de rechercher les vieux titres intéressant l'histoire du Dauphiné et
l'autorisa à se faire prêter tous les documents nécessaires. Le grave jurisconsulte se mit aussitôt à l'œuvre
et son *Registre delphinal* allait établir que le pays appartenait en toute souveraineté au dauphin[4]. En même
temps, deux ambassades successives se rendaient à la
Cour pour protester de la soumission de Louis II à son
père : il s'engageait à le servir envers et contre tous, à
ne conclure désormais aucune alliance sans sa permission, etc... Charles VII exigeait le retour de son fils
auprès de lui et le renvoi des conseillers du jeune prince.

---

[1] Beaucourt, VI, 49, 50, 58 et n.
[2] Pilot, III, 56, n.; Fauché-Prunelle, II, 543, n. Le 2 juin, il
dispensa les alleutiers du droit de sauvegarde, à condition de contribuer aux dons gratuits. Pilot, I, 495.
[3] Beaucourt, VI, 58, 65 et 74, n. 4, 5 et 6; J. Chevalier, II, 226.
[4] Bibl. de Grenoble, U. 909, ms. vélin; Pilot, I, 55, n. 1, et 494.
En 1448, il avait déjà composé un registre des redevances dues au
dauphin et des titres qui prouvaient son domaine contre les prétentions des grands seigneurs ecclésiastiques et laïques du Dauphiné : *Designatio dignitatum, prerogativarum a dominio delphini
Viennensis.* Bibl. de Lyon, ms.; *Revue du Lyonnais*, III, 430.

Louis ne voulut jamais accorder ces deux points et l'on ne put s'entendre[1].

L'astucieux dauphin se tourne alors du côté du pape et cherche à le mettre dans ses intérêts pour l'obliger à intervenir. Il lui fait savoir que sa conscience est troublée par une découverte qu'il vient de faire : il est vassal de l'Eglise romaine, non seulement pour le fief de Montélimar, mais encore pour le Valentinois et le Diois, dont la Maison de France a hérité jadis de la famille de Poitiers. Jusqu'à ce jour il avait ignoré dans quelle condition de dépendance il tenait ces terres; informé des droits de la papauté, il voulait remplir les devoirs d'un fidèle vassal et prêter hommage au Saint-Siège. Ainsi fut fait. Une bulle datée de Sainte-Marie-Majeure, le 5 août 1456, consigna le souvenir de cet heureux événement[2]. La cour romaine ne pouvait que se réjouir de voir une vieille querelle féodale se terminer tout à coup à son profit, et Louis II y trouvait son avantage, puisqu'il n'était plus possible de toucher à sa principauté sans porter atteinte aux droits de l'Eglise elle-même. Vaine comédie! La médiation de Calixte III entre le roi et son fils n'obtint aucun résultat. Charles VII n'ignorait pas que Louis faisait armer ses sujets, et, lorsque celui-ci lui envoya une troisième ambassade, il lui répondit, le 20 août, par un véritable ultimatum; en même temps, une armée sous les ordres du maréchal de Lohéac[3] et de l'amiral de Bueil[4] se dirigeait vers le Dauphiné[5].

---

[1] Beaucourt, VI, 75, 81 ; Charavay, I, 75 ; Duclos, *Preuves*, 99 et 104.

[2] Publiée par J. Chevalier, II, 229. Cf. Pilot, I, 502.

[3] André de Laval, seigneur de Lohéac et de Retz, maréchal de France ; c'était le frère du gouverneur Louis de Laval.

[4] Jean V de Bueil, comte de Sancerre, dit le *Fléau des Anglais*.

[5] B. 3275 ; Charavay, I, 76, 260 et 271 ; Beaucourt, VI, 86-88.

On conçoit quelle fut l'émotion à la cour du dauphin,
quand Gabriel de Bernès et Simon Le Couvreur, prieur
des Célestins d'Avignon, revinrent, porteurs de cette
nouvelle; Louis II, surtout, pris de cette « peur sau-
vage » dont parle Châtelain[1], croyait déjà voir son père
s'avancer avec ses hommes d'armes « pour l'enclore, et
prendre la souris en son trou ». Il savait quels avaient
été ses empiétements sur les droits féodaux du clergé,
ses procédés hautains et tyranniques envers la noblesse;
comment compter sur leur fidélité? Il partit donc secrètement, le 30 août, et ne s'arrêta qu'à Saint-Claude,
après une course de trente lieues à franc étrier[2]. Là, il
entendit trois messes, et, comme son imagination n'était
jamais à court d'inventions nouvelles, il écrivit au roi
pour lui dire qu'il était venu voir son « bel oncle » de
Bourgogne[3], avec l'intention de se joindre à lui pour
« aller sur le Turc à la deffence de la foy catholique »;
c'était bien le moins que pût faire un gonfalonier de
l'Eglise romaine[4]. Le 25 septembre, une lettre du duc de

---

[1] « Ne pouvoit ymaginer autre chose fors que le Roy son père
quéroit à le prendre et le faire expédier secrètement en un sac
en l'eaue. » Chastellain, III, 178 et 186-192. Après la récente
catastrophe de Jacques Cœur et les nombreuses révolutions de
palais du règne, cette crainte n'était pas absolument chimérique.
« Aucuns contaient, dit le chroniqueur Duclercq (XIII, 191), que
si Charles VII l'eût tenu, il l'eût mis en tel lieu, que jamais on
n'en eût ouï parler, et eût fait roi de France son second fils. »

[2] Beaucourt, VI, 88-89. Cf. Fernando Gabotto, Lo Stato Sabaudo da Amedeo VIII ad Emanuele Filiberto, 3 vol. in-8°, To-
rino, 1892, I, 38 et suiv. Voir dans Chorier, II, 460, le récit
légendaire de la fuite du dauphin.

[3] Philippe le Bon, duc de Bourgogne et de Brabant, père de
Charles le Téméraire.

[4] Charavay, I, 77. Il avait reçu ce titre du pape Eugène IV, le

Bourgogne annonçait à Charles VII que le dauphin, après son « pèlerinage à Monsieur Saint-Claude », s'en était allé « ébattre » chez le prince d'Orange, « en son hôtel de Vers », d'où il l'avait prévenu de sa visite. En réalité, Louis II, toujours inquiet, avait traversé en toute hâte la Lorraine et le Luxembourg, pour se rendre en Flandre, où le duc le reçut avec les plus grands honneurs et lui assigna comme résidence la ville de Genappe, à quelques lieues de Bruxelles en Brabant.

§ II. Négociations de Charles VII avec les Etats (1456-1457) : *Lettres du roi aux prélats, aux nobles et aux villes du Dauphiné; les trois Ordres le supplient vainement de ne pas entrer en armes dans la principauté; les grands officiers secrètement hostiles à Louis II. — Les Etats convoqués à Vienne au mois d'octobre 1456 : habile discours de Charles VII; délégation envoyée au dauphin. — Les châtelains du Domaine et les nobles font individuellement leur soumission. — Obstination de Louis II et fidélité de quelques-uns de ses officiers. — Rôle des Etats : pourquoi ils ont passé sous silence la question du serment; situation politique de la principauté. — Une ambassade bourguignonne vient parlementer avec Charles VII. — Progrès de la cause royale; audacieuse résistance de la compagnie du bâtard d'Armagnac dans la Tour de Crest. — L'attitude des partisans de Louis II, la duplicité et les intrigues du jeune prince décident Charles VII à réduire le Dauphiné sous sa main. — Seconde ambassade bourguignonne. — Délibérations des trois Ordres réunis à Grenoble, en mars 1457; ils envoient chercher des instructions à Lyon auprès des mandataires du dauphin. — Le maréchal de Lohéac, l'amiral de Bueil et Fr. de Hallé viennent intimer les volontés du roi. — Les Etats, transférés à Saint-Symphorien-d'Ozon au mois d'avril, refusent de se soumettre avant d'y avoir été autorisés par Louis II et font*

25 août 1444. Pilot, II, 348. Le roi lui fit une réponse sévère le 27 septembre. Beaucourt, VI, 101. Cf. Bibl. nat., ms. lat. 17028, fol. 13, et De Barante, *Hist. des ducs de Bourgogne*, VIII, 29 et suiv.

*approuver par ses ambassadeurs la formule du serment exigé
par Charles VII.*

Le 11 septembre 1456, le roi écrivit à tous les prélats
et aux principaux seigneurs du Dauphiné pour leur apprendre le résultat des dernières démarches du dauphin :
celui-ci, après avoir reçu une réponse dont « il se devoit
moult esjoir », était parti à l'improviste, laissant ses
vassaux et sujets « sans garde, ordonnance ne con-
duicte » : Charles VII envoyait à Lyon le maréchal de
Lohéac et le sire de Bueil pour « obvier aux entreprises
que l'on pourroit faire », et annonçait sa prochaine arrivée en vue de rétablir la tranquillité publique[1]. Le
2 octobre, une seconde lettre, datée de La Palisse, convoquait les trois Ordres à Vienne pour le 15 du même
mois[2]. Ensuite, il quitta le Bourbonnais et se remit en
marche vers le Dauphiné, dont il lui tardait, sans doute,
de connaître par lui-même les véritables sentiments en
présence de ce singulier conflit.

A cette nouvelle, les Etats, d'abord réunis par le gouverneur Louis de Laval, à Grenoble, chargèrent une députation d'aller apaiser le roi par de douces paroles
(*blandis et dulcibus verbis*) et le prier de ne pas entrer
de force dans le pays. Mais, suivant l'arrêt qui fut prononcé contre Antoine Bolomier[3] le 8 novembre 1462, une
« conspiration » s'était formée contre le dauphin; elle

---

[1] B. 3275. Publié, *Bull. Acad. Delph.*, 1907, p. 21. Du 7 au
15 septembre, des circulaires furent également adressées aux
villes pour les mettre au courant de la fuite du dauphin et des
circonstances qui l'avaient précédée. Beaucourt, VI, 95.

[2] B. 3262. Cf. Bibl. de Grenoble, R. 6201; Pilot, II, 399.

[3] Général des finances. Cf. Pilot, I, 280, n. 4.

comprenait, avec A. Bolomier, l'évêque de Valence [1], le gouverneur, le président du parlement, Gabriel de Bernès et Nicolas Erland. C'étaient eux qui avaient appelé le roi; ils eurent l'habileté de faire mettre à la tête de l'ambassade Louis de Poitiers, qui présenta à Charles VII, en public, les protestations des trois Ordres, alors qu'il le pressait, dans des entretiens secrets, de venir et de remettre le Dauphiné sous sa main [2].

Le roi était à Lyon le 18 octobre et le 26 à Vienne [3]. où il présida les Etats en personne, au mois de novembre, après que Chabannes se fut emparé du château de Pipet et y eut installé une garnison [4]. Il remercia tout d'abord ceux qui étaient venus d'avoir obéi à son ordre, bien qu'en cela ils n'eussent accompli que leur devoir, puis-qu'ils lui avaient prêté jadis un serment dont il ne les avait pas déliés [5]. Il affirma ensuite sa prédilection pour

[1] Louis de Poitiers, évêque de Valence et de Die; les Etats de juillet 1457 lui votèrent 2.000 florins « pour plusieurs voyaiges et grans despenses qu'il avoit faiz pour les affaires du pays ». Bibl. de Grenoble, R. 80, t. VII, p. 561.

[2] B. 3277, fol. 14 v°; B. 3182, fol. 111. Cf. Duclos, I, 151; IV, 127. et Chorier, II, 460 : « Le roi avait un grand parti en Dauphiné, etc... »

[3] Trois-Doms, 756, n.; Beaucourt, VI, 478.

[4] Cf. Charvet, Hist. de la Sainte Eglise de Vienne, in-4°, Lyon, 1761, p. 513; voir aussi, p. 517, lettre du roi par laquelle il dé-clare au Chapitre que c'est « pour la nécessité des affaires » et qu'il entend bien « n'y acquérir aucun droit ». Les Etats votèrent 416 florins « pour la creue des gaiges des gens d'armes qui estoient de l'ordonnance du roy, affin qu'ilz ne prissent rien sans payer ».

[5] Le discours de Charles VII est résumé dans une dépêche de Tomaso Tebaldo, ambassadeur du duc de Milan, datée de Lyon, le 7 décembre 1456 (texte italien publié par Charavay, I, 266; cf. F. Gabotto, Lo Stato Sabaudo, t. I, chap. II, et Beaucourt, VI,

les Dauphinois toujours fidèles et qui lui avaient été d'un
si grand secours dans ses luttes anciennes; il rappela
comment ils s'étaient conduits dans tel et tel combat,
comment tels et tels étaient morts, et il entra dans le
détail comme s'il avait le récit des faits écrit sous ses
yeux. Ayant, de la sorte, conquis son auditoire, il continua en ces termes : « Pour toutes ces raisons, il me
déplaît, maintenant que le royaume est tranquille et en
paix, que vous seuls soyez accablés par les subsides et
l'entretien des gens de guerre et en outre mal gouvernés.
Cela est imputable avant tout aux conseillers du dauphin : le bâtard d'Armagnac, qui n'est pas Armagnac
mais Anglais [1], et le sire de Montauban, qui a trahi ceux
de sa propre maison [2]; quant à Capdorat [3] et à Guarguesalle [4], je n'en veux point parler, car étant de ce pays, ils
sont connus pour ribauds, traîtres et méchants (*cativi* [5]).
Je viens porter remède à cet état de choses, dégrever
les Dauphinois de leurs charges, mettre un terme à cette

96). D'après ce document, le gouverneur ne voulait pas d'abord
se rendre à Vienne sans l'avis préalable et le consentement du
pays, à cause des nombreuses lettres envoyées par le dauphin
pour défendre d'obéir à un autre qu'à lui, sous peine d'encourir sa
disgrâce.

[1] Jean, bâtard d'Armagnac, seigneur de Gourdon et de Tournon, s'attacha de bonne heure au dauphin qu'il suivit dans toutes
ses guerres ; fut nommé gouverneur du Dauphiné le 24 janvier 1458 à la place de Louis de Laval, mais ne put exercer ses
fonctions qu'après l'avènement de Louis XI. Pilot. I, 511.

[2] Jean, seigneur de Montauban, chambellan du dauphin. Pilot,
I, 443, n. 5.

[3] Aimar de Poisieu, dit Capdorat, maître d'hôtel du dauphin.
Pilot, I, 45, n. 2.

[4] Jean de Guarguesalle, écuyer d'écurie du dauphin et plus tard
grand écuyer. Pilot, I, 357, n. 2.

[5] Beaucourt traduit ce mot par *mauvais chiens*.

mauvaise administration. Mon dessein n'est pas d'enlever sa principauté à mon fils, mais de le forcer à renvoyer ces quatre serviteurs, auxquels jamais je n'accorderai de pardon, surtout aux deux premiers. Je suis prêt à lui donner la provision accoutumée, savoir 25.000 francs de pension annuelle; je lui donnerai en outre soit le duché de Normandie, soit le duché de Guyenne, afin qu'il puisse vivre honorablement et avec un état convenable. S'il veut rentrer à la Cour et s'y fixer, je le recevrai paternellement; s'il veut rester ici ou s'établir ailleurs, il pourra agir comme bon lui semblera [1], à la condition de chasser ces quatre serviteurs. Je souhaite, dit le roi en terminant, que tout cela puisse s'arranger sans retard, et plutôt par l'intermédiaire des trois Ordres que par d'autres moyens. »

Ce discours fut accueilli avec respect. Les Etats, tout en réservant la question du serment [2], déclarèrent qu'ils étaient disposés à faire ce qui serait en leur pouvoir pour que le jeune prince se soumît aux désirs de son père, comme la raison le commandait. Une ambassade fut désignée pour se rendre auprès du dauphin. Peu

---

[1] En réalité, Charles VII n'admettait pas que son fils continuât à vivre loin de la Cour, comme on le verra plus loin.

[2] Ils ne se tenaient pas pour liés envers le roi, dit Tomaso Tebaldo, mais il leur parut préférable de passer cela sous silence. D'après Legrand (t. IX, fol. 188), le parlement s'étant réuni en secret avant l'arrivée du roi, tous les conseillers furent d'avis que Charles VII n'avait en Dauphiné ni droit ni autorité, soit comme roi, soit comme père. Cette opinion, dit Legeay (I, 205), devint encore, en 1462, un sujet d'altercation entre les membres des trois Ordres réunis à Grenoble : il s'agissait de savoir si les nobles qui avaient contrevenu à leur serment envers le dauphin Louis, « leur vrai et suprême seigneur », devaient être considérés comme félons.

après, Charles VII alla se fixer à Saint-Symphorien-
d'Ozon; il y manda les châtelains et les nobles qui vinrent,
non en corps, mais les uns après les autres; d'ailleurs,
comme le dit le témoin oculaire dont nous suivons la
relation, ils ne voyaient pas la possibilité de faire autrement, car le roi était là avec beaucoup de gens d'armes
autour de lui.

En somme, à la fin de 1456, le roi avait achevé de
gagner à sa cause, soit par crainte, soit par persuasion,
les grands corps administratif, judiciaire et financier,
avec la plupart des officiers de tout ordre et, jusqu'à un
certain point, la majorité des représentants du pays.
C'est que, — comme cela résulte de tout ce qui précède,
— le roi ne songeait pas plus alors à reprendre à son fils
sa principauté que le dauphin ne se résignait à s'en des-
saisir. Si Louis II avait reculé devant la perspective
d'hostilités personnelles avec son père, il comptait bien,
d'une part, que ses troupes feraient bonne contenance,
et, de l'autre, que les Etats sauraient défendre leurs
droits et privilèges avec les siens. Ecoutons sur ce point
Tomaso Tebaldo s'adressant au duc de Milan : « A Grenoble se trouve la garde du dauphin, environ mille hommes d'armes et archers, sous les ordres de Guill. de Mévouillon. Nous sommes allés le visiter et il nous a fait
grande révérence à cause de Votre Seigneurie. Il est
bien décidé à demeurer ferme dans son devoir, même
contre le roi, en sauvegardant jusqu'au bout les intérêts
de son seigneur. Je cherchai à le raisonner en lui disant
que les Grenoblois étant disposés à se soumettre, il ne
pourrait pas facilement assurer la défense de la ville.
Il me certifia que le pays tout entier partageait ses sentiments, et que si l'on avait pris le parti d'aller vers le

roi, c'était par déférence et par respect, mais que tous
agiraient de la même façon pour rester fidèles au dauphin, leur seul seigneur et maître [1]. » C'est la résistance
des partisans de Louis II, c'est l'obstination et la duplicité, ce sont les intrigues de ce dernier qui décideront le
roi à pousser son intervention à fond et à reprendre le
gouvernement du Dauphiné.

Quel fut jusqu'à cette date le rôle des Etats? D'après
Legrand, Charles VII ayant dit, à Vienne, qu'il venait
prendre soin de la principauté, il lui fut répondu que le
dauphin y avait laissé le gouverneur, le Conseil, le Parlement et tous les officiers ordinaires; que les changements qu'on pourrait introduire indisposeraient les habitants et causeraient plus de dommage que de profit. Le
roi insista, motivant ses craintes sur les rassemblements
de gens de guerre; on lui garantit qu'il n'y avait rien à
craindre et on le supplia de ne rien changer sans que
Louis II eût été averti. Tomaso Tebaldo dit seulement
que les Etats promirent de s'entremettre auprès du
jeune prince, mais qu'ils jugèrent préférable de passer
sous silence la question du serment. Ils étaient, en effet,
déjà assez embarrassés pour concilier les premières exi-

---

[1] Guill. de Poitiers et Guill. de Mévouillon avaient écrit de Grenoble au dauphin, le 22 octobre 1456 : « Madame (Charlotte de
Savoie) est ici et tous vos gens et aussy plusieurs gentilshommes,
et n'y a nul qui n'aye très grand vouloir de faire ce que mandés
de l'estat du pays de par deçà... Le roy a dict à monseigneur
de Valence et certifié qu'il ne veult entreprendre de vous lever le
pays, mais vous en donrroit aînçoys de l'aultre, comme ilz disent.
ne aussy constreindre serviteurs ne aultres de faire serment ne
chose qui soit contre nostre honneur. » Ils se déclaraient prêts à
accomplir « de poinct en poinct jusqu'à la mort ou à la vye »
tout ce que le prince commanderait. Charavay, I, 265.

gences du roi avec la fidélité qu'ils savaient devoir au dauphin.

Depuis le traité de Verdun (843), la condition politique des régions comprises entre le Rhône et les Alpes n'avait jamais été bien définie; mais, depuis la réunion des domaines d'Humbert II à la France, la situation du Dauphiné était vraiment unique. Par l'acte du 30 mars 1349, il avait été « transporté » au jeune Charles et à ses héritiers ou successeurs, sans que l'on songeât à constituer aux fils aînés de France un droit perpétuel et immuable[1]. C'est néanmoins ce principe qui prévalut, en dépit du silence gardé sur ce point par le contrat de cession, et bien que nos rois eussent le plus souvent exercé euxmêmes la souveraineté dans les anciennes possessions d'Humbert II, comme « ayant cause » du dauphin Charles[2]. Ainsi le Dauphiné « *n'était pas du royaume, quoiqu'il en fût inséparable*[3] »; il « *formait un Etat particulier et ne pouvait lui être ajouté fors tant comme l'Empire y serait uni*[4] ». Tous les anciens jurisconsultes

---

[1] Cf. Guiffrey, 76; Valb., II, 602-605.

[2] Alors, dit Chorier, la province ne reconnaissait les rois de France que comme dauphins : l'ordonnance faite à Villiers-Cotterets par François Ier, au mois d'août 1539, pour l'abréviation des procès, ne fut pas reçue en Dauphiné parce que le roi avait oublié d'y prendre son titre de dauphin; il fallut faire une rédaction nouvelle..., c'est l'ordonnance d'Abbeville (9 avril 1540) qui fut enregistrée par arrêt du parlement et reçue sans difficulté. *Estat politique*, I, 50.

[3] Salvaing de Boissieu, *op. cit.*, édit. Faure, 1731, p. 9.

[4] *Statuta*, fol. 60 v°. Cf. Guiffrey, 161; Chorier, *Jurisprudence de Guy Pape*, in-4°, Lyon, 1692, p. 61-65; *Estat politique de la province de Dauphiné*, I, 40 : Le Dauphiné est une principauté non unie au royaume...; la réelle tradition en fut faite non au roi Philippe de Valois, mais à Charles, son petit-fils (3° traité,

et auteurs dauphinois, depuis Guy Pape jusqu'à Chorier, sont, plus ou moins explicitement, d'accord là-dessus, et l'histoire politique de la principauté jusqu'à Louis II est une perpétuelle confirmation de ce point de droit delphinal, comme aussi de la souveraineté du Saint-Empire-Romain-Germanique dans la vallée du Rhône[1].

Quand et comment le fils aîné du roi devenait-il prince dauphin? Il en portait le titre dès sa naissance[2]; mais il est certain qu'il ne le devenait effectivement qu'à sa majorité (14 ans) et par un acte positif du roi, son père, lui transmettant la propriété pleine et entière de la principauté avec son gouvernement et la jouissance de tous ses revenus, comme cela se fit en 1410, 1416 et 1417. Le

---

en 1349). La Pragmatique Sanction de Bourges et le procès-verbal des Etats généraux de Tours en 1484, où le Dauphiné fut représenté pour la première fois, distinguent nettement « *Royaume, Daulphiné et pays adjacens* », *Statuta*, 2e pagin., fol. 33; de même le concordat de François Ier avec Léon X, à Bologne, en 1516. Cf. Dumoulin : « Non est de regno, nec legibus... regni regitur, licet regno inseparabiliter accedat. » *Opera*, édit. de 1681, t. I, p. 23; François Marc, *Décis.*, 1re partie, quest. 325 : « Dominus noster est loco Imperatoris in hac patria. »

[1] Cf. traité de 1343 : « Et n'est pas l'entente de nous... que aucun préjudice soit fait aus drois de l'Empire. » Guill. Allemand, dans un procès avec le procureur fiscal, en 1377, avait bien pu dire en parlant des dauphins de France : « Tenuerunt totum Dalphinatum, absque eo quod sit Imperio submissus nec ejus legibus aut consuetudinibus seu constitutionibus quibuscumque, *nisi dumtaxat ad beneplacitum voluntatis regis et dalphini et ejus predecessorum.* » B. 3354. Mais ce n'était là qu'une argumentation d'avocat, démentie dès l'année suivante par la concession du vicariat impérial. Voir les réserves formulées par L. Chabrand, *Etude sur Guy Pape*, 91-95.

[2] Cf. *Ordonn.*, V, 462 et 541 (févr. 1371 et nov. 1372; il s'agit du dauphin Charles II, le futur roi-dauphin Charles VI, né en 1368), et tous les actes où il est question de Louis II avant le 28 juillet 1440.

13 août 1440, à l'occasion de la prise de possession par
les ambassadeurs de Louis II, cette doctrine fut officiellement formulée par le président du Conseil delphinal :
« Et peut estre que plusieurs ont erré en ce qu'ils cuydoient que le premier né du roy de France, pour ce qu'il
s'appeloit daulphin, fût vrai seigneur et administrateur
du Daulphiné; mais il ne l'est point jusques à tant que
le Roy lui remecte et transpourte la seigneurie et administration d'icelluy. »

Le dauphin une fois mis en possession de sa principauté, on se demande à quel titre le roi pouvait y intervenir. Était-ce en vertu du serment à lui prêté jadis
comme dauphin, et non rétracté depuis lors, ainsi que
Charles VII l'affirma dans son discours aux États de
Vienne? Mais alors que devient l'indépendance du Dauphiné vis-à-vis de la couronne, indépendance regardée
comme indiscutable par tous nos anciens jurisconsultes?
Était-ce à titre de suzerain contre un vassal qui aurait
forfait? Le Dauphiné, on l'a vu, était une terre d'Empire, et si les dauphins avaient bientôt négligé de prêter
hommage aux empereurs, ils ne l'avaient jamais formellement refusé. Charles VII lui-même avait reconnu
la souveraineté absolue de Louis II en 1447, lorsque ce
dernier ayant eu des difficultés avec la reine d'Aragon
au sujet d'une saisie de marchandises opérée à l'encontre de négociants dauphinois, il avait écrit à cette
reine que le Dauphiné, administré par son fils, n'était
en aucune manière soumis à sa domination et n'était
pas même compris dans les limites du royaume; il avait
été cédé au fils aîné du roi sous la condition expresse
qu'il ne pourrait jamais être uni à la France, à moins
que l'Empire tout entier ne le fût; il formait donc un

18

Etat bien séparé et bien distinct, ayant ses libertés et franchises particulières, ainsi que le constatait formellement l'acte de cession[1].

Les trois Ordres savaient tout cela : gardiens naturels des privilèges du Dauphiné et de son existence individuelle « comme nation spéciale et corps d'Etat distinct », ils ne pouvaient manquer en cette grave circonstance à leur rôle traditionnel. Ils connaissaient surtout, par dix années de séjour parmi eux, le caractère du dauphin. On comprend dès lors que le gouverneur, bien que secrètement hostile à ce dernier, ait d'abord cherché à s'abriter derrière le pays, dont les représentants, — pour ne pas entrer en conflit avec le roi suivi de son armée, — réservèrent discrètement, à Vienne, la question du serment.

Dès le 26 octobre 1456, Louis II écrivait de Bruxelles à son père pour se plaindre des atteintes portées à son pouvoir souverain; il était « esmerveillé » qu'on eût pu craindre quelque chose d'un Etat fort tranquille et qui ne demandait qu'à demeurer en bons rapports avec la France; il annonçait en même temps l'envoi d'une ambassade par le duc de Bourgogne, en vue de chercher un terrain de conciliation et de ménager un accommodement[2]. Il ne disait pas que le bâtard d'Armagnac et Guarguesalle arrivaient à ce moment-là avec Fr. de Tiersant[3] et Capdorat pour empêcher la soumission des villes; mais Charles VII était averti et, le 3 novembre, il

---

[1] Cf. Pilot, Introd., I, p. IX, et II, 370, n. 1.
[2] Charavay, I, 80-82; Beaucourt, VI, 105; Duclos, *Preuves*, p. 138; De Barante, VIII, 45-51.
[3] Ecuyer d'écurie du dauphin, châtelain de La Mure en 1465.

priait le duc de Savoie de bien garder le pont de Seyssel, où les émissaires du dauphin devaient passer [1].

C'est à Saint-Symphorien-d'Ozon, où il s'était d'abord arrêté après la tenue des Etats de Vienne, que l'ambassade bourguignonne trouva le roi, le 27 novembre; elle était composée de Jean de Croy, bailli de Hainaut, de Simon de Lalaing, seigneur de Montigny, de Jean de Cluny et de Jean Le Fèvre, seigneur de Saint-Remy, dit Toison d'or, roi d'armes de Bourgogne. Les envoyés du duc s'efforcèrent de justifier la conduite de leur maître, parlèrent de l' « épouvante » du dauphin, de son projet d'aller contre le Turc, et terminèrent leur harangue en suppliant le roi de laisser à son fils le gouvernement du Dauphiné. Charles VII leur répondit le 4 décembre : il était reconnaissant au duc de ses bons offices, — il était « esmerveillé » à son tour de l' « épouvantement » du dauphin, — quant à l'autoriser à ne pas revenir à la Cour et à garder ses serviteurs, il n'y consentirait

---

[1] Beaucourt, VI. 98, et 479-481; Duclos, *Preuves*, p. 142. Louis II faisait annoncer à ses partisans que « en brief leur envoyroit secours ». Cf. Lettre du roi à Antoine de Chabannes, datée de Vienne le 3 novembre 1456. Néanmoins, ajoute le roi, « les officiers, prélatz... sont venus en ceste ville par devers nous, tous très joyeux de nostre venue et de ce que avons délibéré de donner provision et mettre en bonne seurté, ordre de justice et police le fait dudit pays. qui en avoit bon mestier... et jà avons pourveu à la plupart de toutes les places... et au regard des autres places èsquelles il y a aucuns estrangiers et des gens du bastard d'Armignac et du seigneur de Montauban, nous avons esté contens qu'elles demourassent entre les mains du gouverneur et de ceulx dudit pays, pourvu que lesditz estrangiers s'en allassent, et que tout soit mys en si bonne seurté, que inconvénient n'en puisse advenir... et avons esté contens que ceulx dudit pays envoyent par devers nostre dit filz luy remonstrer son cas, la doulceur que lui avons tenue et essayer de le réduyre... ».

jamais; tous les moyens employés pour obtenir sa soumission ayant échoué, le roi s'était vu contraint d'employer la force; loin de se plaindre, les sujets de son fils
approuvaient eux-mêmes les mesures qui avaient été
prises d'accord avec eux et sous la pression des circonstances [1].

En effet, le séjour prolongé de Charles VII, son attitude à la fois ferme et prudente amenaient progressivement tous les Dauphinois à se soumettre. La situation
des partisans de Louis II devenait de jour en jour plus
difficile. Cependant quelques amis du jeune prince, ceux
qui s'étaient le plus compromis, ne reculaient pas devant
la perspective d'une lutte avec l'armée royale, comme le
montre encore la dépêche de Tomaso Tebaldo : « La
compagnie du bâtard d'Armagnac, forte de 400 lances,
s'est enfermée dans la Tour de Crest, forteresse inexpu-
gnable, dans le Valentinois; ils disent qu'ils veulent y
tenir pour le dauphin contre la France entière, et on
peut les croire, vu la quantité de leurs approvisionnements et la disposition du lieu. Le gouverneur y est allé
pour les faire sortir, mais ils n'ont rien voulu entendre.
Le roi semble disposé à envoyer contre eux son armée; il

[1] Dans une note complémentaire remise aux ambassadeurs, on
exposait qu'à l'arrivée du roi, les officiers delphinaux et les gens
des Trois États s'étaient rendus auprès de lui; il leur avait fait
connaître la cause de sa venue « dont ils furent très joyeux et
bien consolés » ; sur la requête présentée par eux, d'autoriser
l'envoi d'une députation, il avait consenti. Cette députation devait
partir prochainement; le roi espérait que le duc de Bourgogne
mettrait tous ses soins à engager le dauphin à se soumettre. Beaucourt, VI, 106 ; Legeay, I, 203 ; Duclos, *Preuves*, p. 144-154. Pour
les nouvelles propositions faites par le dauphin le 22 décembre,
voir Charavay, I, 84, et Duclos, *Preuves*, 154, 156.

a fait venir des bombardes et de nombreuses charrettes
de munitions. Je crois cependant qu'il prendra le parti de
laisser aller les choses pour ne pas allumer le feu qui
est près de se déclarer. Capdorat est arrivé de Bourgogne
pour exciter le zèle des gens du dauphin; son frère,
l'archevêque de Vienne, a été chassé par le roi, et le
légat va instruire son procès, car il occupait son siège
sans bulles ni titre[1]... »

Cette audacieuse résistance légitimait toutes les mesures prises par Charles VII; elle allait l'amener à faire
un pas de plus dans la voie où il était entré, à enlever
le gouvernement du Dauphiné à son fils et à réduire le
pays « sous sa main ». C'était là un acte très grave, le
premier en l'espèce depuis 1349. Mais le traité de transport ne remontait-il pas à plus d'un siècle et ne lui
avait-on pas déjà porté plusieurs atteintes[2]? En outre,
pendant les longs règnes de Charles V, Charles VI,
Charles VII, on s'était habitué à voir les deux titres de
roi et de dauphin réunis sur la même tête. D'ailleurs, la
principauté n'était-elle pas alors *sous la main du roi*?
Il ne s'agissait plus que de proclamer officiellement le
fait accompli... après avoir obtenu l'assentiment des
Etats.

Le 8 mars 1457, une nouvelle ambassade bourguignonne composée des mêmes personnages se présenta au

---

[1] Antoine de Poisieu, frère de Capdorat, imposé par le dauphin
comme archevêque de Vienne le 22 janvier 1453, pour évincer
Jean du Châtel, qui avait été désigné par le roi. Cf. Cl.
Faure, 269.

[2] Cession du Faucigny en 1355, convocation de l'arrière-ban
hors de la principauté sans consentement préalable, fréquentes
levées de tailles extraordinaires, etc...

château de Saint-Priest, où la Cour s'était installée depuis le 24 décembre précédent : le duc se portait garant de la soumission du dauphin, il suppliait le roi de lui laisser l'administration du Dauphiné et de ne pas le presser davantage relativement à ce qu'il prétendait exiger de lui. Une lettre de Louis II, datée de Bruxelles le 6 février, confirmait ces déclarations [1]. Charles VII ne se hâtant pas de donner sa réponse [2], les ambassadeurs lui dirent qu'ils avaient mission d'ordonner aux capitaines, officiers, vassaux et sujets du dauphin de n'opposer aucune résistance aux ordres de son père; ils demandaient donc l'autorisation de se rendre à Grenoble, où étaient assemblés les gens des Trois Etats, pour leur faire part des intentions de leur maître. Le roi refusa. Tout l'intérêt du conflit était alors concentré sur la décision des représentants du pays réunis dans la capitale du Dauphiné.

La bourgeoisie laborieuse et le peuple avaient eu, en somme, moins à se plaindre qu'à se féliciter du gouvernement personnel de Louis II. S'ils s'étaient associés, à la fin, aux sollicitations qui avaient provoqué l'intervention de Charles VII, ils étaient maintenant, plus encore que les privilégiés, surpris et inquiets de la tournure grave qu'avaient prise les événements. D'ailleurs, la question de principe n'était pas douteuse. Outre qu'ils s'exposaient, en s'écartant de l'obéissance due au dauphin, à être punis un jour comme sujets rebelles et fé-

---

[1] Pilot, I, 508; Beaucourt, VI, 116-117; Charavay, I, 86; Duclos, *Preuves*, 139.

[2] Il la donnera seulement le 23 avril, quand le Dauphiné aura été officiellement mis sous sa main. Cf. Beaucourt, VI, 117-118.

lons, les trois Ordres, appelés à se prononcer entre le roi et son fils, relativement à l'exercice de la puissance delphinale en concurrence avec l'autorité royale, ne pouvaient faire qu'une réponse : le Dauphiné n'était pas une province du royaume, mais bien une principauté distincte, un Etat indépendant, ayant son souverain, le dauphin, fils aîné du roi de France; lui seul pouvait, en cédant son droit, résoudre la difficulté. Or, on savait que ses ambassadeurs se trouvaient à Lyon, où le roi les avait obligés à se retirer. On choisit donc deux députés, Guill. de Coursillon et Fr. Portier, pour aller prendre leurs ordres. Le samedi 19 mars, ces envoyés étaient de retour à Grenoble, et une réunion plénière des Etats avait lieu dans le réfectoire des Cordeliers, en présence du gouverneur, du président et des conseillers du Parlement et des auditeurs des Comptes. Fr. Portier y donna lecture de quatre lettres closes, dont deux étaient du dauphin et deux des ambassadeurs[1] : ces derniers avaient accueilli avec reconnaissance la démarche du gouverneur et des Etats; ils avaient fait part aux mandataires de l'assemblée de l'inutilité de leurs propres instances auprès de Charles VII et, pour les rassurer sur leurs pouvoirs, ils en avaient remis un double[2]; on y lisait, en particulier, que si le roi refusait de laisser sa principauté à son fils, l'intention de Louis II était que ses officiers, vassaux et sujets n'opposassent aucune résistance.

Toutes ces délibérations inspiraient de vives inquiétudes à Charles VII; d'hésitants qu'ils étaient, les repré-

[1] Bibl. nat., fr. 15537, fol. 7; Charavay. I, 89; B. 2905. fol. 581. Cf. *Bull. Acad. Delph.*, 1907, p. 42-43; Fauché-Prunelle, II, 506-507.

[2] B. 2905, fol. 586. Cf. Pilot, I, 508 et n.

sentants du pays pouvaient devenir hostiles ; déjà, les
partisans du dauphin s'agitaient autour de Grenoble[1]. Il
y envoya, avec des forces imposantes, le maréchal de
Lohéac, l'amiral de Bueil et le visiteur des lettres de sa
chancellerie, François de Hallé. Le lundi 21 mars, les
commissaires royaux communiquaient aux trois Ordres
leur lettre de créance[2] ; après l'avoir lue, ils demandèrent à quel moment ils pourraient s'acquitter de leur
mission; on décida de renvoyer au lendemain.

Le mardi matin 22 mars, dans le réfectoire des Cordeliers[3], en présence de l'assemblée au complet et du Parlement, Fr. de Hallé prononça un discours plein de distinction et d'éloquence. Il commença par rappeler ce qui
s'était passé à Vienne; puis, avec « beaucoup de belles
paroles », il formula les volontés du monarque : le Dauphiné devait obéir désormais à lui seul et absolument
(*totalem exhibere obedientiam*); pour le prouver, on lui

---

[1] Voir les plaintes du roi dans sa réponse aux ambassadeurs de
Bourgogne, le 23 avril, et A. Prudhomme, 269-270 : « Même
après que les Etats eurent fait leur soumission, la fidélité de la
ville de Grenoble à la cause royale était encore si chancelante que
le gouverneur, devenu l'agent zélé de la politique de Charles VII,
fit enlever toutes les pièces d'artillerie renfermées dans la salle
basse de la Trésorerie pour les transporter à La Roche de Glun. »
Peu après, « le bruit s'étant répandu à Grenoble que Louis allait
revenir, le gouverneur ferma les portes, organisa des patrouilles
et fit incarcérer les principaux partisans du dauphin ». Cf. Bibl.
de Grenoble, R. 80, t. XV, fol. 19 et 39-40.

[2] B. 2905, fol. 583. Publiée, *Bull. Acad. Delph.*, 1907, p. 44.

[3] Cf. Bibl. de Grenoble, R. 80, t. VII, p. 561 : « Au gardien et
couvent des Cordeliers de Grenoble, ausquels lesdiz gens ont
donné 50 fl. pour plusieurs travaulx et despens qu'ilz avoyent
soustenus durant l'assemblée desdiz Trois Estaz qui se feist au dit
couvent, et aucunes messes à notte (messes chantées) qu'ilz
avoyent dictes par commandement desdites gens, 50 fl. »

livrerait à l'instant villes et châteaux; les Etats nommeraient des délégués en nombre suffisant, choisis parmi les représentants les plus considérables et les plus avisés, pour se rendre auprès de Charles VII, le 1er avril, à Saint-Symphorien-d'Ozon, avec le gouverneur et les conseillers delphinaux; enfin, le roi ayant appris qu'ils se proposaient de voter un subside, il le leur défendait jusqu'à nouvel ordre. Après cette harangue, les Etats demandèrent à délibérer à part; ils ne donnèrent leur réponse que le jour suivant, par l'organe de leur procureur Fr. Portier : ils remerciaient le roi de sa sollicitude; le 1er avril, un certain nombre d'ecclésiastiques, de nobles et de « plébéiens » se trouveraient à Saint-Symphorien pour recevoir ses instructions [1].

Les membres des Etats furent fidèles au rendez-vous. Le dimanche 3 avril, dans la grande salle de la maison de noble et puissant homme, Louis de Saint-Priest, ils avaient une première entrevue avec le chancelier, le comte de Dunois [2], l'amiral, le maréchal, l'évêque de Coutances et le bailli du Cotentin : on leur déclara de nouveau que l'intention formelle du roi était de remettre le Dauphiné sous sa main et qu'il exigeait une obéissance absolue [3]. Fr. Portier répondit qu'ils ne pouvaient rien faire sans la permission du dauphin ou de ses ambassadeurs qui se trouvaient à Lyon; ils demandaient encore

---

[1] B. 2905, fol. 579.

[2] Jean, bâtard d'Orléans, ennemi personnel du dauphin. qui avait confisqué ses terres de Valbonnais, Ratier et Claix, en 1452. B. 3048, fol. 286.

[3] « Proposuit ponere et reducere patriam dalphinalem ad manus suas et quod illius patrie petebat plenariam et integram obedientiam sibi prestari. » B. 2905, fol. 584 v°.

un délai pour aller conférer avec eux. Le chancelier ne
s'attendait pas à voir ajourner ainsi la solution d'une
crise qui, au gré des courtisans de Charles VII, se prolongeait outre mesure; mais, se rendant compte de l'inutilité d'un refus, il dit, d'un ton sec et tranchant, au procureur des États : « Allez, et revenez au plus tôt. »

Le lendemain, le gouverneur Louis de Laval, Jean
Baile, président du Parlement, le procureur Fr. Portier,
Fr. de Cizerin et Pierre Gruel, conseillers delphinaux, le
grand prieur d'Auvergne, les seigneurs d'Argental, de
Châteauvilain, de Targe, de Morges, de La Garde, de
Sainte-Camelle et Sanche de Serrate, seigneur de Vaulx-
en-Velin, descendirent à Lyon à l'auberge de *la Pomme*,
où logeaient les ambassadeurs de Bourgogne, et leur
exposèrent la situation, les priant de leur donner « auxi-
lium, consilium et juvamen », et se déclarant prêts à
faire ce qui serait le plus en harmonie avec les intérêts
et l'honneur du dauphin. Les conférences continuèrent
le jour suivant, 5 avril, dans la maison de Saurel, chanoine de Saint-Jean. J. de Cluny rédigea de sa propre
main la réponse destinée à Charles VII : les ambassadeurs autorisaient le gouverneur et les trois Ordres à
fournir au roi toutes les garanties qu'il jugerait utiles.
Louis se réservait seulement le titre de dauphin et les
hommages; il suppliait aussi son père de lui abandonner
les revenus de sa principauté[1]. Au gouverneur qui demandait s'il pourrait garder sa charge dans le cas où le
roi l'y maintiendrait, ils répondirent affirmativement, se
réservant toutefois de consulter Louis II. Les délégués
revinrent alors à Saint-Symphorien; mais les conseillers

---

[1] B. 2905, fol. 587 v°. Publié, *Bull. Acad. Delph.*, 1907, p. 47.

de Charles VII ne se contentèrent pas des protestations d'obéissance des États et leur présentèrent une formule de serment rédigée d'avance [1].

Le mercredi 6 avril, dans la maison de Pierre Guillon, où était logé le gouverneur, les prélats, barons, bannerets et représentants des communes discutaient entre eux sur les nouvelles exigences de la Cour [2] : ils trouvaient la formule proposée trop rigoureuse et trop dure, décidaient de la modifier, de la faire ensuite approuver par les ambassadeurs et de leur demander des lettres de décharge soit pour le gouverneur, soit pour les gens de la maison du dauphin, de façon à éviter tout reproche dans l'avenir. Le lendemain, on nomma Boniface Alle-

---

[1] « C'est la fourme du seremant, qu'il semble qu'on doit faire à ceulx du Daulphiné. quant ilz voudront faire l'obéissance au roy :

« Premièrement. de non souffrir entrer audit pays ne ès villes places et forteresses d'icelluy. aussi de mectre et recuillir en leurs places, par mandement de quelque personne que ce soit, gens à puissance ne aultrement, sans le bon plaisir et exprès commandement du roy. Et quant quelques gens à puissance soy essayeront d'entrer, ou seroient entrez oudit pays autrement que par le plaisir du roy, d'eulx emploier à iceulx rebouter et mectre hors.

« Item. de dire et réveller au roy toutes choses qu'ilz sauroient qu'on vouldroit faire, traictier ou pourchasser en son préjudice ou dommaige ou contre son plaisir et ordonnance ; à ceulx qui le vouldroient faire, sans quelque personne excepter, résister de tout leur pouvoir.

« Item. qu'ilz obéiront au roy et à tout ce qu'il lui plaira leur ordonner, aussi à ceulx qui de par luy seront commis et ordonnez ou gouvernement dudit pays et de la justice d'icelluy. Et à mandemens, commandemens d'autres personnes quelzconques ne obéiront, jusques ad ce que par le roy en soit autrement ordonné. » B. 2905, fol. 588 v°.

[2] « Habito super materia predicta colloquio et conferencia per discursum vocum cujuslibet ex ibidem astantibus, qui in bono numero erant. » B. 2905, fol. 589.

mand, seigneur d'Uriage, Sanche de Serrate, Fr. Portier, Jean de Saint-Germain, avocat fiscal, et Pierre Gonelle pour aller soumettre aux ambassadeurs la formule du serment avec les modifications qu'on y avait introduites [1] et leur dire : « Le roi a menacé de reprendre entièrement le pays sous son autorité si on ne lui obéit pas; cependant, quelle que soit la ligne de conduite proposée au nom du dauphin, on s'y conformera comme aux ordres du prince lui-même. »

Les délégués se rendirent de nouveau à Lyon le vendredi 8 avril. Après de longs pourparlers, les ambassadeurs leur délivrèrent des lettres signées de leurs « signes manuels » et scellées de leurs sceaux, permettant aux gens des Trois Etats, aux capitaines des places fortes et autres officiers de donner au roi toutes les sûretés qu'il exigeait, de lui faire « plénière ouverture sans aucune résistance », et de lui prêter le serment qu'aucun danger n'était à craindre ni pour lui ni pour son royaume de la part du Dauphiné [2].

---

[1] « Premièrement, ne mectront, ne recueilleront en leurs places ne forteresses gens à puissance autrement que par le plaisir des commis ou gouvernement du pays soubz la main du roy, et se aucuns se essayoient d'y entrer, y résisteront et s'employeront à les mectre hors à leur pouvoir.

« Et semblablement, ne pourchasseront aucune chose au préjudice ne desplaisir du roy, mais y obéiront à leur puissance, ainsi que par lesdits commis leur sera commandé, auxquels obéyront et non à autres, jusques à ce que par le roy en soit autrement ordonné. » B. 2905, fol. 589.

[2] B. 2905, fol. 590. Cf. Chorier, II, 462 : « Les ambassadeurs du duc avaient réglé avec le roi... la forme du serment de fidélité qu'il demandait aux Trois Etats, et il fut convenu qu'il ne nuirait point à celui qu'ils avaient fait au dauphin, ni à sa souveraineté. »

§ III. **Fin de l'autonomie politique du Dauphiné (1457)** :
*Le 8 avril 1457, le roi réduit officiellement le Dauphiné sous sa
main et prend diverses mesures accessoires. — Soumission et
serment solennel des Etats, le 10 avril. — Démarches faites par
le gouverneur, Louis de Laval, pour se mettre à couvert du
ressentiment du dauphin. — Etats de juillet 1457 : ils accordent
au roi 40.000 florins et obtiennent la confirmation de leurs
libertés. — Le Dauphiné simple province de la monarchie française; décadence de l'institution des Etats.*

Charles VII n'avait pas attendu la fin des négociations.
Soit qu'il soupçonnât le dauphin d'être l'instigateur des
complots ourdis à ce moment-là contre sa personne[1],
soit qu'il voulût faire comprendre aux Etats que leurs
atermoiements avaient trop duré, il réduisit le Dauphiné sous sa main par lettres patentes du 8 avril 1456
(1457 n. s.)[2]. Quatre autres lettres, également datées de
Saint-Priest le même jour, cassaient et révoquaient tous
les dons, aliénations, gages et pensions extraordinaires
que le dauphin avait faits et assignés sur les terres et
revenus du domaine delphinal, — nommaient Louis de
Laval gouverneur au nom du roi, — commettaient les
gens du Parlement et de la Chambre des Comptes pour
exercer leurs fonctions en son nom, — confirmaient à
Nicolas Erland la charge de trésorier et receveur général[3].

Le samedi 10 avril 1457, voyant que toute résistance
était désormais inutile, autorisés, du reste, par les am-

---

[1] Sept conjurés devaient enlever le roi au château de Saint-
Priest et 400 hommes d'armes étaient prêts à les seconder. Chastellain, III, 366; Beaucourt, VI, 118-121.

[2] Original, B. 3181; publié, *Bull. Acad. Delph.*, 1907, p. 50.
Cf. Pilot, II, 399.

[3] B. 3181; *Ordonn.*, XIV, 426. Cf. Pilot, II, 399-400; Legeay,
I, 204-206; Beaucourt, VI, 348.

bassadeurs du dauphin, les membres des Etats se présentèrent au château de Saint-Priest pour faire définitivement acte de soumission. Là, dans la « grande salle
supérieure », en présence du roi, des princes et des
grands de sa cour, après une allocution du chancelier,
qui répéta une fois de plus ce qu'il avait dit au sujet du
serment, le procureur général Fr. Portier alla se pros-
terner devant Charles VII; s'étant ensuite relevé sur
l'ordre du prince, il déclara que tous, prélats, barons,
bannerets et « plébéiens » étaient prêts à lui jurer
obéissance; mais ils le suppliaient très humblement de
daigner conserver des entrailles de père envers son fils
Louis, comme aussi envers son pays de Dauphiné, et de
ne rien exiger dans le serment qui fût en contradiction
avec l'hommage prêté au dauphin.

Charles VII écouta ces paroles avec bienveillance; à
son tour, il remercia les Etats de leur fidélité et des services qu'ils lui avaient rendus, à lui et à ses prédécesseurs; il ajouta qu'il ne leur demandait rien de contraire
à leur honneur. Alors les représentants des trois Ordres
fléchirent le genou pour lui témoigner leur reconnaissance, puis, levant la main tous ensemble, ils prêtèrent le
serment convenu[1]. Le roi, de son côté, promit de les
défendre contre toute oppression ; il recommanda au
gouverneur de leur accorder une stricte justice, de ramener le pays aux anciennes coutumes et d'observer
exactement les libertés delphinales telles qu'elles étaient
au moment où il avait donné l'administration de la principauté à son fils[2].

---

[1] Voir plus haut la formule : « Premièrement, ne mectront, etc... »

[2] Cf. Aymar du Rivail, *De Allobrogibus*, 525 : « Tres Dalphinatus Ordines, salva Ludovici delphini auctoritate, Carolo sep-

Cependant, les conseillers et les officiers de Louis II, qui avaient abandonné la cause de leur maître, n'étaient pas très rassurés. Ils connaissaient son caractère ombrageux et vindicatif : le bâtard d'Armagnac et Guill. de Mévouillon venaient de s'enfuir en Flandre; ils pouvaient dans des rapports envenimés se venger de ceux qui n'avaient pas voulu les suivre dans leur résistance. Louis de Laval, maintenu par Charles VII dans son gouvernement, jugea prudent de se rendre seul à Lyon, le 14 avril, et de solliciter des ambassadeurs de Bourgogne une attestation écrite constatant qu'il était bien et dûment autorisé à garder sa charge. Il y retournait une seconde fois, le 19, et se faisait encore délivrer par Jean Jeaupitre et Raymond Manneuf, secrétaires delphinaux, une « cédule » où ils déclaraient qu'en leur présence Jean de Cluny et Toison d'Or avaient permis au gouverneur de remettre entre les mains du roi l'administration du Dauphiné et de lui en livrer toutes les places fortes, s'il l'exigeait; mais les ambassadeurs ajoutèrent que les assurances données au nom du dauphin ne concernaient point ceux qui étaient prévenus du crime de lèse-majesté[1]. Cette menace à peine déguisée était le prélude des vengeances que Louis XI allait exercer aussitôt après son avènement[2].

---

timo fidelitatem praestiterunt. » Charles VII écrivit, le 9 mai, au duc de Bretagne qu'il avait « donné ordre et provision en ce pais du Daulphiné » et qu'il en avait eu « plaine et entière obéissance ». Beaucourt, VI, 485. Il quitta la province vers la même date.

[1] B. 2905, fol. 593 et suiv. Les Etats de juillet 1457 votèrent à Louis de Laval 2.600 florins « pour les peines, travaux et services qu'il avoit faiz et soustenuz en mainte manière pour les affaires du pays ».

[2] En 1461-1462, il confisqua les biens du procureur général Fr.

Les Etats, réunis encore une fois à Grenoble, au mois de juillet, purent enfin exprimer utilement leurs plaintes devant les commissaires royaux[1]. En retour d'un subside de 40.000 florins[2], accordé pour achever la revision générale des feux, le gouverneur promulgua au mois d'août plusieurs ordonnances contre les abus commis par les cours de justice, les châtelains, les notaires et les sergents[3] ; un certain nombre d'officiers nommés par Louis II furent aussi remplacés. Par lettres du 11 juillet, Charles VII confirma les privilèges des Dauphinois et ordonna que leurs libertés et franchises fussent à l'avenir

Portier (ils furent attribués à Imbert de Bathernay, Pilot, II, 38), destitua ou fit poursuivre le gouverneur Louis de Laval, le général des finances A. Bolomier, le trésorier N. Erland, Gabriel de Bernès, Louis de Poitiers, évêque de Valence, le président du Parlement Jean Baile, les conseillers Guy Pape et Mathieu Thomassin, etc..., et la plupart des officiers maintenus ou nommés par Charles VII. Cf. Pilot, *passim*; Chorier, II, 463-468, et B. 3277 : Procédures contre ceux qui avaient trahi le dauphin pour s'attacher au parti du roi : « Alors que les Etats hésitaient... ils ont tout mis en œuvre pour les décider, etc... » Louis II s'était définitivement installé en Flandre, où Charlotte de Savoie alla le rejoindre le 10 juillet. Il demanda encore inutilement à son père de lui rendre sa principauté, en 1459 et 1461. Beaucourt, VI, 213, 219, 281, 315 et 318; Pilot, II, 406.

[1] Cf. *Requête présentée par les Trois Etats pour avoir un règlement sur divers abus y détaillés par articles, surtout pour faire rétablir leurs privilèges, avec les réponses à chaque article.* Inv. ms., Gener., II, 526.

[2] Arch. Drôme, E. 11346; Duclos, I, 152; Pilot, III, 54 et 61. Cf. Bibl. de Grenoble, R. 80, t. VII, p. 561 : don de 500 florins aux ambassadeurs du roi venus pour demander le subside, etc...

[3] B. 2905, fol. 450; 2983, fol. 539; *Statuta*, fol. 111; Pilot, II, 432; III, 57. Louis de Laval réglemente en particulier la juridiction des châtelains, ainsi que la manière de procéder dans l'exécution de leurs jugements; il avait déjà pris des mesures contre les sergents, le 2 avril 1456. *Statuta*, fol. 123 v°; Pilot, III, 48.

soigneusement respectées [1] ; le même jour, il révoqua
toutes les exemptions de la taille octroyées par son fils à
d'autres que les clercs vivant cléricalement et les nobles
vivant noblement [2].

L'année 1457 marque néanmoins la fin de l'autonomie
politique du Dauphiné : il ne sera guère désormais
qu'une province de la monarchie française et les futurs
dauphins ne porteront qu'un vain titre. Personnelle jusqu'ici, son union deviendra de plus en plus réelle. Le
gouvernement royal saura ménager la transition et sauvegarder les apparences : le pays demeurera indépendant
de nom; il ne sera jamais plus administré comme une
principauté étrangère. Vers le milieu du xv° siècle commence également la décadence des Etats. Cette institution, dont le développement a été favorisé par l'affaiblissement du pouvoir central, par les désastres et les besoins financiers de la guerre de Cent ans, prend fin avec
elle dans la majeure partie du royaume. Depuis 1439,
Charles VII ne réunit plus les Etats de Langue d'oïl ;
après 1452, ceux du Centre cessent de fonctionner régulièrement : le roi se contente de la taille des gens de
guerre, qu'il affecte de considérer comme consentie pour
une période illimitée et qui devient ainsi permanente.
En Dauphiné, il ne peut agir de même : les Etats vont
continuer pendant près de deux siècles à jouer un rôle
assez considérable. Mais le roi a réussi à leur faire reconnaître définitivement son autorité; c'est là une situation nouvelle, très favorable aux empiétements de la
monarchie absolue; Louis XI et ses successeurs sauront
en profiter habilement pour en tirer peu à peu toutes les
conséquences.

[1] Bibl. nat., ms. lat. 9072, fol. 61.
[2] Pilot, III, 53 et n.

DEUXIÈME PARTIE

ORGANISATION, FONCTIONNEMENT ET ATTRIBUTIONS DES ÉTATS DU DAUPHINÉ AUX XIVe ET XVe SIÈCLES

Depuis 1349, le Dauphiné avait, dans le Statut d'Humbert II, une sorte de constitution écrite, privilège assez rare à une époque de droit coutumier. Elle se modifia bientôt, en même temps que l'organisation administrative de la principauté, et se compléta par des développements successifs, dont l'un des plus importants fut l'introduction des Etats. Cette nouvelle institution était elle-même le résultat d'un ensemble de privilèges et de droits en partie fondés sur la grande charte de 1349, d'usages et de procédures nés des circonstances ou imités des Etats généraux et provinciaux du royaume et transmis surtout par la tradition. Elle ne fut relativement fixée que vers la fin du xive siècle et ne cessa pas de se transformer jusqu'au règlement de 1613, à la veille de sa disparition. L'absence d'une codification officielle et de procès-verbaux suivis, la rareté des comptes rendus complets et détaillés en rendent la reconstitution difficile au début et quelquefois incertaine. On peut cependant dégager un certain nombre de traits essentiels qui résument assez bien sa physionomie aux xive et. xve siècles.

§ I. Composition.

Elle résulte de l'état politique et social du Dauphiné à cette époque : c'est la transformation des institutions. féodales et l'avènement d'une classe bourgeoise enrichie, qui imposèrent aux dauphins, dans l'impossibilité de se contenter de leurs ressources personnelles, la participation des trois Ordres au gouvernement et à l'administration du pays.

Les Etats comprenaient des membres héréditaires et. de droit et des membres élus.

Le premier Ordre[1] était représenté par les archevêques et évêques[2], les abbés[3], les prévôts[4], les doyens[5]

---

[1] Qualifié ainsi : en 1367, *prelati, persone ecclesiastice;* en 1373, *prelati, priores;* en 1405, *prelati et religiosi;* en 1422, *prélas et gens d'église;* en 1439, *viri ecclesiastici;* ensuite *Etat ecclésiastique.*

[2] Archevêques de Vienne et d'Embrun, évêques de Grenoble,. Valence et Die, Gap, Saint-Paul-Trois-Châteaux.

[3] De Saint-Antoine, de Saint-Pierre-hors-la-porte et Saint-André de Vienne, de Saint-Chef, de Bonnevaux, de Boscodon, de Léoncel, etc...

[4] De Saint-André de Grenoble, d'Oulx, de Montjoux (comme prieurs de Saint-Martin-de-Miséré ; à la suite de graves désordres qui s'étaient produits dans ce prieuré, le pape Clément VII, de la maison des comtes de Genève, l'unit à la prévôté de Saint-Nicolas et Saint-Bernard de Montjoux au diocèse de Sion, par bulles du 8 février 1393. Pilot, *Les prieurés de l'ancien diocèse de Grenoble, Bull. Stat. Is.,* 3e série, t. XII, p. 282 ; chanoines de Montjoux, *Montis Jovis,* nom primitif et officiel des religieux du Mont Saint-Bernard), etc...

[5] De Grenoble, de Vienne (quelquefois l'official ou le chancelier), de Gap, etc...

et les députés des Chapitres[1], les commandeurs[2] et les prieurs[3].

Le second Ordre[4] était représenté par tous les nobles tenant fief du dauphin ou possédant des seigneuries pa-

[1] De Notre-Dame et de Saint-André de Grenoble, de Saint-Maurice de Vienne, de Saint-Barnard de Romans, de Notre-Dame de Gap, etc...

[2] De Saint-Paul, de Marnans, de Vizille, d'Echirolles, du Trièves, de Saint-Martin de Gap, etc...

[3] Auxquels il faut joindre les vicaires de Montfleury, Prémol et Laval-Bressieu, trois monastères de filles, le 1er de l'Ordre de Saint-Dominique, le 2e des Chartreux, le 3e de Cîteaux. Le *papirus mandamenti* du 15 février 1388 (*Choix de doc.*, 206) porte 52 lettres de convocation pour le 1er Ordre. Les listes, rares ou incomplètes, qui nous sont parvenues ne mentionnent jamais la présence de plus de 10 à 15 membres du clergé. On y trouve toujours l'évêque de Grenoble ou son délégué (sauf aux assemblées partielles de janv. 1375 et de déc. 1377), quelquefois les évêques de Valence et de Gap en personne, quelquefois aussi les archevêques de Vienne et d'Embrun, représentés le plus souvent par des procureurs. Au début, tous ces archevêques et évêques, comme les autres seigneurs alleutiers de la région qui fut plus tard comprise dans la province de Dauphiné, ne firent pas difficulté de venir aux Etats et de contribuer à la défense commune; mais, quand ils se virent menacés dans leur indépendance, au nom du vicariat impérial, et astreints malgré eux à des tailles de plus en plus fréquentes, ils s'abstinrent d'y aller pour sauvegarder leur autonomie politique et leur immunité fiscale. Les prieurs qu'on rencontre le plus souvent sont ceux de Saint-Laurent de Grenoble, Saint-Martin-de-Miséré (ou les prévôts de Montjoux), Saint-Robert, Saint-Vallier, Saint-Donat, Domène, Commiers, Vif, La Mure, Saint-Bonnet, etc... Les évêques sont toujours inscrits en tête des listes, puis les abbés, les prévôts, etc..., mêlés quelquefois avec les membres des deux autres Ordres.

[4] Qualifié ainsi : en 1367, *barones, nobiles, vavassores;* en 1373, *barones, bannereti et nobiles;* en 1388, *seigneurs banneres et autres nobles;* en 1400, *barons, banneres et autres nobles;* ensuite *Etat des nobles.* De 1391 jusqu'après 1400, les barons et bannerets d'un côté, les vavasseurs ou simples nobles de l'autre formaient presque deux Ordres distincts.

trimoniales en Dauphiné [1]. Le droit de siéger aux assemblées du pays, attaché à la terre, se transmettait avec
elle; on pouvait l'exercer soit en personne, soit par procureur; pour la même raison, des femmes [2], des seigneurs étrangers possesseurs de domaines enclavés dans
la principauté [3], y avaient entrée, tandis que les nobles
non propriétaires de fiefs et les petits alleutiers étaient
rejetés dans le troisième Ordre [4].

[1] Pour figurer aux Etats, fallait-il avoir juridiction, être seigneur justicier? Fauché-Prunelle l'affirme (II, 500) après Guy
Allard (*Dict.*, I, 433 : « Le second rang était à la noblesse qui
avait terre en justice. ») Cf. *Delphinalia*, 38. Le procès-verbal de
1367 ne précise rien à ce sujet ; en 1375, le subside est dit avoir
été concédé « de consensu majoris partis baronum et aliorum
nobilium jurisdictionem, merum et mixtum imperium habentium » ; en 1388, par les prélats, religieux, barons et nobles
« jurisditionem habentes et homines » ; en 1441, par les prélats,
barons, bannerets « et ceteri nobiles jurisdictiones et dominia in
patria dalphinali habentes, et dalphinales vassali ». Nous véri-
fierons ce point en dressant les listes de membres des Etats. Sur
le droit de haute, moyenne et basse justice, voir Salvaing de
Boissieu, *De l'usage des fiefs*, in-fol., Grenoble, 1731, 2e part.,
p. 38, et sur les fiefs sans justice, p. 33.

[2] En 1405, frère Girard Borel représentait la prieure et le couvent de Montfleury. Aymar de Clermont la dame de Bressieu,
Jean Flotte sa mère, Marcelline de Morges, dame de La Roche-
des-Arnauds, Forestier de Veynes la dame de Chichilianne, Jean
Baile la dame de La Bâtie-Montgascon. Les femmes pouvaient-
elles assister en personne aux Etats ? Fauché-Prunelle (II, 498)
penche pour l'affirmative, sans pouvoir en donner de preuve.

[3] Comme le comte de Valentinois, le marquis de Saluces, le
comte de Genève, le prince d'Orange, le seigneur de Tournon...
et, d'une façon générale, tous les possesseurs de terres situées
« infra ambitum Dalphinatus », ou « circonvoisines » du Dauphiné. Voir en 1388 et 1391.

[4] Il s'agit ici de féodalité et non de noblesse, ce qui est bien
différent. En 1787, dans une brochure célèbre, le comte de Virieu
proposa d'introduire les roturiers possesseurs de fiefs parmi les

Le troisième Ordre [1] était représenté par les châtelains, consuls et députés des communes du Domaine delphinal [2] et aussi par les consuls et députés des bonnes villes et des communes non domaniales, qui furent bientôt confondues avec les précédentes [3].

representants du 2ᵉ Ordre, qui aurait été ainsi constitué par tous les *seigneurs*, nobles ou non nobles. Cf. Félix Faure, Introd., p. XXI. Le *papirus mandamenti* de 1388 porte 160 convocations pour le second Ordre. La liste du 2 avril 1405, l'une des plus longues (c'est l'époque de la lutte passionnée des États contre Boucicaut), compte 85 membres présents. Celle de 1422 comprend 32 noms pour le bailliage de Graisivaudan, 8 pour la Terre de La Tour, 5 pour le Viennois et Valentinois, 5 pour le Gapeuçais et l'Embrunais, 3 pour le Briançonnais et 2 pour les Baronnies, en tout 55. Les nobles sont énumérés sans aucun ordre; cependant, quelques noms figurent ordinairement en tête des listes : le comte de Valentinois, le seigneur de Saint-Vallier, le marquis de Saluces, le vicomte de Clermont, puis les barons ou seigneurs de Sassenage, Tullins, Vinay, Aix, Maubec, du Bouchage, de Gières, Bressieu, Montmaur, etc...

[1] Ainsi qualifié : en 1367, *universitates, communitates et singule persone Dalphinatus;* en 1388, *chastellains, bonnes villes et populaires ou leurs députez;* en 1391, *communes et bonnes villes;* en 1393, *communes* ou *communautés,* jusque vers 1430; ensuite *Etat des populaires ou plébéiens.*

[2] Il y avait ordinairement deux représentants par communauté. Le procès-verbal de 1367 porte que les gens du Domaine, de même que les évêques et les abbés, étaient représentés aussi par le gouverneur; les plus anciens documents qui nous soient parvenus ne mentionnent guère que les châtelains à qui sont adressées les lettres de convocation et qui doivent amener avec eux les consuls ou députés. Après l'organisation définitive des Etats, les châtelains disparaissent : le *Conventus Trium Statuum Dalphinatus* de 1398 note seulement 4 châtelains et 1 vichâtelain; tous les autres sont des consuls ou syndics, des députés élus ou des procureurs. Au XVIᵉ siècle, quand ces derniers négligeront de venir aux assemblées, les châtelains les remplaceront de nouveau.

[3] En 1388, les communes et bonnes villes formèrent un groupe distinct des gens du Domaine, avec des commis, des receveurs et

Comme on le voit, c'est la terre, en raison des droits et des services attachés à sa possession, ce sont les groupes et les intérêts locaux qui étaient représentés : les évêques, abbés, prévôts, doyens, commandeurs et prieurs, les barons, bannerets et autres nobles, vassaux du dauphin ou alleutiers, étaient convoqués individuellement en tant que seigneurs ecclésiastiques ou laïques, et avec eux les délégués des Chapitres et des monastères, grands propriétaires fonciers, enfin les mandataires des com-

des auditeurs différents (le gouverneur nomme ou remplace les commis pour le Domaine). En janvier 1392, les bonnes villes étaient encore séparées des communes domaniales pour la désignation des Elus ; mais déjà leurs commis, receveurs et auditeurs étaient les mêmes. L'expression « Trois Estas » apparaît pour la première fois en février 1391. Le *papirus mandamenti* de 1388 porte 96 convocations pour le 3ᵉ Ordre. En 1393, une centaine de consuls ou députés étaient présents ; le 2 avril 1405, près de 90, dont 34 sont des députés élus, 31 des consuls ou syndics ; les autres sont dits envoyés, procureurs, ou n'ont aucune qualification spéciale ; parmi eux il y a des clercs, des notaires, qui remplacent les consuls avec un acte de délégation authentique ; un même député des Baronnies est venu pour une dizaine de communautés ; d'autres représentent en même temps un noble et réciproquement des nobles représentent aussi une ou plusieurs communautés. Par contre, en 1410, les fils du seigneur de Tullins remplacent tous ensemble leur père. En 1439 et 1441, nous ne trouvons plus qu'une trentaine de membres du Tiers Etat. Il ne faut pas oublier toutefois que les listes insérées dans les procès-verbaux sont souvent incomplètes, par exemple en 1437 : « Item comparuerunt etiam plures alie persone dictorum Trium Statuum que ibi non describuntur, quia se nominari nec describi fecerunt. » Plus tard, pour éviter des voyages et des frais qui paraissent inutiles, le vote du subside étant pour ainsi dire acquis d'avance, beaucoup de communautés ne se firent plus représenter : on fut obligé de prendre des mesures pour les y contraindre ainsi que les nobles et les gens d'église. Cf. B. 2911, fol. 37. On ne peut donc pas dire (comme Félix Faure, Introd., cxxvi) que les anciens Etats du Dauphiné pratiquaient la double représentation du Tiers Etat.

munautés qui avaient acquis par leurs chartes une existence civile et formaient dans la société féodale de
vraies personnes morales. Les villes, en Dauphiné, étant
soumises à des prélats ou au dauphin, ou aux deux en
même temps, furent peut-être simplement représentées
à l'origine par les évêques et le gouverneur; ensuite, les
Etats obligèrent sans doute les communes urbaines à
envoyer des députés comme les autres aux assemblées,
pour les astreindre à contribuer aux subsides malgré
leurs privilèges spéciaux [1].

Il ne faut pas chercher ici d'élection véritable ni de
représentation comme nous l'entendons aujourd'hui [2].
Conformément à la coutume, les membres des Etats sont
convoqués soit en vertu de leur droit individuel, soit
comme mandataires d'un groupe très restreint. Prélats
et barons siègent personnellement ou se font représenter
par des procureurs (*nuntii, procuratores*); les Chapitres,
les monastères, les communautés ne pouvant comparaître en personne, envoient un délégué choisi par les
membres du corps, comme pour une citation en justice;
tous viennent défendre leurs propres intérêts et produire
leurs doléances particulières. Il n'y a donc pas de députation au sens moderne du mot, mais une sorte de mandat

[1] Les consuls de Grenoble apparaissent pour la première fois à
la fin de la liste des Etats de décembre 1377 ; ceux de Romans, à
la même date; les consuls d'Embrun sont convoqués en mai 1386
et ceux de Vienne en février 1388 (la lettre est adressée *hono-
rabilibus viris sindicis, consulibus, civibus universitatis Vienne*).
Choix de doc., 193, 202 et 208.

[2] Actuellement, en vertu d'une sorte de fiction constitutionnelle,
chaque député n'est pas seulement le représentant de sa circons-
cription, mais celui de la nation tout entière. Comparer avec
l'acte du 27 mai 1345 et le procès-verbal de février 1391.

civil avec toutes ses conséquences : le mandataire peut lui-même se faire remplacer; il représente quelquefois plusieurs communautés et en même temps des nobles ou des gens d'église[1]; il est défrayé directement par ceux qui l'envoient, ce qui contribuera à rendre impopulaires les fréquentes réunions d'Etats; surtout, il apporte des griefs précisés d'avance et il a des pouvoirs limités, déterminés exactement par sa procuration : c'est le système du mandat impératif. Les lettres de convocation recommandaient toujours d'envoyer consuls ou députés avec les pouvoirs nécessaires; ceux-ci, et plus encore les Elus désignés ordinairement par l'assemblée pour la suppléer, refusèrent plus d'une fois d'accorder certaines demandes, parce qu'ils n'avaient pas reçu de pouvoirs à cet effet. De leur côté, les ecclésiastiques stipulèrent, en 1388 et en février 1391, que leur consentement n'entraînerait pas celui des membres de leur Ordre absents de la réunion[2]. La même réserve se trouve encore formulée par l'assemblée partielle réunie à la hâte au mois d'août, en 1440. Ce n'est que peu à peu, grâce à l'affaiblissement du régime féodal et à la décadence des libertés municipales, que ce système se modifia. Il fallut du temps et des circonstances particulières pour qu'on s'élevât progressivement à l'idée d'intérêts communs et supérieurs et à la notion d'une représentation plus générale du Dauphiné[3].

---

[1] Comme aussi un noble ou un ecclésiastique peut représenter une ou plusieurs communautés.

[2] Ou même lui serait subordonné, comme en juillet 1391 et janvier 1392.

[3] Cf. B. 3029, en 1422 : « Omnia et singula infrascripta, ipsorum omnium tam presentium quam absentium nominibus, peragentes... »

En résumé, les États comprenaient surtout des membres désignés par leur situation sociale ou leurs fonctions, sans doute très autorisés pour parler et agir au nom de la principauté; mais il y avait là très peu de membres véritablement élus. Le clergé était, de fait, assez mal représenté, en dépit de la considération qui entourait les prélats. Il en fut de même, sauf à la fin du XIVᵉ siècle et au début du XVᵉ, pour le Tiers État [1], dont les mandataires, élus ou non, se trouvèrent toujours dans une situation inférieure à celle des nobles. Ceux-ci, grâce à leur nombre et à leur influence, eurent un rôle prépondérant. Le don gratuit, dit Guy Allard, dépendait de leur consentement, et dès qu'ils l'avaient résolu, les ecclésiastiques et le Tiers n'y résistaient pas [2]. Les États du Dauphiné étaient une institution aristocratique, très imparfaitement représentative au sens moderne du mot et beaucoup moins que les États généraux; c'est la raison pour laquelle on abandonna, en 1788, l'ancien mode de représentation [3].

---

[1] On doit mettre à part le Briançonnais, représenté par un seul membre du 1ᵉʳ Ordre, le prévôt d'Oulx, par les coseigneurs de Bardonnêche et de Névache pour le second Ordre, et par les nombreux députés ou consuls des communautés pour le troisième.

[2] De là, les nombreuses gratifications accordées par le roi Charles VII et le dauphin Louis II aux principaux membres de cet Ordre après le vote de la plupart des subsides.

[3] La brochure intitulée *De la formation des États provinciaux en Dauphiné, par un philanthrope, 1788*, expose assez bien, malgré certaines inexactitudes, les défauts que l'organisation des États tirait de son origine féodale : « La représentation de chaque Ordre était incomplète. Presque toutes les places étaient affectées de droit à des dignités, à des fiefs, à des corps, aux titulaires de certains offices, tels que ceux de châtelains-royaux. Les places éligibles étaient en petit nombre; elles étaient restreintes

§ II. Convocation et périodicité.

Les Etats étaient convoqués par le roi-dauphin ou le gouverneur; ce dernier n'eut plus, à partir de Louis XI, le droit de les réunir sans en avoir reçu l'ordre [1]. D'abord limitées à des circonstances exceptionnelles, à des cas de nécessité urgente, les convocations ne tardèrent pas à se multiplier : ainsi, il n'y en eut guère plus d'une dizaine de 1357 à 1377; tandis que, durant les trente années suivantes, on peut en compter au moins vingt-neuf, dont deux dans chacune des années 1392, 1393, 1405, 1407 et quatre en 1391; la décade qui suit 1407, période de convalescence pour le pays épuisé, ne vit probable-

dans des Chapitres, dans quelques municipalités... Un second vice consistait dans la disproportion des forces de chaque Ordre comparées ensemble : la noblesse était trop nombreuse; un juste équilibre n'était point observé à l'égard du clergé; il était totalement rompu à l'égard du Tiers Etat (ce n'est pas absolument vrai pour la période que nous venons d'étudier : mais ensuite les communes s'abstinrent trop souvent d'envoyer leurs consuls ou députés aux réunions; d'ordinaire, dit Chorier, les seuls châtelains s'y présentaient). Un troisième vice résultait de la composition même de l'assemblée : les prélats dominaient directement ou indirectement dans leur Ordre...; la noblesse était représentée limitativement par tous les possesseurs de fiefs ou de seigneuries...; c'était exclure nombre de gentilshommes expérimentés, mais dépourvus des dons de la fortune; quant au Tiers Etat... pouvait-il être valablement représenté par les échevins ou députés des dix villes et par de simples châtelains presque toujours soumis aux volontés de leurs seigneurs ? » Cf. Félix Faure, 195, 231-234.

[1] Cf. *Statuta*. fol. 117 : « ... mandato regio, ut moris est, in unum congregatis », en 1476, et *Delphinalia*, 35. Ils pouvaient l'être aussi par le Conseil delphinal en tant que lieutenant du gouverneur. La convocation fut quelquefois demandée ou même imposée par le pays, comme en 1399 et en 1405-1406.

ment que trois réunions d'États; mais, à partir de 1417,
la série reprend pour continuer désormais régulièrement [1].

La convocation était faite à un moment quelconque de
l'année; Louis II, sans cesse à court d'argent pour les
besoins de sa politique, assembla toujours les trois Ordres au mois de janvier ou de février pendant son
séjour en Dauphiné [2]. Des lettres closes avec suscrip-
tions plus ou moins honorifiques étaient envoyées par le
gouverneur ou le Conseil aux prélats et religieux [3], aux
bannerets et aux nobles [4]; pour les communautés, on se

---

[1] La lacune de 1423 est due, sans doute, à l'absence de documents.

[2] Le règlement de 1613 fixa la réunion au 1er janvier « comme
temps le plus commode en la séance du parlement ».

[3] « Littere prelatorum : Reverendo in Christo patri et domino
episcopo Gratianopolitano. *Reverende pater et domine carissime,*
receptis litteris regis dalphini d. n.... *vestram reverendam pater-
nitatem requirimus et rogamus,* quathinus apud Gratianopolim
ad diem secundam instantis mensis aprilis veniatis, contenta in
dictis litteris audituris et adimpleturus..., in premissis nul-
lathenus deficientes, in quantum honorem et commodum d. n.
dalphini et sue patric Dalphinatus cupitis conservare. Altissimus
vos conservet. Scriptum Gratianopoli, die XXIIII marcii —
Gentes Consilii dalphinalis, commissarii in hac parte per regem
dalphinum d. n. specialiter deputati », en 1405, B. 3259, fol. 4. —
« Littere religiosorum superscripsio : *Venerabili et religioso viro*
tali, *amico nostro carissimo. Venerabilis amice carissime,* etc... »,
en 1388, *Choix de doc.,* 207.

[4] « Littere nobilium et baronum : Gubernator Dalphinatus —
Amice carissime... vobis rogando mandamus, etc... Superscripsio : *Nobili viro domino tali, fideli dalphinali et vassalo.* *P'apirus*
mandamenti du 15 février 1388. Plus tard, on distingua comtes,
barons et simples nobles. Cf. en 1405, B. 3259, fol. 5 : « Littere
egregiorum dominorum et comictum : *Spectabilis domine carissime,* etc... Suprascripsio : *Spectabili et magnifico viro domino*

contenta longtemps d'avertir les châtelains [1]. Au XVIᵉ siècle, le rôle de ceux que l'on devra convoquer sera dressé
par bailliages sur l'ordre de la Chambre des Comptes
(*de precepto dominorum Computorum*) et la convocation
faite par le parlement; des lettres fixant le lieu et la date
de la réunion et indiquant quelquefois sommairement
son objet seront alors directement adressées aux consuls [2].

§ III. Lieu de réunion.

Les Etats pouvaient être réunis partout sur le terri-

comiti Valentiniensi et Diensi. — Littere nobilium : *Amice caris-*
sime, etc... Suprascripsio : *Nobili viro tali.* »

[1] « Tenor littere castellanorum : *Amice carissime... vobis*
mandamus quatinus... adducatis vobiscum sindicos castellanie
vestre si qui sint, alioquin duos de probioribus hominibus et
sanioris consilii, ab omnibus potestatem habentes... », en
1386. *Choix de doc.*, 205. — « Littere communitatum suprascripsio : *Dilecto nostro castellano tali... Amice carissime...*
vobis mandamus quatinus... sindicos seu consiliarios vestre cas-
tellanie si sint, alias unum vel duos ab aliis potestatem sufficien-
tem habentes, mittatis, contenta in dictis litteris adimpleturos cum
aliis gentibus... », en 1405. B. 3259, fol. 5 v°.

[2] En 1505, elles étaient encore formulées en latin : « *Amici*
carissimi, jussui d. n. regis dalphini litteratorie facto obedientes,
vobis *rogando mandamus* quathinus die quindecima mensis proxime futuri maii in hac civitate Gratianopoli, cum ceteris gentibus Trium Statuum hujus patrie ad hoc mandatis, intersitis,
opem, consilium et favorem daturi:.., precavendo deficere in hiis
in quantum cupitis ipsius d. n. indignationem evictare... » En
1603, elles étaient écrites en français : « Consuls de Cremyeu,
nous avons advisé, ensuite des lettres patentes qu'il a pleu au roi
envoyer pour la convocation des Estats généraux de ceste province, de les assigner au XXᵉ jour d'avril prochain en ceste ville
de Grenoble, où vous ne faudrez à vous rendre... comme nous
vous l'enjoignons très expressément. Partant nous ne la vous
ferons plus longue, sinon en priant Dieu vous tenir en sa garde.
Les gens tenant la cour du parlement de Dauphiné. » Arch. de
l'Is., E. IV, n° 1.

toire de la principauté, jamais en dehors, d'après une interprétation extensive du principe formulé dans le Statut delphinal pour la justice et la guerre [1]. Le plus souvent c'était à Grenoble, Vienne, Romans, La Côte-Saint-André.

Grenoble, capitale du Dauphiné, siège du gouverneur et du Conseil, était un lieu de réunion naturellement indiqué ; on s'y assemblait dans la salle d'audience du Conseil, dans « l'ancienne maison delphinale », dans la grande salle du nouveau palais delphinal [2], chez les frères prêcheurs [3] ou les cordeliers [4], enfin à l'évêché, dans la

[1] Art. 13 et 17. L'article 18, relatif aux tailles d'intérêt local, pouvait être aussi invoqué dans le même sens. On a vu ce qui s'était passé à Saint-Symphorien-d'Ozon en 1439. Une autre réunion eut lieu dans des conditions analogues à La Guillotière, au logis du Lion-d'Or, en janvier 1471 ; il y fut admis que le Dauphiné s'étendait jusqu'au milieu du pont et, dans le Rhône, aussi loin qu'un homme peut lancer une pierre ou un cavalier faire avancer son cheval. Cf. Pilot, III, 90, et *Réclamation des habitants de La Guillotière* dans le *Procès-verbal de l'assemblée des Trois Ordres... tenue à Romans*, in-4°, Grenoble, 1788, p. 84, 103, 107 de la 1re partie et 89-102 de la 2e partie. Voir aussi : *Précis des démarches des habitants du bourg de La Guillotière en Dauphiné auprès des Trois Ordres de cette province*, in-8°, 1788 ; enfin, aux Arch. de l'Is., l'article 6 du cahier des plaintes des États assemblés à Grenoble, le 13 janvier 1489 (B. 2905, fol. 116) ; on y réclame déjà le maintien des limites du Dauphiné au pont de La Guillotière.

[2] Cf. A. Prudhomme, 222, 244 ; *Choix de doc.*, 256.

[3] L'ancien couvent des Jacobins, sur la partie méridionale de la place Grenette actuelle ; il fut démoli pendant les guerres de religion et reconstruit un peu plus à l'est. Cf. Plan de Grenoble, dressé en 1572 par le peintre Pierre Prévot pour la *Cosmographie* de Munster et Belleforêt, 1575 (N. les *Jacobins ruinez*).

[4] Au quartier de l'Isle, près de la Maison du Pays, où l'on conservait les archives des États. Cf. Plan de 1572 (M. les *Cordeliers ;* S. *place des Cordeliers ;* Y. *la Maison du Pays*). C'est dans

« salle des Etats », où sont peintes, dit Guy Allard, les
armoiries des plus considérables familles de cette province [1]. Romans, cité industrieuse, enrichie par ses fabriques de drap et ses tanneries, était dès lors l'une des
citadelles du Tiers Etat et préludait au rôle qu'elle
jouera en 1788; on y trouvait de vastes locaux, le réfectoire des frères mineurs et la salle du Chapitre ou de la
« maison archiépiscopale ». Le château delphinal de La
Côte-Saint-André, au milieu de la plaine de Bièvre,
dans une forte position au sommet de la ville, fut longtemps, à cause de sa situation géographique, le séjour
préféré des gouverneurs; Boucicaut, dit-on, y aurait été
assiégé par les nobles en révolte; Louis II y reçut Charlotte de Savoie peu après son mariage, en 1451. La réunion des Etats à Vienne, à Saint-Symphorien-d'Ozon, à
La Guillotière permettait aux trois Ordres de se mettre
en rapport avec le roi-dauphin aux limites mêmes du
royaume sans sortir du Dauphiné.

§ IV. Tenue des Etats.

OUVERTURE. Elle était faite quelquefois par le roi,
ordinairement par le gouverneur, seul ou assisté de commissaires envoyés pour demander le subside, en présence

---

leur réfectoire que se tinrent longtemps les assemblées de ville et
que se faisaient les cours de l'Université.

[1] Le 26 avril 1599, les consuls de Grenoble protestèrent contre
une délibération des Etats portant qu'à l'avenir la session annuelle aurait lieu alternativement dans l'une des 10 villes principales de la province, Grenoble, Vienne, Valence, Romans, Die,
Embrun, Briançon, Crest, Gap, Montélimar. Arch. de Grenoble,
AA. 42. Cf. Règlement de 1613, art. 5 : « Et pour le lieu, ce sera
en la ville de Grenoble le plus qu'on pourra. »

du Conseil delphinal et de la Chambre des Comptes, du trésorier général et du procureur fiscal[1].

Après avoir salué les représentants du pays, le gouverneur ou les commissaires débutaient par un exorde insinuant sur la bienveillance et l'amour du prince pour ses sujets de Dauphiné, son entière confiance en leur fidélité et leur générosité. Ils présentaient en même temps leurs lettres de créance et les lettres closes contenant l'objet de leur mission; ils les faisaient lire et les commentaient[2]. Ces lettres indiquaient la question proposée ou contenaient le chiffre du subside demandé et les raisons qui le motivaient. Le président du Conseil delphinal prononçait ensuite un discours d'apparat, où il faisait l'éloge du roi, du dauphin et des commissaires[3]. Le procureur général des trois Ordres demandait du temps pour délibérer et on procédait immédiatement à la vérification des pouvoirs[4].

Le gouverneur, le Conseil, les grands officiers et les commissaires n'assistaient pas aux délibérations proprement dites, sauf dans des cas particuliers où des ques-

---

[1] On y trouve aussi quelquefois des baillis et des juges mages. L'ouverture n'avait pas toujours lieu exactement le jour fixé par la convocation; lorsque les retardataires étaient trop nombreux, on les attendait. Le gouverneur pouvait être remplacé par son lieutenant ou par le Conseil.

[2] Au XIVᵉ siècle, lorsqu'il s'agissait d'affaires purement locales, comme la défense ou l'administration de la principauté, le gouverneur ou, en son absence, les gens du Conseil traitaient directement avec les États qu'ils avaient eux-mêmes convoqués.

[3] Cf. *Pièces justif.*, II. Il ne semble pas que cet usage soit antérieur au XVᵉ siècle.

[4] « Facta prius, ut moris est, eorum presentatione et descriptione specifica, continente personas inferius nominatas », août 1422. B. 3029.

tions politiques étaient en jeu, comme l'acte de prise de possession par le nouveau dauphin, la prestation du serment par le gouverneur ou les démêlés de Louis II avec son père en 1456-1457.

LOCAL. Nous en avons déjà parlé en traitant du lieu de réunion. Ajoutons simplement que la séance d'ouverture et les séances suivantes n'avaient pas toujours lieu dans le même local. Ainsi, à Grenoble, les Etats s'ouvraient au Consistoire delphinal; les délibérations avaient lieu au couvent des frères prêcheurs, ou chez les cordeliers, ou à l'évêché; la séance de clôture, dans la grande salle du palais delphinal [1].

PRÉSIDENCE ET SÉANCE DES ETATS. Au XIVe et au XVe siècles, les Etats étaient présidés ordinairement par l'évêque de Grenoble, ou, en son absence, par l'abbé de Saint-Antoine [2].

[1] La séance exceptionnelle du 12 août 1422, pour protester contre l'abandon aux Saint-Vallier des comtés de Valentinois et Diois, se tint sur la grande place devant le puits du couvent des Jacobins (partie nord de la place Grenette actuelle).

[2] Guy Allard en donne comme raison que les rois-dauphins avaient des obligations spéciales envers l'évêque de Grenoble, qui aurait décidé Humbert II à céder sa principauté à la France plutôt qu'à l'Eglise romaine ou à la Savoie. Il n'y a pas lieu d'invoquer ce motif, d'ailleurs contestable. Grenoble était la capitale du Dauphiné et le lieu où se tenaient le plus souvent les assemblées du pays; son évêque est le seul qui ait toujours été présent ou représenté à ces assemblées avant la réunion définitive de Vienne, Valence, Embrun et Gap; c'est entre ses mains (ou entre celles de l'abbé de Saint-Antoine) que tout nouveau dauphin devait prêter serment d'après le Statut delphinal; il était donc tout naturellement désigné pour la présidence des Etats; l'usage s'établit de la lui attribuer exclusivement (et, en son absence, à l'abbé de Saint-Antoine) sans qu'on puisse rien préciser à ce

Le clergé formait le premier Ordre, la noblesse le second, les représentants des communes le troisième; mais les procès-verbaux ne laissent nullement soupçonner des rangs de préséance nettement déterminés[1]. Une seule fois, en 1410, il est dit qu'après les commissaires

sujet. Cf. *Delphinalia*, 34, et Fr. Marc, *Notæ decisiones...*, 1re partie, Lyon, 1531, fol. 49 : « Quando in tribus Statibus d. episcopus Gratianopolitanus est presens, precedit et concludit ut presidens Trium Statuum et in ejus absentia d. abbas, licet... presenti anno 1503..., in absentia d. episcopi Gratianop., dum ibi esset rev. d. Theodorus de S^{to} Chamondo, abbas Santi Anthonii, et vellet precedere, certi domini presentis patrie se opposuerunt, *dicendo quod dictus abbas non esset oriundus de patria et quod Tres Status possunt ponere presidentem et pro isto anno nominaverunt d. abbatem Bonarum Vallium;* sed fuit ordinatum per modum expedientis, citra prejudicium juris partium, quod... abbas S^{ti} Anthonii pro hac vice presideat... » Plus tard, les archevêques de Vienne cherchèrent à troubler leur suffragant dans l'exercice de sa prérogative ; ils alléguèrent qu'il ne pouvait l'exercer en leur présence sans faire injure à la hiérarchie ecclésiastique ; ils furent toujours déboutés de leurs prétentions. Lorsque le Chapitre de Grenoble réclama, en 1788, le maintien de ce privilège, il ne put produire aucun acte précis et positif en dehors de la coutume immémoriale. Nous savons qu'en 1367 les Etats procédèrent sous la haute direction du gouverneur, de l'évêque de Grenoble et du comte de Valentinois ; en 1370 ils furent, dit-on, présidés par le duc d'Anjou, en 1383 par le duc de Berri, en 1386 et 1395 par le duc de Bourgogne ; ils le furent peut-être aussi par Charles VII en 1420, 1434 et 1456, par le dauphin Louis en 1447 et 1448, etc... ; mais on peut se demander si ces différents princes n'ont pas assisté seulement à la séance d'ouverture, les trois Ordres se réunissant ensuite à part pour délibérer. En 1439, l'archevêque d'Embrun présida les Etats parce que l'évêque de Grenoble était représenté par un procureur (ainsi que l'abbé de Saint-Antoine) ; en 1448 et 1456, l'archevêque d'Embrun et l'évêque de Valence sont nommés avant lui.

[1] Le procès-verbal de 1367 commence ainsi : « *Cum prelati, barones, persone ecclesiastice, nobiles, vavassores, universitates, communitates et singule persone Dalphinatus...* »

siègent les ecclésiastiques, puis les nobles. A plus forte
raison n'aperçoit-on aucun indice de la hiérarchie qui
tendit à s'établir, plus tard, à l'intérieur de chaque *Etat*[1].
En dehors des prélats et de quelques hauts seigneurs
comme le comte de Valentinois, le seigneur de Saint-
Vallier, le marquis de Saluces et le vicomte de Clermont,
généralement nommés les premiers sur leurs listes res-
pectives dans chaque judicature, l'énumération des membres présents aux assemblées n'est soumise à aucun
ordre fixe; tout au plus peut-on y entrevoir une certaine
distribution géographique. Les nobles apparaissent une
fois, sous Humbert II, avec la distinction en nobles majeurs, médiocres et mineurs[2]. Ensuite on ne trouve plus
que les barons et bannerets d'une part, les vavasseurs de
l'autre; bien que ces deux catégories de nobles aient eu
quelquefois leurs commis et leurs auditeurs distincts de
1388 à 1392 et nommé des Elus différents en 1400 et en
1407, on ne voit pas qu'ils aient siégé alors séparément.
Pas la moindre trace des quatre baronnies anciennes du
Dauphiné[3]. Une explication de ce rang à part, — cons-

---

[1] Sauf peut-être pour le clergé. Les qualifications honorifiques,
usitées dès le début pour les prélats, ne commencent pour les
nobles qu'au XVe siècle. Cf. B. 3261, procès-verbal du 23 mai
1441 : « Reverendi in Christo patres et domini prelati, magnifi-
cique et potentes viri domini barones et bannereti et ceteri nobiles jurisdictiones et dominia in patria dalphinali habentes et
dalphinales vassali, ceterique plebeii, scindici, consules. yconomi et
procuratores civitatum, villarum, castrorum domanii, Tres Status
facientes et representantes. »

[2] Acte du 13 mars 1348. Cf. Fauché-Prunelle, II, 357.

[3] Clermont (1re), Sassenage (2e), Montmaur (4e) et alternativement Bressieu ou Maubec (3e). Cf. Salvaing de Boissieu, *De
l'usage des fiefs*, in-fol., Grenoble, 1731, 1re part., 318-326. En
1373, pour le serment de Ch. de Bouville, Fr. de Sassenage est

taté seulement au XVI° siècle et qui n'était pas encore
complètement réglé au XVII°, — se présente naturellement à l'esprit : par suite de la rapide disparition des
barons dauphinois sur les champs de bataille de la
guerre de Cent ans et des guerres d'Italie, les vicomtes
de Clermont, seuls de leur titre depuis Humbert II, les
seigneurs de Montmaur et de Sassenage qui avaient
rempli la charge de gouverneur, les seigneurs de Bressieu et de Maubec se trouvèrent les seuls survivants des
nobles qualifiés antérieurement à 1349; rien d'étonnant
qu'à une époque où l'étiquette tendait à devenir la tra-
duction extérieure et comme le symbole du principe hié-
rarchique sur lequel reposait la société, on leur ait attribué une place spéciale à la tête des États. Quant aux
huit ou *dix villes*, elles prirent rang également vers la
même date.

DÉLIBÉRATION ET VOTE. Après la séance solennelle
d'ouverture, les membres des États se réunissaient à
part, pour délibérer, sous la présidence de l'évêque de
Grenoble ou de l'abbé de Saint-Antoine. Au début de
chaque séance, le procureur [1] énonçait l'ordre du jour.
La discussion s'engageait aussitôt, souvent fort animée;
chacun pouvait émettre son opinion. Les suffrages étaient

---

nommé le 2°, Fr. de Maubec le 4°; en 1393, à la prestation de
serment de Montmaur, Fr. de Sassenage est cité le 1er, Aymar de
Clermont le 5°, après Ant. de La Tour, seigneur de Vinay, et
Jacques de Roussillon, seigneur de Tullins ; aux États de 1400,
le vicomte de Clermont est nommé le 1er, mais le baron de Sassenage est nommé le 15°, Montmaur le 17°, Maubec le 20°, Bressieu
le 21° et dernier. La qualification de *hauts barons* ne se rencontre
pas avant la fin du XV° siècle.

[1] Quelquefois le président lui-même.

exprimés d'ordinaire en levant la main ou par acclama-
tion; ils étaient recueillis ou comptés par le président[1].
Quand on était tombé d'accord à la majorité des voix, le
plus souvent à l'unanimité[2], sur la conclusion à prendre
ou l'octroi du subside, le procureur formulait la cédule
en français contenant le résultat des délibérations[3]. On
nommait les commis, les receveurs, ainsi que les auditeurs des comptes. Les commissaires du roi ou le gouverneur étaient introduits et acceptaient sur place, ou
bien l'on retournait au palais delphinal pour une séance

[1] « Post scrutationem votorum singulorum ibidem astantium
per Reverendum in Christo Patrem... ». « manibus in altum
elevatis », Etats de 1441, B. 3261. « Votis singulorum exquisitis
per dictum d. episcopum, fuit conclusum...; exquisitis opinionibus singulorum, fuit deliberatum... », Etats de 1444, B. 3003,
fol. 308. A l'assemblée de 1603, les membres des Etats « estans
tous levés pour sortir à cause de l'heure tarde », le procureur
posa de nouvelles questions; « à quoy la pluspart de ceux qui
l'ont entendu ont crié : ouy, ouy, sans aultrement opiner. »

[2] « Majori saltem et saniori parte gentium Trium Statuum »,
— « aut saltem majoris partis eorum, nullis discrepantibus », —
« nemine discrepante », — « de communi consensu majoris partis
banneretorum, nobilium et universitatum ». Le principe majori-
taire était inconnu du haut moyen âge; on comprenait mal alors
que la minorité fût obligée par la majorité, ou les absents par les
membres présents. C'est l'influence du droit romain et le travail
des légistes qui modifièrent peu à peu les idées sur ce point. Il
faut chercher là un des motifs qui inclinèrent les alleutiers et le
clergé à s'abstenir d'assister aux assemblées du pays : ils avaient
ainsi une raison de refuser de payer des tailles qu'ils n'avaient
pas votées. On se souvient aussi que les représentants des deux
premiers Ordres stipulèrent plus d'une fois qu'ils s'engageaient
seulement pour eux-mêmes et que leur consentement n'impliquait
nullement celui des membres de leur Ordre absents.

[3] Quand elle n'était pas agréée des commissaires, du gouverneur ou du Conseil, ceux-ci proposaient des modifications article
par article (voir les *Advideatur* du Conseil, en 1391. B. 2950,
fol. 308) et la discussion recommençait.

solennelle de clôture. Quelquefois les commissaires in-
sistaient sur les ordres reçus et entraient un instant
dans la salle pour demander d'augmenter la somme
accordée; on reprenait alors la délibération et l'on élevait
ou l'on maintenait le chiffre du don gratuit convenu précédemment. Les secrétaires avaient noté et réuni en un
certain nombre d'articles sur un « cahier » les doléances
ou les demandes des Etats: tantôt on les présentait immédiatement, — quelquefois même préalablement au
vote du subside, — au roi-dauphin, au gouverneur ou au
Conseil, qui faisaient écrire à la suite leurs réponses;
tantôt on envoyait des ambassadeurs à la Cour pour
donner ou demander des explications, présenter des requêtes et tâcher d'obtenir les satisfactions désirées. Les
secrétaires ou notaires rédigeaient enfin, — outre les
relations détaillées, séance par séance, qui étaient conservées sur des registres dans la Tour ou Maison du Pays
et ont pour la plupart disparu, — un *instrumentum
subsidii*, sorte de procès-verbal abrégé ou d'acte final de
la session [1].

Les Etats délibéraient-ils ensemble ou séparément ?
Votaient-ils par Ordre ou par tête ? En 1367 et en 1388,
ils ont certainement délibéré en commun. A la fin du
règne de Charles V et au début de celui de Charles VI,
le Conseil essaya de faire prévaloir l'usage d'assembler
séparément ou même successivement les gens du Domaine d'un côté, les prélats et les nobles de l'autre. De
1373 à 1387, les Comptes des trésoriers notent toujours à
part le subside voté par les deux premiers Ordres et
celui des communautés delphinales, plus ou moins acquis

[1] Dès 1388, il est écrit, au moins partiellement, en français.

d'avance et aussi plus élevé. Mais en 1391, nobles et prélats, le seigneur de Saint-Vallier en tête, refusèrent de délibérer sur le don gratuit tant qu'on ne les aurait pas réunis avec les gens du Domaine; le Conseil finit par autoriser ce mode de délibération « pour cette fois seulement et sans préjudice des droits du roi-dauphin ». Il ne fut plus possible de revenir sur cette concession[1]. Quant au vote par Ordre, il ne saurait en être question avant la fin du XIV° siècle, époque où les catégories fort diverses de représentants du pays apparaissent comme à peu près distribuées en « Trois Etats »; à cette date, il aurait eu d'autant moins de raison d'être, semble-t-il, que les prélats et barons s'étant affranchis personnellement de l'impôt prétendaient ne figurer aux assemblées que comme représentants de leurs sujets roturiers[2]; les procès-verbaux du XV° siècle ne fournissent aucune indication précise à ce sujet[3]. On ne constate guère le vote

[1] Tous les comptes rendus un peu détaillés qui nous sont parvenus montrent les trois Ordres délibérant ensemble. On sait qu'un consul pouvait représenter en même temps un noble et réciproquement, ce qui implique jusqu'à un certain point la délibération en commun pratiquée à la même époque par les Etats provinciaux du Comtat Venaissin, du Languedoc, de la France centrale, de la Normandie, etc... La méthode de délibération par *Elus* est un nouvel argument dans le même sens. Cf. article 21 du règlement de 1613 : « Attendu l'union des Trois Ordres, il ne leur sera permis de s'assembler... ny de faire aulcunes propositions, deslibérations ni deslégations séparément. »

[2] Dans les diverses commissions élues par les Etats, le vote était acquis aux deux tiers des voix. Cf. B. 3260, assemblée du 10 mars 1427 : « Promiserunt alta et intelligibili voce, habere rata... quidquid per prenominatos Electos seu duas partes ipsorum, vocatis et presentibus suis advocatis et procuratoribus, etc... »

[3] Il ne serait pas impossible de suppléer, en partie, à cette

par Ordre qu'au siècle suivant; il fut peut-être une des conséquences de la division occasionnée par le Procès des Tailles [1].

DURÉE DE LA SESSION. La session durait un ou plusieurs jours, suivant les circonstances et la difficulté des affaires à traiter; jusqu'en 1457, elle ne semble pas avoir dépassé huit jours, sauf en 1430, où elle se prolongea du 20 au 31 mai [2]. Il y avait ordinairement deux séances,

lacune en puisant dans les nombreux mémoires et plaidoyers du Procès des Tailles ou dans l'abondante littérature dauphinoise de 1788-1789. On y lit, par exemple, que les anciens États auraient pratiqué non seulement la *réunion des Ordres* et la *délibération en commun*, mais encore le *vote par tête sans distinction entre privilégiés et non privilégiés*, pour garantir l'indépendance des votes contre l'influence qu'aurait pu exercer l'opinion d'un Ordre tout entier exprimant ses suffrages de suite. Ces renseignements, affirmations intéressées ou généralisations arbitraires, ne présentent pas des garanties suffisantes de certitude historique.

[1] Même alors, les voix de deux Ordres ne suffisaient pas toujours pour former une majorité et prendre une conclusion. Cf. transaction du 16 février 1554 : « Item a esté accordé, que d'ores en advant ne se pourra faire aulcune conclusion ès Estatz généraulx de quelque affaire que ce soyt, *encore que toutes les opinions de deux Estatz soient uniformes, sinon que de l'autre Estat y aye une opinion conforme à la pluralité des aultres deux Estatz.* » (B. 2915, fol. 1 ; mais, comme le Tiers État s'en plaignait dans ses *Humbles remontrances au roi*, il n'était pas difficile de gagner la voix d'un député du 3e Ordre.) Cette disposition était encore rappelée à la fin du XVIe siècle. Cf. Bibl. de Grenoble, R. 4389, 2e pièce, p. 13 : « Laquelle conclusion estoit recueillie de la pluralité des voix particulières, où l'on tient une coustume ou reigle : que quand les deux premiers Estats s'accordent en une opinion qui est suyvie par un ou deux du tiers Estat, la conclusion est couchée suivant ceste opinion des deux Estats, et deffinissent ainsi la pluralité quoy que tous les autres du tiers Estat feussent de contraire avis. »

[2] La raison en est que les séances furent interrompues pendant

l'une le matin « à l'heure des sacres », l'autre le soir « à l'heure des vêpres ».

CLÔTURE. La clôture des Etats était prononcée par le roi-dauphin, le gouverneur ou le Conseil, après l'acceptation par ces derniers ou le rejet des conclusions qui avaient été adoptées par les représentants. Simple assemblée délibérante, sans aucune puissance exécutive, leurs votes avaient besoin d'être approuvés par le roi-dauphin ou le gouverneur pour obtenir force de loi. La royauté, qui avait provoqué l'établissement de cette institution en Dauphiné, n'abandonna jamais son droit d'initiative et de sanction.

§ V. Délégations temporaires et permanentes : commissions élues et officiers des Etats.

Les Etats nommaient un certain nombre de commissions et d'officiers pour préparer ou faciliter leurs travaux et pour assurer l'exécution des décisions prises par eux ou en leur nom. Au début, il n'est pas toujours facile de distinguer les Elus des commis, des procureurs et des ambassadeurs : tous sont élus et qualifiés presque indifféremment de commissaires, procureurs, avocats ou conseillers des Etats. Sans doute, leurs fonctions étaient alors plus ou moins confondues. Mais, dès la fin du XIVe siècle, les trois Ordres avaient plusieurs sortes de mandataires dont les attributions et le rôle particulier étaient habituellement assez bien déterminés [1].

---

l'absence de R. de Gaucourt ; celui-ci, après avoir probablement sollicité l'avis des trois Ordres, était allé engager R. de Villandrando et ses compagnies dans le Vivarais.

[1] Sauf les Elus, ils étaient astreints au serment et on leur allouait des vacations.

1° Les ELUS. Souvent, lorsque des intérêts majeurs n'étaient pas en cause, ou lorsque la session menaçait de se prolonger, les Etats, — pour procurer à la majeure partie de leurs membres une économie appréciable et pour simplifier la discussion, qui aurait été rendue difficile par le grand nombre ou l'inexpérience des représentants, — nommaient des Elus avec pleins pouvoirs pour délibérer et conclure en leur nom ou consentir et fixer le don gratuit. Quelquefois, on les désignait après le vote du subside pour s'occuper de questions de détail ou bien exigeant une compétence spéciale[1]. Leur délégation ne dépassait pas d'ordinaire la durée de la session[2]. En 1367, l'Ordre des prélats nomme un Elu, l'évêque de Grenoble; les barons et autres nobles en choisissent deux ou trois par judicature; les communautés domaniales de même[3]. En juillet 1391, nous trouvons 6 Elus pour les prélats et gens d'église, 15 pour les bannerets, 15 pour les communes et 4 pour les bonnes villes; en août 1407, 5 pour les prélats, 15 pour les barons, 5 pour les vavasseurs et 26 pour les communes; c'est le seul cas où un procès-verbal permette de constater une majorité d'Elus en faveur de ces dernières. Ensuite, leur nombre diminue

---

[1] Ce mode de délibération semble avoir été préféré par les agents du roi-dauphin (voir en févr. 1391 et en 1407) ; il était, en effet, plus facile de s'entendre avec un nombre restreint de délégués, ou de les gagner par des gratifications et des faveurs. Nous avons à peine besoin d'ajouter que ces Elus n'ont rien de commun avec les fonctionnaires de l'Ancien régime, du même nom, qui étaient chargés de répartir l'impôt dans une Election.

[2] Les Etats d'août 1407 n'ayant pas accordé au roi tout ce qu'il demandait, on convoqua de nouveau les Elus en décembre ; il y eut même subdélégation par les Elus ; mais le cas est unique.

[3] Soit 14 pour le clergé et les nobles et 14 pour le Domaine.

comme celui des représentants du pays qui viennent aux
assemblées : en 1437, il n'y a plus que 2 Elus pour le
clergé, 3 pour les nobles, 3 pour les communes [1]. Ils ne
paraissent plus du tout sous Louis II; à moins qu'on ne
veuille voir des Elus dans les nobles qui, après les Etats
de Romans, en janvier 1450, se rendirent auprès du
dauphin à Peyrins où ils votèrent encore 500 florins de
gratifications diverses, et dans la délégation des trois
Ordres que Charles VII se fit envoyer à Saint-Symphorien-d'Ozon, en avril 1457.

2° Les COMMIS étaient chargés de la haute administration du subside : ils exécutaient les décisions fiscales des
Etats, réglaient les points litigieux, répartissaient la
taille et, au besoin, assuraient sa perception ainsi que
son emploi conformément aux dispositions formulées
dans la cédule. En 1367, on nomme deux *commis répartiteurs et ordonnateurs* par judicature sous la direction
du gouverneur, de l'évêque de Grenoble et du comte de
Valentinois. En 1388, on retrouve ces *commis élus pour
faire la distribution de la finance* par les prélats, les
barons et les communes non domaniales, — le gouverneur étant chargé de ce qui touche au Domaine. En février 1391, il en est désigné 3 pour les gens d'église,
4 pour les bannerets, 1 pour les vavasseurs, 2 pour les
communes sans distinction, domaniales ou non domaniales; de même en 1392. Toute ingérence du gouverneur dans leurs opérations est alors absolument écartée.
Les revisions de feux et la soumission des alleutiers

---

[1] On voit quelquefois d'autres membres des Etats se joindre à
eux (comme en 1437) et prendre part à leurs délibérations ou à
leurs démarches.

simplifièrent beaucoup leur tâche en tant que répartiteurs, au xv° siècle; mais comme ils joignirent dès lors à
leurs fonctions celles d'auditeurs des comptes et, plus
tard, les attributions des Elus, ils finirent par se transformer en une sorte de comité permanent qui remplaçait
les Etats et fonctionnait entre les sessions comme la
Commission intermédiaire de 1788 ou la Commission dé-
partementale du Conseil général actuel [1].

3° Les RECEVEURS centralisaient les recettes et acquittaient les dépenses d'après les mandats délivrés par les
commis, en retenant pour leur salaire 6 deniers par livre.
La recette du « don gracieux et autres dons universalement faits au dauphin en son Dalphiné », en 1357, figure
dans les comptes du trésorier général Philippe de Gilliers.
Dès 1364, il y a un receveur spécial du subside, Renier
Coppe. En 1367, les clercs, les nobles et les gens du Do-

---

[1] Ils durent même prendre des décisions, sans en avoir reçu
commission spéciale, dans des cas d'extrême urgence. Il y eut
enfin des commis-nés : le doyen de la cathédrale de Grenoble pour
le clergé, les barons de Clermont et de Sassenage pour la noblesse et les consuls des *huit* ou *dix villes* pour le 3° Ordre. Ils
formèrent alors, avec le procureur général et le syndic des *communautés villageoises*, des assemblées distinctes qui suppléaient
les Etats plus difficiles à réunir. Cf. Transaction du 16 février
1554 : « Lorsqu'il surviendra quelque affaire de peu d'importance,
le procureur, accompagné du secrétaire, sera tenu de se transporter chez les consuls et commis qui se trouveront alors à Grenoble pour prendre leur avis sans frais. Pour les affaires importantes, seront tenues des assemblées particulières où assisteront
les consuls du Tiers Etat qui seront à Grenoble. soit de Vienne,
Valence, Romans et autres notables des huit villes principales
qui ont accoutumé d'y assister, et ce en tel nombre que seront les
commis des deux premiers Ordres. » Ces assemblées continuèrent
à fonctionner quelque temps après la suspension des Etats.

maine ont un receveur commun dans chaque bailliage ou
judicature. Pendant la période de réaction administrative marquée par la seconde partie du règne de Charles V
et la minorité de Charles VI, la recette des subsides se
retrouve dans les comptes de Bernard de Montlhéry
(1370-1376) et de Jean de Vallin (1377-1384); ensuite, ce
ne sont plus que des arrérages, qui disparaîtront à
peu près complètement après 1391; à partir de 1384, les
oncles de Charles VI ont imposé à la Chambre des
Comptes l'obligation de tenir un registre à part pour les
subsides, qui semblent ainsi faire partie des revenus
ordinaires du dauphin[1]. Mais les trois Ordres se ressai-
sissent : en 1388, le receveur particulier nommé pour les
prélats, les barons et les communes non domaniales dans
chaque judicature et ceux que le gouverneur est chargé
de désigner pour le Domaine, sont astreints à verser leur
recette au receveur général des Etats, Pierre Piébo, qui
devra restituer aux contribuables les sommes non em-
ployées. En février 1391, si le subside avait été voté, les
châtelains et mistraux du dauphin auraient versé avec
les communes non domaniales et les nobles au receveur
de leur judicature. En juillet de la même année, le receveur général Fr. de Brun centralise tous les recouvrements dans les deux Viennois et le Graisivaudan; il se
choisit sous sa responsabilité un lieutenant à Grenoble;
seuls les bailliages du Briançonnais, de l'Embrunais, du
Gapençais et des Baronnies ont un receveur particulier;
de même en janvier 1392. En 1400, tous les receveurs
particuliers ont disparu : il ne reste plus qu'un receveur

---

[1] Le subside de 1385 fut reçu par Claude Mathieu, de Grenoble, et versé par lui à Jean de Brabant.

général pour les deux Viennois avec un lieutenant à Grenoble pour les autres judicatures. Non seulement le clergé avait levé lui-même jusqu'alors, comme les nobles, sa quote-part, mais il avait gardé quelquefois sa recette pour faire directement, quand il y avait lieu, les paiements ordonnés par les commis [1]. La perception des tailles échappait ainsi entièrement au fisc. Bientôt, cependant, les États, se relâchant de leur vigilance sous prétexte d'éviter des frais supplémentaires, laissent les officiers delphinaux empiéter peu à peu sur l'autonomie de leur organisation financière. Ils nomment encore des receveurs généraux au milieu du xve siècle; c'est déjà souvent le trésorier général ou le trésorier du dauphin [2].

4° Les AUDITEURS DES COMPTES. En 1367, le gouverneur, l'évêque de Grenoble et le comte de Valentinois, à qui les États avaient délégué une sorte d'inspection générale sur l'imposition et l'emploi du don gratuit, furent probablement seuls chargés d'entendre les comptes des receveurs. De 1370 à 1387, la vérification des subsides relève de la Chambre des Comptes. En 1388, on nomme 2 auditeurs pour les prélats, 2 pour les banne-

---

[1] On lui accordait pour cela un receveur spécial (févr. 1391, janv. 1392). En 1407-1413, les sommes recueillies pour l'acquisition des Comtés furent mises en dépôt « pro tuta custodia » dans l'église Saint-André.

[2] A partir de 1405, les trois Ordres nomment un seul et unique receveur, désigné quelquefois de concert avec le gouverneur ou directement par le roi. En 1419, on voit apparaître le trésorier du dauphin, Jean Gerbe, puis Casin Chaille ; après 1440, Nicolas Erland (trésorier général depuis 1438) est le receveur ordinaire du subside. Nous étudierons plus spécialement dans le 2e volume la mainmise progressive du pouvoir royal sur l'organisation financière des États, pour en donner une vue d'ensemble.

rets, 2 pour les vavasseurs et 2 pour les communes ; le
gouverneur choisit les siens pour le Domaine. Ce dernier
article disparaît momentanément en 1391 : le désir d'éviter l'immixtion du pouvoir central dans l'administration
du subside est évident. Le nombre et le choix des auditeurs varient sans cesse ; leur rôle sera également très
amoindri quand, par lassitude ou pour raison d'économie, on aura abandonné la perception des tailles aux
officiers du roi-dauphin et leur centralisation entre les
mains du trésorier général. Ils ne conserveront plus
guère alors que la vérification des sommes mises outre
le principal pour les affaires du pays ; le don gratuit
proprement dit cessera peu à peu d'être de leur compétence ; les mêmes personnages seront élus à la fois comme
auditeurs et commis ; encore faudra-t-il que les Etats
défendent, dès 1438, ce qui reste de leur privilège contre
les exigences de la Chambre des Comptes [1].

5° Les AMBASSADEURS, envoyés à des princes voisins,
comme le duc de Savoie ou le comte de Provence, et
surtout à la Cour, toutes les fois qu'il devint nécessaire
de recourir directement au roi ou au dauphin. En 1366-
1367, ils allèrent proposer à Charles V un subside de

---

[1] En janvier 1444, les seigneurs de Clermont, de Surgères, de
Chevrières, de Châteauvilain, d'Argental, de Morges, le prieur
de Saint-Donat, Raoul de Commiers et Hugues Marc furent élus,
à la fois pour examiner la part afférente au pays dans les comptes
de Casin Chaille, fixer les gages de ceux qui avaient lutté contre
les Ecorcheurs, taxer ceux qui avaient travaillé pour les Etats,
délivrer les mandats et imposer sur chaque feu la somme nécessaire. Ils jurèrent sur les Evangiles de s'acquitter consciencieuse-
ment de leurs fonctions, « bene, probe, diligenter et fideliter se
habere, nullo respectu ad aliquas personas favorabiliter habito,
sed prout vera equitas et justitia suadebunt ».

30.000 florins, à condition qu'il confirmerait et compléterait les libertés delphinales; en février 1391, en 1410-
1413, ils furent chargés de réclamer l'observation de ces
privilèges. En 1429, après la délivrance d'Orléans par
Jeanne d'Arc, on envoya une délégation assister, à Reims,
au sacre de Charles VII, à qui les ambassadeurs portèrent
avec le don gratuit les présents et les vœux du Dauphiné. Leur rôle fut particulièrement actif en 1404-1407,
durant la lutte engagée contre Boucicaut, en 1439 quand
les Etats réunis à Saint-Symphorien refusèrent de se
rendre à Lyon, en 1441-1443 au début du gouvernement
autoritaire de Louis II, et en 1456-1457 pendant les
démêlés du même dauphin avec son père, le roi
Charles VII.

6° Le PROCUREUR GÉNÉRAL. Cet officier apparaît en
février 1391; sa fonction se précise à la fin du XIVᵉ siècle
et au commencement du XVᵉ[1]. C'était, dit Chorier, « le
principal ressort qui donnait le mouvement aux délibérations, le membre le plus utile pour l'action et le plus
nécessaire pour le conseil ». Mandataire de l'assemblée,
il parlait et agissait au nom des trois Ordres, leur ser-
vait d'intermédiaire, formulait et transmettait leurs remontrances, défendait leurs droits et sauvegardait leurs
intérêts[2]. Il rappelait l'état de la discussion au début de

---

[1] Dans les circonstances graves, exigeant une action continue
et prolongée, comme en 1404-1407, pendant le conflit avec le gouverneur, les Etats nommaient plusieurs procureurs qui consti-
tuaient une véritable commission extraordinaire et permanente.
Jusque vers 1430, il y eut ordinairement deux ou trois procureurs.

[2] Il avait ainsi des attributions financières, recherchant les
sommes dues au pays par les contribuables ou les receveurs, prenant part aux travaux des commis et des auditeurs des comptes.

chaque séance, préparait la cédule et poursuivait les
affaires du pays d'une session à l'autre, en particulier
l'exécution des décisions prises par les Etats et la satisfaction des demandes formulées dans les cahiers de doléances [1].

7° Les SECRÉTAIRES. Ils prenaient des notes pendant
les séances, rédigeaient les procès-verbaux, la cédule
contenant l'octroi et les conditions du subside et tous les
actes qui intéressaient les Etats [2].

§ VI. Rôle et attributions.

Les Etats votaient le don gratuit et, à cette occasion,
s'occupaient de toutes les affaires, de tous les intérêts du
pays. Leur rôle politique et militaire, législatif et judi-

---

[1] Cf. Chorier, *Estat polit.*, I, 37-38 : « Autrefois il était
électif, mais le roi a commencé de pourvoir de cette charge depuis
quelques années. On en compte 20 jusqu'à nos jours et la plupart
ont mérité par leur zèle envers la patrie des louanges immortelles... Les communautés villageoises, — et l'on comprenait
sous ce titre les corps mêmes des villes à l'égard de leurs habitants de condition roturière, — ne croyant pas que leurs intérêts
fussent bien en sûreté dans les mains d'un gentilhomme (l'usage
s'était établi que le procureur fût toujours noble), eurent la
liberté, il y a environ 90 ans (en 1578) de se nommer un syndic.
Ce fut Claude Brosse, homme hardi et entreprenant. Après sa
mort, le roi lui donna un successeur ; mais aujourd'hui cet emploi
est vaquant, de même que celui de procureur des Etats. »

[2] Voir le procès-verbal de 1439, vers la fin. Jean du Plâtre
s'exprime ainsi : « ... ea omnia sic fieri vidi et audivi, ac de
ipsis acta et notas sumpsi, ex quibus hoc presens publicum instrumentum extrahi ac in hanc formam publicam redigi feci... »
Les secrétaires accompagnaient les commis, auditeurs, ambassadeurs, etc..., dans toutes leurs démarches et opérations. Ils
étaient toujours choisis parmi les notaires ou secrétaires delphinaux.

ciaire, administratif, économique et surtout financier fut,
à des degrés divers, fort considérable.

1° RÔLE POLITIQUE ET MILITAIRE : *subsides et hommes
d'armes fournis à la France pendant la guerre de Cent
ans; serment imposé aux gouverneurs, observation et
extension des libertés delphinales; rapports avec les dauphins ou rois-dauphins.* Lorsque le Dauphiné fut transporté à la Maison de France, celle-ci venait de s'engager
dans la guerre de Cent ans. Après le désastre de Poitiers,
pendant la captivité du roi Jean, le dauphin Charles Ier
ne s'adressa pas en vain à ses nouveaux sujets : ils lui
accordèrent, malgré leurs privilèges formels et leur
exemption, récemment confirmée, de toute taille extraordinaire, le premier don gratuit. Ensuite, quand la
royauté leur fit exposer ses besoins, ils lui prodiguèrent
généreusement leur concours en hommes d'armes et en
argent, sauf, le cas échéant, à obtenir d'abord le redres-
sement de certains griefs, ou à juger eux-mêmes de la
nécessité et de l'importance des sacrifices demandés.
Toutes les périodes critiques de la guerre anglaise dans
le royaume correspondent à l'octroi de nouveaux subsides et à des appels de l'arrière-ban en Dauphiné.
D'autre part, gardiens vigilants, défenseurs infatigables
des libertés et de l'autonomie du pays contre des gouverneurs autoritaires comme Enguerrand d'Eudin et Montmaur ou quelque peu bandits comme Bouville et Boucicaut, les États se virent plusieurs fois dans la nécessité
de les contraindre à prêter, à leur entrée en fonctions, le
serment qu'ils leur avaient fait imposer en 1367 et à
observer les franchises delphinales. Toujours ils furent
les intermédiaires naturels entre la principauté et le roi
ou le dauphin, avec lesquels ils communiquaient par

leurs ambassadeurs et par les cahiers où ils exprimaient
leurs plaintes et leurs vœux. Placés, en 1456-1457, dans
une situation fort délicate entre Louis II et son père, qui
voulait lui reprendre le Dauphiné, même par la force, ils
réussirent à satisfaire l'un sans manquer de fidélité envers l'autre.

Formation territoriale et défense de la principauté. La
géographie politique est conditionnée par l'histoire, mais
aussi par la géographie physique et économique. Les
comtes de Graisivaudan et d'Albon n'avaient d'abord pos-
sédé qu'une ligne de châteaux allant des bords du Rhône,
au sud de Vienne, jusqu'à Briançon et à Oulx, sur la
route du Mont Genèvre, comme les comtes de Savoie, de
Vienne à Turin, sur la route du Mont Cenis. Les dauphins de la seconde et de la troisième race élargirent et
fortifièrent ce domaine par de nouvelles acquisitions de
territoires et de suzerainetés et des acquisitions de mou-
vances de plus en plus nombreuses, de la fin du XIIe siècle
jusqu'au milieu du XIVe. En 1349, les domaines d'Humbert II comprenaient « le Dauphiné de Viennois, le duché de Champsaur, la principauté de Briançonnais, le
marquisat de Césane, les comtés de Vienne, d'Albon, de
Graisivaudan, d'Embrunais et de Gapençais, les baronnies de La Tour, de La Valbonne, de Faucigny, de Mévouillon et de Montauban[1] ». Mais Vienne et sa banlieue
appartenaient à l'archevêque, la majeure partie du Viennois au comte de Savoie; Valence, Die et le Valentinois
étaient indépendants; il y avait de véritables possessions
extérieures comme Oulx, Pragelas et Château-Dauphin

[1] Traité de transport, Guiffrey, 226. Cf. Valb., II, 452 et notes
p. 458-459.

au delà des Alpes, La Valbonne isolée sur la rive droite
du Rhône; le Faucigny était enclavé dans la Savoie; le
dauphin était vassal de l'archevêque à Vienne, des comtes
de Provence, rois de Sicile, à Gap; il partageait la souveraineté de l'Embrunais avec l'archevêque, celle de Grenoble avec l'évêque. Le traité de 1355 donna à la principauté sa frontière septentrionale. Au sud-ouest, les domaines de la maison de Poitiers étaient son complément
territorial et économique; leur transmission à un prince
étranger aurait compromis sa sécurité, paralysé son
industrie et son commerce. Après avoir contribué pour
une large part à l'acquisition des comtés de Valentinois
et Diois, les Etats aidèrent puissamment le Conseil à en
empêcher la cession à la famille de Saint-Vallier ou à la
Savoie. C'est aussi un peu avec leur connivence que
Louis II eut raison de l'immunité fiscale des grands
alleutiers, dont il brisait en même temps l'indépendance
politique. Tantôt, dominés par les nobles, les Etats inter-
vinrent pour obliger le roi-dauphin à respecter les aliénations de terres domaniales acquises par des seigneurs
dauphinois; tantôt, justement préoccupés de ne pas laisser accroître les charges du pays par la diminution des
revenus personnels du prince, ils veillèrent avec un soin
jaloux à la conservation du Domaine. Abandonnés à eux-
mêmes dans des circonstances fort périlleuses, ils collaborèrent avec le gouverneur et le Conseil à la défense du
Dauphiné contre les bandes redoutables des routiers et
des Ecorcheurs, contre les menaces de Sigismond, contre
les envahissements de la Savoie et du prince d'Orange.

2° RÔLE LÉGISLATIF ET JUDICIAIRE : *les cahiers de doléances et les requêtes des Etats; formation du droit delphinal; la juridiction ecclésiastique; les Juifs. Leur rôle*

en matière de législation fut très important. La plupart
des ordonnances des rois-dauphins et des gouverneurs
furent rédigées « à la réquisition des Trois Etats » ; cette
formule revient à chaque page des *Statuta Delphinalia*,
et bon nombre de règlements d'administration, de justice, de finances ne sont pas autre chose que des délibérations des trois Ordres, auxquelles les gouverneurs ou le
Conseil ont donné force de loi. Ainsi, on les voit demander des officiers de justice en nombre suffisant, probes
et instruits, rapprochés le plus possible des justiciables ;
réclamer une procédure plus simple et plus rapide avec
la diminution des frais de justice. Ils s'occupent sans
cesse des notaires et des sergents pour faire modérer
leurs exigences, de la juridiction des nobles et des églises
pour la sauvegarder, tout en prévenant les abus. Privilège de non-extraction, vénalité des charges, saisie pour
dettes, liberté sous caution... rien ne leur échappe, et il
faudrait analyser tout le recueil des *Statuta* si l'on voulait montrer leur rôle législatif. Leurs cahiers de doléances ne présentent pas moins d'intérêt à ce point de
vue. On sait qu'en 1405, ils poursuivirent énergiquement
devant le Conseil delphinal et devant le roi les officiers
prévaricateurs protégés par Boucicaut.

Profondément chrétiens, ils protestèrent souvent contre
l'abus de l'excommunication ou de l'interdit pour dettes
et contre les empiétements de la juridiction ecclésiastique ; ils défendirent, d'autre part, le clergé dauphinois
contre la mainmise et les exactions de la Cour d'Avignon [1]. On ne peut leur reprocher équitablement d'avoir

---

[1] Le 9 juillet 1492, Charles VIII ordonnera à leur requête de
faire observer en Dauphiné la Pragmatique Sanction et de ne pas

manqué de tolérance à une époque où l'intolérance était
générale : c'est sur leur initiative que l'on ordonna aux
Juifs, par un arrêt du 4 mars 1413, de séparer leurs tem-
ples, fours, puits et marchés de ceux des chrétiens [1]; et
lorsque Louis II eut permis aux banquiers juifs de s'établir dans les montagnes du Briançonnais, les représentants de ce bailliage, effrayés des ruines causées chez
eux par l'usure, demandèrent encore, mais vainement, au
dauphin, aux Etats de 1453, le retrait de l'autorisation
qu'il leur avait accordée peu de temps auparavant.

3° RÔLE ADMINISTRATIF ET FINANCIER : *contrôle de l'administration; sauvegarde des intérêts économiques et
améliorations fiscales.* Sans se lasser jamais ni se rebuter
devant un échec momentané, ils exercèrent toujours un
contrôle vigilant sur l'administration des gouverneurs et
des officiers delphinaux, faisant, à maintes reprises, modérer les exigences et déterminer strictement les pouvoirs des baillis et des châtelains, et n'hésitant pas à engager la lutte, même dans des conditions ruineuses et
devant des difficultés en apparence insurmontables, pour
se débarrasser de ceux qui abusaient trop ouvertement
de leur autorité.

Les intérêts économiques du pays ne les laissèrent jamais indifférents : protection de l'agriculture, encoura-
gements donnés à l'industrie, libre circulation des grains
et liberté du commerce avec les pays voisins, droit pour
les paysans de préserver leurs récoltes des dégâts causés

---

permettre à des « gens estranges » d'obtenir des bénéfices dans
la province. B. 4202.

[1] « Ut eorum conversatione cum christianis aliqua sinistra,
quod Deus avertat ! non sequantur. » *Statuta,* fol. 52 v° et 92 v°.

par les bêtes sauvages, droit de pêcher dans les rivières,
défense des contribuables surchargés ou atteints par des
épidémies, ou réduits à la misère par de mauvaises années, renchérissement du prix de la vie, approvisionnements en sel[1], travaux publics[2], monnaies, ils ont touché
à tout, porté leurs revendications partout[3]. Il leur arriva
même d'échapper, de temps en temps, à l'influence des
privilégiés et de réclamer sinon l'égalité des trois Ordres,
du moins celle de tous les roturiers devant l'impôt. Sous
le dauphin Louis II, ils cherchèrent encore à alléger les
charges nouvelles occasionnées par les premiers essais
d'armées permanentes et des mesures énergiques furent
demandées par eux pour réprimer les « pilleries » des
gens de guerre. On a vu qu'ils ont accordé des secours à
la reine, à la dauphine, à la femme du gouverneur. Enfin,
le vote et l'administration du subside furent incontesta-
blement leur attribution la plus importante, comme ils
avaient été à l'origine leur principale raison d'être.

Vote et emploi du subside; emprunts. Les Etats provinciaux furent partout des assemblées payantes plus
encore que des assemblées délibérantes[4]. Le dauphin, dit
Chorier paraphrasant un texte de Guy Pape, ne pouvait,

---

[1] Voir en 1430 et 1441, et, sur le grenier à sel établi à Tain,
les doléances des Etats de Romans en 1460. Pilot, II, 405. Au
XVIᵉ siècle, « la moitié de la ferme du tirage du sel » appartiendra « à messieurs des Trois Estats de Daulphiné ». Arch. de l'Is.,
Fonds des Etats et E. IV, nᵒ 1.

[2] Pont de La Sône en 1427 ; pont de Vienne en 1460. B. 2904,
fol. 261. En 1461, ils donneront 100 florins pour la reconstruction de Montfleury, incendié le 14 avril 1455. Pilot, III, 48, n. 2.

[3] Aux Etats tenus à Romans le 15 juin 1607, on fera un règlement « du temps que les serviteurs et chambrières doivent entrer
et sortir en service ».

[4] P. Viollet, *op. cit.*, III, 236.

de sa propre autorité, imposer aucune taille sur ses sujets s'ils n'y consentaient, cette franchise leur ayant été assurée par Humbert II; néanmoins, les trois Ordres lui faisaient quelquefois don de trente ou quarante mille florins; c'étaient des gratifications; voilà pourquoi on les appelait dons gratuits, aides et subsides, ou secours qui procédaient d'une pure libéralité[1]. En Dauphiné, ce fut toujours un impôt direct, une taille.

Les demandes, d'abord peu fréquentes, se multiplièrent bientôt; elles devinrent annuelles sous le dauphin Charles III; avec Louis II, le chiffre en fut presque doublé et l'on vit apparaître les premières tailles imposées d'office[2]. Néanmoins, les Etats affectèrent toujours de conserver à ce don gratuit son caractère de ressource exceptionnelle, votée pour une fois seulement, sous la pression des circonstances, avec un emploi déterminé dont on ne pouvait le distraire, et sans préjudice de leurs privilèges. Le plus souvent, les Etats accordaient la somme demandée, après en avoir constaté la nécessité ou l'utilité[3]; souvent ils la réduisaient; quelquefois

---

[1] *Decisiones Guidonis Papae,* in-fol., Lyon, 1610, p. 338, quest. 371 : « In hac patria... »; *Jurisprudence de Guy Pape,* in-4°, Grenoble, 1769, p. 63.

[2] Répondant, le 2 juin 1473, aux doléances présentées par Jean Mottet, procureur des Etats, Louis XI déclarera qu'il ne lui est pas possible de diminuer la somme exigée; « mais, le temps advenir, s'il se peult passer à moins, il le fera volontiers, car la chose au monde que plus il désire après le sauvement de son âme, c'est de soulager son peuple », et, dans ses demandes de subsides, il n'insérera plus, à l'avenir, la clause de contrainte, « veu la liberté de ses bons et loyaulx subjectz qui oncques ne refusèrent de luy octroyer ce qu'il leur fit demander ». *Statuta,* fol. 107; Pilot, II, 189. Il ne tiendra pas longtemps ces promesses.

[3] C'était tantôt une somme de florins déterminée d'avance, tan-

même ils la refusaient entièrement, comme en 1391-
1392 et en 1404. Ils votaient en même temps les finances
nécessaires pour les charges locales : frais de réunion
de l'assemblée, vacations et dépenses de leurs officiers
et de tous ceux qui avaient « besogné » à leur service,
gratifications accordées au gouverneur, aux commissaires royaux, aux courtisans qu'il importait de se rendre favorables, etc... ; c'était ce qu'on appelait l'imposition outre le principal, pour les affaires du pays[1].
Comme ils ne pouvaient établir aucun impôt sans l'assentiment du dauphin, ils en sollicitaient l'autorisation
ou chargeaient le gouverneur de se mettre en règle à ce
point de vue[2]. Souvent, pour parer à un danger ou à un
besoin immédiat, ou obvier à la lenteur de la levée des
tailles, ils contractèrent eux-mêmes ou autorisèrent des
emprunts plus ou moins considérables.

Même réduite à ce rôle, l'institution des États eût été
un privilège que plus d'une province française aurait
déjà pu envier au Dauphiné, dès le milieu du XVᵉ siècle.
Et plus tard, sans cesse amoindrie et menacée, elle sera

---

tôt un certain nombre de florins par feu. Ils fixaient aussi la date
des payements, qui devait être observée sous peine d'annulation.

[1] Ce qu'on appelle aujourd'hui les centimes additionnels. Cette
possibilité de taxes locales levées pour les besoins de la province
était, dans l'ancienne France, une des prérogatives essentielles
des Pays d'États.

[2] Toutes les fois que le droit de s'imposer pour leurs propres
affaires leur fut contesté, ils se le firent confirmer. Par lettres
du 24 avril 1542, François 1ᵉʳ ordonna même que « attendu
l'éloignement de la province et les besoins imprévus qui pouvaient
survenir », les États, « en cas de nécessité d'imposition, se retire-
raient par devers le Parlement à l'effet d'obtenir la permission de
se taxer, tant pour les affaires du roi que pour celles du pays, à
la charge de rendre compte ».

toujours une barrière, bien faible sans doute, contre l'omnipotence grandissante du pouvoir central, mais une barrière réelle pourtant et non pas seulement, comme on l'a dit, une vaine satisfaction d'amour-propre. Ainsi s'explique l'attachement persistant des Dauphinois à leurs Etats provinciaux[1].

Répartition, perception et vérification de la taille. Au XIVe siècle et au début du XVe, l'activité des Etats et leurs prérogatives financières étaient beaucoup plus étendues : ils ne votaient pas seulement le don gratuit, ils en réglaient encore et en opéraient la répartition et la perception par l'intermédiaire de leurs commis et receveurs; ils en surveillaient aussi l'emploi avec un soin jaloux et s'en faisaient rendre compte devant des auditeurs spécialement nommés par eux à cet effet. Les gens d'église et les nobles répartissaient sur leurs hommes et percevaient eux-mêmes les deniers qu'ils versaient à leurs propres receveurs ou aux receveurs désignés pour les trois Ordres. Le domaine delphinal était divisé en châtellenies ou mandements subdivisés en paroisses ou communautés; le châtelain, assisté des consuls et de notables comme péréquateurs, avec un notaire, opérait la répartition par feux, suivant les facultés de chacun, « le fort portant le faible », à l'exception des nobles vivant noblement, des clercs vivant cléricalement et des « misérables », c'est-à-

---

[1] Antoine Rambaud, l'un des plus ardents défenseurs du Tiers Etat, pouvait tenir ce fier langage à Henri IV : « Ne vous offensez pas, Sire, de ce que l'on ose dire librement, en la présence de V. M., que la province de Dauphiné ne lui doit aucunes tailles; car la vérité est telle. V. M. la tient à cette condition, et cette clause est une partie de votre titre, laquelle ne peut s'effacer sans mettre le tout à néant. » Chorier, *Estat polit.*, III, 656.

dire de ceux qui ne possédaient pas 10 francs[1] ; le châtelain ou le mistral faisait la recette, versée ensuite au
receveur de la judicature ou au receveur général. Le
salaire des péréquateurs, du châtelain, du notaire, du
crieur public et, si cela était nécessaire, des sergents,
était à la charge des communautés et supporté par tous
les contribuables[2]. Au cours du XVᵉ siècle, les Etats décidèrent le plus souvent, par motif d'économie, que la
taille serait perçue par les officiers du dauphin et à ses
frais. La Chambre des Comptes voulut alors vérifier, en
même temps que le don gratuit, la totalité de l'assiette;
mais Charles VII reconnut formellement, le 22 janvier
1438, que l'imposition mise outre le principal ne relevait que des auditeurs nommés par les Etats. Cet acte
nous apprend qu'il était dressé trois rôles des impositions, l'un pour la Chambre des Comptes, l'autre pour
le procureur, le troisième pour le receveur des Etats.

La manière d'imposer n'était pas uniforme dans tout
le Dauphiné. La répartition se faisait, dans le Briançonnais et l'Oisans, « au sol la livre, suivant l'estime des

---

[1] Les rôles de tailles et les revisions de feux distinguent toujours les ecclésiastiques, les nobles et francs, les feux solvables et
les feux misérables.

[2] A la requête de Fr. Portier, procureur des Etats, le gouverneur fixa, le 10 novembre 1472, à 8 gros pour le châtelain et
6 gros pour le notaire, la somme à laquelle ils pouvaient prétendre
pour chaque jour où ils vaqueraient à la perception des tailles
dans leur châtellenie. Pilot, III, 104 et n. 2. Sur l'établissement
du rôle des feux et la répartition de la taille, voir Lettres de
Ch. de Bouville au châtelain de Savines, 2 septembre 1383 ;
Pièces justif., V. Sur la responsabilité collective des communautés
relativement à la levée de la taille et sur les moyens de compul-
sion employés, voir les doléances présentées aux Etats de janvier
1453 et la réponse de Louis II.

biens taillables », tandis qu'à Grenoble « elle se faisait
par tête » ; ce qui veut dire que dans le Briançonnais et
l'Oisans, où les fonds étaient cadastrés, l'imposition était
réelle, tandis qu'ailleurs elle était personnelle[1]. Les subsides ordinaires accordés au dauphin par ses vassaux et
sujets étaient payés par les gens du Domaine et par les
hommes des clercs et des nobles relevant de la directe
delphinale ; mais quand il s'agissait de la défense commune, on imposait aussi ceux des alleutiers et même
ceux des seigneurs étrangers qui habitaient des terres
enclavées dans la principauté. Malgré l'extension progressive de la taille à tout le Dauphiné, le nombre des
feux imposables alla sans cesse en diminuant : en 1410,
il était de 23.822, soit 14.638 pour les terres domaniales
et 9.184 pour les terres patrimoniales ; en 1426, on n'en
comptait plus que 17.282 1/2 ; en 1444, 10.078 2/3 1/4 1/7,
dont 5.726 1/4 pour le Domaine et 4.352 2/3 1/7 pour le
reste du pays ; enfin, 4.800 en 1458[2]. La misère et la
dépopulation croissantes en étaient la principale cause :
toute revision se traduisait par une diminution du nombre des feux[3]. D'autre part, l'inégalité des fortunes, sur-

---

[1] *Jurisprudence de Guy Pape*. 112 ; *Decisiones*, quest. 87. Dans
l'Oisans même, chaque communauté avait sa façon particulière de
s'imposer. Cf. *Ordonn.*, VI, table, art. *Dauphiné*.

[2] Cf. Pilot, III, 34, n. 1. Voir une procédure de revision de
feux. A. Dussert, *Essai hist. sur La Mure et son mandement*,
205-208.

[3] Pilot (III, 40, n. 2) résume ainsi les plaintes qu'on trouve
dans les procédures de revisions de feux : stérilité du sol ; intem-
péries de toute nature qui détruisaient les récoltes ; dégâts occasionnés par le débordement des torrents ; incursions et passages
des gens de guerre qui pillaient les denrées, enlevaient le bétail
et les objets mobiliers, après avoir incendié les habitations ; taux
usuraire des emprunts consentis par les Juifs ; droits féodaux dus

tout la dissemblance entre les pays de plaines, riches et
fertiles, du Bas-Dauphiné et les pays de montagnes,
isolés et sans ressources, obligea assez tôt à réunir plusieurs familles pauvres pour constituer un feu, ou à
compter des fractions de feux. Ainsi ce terme, qui désignait sans doute à l'origine le groupe familial vivant autour du même foyer, devint une « unité financière »
d'un caractère fictif, l'unité imposable, simple base d'éva-
luation pour l'assiette de la taille [1].

§ VII. Les privilégiés et le subside. — Le Procès des Tailles. Suspension des Etats.

Nous avons dit comment et après combien de variations le principe de l'exemption personnelle des deux
premiers Ordres s'était établi, et l'on sait que leur immunité fiscale ne fut jamais complète. Théoriquement
exempts de la taille, les ecclésiastiques et les nobles
furent presque toujours astreints aux contributions locales et on les obligea souvent à payer leur part des

---

aux seigneurs et aux ecclésiastiques ; impôts excessifs levés par
le dauphin ; charges locales pour l'entretien des chemins, des
ponts, des édifices et du mobilier du culte ; rigueurs exercées par
les officialités ; rapacité des greffiers et des sergents ; frais
énormes occasionnés par les procès ; mortalité du bétail ; fré-
quence des incendies ; grand nombre de bêtes sauvages qui ravageaient les récoltes... Les paysans faisaient aussi remarquer que
le clergé possédait les meilleures terres de chaque communauté ;
beaucoup se disaient menacés d'être obligés de « mendier leur
pain » ou de s'expatrier (absentare patriam) pour ne pas mourir
de faim. Sur les pestes, voir Pilot, I, 335, et III, 87.

[1] Cf. B. 4400, fol. 2, subside de 5 sols « pro foco seu hospicio »,
en 1340, et B. 2709, fol. 93, levée de 1 franc « pro qualibet
persona focum faciente », en 1393. On rencontre des fractions de
feu dès 1423. B. 2728. Autour de 1450, on comptait dans le
Valentinois 1 feu pour 8 ou 10 habitants. Cf. B. 2766.

subsides votés pour la défense du pays et dans toutes les
circonstances difficiles [1]. Il en fut de même pour les taxes
supplémentaires, motivées par des passages ou des levées
de troupes, que le roi-dauphin exigea à maintes reprises
à partir de la seconde moitié du xvᵉ siècle, spécialement
pendant les guerres d'Italie et la lutte contre la maison

[1] Il est vrai que, faute de dénombrements, « les aucuns
payaient, les autres non », comme en 1431. Aux cas déjà signalés,
on peut ajouter les deux suivants : en 1465, vote de 10.000 livres
payables par tous les sujets du Dauphiné, ecclésiastiques, privilégiés ou autres, excepté seulement les nobles qui serviraient en
armes contre le prince d'Orange (les commis assignèrent 3.000 l.
sur le clergé et 7.000 l. sur les autres habitants). Pilot, III, 84 ;
Fauché-Prunelle, II, 392, 451 ; en 1483. Louis XI ordonne de
lever 2.500 livres en plus de l'aide concédée pour les frais de
l'artillerie qu'il envoie devant Nice, tous les sujets de la province
devant y contribuer « pour cette fois seulement » et sans préjudice de l'immunité des privilégiés dans l'avenir, Pilot, II, 334. En
outre, les Etats se montrèrent impitoyables dans la poursuite
des prétendus nobles (cf. Pilot, III, 24, n. 1) et des officiers, delphinaux ou autres, qui s'efforçaient de bénéficier de l'exemption
accordée par Charles VII le 8 avril 1434. On se souvient aussi
qu'ils ne ménagèrent pas leurs réclamations contre les particuliers ou les villes qui avaient été affranchis par Louis II. ou prétendaient l'avoir été par leurs seigneurs (cf. Pilot, III, 53, n. 3).
Charles VII abolit toutes ces exemptions par lettres du 11 juillet
1457 ; seuls, les officiers supérieurs furent assez influents pour
conserver leur immunité. Cependant les privilèges locaux qui
existaient « d'ancienneté » ne disparurent que peu à peu : à la
fin du xviiᵉ siècle, une quarantaine de communes du Dauphiné
bénéficiaient toujours de l'exemption de la taille ; en 1788. il en
restait au moins 4 : Tulette (Drôme), — Le Sauze, Breziers et
Rochebrune, anciens domaines de l'archevêque d'Embrun. Cf. *Procès-verbal des Etats de Dauphiné assemblés à Romans dans le
mois de décembre 1788*, in-4°, Grenoble, Cuchet, 1788, p. 106-107,
séance du 30 décembre 1788 (p. 265 de la rééd. A. Lebon, Lyon,
1888) ; la mention de Ribiers est une erreur. Voir aussi *Hist...
du dioc. d'Embrun*, par l'abbé Albert, 2 vol. in-8°, Embrun, 1783,
t. I, p. 194, 505 et 509.

d'Autriche [1]. Comme pour le don gratuit, les deux premiers Ordres cherchèrent à en laisser retomber tout le poids sur le troisième. Celui-ci en profita pour se ressaisir et remettre en question le principe même de l'exemption de la taille [2]. Vains efforts. A l'assemblée de 1538, les privilégiés obtinrent un vote contre « les novations que certaines personnes prétendaient introduire en imposant les gentilshommes, les gens d'église et les avocats consistoriaux ». La transaction de 1554 leur fut encore plus favorable : ils contribueraient, comme ils l'avaient presque toujours fait, « aux réparations des ponts, fontaines, chemins publics, murailles, puits et autres dépenses communes » ; pour les affaires concernant les trois Ordres ou deux d'entre eux, les frais seraient supportés par le Tiers Etat; le clergé et la noblesse étaient déclarés exempts pour tous les biens, « tant nobles que ruraux », qu'ils avaient *et auraient* [3].

---

[1] En 1505, 20.000 livres accordées « tant sur le Tiers Etat que sur les ecclésiastiques et les nobles » ; en 1510 et 1537, taxe sur les trois Ordres « pour le défroy et despense du passage de l'armée du roy daulphin » ; en 1524, après la retraite où périt Bayard, imposition générale, les nobles en armes seuls exempts ; en 1525, après le désastre de Pavie, levée de 10.000 hommes aux frais des Trois Etats, etc... Voir aussi Chorier, II, 495.

[2] « Le Tiers Ordre fit éclater son ressentiment » ; il soutint que la possession dont bénéficiaient les privilégiés « était une usurpation violente, que leur autorité l'avait emporté sur sa faiblesse; que tous les sujets du Dauphiné sans distinction étaient exempts des tailles... que le don gratuit était une libéralité qui obligeait également tous les Ordres... que suivant les anciens règlements, ils ne s'en pouvaient décharger ». Chorier, *Estat polit.*, III, 661 : *Origine des différens entre les Ordres.*

[3] Les communautés protestèrent, dès l'année suivante, contre cette transaction obtenue par surprise de « treize du Tiers Etat les plus ignorants et les plus grossiers » par « quarante-trois des

Le Tiers Etat avait, en effet, essayé d'arrêter au moins l'aggravation de l'impôt qui résultait de l'acquisition de fonds roturiers par des nobles ou des ecclésiastiques : il demandait qu'on achevât le recensement général commencé sous Louis II et que, le cadastre étant dressé, on rendît désormais la taille réelle[1]. Les tentatives de conciliation faites par Henri III, à Romans, en 1575, et par Catherine de Médicis, à Grenoble, en 1579, n'eurent pas de résultat durable. L'effrayante jacquerie, qui ensanglanta peu après le Bas-Dauphiné, montre à quel point le sentiment populaire était exaspéré[2]. L'insurrection fut écrasée par le gouverneur Maugiron et les nobles; mais le peuple, accablé de charges toujours croissantes et ruiné par la guerre civile, ne renonça pas à ses revendications. En 1592 et 1593, ses représentants réussirent à

plus grands, plus riches et redoutez seigneurs des deux Ordres » ; la division ne fit que s'accroître dans le pays et aux assemblées. Cf. Chorier, *Estat polit.*, III, 664 ; Bibl. de Grenoble, O. 4897 ; X. 959. Voir aussi B. 2262, arrêt du Conseil rendu sur le rapport du chancelier Michel de l'Hôpital, sur les différends qui existaient entre la noblesse et le Tiers Etat du Dauphiné au sujet des tailles (juin 1556) ; il maintenait l'exemption des clercs et des nobles et la transaction du 16 février 1554 qui faisait peser également sur les trois Ordres la charge des travaux publics; celle-ci fut confirmée par un arrêt du Conseil du 15 avril 1602, par un édit de 1706 et observée jusqu'en 1789. Cf. Félix Faure, 174, 228 et 233.

[1] Les nombreuses acquisitions de fonds roturiers par la noblesse et surtout par le clergé qui refusèrent d'en payer la taille, — résultat de la misère des populations rurales, de la liquidation des biens des Vaudois, etc... — furent une des causes profondes des progrès de la Réforme en Dauphiné.

[2] Sur la Ligue des vilains, voir les *Mémoires* d'Eustache Piémont (publiés par Brun-Durand, 1885, p. 85) et ceux des frères Gay de Die (publiés par J. Chevalier, 1888, p. 162) ; Coston, II, 392, et *Bull. Archéol. Drôme*, 1877, p. 22 et suiv. (J. Roman, *La guerre des paysans en Dauphiné*).

faire décider que l'on cotiserait les biens ruraux acquis
à l'avenir par la noblesse. Des articles furent présentés
dans ce sens à Henri IV, en 1598, et des commissaires
nommés à cet effet; de nombreux mémoires furent écrits
de part et d'autre. L'arrêt du 15 avril 1602 maintint
néanmoins la personnalité de la taille [1].

La querelle, assoupie plutôt que terminée avec un gouvernement pacifique et réparateur, se réveilla sous la régence de Marie de Médicis. Après la mort de Lesdiguières,
Richelieu profita de la division des trois Ordres pour
« décharger » le pays « de ses grandes et fréquentes
assemblées ». Un édit du mois de mars 1628 créa d'abord
10 sièges et bureaux d'Elections en Dauphiné « pour y
lever les impositions selon ce qui se pratiquait dans le
reste du royaume ». La suppression du régime financier,

---

[1] Il est intéressant de signaler à cette date des arguments
comme celui-ci : « Sans avoir appris autres loix que celles dont
chascun se trouve muny par la nature, il n'y a personnage de bon
sens qui ne juge estre raisonnable que ce qui se fait pour les
affaires et conservation de tous soit par tous supporté. » Et cet
apologue, que devait dramatiser La Fontaine : Les nobles possé-
deront bientôt toutes les terres; alors « il leur adviendra comme
au cheval de Martin, lequel avoit refusé à l'asne qui l'accompa-
gnoit en chemin de porter une bien petite portion du fardeau;
mais après que la grandeur de la charge eût accablé l'asne en un
bourbier, Martin jeta sur le cheval et le fardeau de l'asne et les
bast et la peau par dessus ». « Pour comble de misère, ajoutait
Ant. Rambaud, et afin qu'elle demeure sans compassion, on donne
à tant d'iniquités le nom de droicts et à tant de servitudes le nom
de privilèges et libertez. » On voit, en lisant ces interminables
plaidoyers, que, dès la fin du XVIᵉ siècle, on ignorait presque tout
des anciens Etats; il est vrai que les défenseurs des « communautés villageoises » se plaignent de n'avoir pu consulter les
documents originaux gardés jalousement par la Chambre des
Comptes.

encore plus ou moins autonome, de la province, enlevait leur raison d'être aux Etats. Ils furent « suspendus » par un édit de juillet 1628[1]. Restait à régler l'assiette même de l'impôt. Le Tiers Etat avait confié sa cause à un homme énergique et infatigable, Claude Brosse, le Gracque du Dauphiné ; il obtint plusieurs arrêts, le dernier donné à Grenoble par Louis XIII, en 1639, qui établissaient enfin le principe de la réalité des tailles.

---

[1] Pour sauvegarder les apparences, on stipulait que les Etats pourraient encore s'assembler, avec la permission du roi, toutes les fois qu'il se présenterait quelque affaire importante. Seuls, les commis continuèrent à se réunir quelque temps sous le nom d'assemblées du pays ou des commis du pays, ou même d'assemblées d'Etats. Le roi créa diverses charges : un procureur-syndic général des trois Ordres ; trois substituts, trois receveurs et trois contrôleurs généraux, un syndic et un substitut des communautés villageoises, deux commis du clergé, deux secrétaires du pays et un huissier : l'évêque de Grenoble eut une pension de 6.000 livres comme président perpétuel des Etats, le baron de Clermont et celui de Sassenage 3.000 livres en tant que commis-nés, et le procureur du pays 1.500 livres. L'assemblée des commis fit vainement opposition à la vénalité de ces offices ; le 7 juin 1644, elle renvoyait la question à une assemblée générale des Etats. Ceux-ci ne devaient plus être convoqués avant 1788.

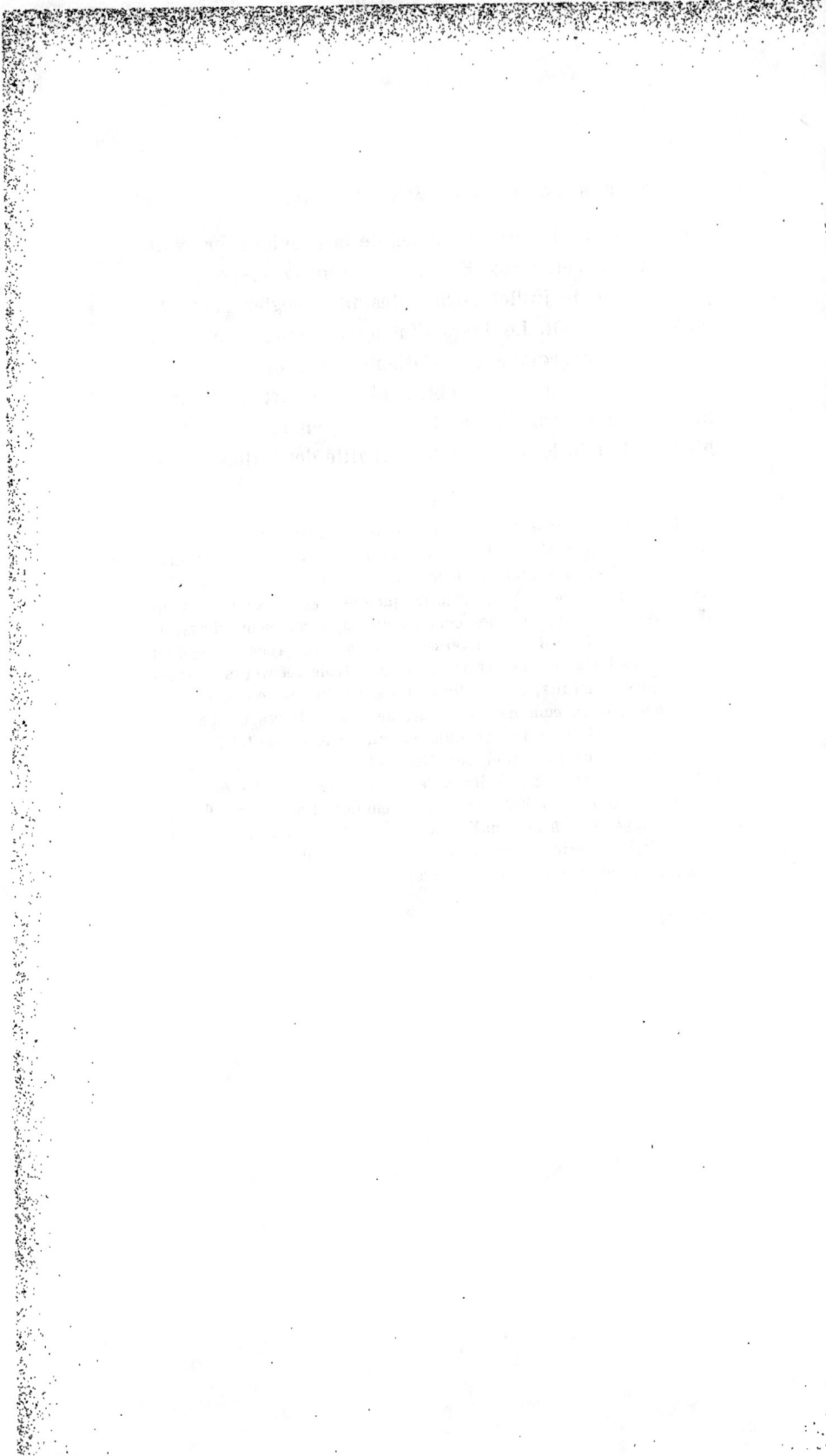

PIÈCES JUSTIFICATIVES [1]

I

Lettres du dauphin Charles III adressées au gouverneur Henri de Sassenage, aux gens du Conseil delphinal, à Jean Girard et au trésorier général, par lesquelles il leur ordonne d'assembler les Etats pour aviser ensemble aux moyens de défense à prendre contre les projets du roi des Romains, avec ordre d'employer toutes les recettes des finances au payement des troupes et des fortifications nécessaires (2 juin 1417). Arch. de l'Is., B. 2953, fol. 495 ; 3290, fol. 57, etc...

« Charles, filz du roy de France, daulphin [2] de Viennois, duc de Touraine et de Berry et conte de Poictou. A noz amés et féaulx, le sire de Chassenage, commis par nous au gouvernement de nostredit pais du Daulphiné [3], les gens de nostre Conseil à Grenoble. messire Jehan Gerart [4], nostre conseillier, Aubert Le Fèvre, nostre trésorier général oudit pais [5], et à chacun d'eulx, salut.

---

[1] Un certain nombre de procès-verbaux, analysés au cours de cette étude, seront publiés intégralement dans le 2e volume ; nous y avons renvoyé la plupart des notes biographiques et topographiques, qui auraient constitué pour celui-ci une surcharge excessive. Nous y renvoyons également la nomenclature complète des réunions d'Etats avec les listes d'officiers ou de représentants du pays, quand elles nous ont été conservées, et les tables alphabétiques. Les 9 pièces qui suivent suffiront pour donner une idée assez exacte de l'ensemble des documents relatifs à chaque session, bien que nous ayons été obligé de les emprunter à des dates différentes.

[2] La copie du registre B. 3290 écrit *dalphin, Dalphiné, fourme* pour *forme, entreprise* au lieu de *catreprinse, deffence* pour *deffense*, etc...

[3] Henri, seigneur de Sassenage, nommé gouverneur par provisions temporaires le 25 novembre 1416, confirmé le 1er mai 1417, prêta serment le 5 juin ; obligé de s'absenter, il commit à sa place le Conseil delphinal, le 17 février 1418 (B. 3290) ; il fut déchargé de son gouvernement le 27 mai 1420 « sans blâme, au contraire ». Voir B. 3290, lettres du dauphin du 28 juin 1420, et Chorier, *Hist. général. de la maison de Sassenage* (à la suite du t. II de l'*Hist. gén. de Dauphiné*).

[4] Jean Girard, docteur en lois, conseiller et maître des requêtes du dauphin, président du Conseil delphinal, deux fois lieutenant général du gouverneur, nommé archevêque d'Embrun en 1432, malgré le pape Eugène IV, mort en 1457.

[5] Il testa le 24 décembre 1417 et mourut peu après. B. 2947, fol. 126. Son successeur, Jean de La Barre, fut nommé le 27 janvier 1418. B. 3290.

Pour ce que en trestoutes les autres choses que nous avons à cuer, le bien et la paix de nostredit pais du Daulphiné et la transquilité de nos subgies sont toujours en nostre mémoyre, et y voulons entendre comme à l'une des choses du monde qui plus nous touche, ainsi que faire le devons, en mectant provisions convenables pour évicter les maulx qui advenir pourroient, et prévenir par provision l'inconvénient s'aucun en doubtions advenir, nostre volenté est d'avertir toujours nos officiers et subgies et les faires certains de nostre entencion. Doncques est-il ainsi que il est venu à nostre cognoissance, par le rapport de plusieurs lettres et autres relations, que nostre cousin, le roy des Romains, a entencion et propos et s'efforce, par plusieurs estranges et diverses manières et voyes, de faire aucunes grandes entreprinses contre nous et en nostre préjudice et mesmement contre nostredit pais, en portant dommage à nous et à noz subgies, et est commune voix et renommée que nostredit cousin prétend, par aucunes pactions et contraulx faiz par entre lui et le roy d'Angleterre, ancien adversaire de monseigneur et de nous, transporter nostredit pais en la manière par lui prétendue à l'un des frères dudit roy d'Angleterre, laquelle chose nous n'avons pas creue légièrement, combien que plusieurs et diverses paroles, qui de ce nous ont esté rapportées, donnent assez cause de doubter qui pourroit tourner, se remède n'y estoit mis et ainsi advenoit, à la destruction d'icellui nostre pais, aux grief et oppression de nostre très loyal peuple et de nos bons et obéissans subgies; desquelles choses et de la manière que tient nostre cousin dessus nommé, en ceste besoingne, nous nous donnons grant merveille, veu que nous n'avons pas souvenance d'avoir fait aucune chose à son desplaisir, ains avons voulu et vouldrions toujours lui complaire et ne croyons pas qu'il peust monstrer estre autrement; et mesmement se aucunes choses faire vers lui, à cause de nostredit pais ou autrement, estions tenuz et ainsi estoit trouvé et cogneu, nous avons esté toujours prests et sommes encores de l'acomplir entièrement, en la forme et manière que nos progéniteurs et prédécesseurs dalphins l'auroient et devroient avoir fait, selon les loys, drois, coustumes et anciennes constitutions dudit pais, les franchises, libertés et prérogatives d'icellui pareillement gardées, et de ce ne puet estre allégué reffuz ne délay. Pourquoy, nous qui ne sommes pas certains des causes et motifs de son entreprinse, ne volans cheoir en inconvénient par faulte de provision, jà soit ce que la voye de rayson et d'amiable traictié nous seroit plus aggréable et vouldrions toujours mettre Dieu et raison de nostre part, néantmoins, pour ce que voye de fait est dangereuse à entendre et laquelle nous avons entendu

que icellui nostre cousin veult prendre, sommes délibérés et avons
conclus d'obvier à icelle et de quérir seurté de nostre cousté, pour
résister à ladite voye de fait et pourveoir à nostredit pais, en gardant noz bons et loyaulx subgies d'oppression et d'affliction, ainssi
que tenuz y sommes, et bien cognoissons la grand loyaulté et
entière obéissance qu'ilz ont toujours eue et monstrée vers nous
et noz prédécesseurs, par laquele chose nous sommes plus curieux
de les entretenir en paix et seurté. Si vous mandons et à chacun
de vous comme à lui appartiendra estroictement enjoignons, que
vous assemblés et faictes assembler les prélas, nobles, bourgeois
et gens des Estas dudit pais, pour avoir avecques vous ensemble
conseil et advis on fait de la deffense et garde devant dictes, et des
manières de résister à icelle entreprinse et espécialement pourveoir aux inconveniens qui en pourroient advenir sur nostredit
peuple, affin d'estre prests et prémunis, quant mestier en sera ; et
mesmement pour oster toutes doubtes et plus seurement procéder
oudit caz, voulons et ordonnons que vous faciés très diligemment
visiter les places et forteresses de nostredit pais, tant de nostre
Domaine comme de noz subgies, et celles que vous trouverez def-
fensables[1] et de bonne résistence, par espécial sur les frontières,
passaiges et destrois, vous faciés réparer[2], garnir et envictailler
souffisamment, ainsi que à chacune d'elles appartiendra, pour
résister à toute voye de fait ; et les autres dont péril s'en pourroit
ensuir, comme places ruyneuses et autres de grant doubte et de
petit secours, soient des nostres ou d'icelles de nos subgies, comme
dit est, faictes abastre, démollir et ruer par terre, si que elles ne
puissent porter dommage. En oultre, veu qu'il est nécessité de
soy tenir sur sa garde, et que nous appercevons par effect la
bonne obéissance de noz dis bons et obéissans[3] subgies, en laquelle
nous avons toujours eu parfaicte fiance, faictes savoir et signiffier
souffisamment de par nous, à tous yceulx noz subgies, nobles et
non nobles et singulièrement à ceulx qui ont accoustumé de porter
armes, en requérant tous autres noz amis bien vueillans et alliés,
qu'ilz soient prests, appareilliés et pourveuz, comme en tel cas
appartient, à soy emploier promptement et mectre résistance à
ladicte voye de fait, pour le bien d'eux et de nostredit pais, quant
besoing sera, toutes excusacions cessans ; et nous qui, en ce cas,
à nostredit pais garder et résister à telles voyes de fait, avec
l'aide de mondit seigneur et de nos bons et loyaulx subgies, ne

---

[1] Le texte des *Ordonn.* (X. 414) ajoute : nécessaires.
[2] *Ordonn.* : remparer.
[3] *Ordonn.* : loyaux.

vouldrions aucune chose espargnier et aurons grant volenté d'y
estre en présence et d'y emploier nostre corps, laquelle chose nous
ne povons pas faire, obstans les grans empeschemens que nous
avons par deçà et les afaires de monseigneur, ordonnons et mandons expressément que par voz bons advis, conseulx et meures
délibérations, l'argent et finance de noz receptes de par delà vous
emploiés et faciés bien et deuement emploier et convertir aux
choses dessusdites faire et mectre à effaict, et à la provision,
deffence et tuhicion de nostredit pais et non en autre usaige, nou
obstans quelxconques assignacions, pensions ou autres charges
quelxconques, dont noz dis receveurs soient chargiés, et aveque ce
voulons et nous plaist que vous, trésorier dessusdit, paiés ou
faictes paier de noz dictes finances tont ce qui sera ordonné par
les gens de nostre Conseil ou cas dessusdit, et ce qui sera par
vous ainsi paié, soient mises soudées de gens d'armes par monstre
et reveue souffisammens faictes, ou autres frais quelxconques
faiz par l'ordonnance et en la manière que dit est, en rapportant
ces présentes ou d'icelles vidimus fait soubx séel autentique, estre
alloué en voz comptes et rabatu de vostre recepte par noz amés
et féaulx les gens de noz Comptes oudit pais ou autres gens qui
sur ce seront commis, auxquelx nous mandons que ainsi le facent
sans aucune difficulté ou contredit. Donné à Tours, le IIe jour de
juin, l'an mil CCCC et dix-sept. Par monseigneur le daulphin et
duc en son Conseil, ouquel les évecques de Laon et de Clermont,
vous, les seigneurs [1] de Lenen, de Maillé, de Torsay, de Gilbourcq,
le séneschal de Berry, messire Guillaume de Meulhon [2] et antres
estoient. »

II

**Discours prononcé par Etienne Guillon, président du Conseil
delphinal, à l'ouverture des Etats du 13 août 1440 pour la
prise de possession du Dauphiné au nom de Louis II. Arch.
de l'Isère, B. 3232, fol. 55 v°.**

« Arenga facta per dictum dominum presidentem.

*Filius datus est nobis, dominator dominus, et in manu ejus po-
testas et imperium.*

---

[1] *Ordonn.* ajoutent : de Touars.
[2] *Ordonn.* : Meullan. Guillaume de Meuillon, chevalier, baron d'Arzeliers,
seigneur de Ribiers, conseiller et chambellan ordinaire du roi, sénéchal de
Beaucaire et de Nimes. Cf. Edm. Maignien, *Faits et gestes de G. de Meuillon,
publiés d'après le ms. original*, in-8°, Grenoble, 1897.

Puisqu'il est du bon plaisir de messeigneurs les ambaxadeurs de nostre très redoubté seigneur et prince, monseigneur le daulphin Loys, que je vous dye aucune chose faisant à la matière de leur ambaxade, pour obéir à eulx comme je doy fère, je le diray au moins mal que je pourray, à l'ayde Nostre Seigneur et de sa mère et aussi à la bonne supportacion et correction d'eulx et de vous tous messeigneurs. Et pour le mieulx déduire je prens ung tel thème : *Filius datus est nobis, dominator dominus, et in manu ejus potestas et imperium*. Habentur hec verba Yzaie, III et IX capitulis.

Toutesfoiz, avant que je procède plus oultre, je proteste que ce que je diray, j'entens le dire au bien et honneur du Roy nostre souverain seigneur et de nostre très redoubté seigneur et prince, monseigneur le daulphin, et de tous ses officiers, aussi à l'onneur de vous messeigneurs de Troys Estats et de autres qui sont icy présens, et se je ne parloye à tel honneur, comme je doy, ou disoie aucune chose qui fust mal dicte ou vendroit en desplaisance d'aucun, je la révocque et vueil avoir pour non dicte ; et, ceste protestation promise à moy toujours sauve, je reviens à la matière.

Révérens Pères en Dieu et mes très honnourez seigneurs, il est vray que en la translation faicte en la maison de France de ce pays du Daulphiné par celui bon prince monseigneur le daulphin Humbert, à celle fin que sondit pays fust en main forte et pour le conserver et tenir tout ensemble, et qu'il ne fust occupé ne desmembré par les voysins ou autres, fut dit et pouparlé entre les autres choses, que le filz ainsné du roy de France se appelast daulphin de Viennoys et eust le tiltre de daulphin et ainsi est accoustumé de faire et observer. Vous l'avez veu et ouy dire de Loys, qui fut duc de Guienne et daulphin de Viennoys, de Jehan son frère qui, après le trespassement dudit Loys, fut daulphin et, après le trespassement dudit Jehan, a esté daulphin nostre souverain prince et seigneur le roy de France qui est à présent, et a esté daulphin jusques au temps de la date des lettres que vous avez ouy publier. Et peut estre que plusieurs ont erré en ce qu'ils cuydoient que le premier né du roy de France, pour ce qu'il s'appeloit daulphin, fût vray seigneur et administrateur du Daulphiné ; mais il ne l'est point jusques à tant que le Roy lui remecte et transpourte la seigneurie et administration d'icelluy, comme il a fait à nostre très redoubté seigneur et prince Loys, son filz, daulphin de Viennoys, ainsi qu'avez ouy par la teneur desdites lettres lesquelles ont esté publiées en vostre veue[1], selon

----

[1] Voir *Bulletin Acad. delph.*, 1907, p. 34.

lesquelles parle le thème que j'ay prins où je dy : *Filius datus est*, etc...

Duquel thème se pevent noter troys choses. La première est que le roy de France a transporté à nostre très redoubté seigneur, monseigneur le daulphin, son filz Loys, non pas tant seulement la seigneurie du Daulphiné, mais aussi la plaine administration d'icelluy, laquelle chose se monstre par la teneur des lettres qu'avez ouy publier, à lesquelles se conforment cestes parolles *dominator dominus* en mon thème comprises. Car comme me semble que cest vocable *dominus* emporte de soy seigneurie et cest vocable *dominator* emporte administracion. Ainsi le dit la loy civile, *l. in re mandata, C. Man[dati vel contra]* [1] ; *l. dudum, [C.] De contrahen[da] emp[tione] et vendi[tione]* [2]. Et pour ce, dit Ricardus, ung docteur en théologie, en son traictié qu'il a fait *de Trinitate, libro 2°, c. XV : « Ille dicitur dominus, cujus libertas nulla potestate premitur vel cujus potestas seu dominium nulla possibilitate impeditur et ideo dominus dici non potest qui aliene voluntati invitus cedit* [3] *seu subjicitur, et dominator dicitur qui loco domini et pro quasi domino habetur; non tamen est verus dominus sicut dicimus de tutore, qui quasi dominus propter administrationem quam habet appellatur, l. interdum, § qui tutelam, ff. De fur[tis]* [4] *: l. qui fund[um], § si tutor, ff. Pro emp[tore]* [5]. La seconde l'en voit en plusieurs cas que l'en a bien la seigneurie d'ancunes choses desquelles l'en n'a point l'administration, comme le filz ès biens adventices ou ès biens maternaulx, *l. 1, C. De bo[nis] que libe[ris]* [6] ; ung pupille, *l. non om[ni] et l. lex que tutores, C. De administra[tione] tu[torum]* [7] ; ung furieux. *l. II et l. cum repudiantes et l. cum furiosi. § sin autem perpetuo, C. De cura[tore] furi[osi]* [8] : et ung prodigue, comme dit la loy civile, *l. is cui bonis interdictum est, ff. De verbo[rum] obli[gationi-*

---

[1] Code, livre 4, tiire 35, loi 21. Nous devons le déchiffrement complet de ces abréviations et les références de droit romain à M. Louis Chabrand, docteur en droit, auteur de l'*Etude sur Guy Pape*, gr. in-8°, Paris, 1912.

[2] Code, 4, 38, 14.

[3] *Richardi Sancti Victoris, Parisiensis doctoris... opera*, Rothomagi, sumptibus Joannis Berthelin, in-fol. MDCL, p. 227. Le texte est légèrement modifié par E. Guillon. Après le mot *cedit*, R. de Saint-Victor continue : « Videtur itaque impossibile plures Dominos esse. » C'est donc Guillon qui parle lui-même, à partir de *seu subjicitur*.

[4] Digeste, livre 47, titre 2, loi 2, § 4.

[5] Digeste, l. 41, t. 4, l. 7, § 3.

[6] Code, 6, 60, 1.

[7] Code, 5, 37, 16 et 22.

[8] Code, 5, 70, 2 et 4 et 7, 2 (le § 2 est exactement : sin vero perpetuo).

bus]¹ ; *et l. I. ff. De cura*[*toribus*] *furi*[*oso*]². Et, pour ce, dit mon theume : *Filius datus est nobis dominator dominus.* etc...

La seconde chose que se peut noter, si est en ce que le Roy a transporté telle puissance et juridicion à nostre prince et seigneur, monseigneur le daulphin, comme il avoit par avant. excepté la destitucion des officiers qui sont à présent, ainsi qu'il appert par lesdictes lettres, et en ce aussi se conforme le theume prins, quand il dit : *Et in manu ejus potestas et imperium.* Car, pour ce qu'il dit *imperium*, il dénote toute juridiction, haulte, moyenne, et basse, *quia per imperium merum et mixtum imperia ac juridictio comprehenduntur,* comme le dit la *loy III. l. imperium. ff. De juri*[*dictione*] *omnium judi*[*cum*]³, *l. I, § qui mandatam jurisdictionem, ff. De offi*[*cio*] *ejus cui man*[*data*] *est juri*|*sdictio*]⁴ ; *notatur per glo. in autentica De deffenso*[*ribus*] *civi*[*tatum*], § *ipsos quoque, glo. posita super verbo jurisdictione, coll*[*atio*] *III* ⁵. *Verbum autem potestas,* dont aussi fait mention le theume, empourte plus que ne fait *verbum imperium.* comme dit la loy civile : *potestatis verbo plura siguifficantur* etc. *ff. De verbo*[*rum*] *sig*[*nificatione*]⁶. Par lequel vocable *potestas* l'en doit entendre que nostre prince, monseigneur le daulphin Loys, peut faire ordonnances ayans vigueur de loy en son pays et peut remectre cas de mort et peut donner aage aux personnes mineurs, peut faire relevation de temps à ceulx qui ont appelé et autres semblables choses qui ne se pevent faire sinon par le prince ; comme est escript en la loy. *ff. De consti*[*tutionibus*] *prin*[*cipum*]⁷ ; *l. relegati in fi*[*ne*]*. ff. De pe*[*nis*]⁸ *; et l. I et II, C. De hiis qui veni*[*am*] *eta*[*tis*] *impe*[*traverunt*]⁹ *; l. II, circa prin. C. De tempo*[*ribus*] *et repa*[*rationibus*] *appell*[*ationum*]¹⁰, et pour ce l'en dit ou theume prins : *in manu ejus potestas et imperium* etc.

La tierce chose que l'en peut noter du theume, si est joye et plaisir ; car puisqu'il a pleu au Roy nous baillier et donner son très noble filz en seigneur et en prince, avec plaine puissance, seigneurie et administracion et totale juridiction, comme dit est, nous

---

¹ Digeste, 45, 1, 6.
² Digeste, 27, 10, 1.
³ Digestæ, 2, 1, 3.
⁴ Digeste. 1. 21, 1, 1.
⁵ Novelle, 15. c. 3 (collatio III, t. 2).
⁶ Digeste, livre 50, titre 16, loi 215.
⁷ Digeste, 1. 4, 1.
⁸ Digeste. 48, 19, 4 in fine.
⁹ Code, 2. 45, 1 et 2.
¹⁰ Code, 7, 63, 2 circa principium.

trestous, et aussi le pays devons avoir grant joye et devons remercier de bon cueur au Roy des Roys et aussi à luy et en faire feste,
puisque ce vient du bon plaisir du Roy, *l. I, C. Publice letitie vel
consu[lum] ministratione, li XII*[1] *;* et aussi pour considéracion
des vertuz qui sont en la personne du nostre très redoubté seigneur et prince, monseigneur le daulphin, lequel nous est baillez
*lex animata in patria in auctentica De consuli[bus], coll[atio]
IIII*[2], lesquelles vertuz sont IX, comme le dient et testiffient
prélaz et autres gens d'église, princes, barons et gentilshommes
et autres gens de peuple, qui ont conversé avec luy et ont notice
de sa personne, ausquelx se doit adjouster foy et créance, *i. scire
oppor[tet], § erit ergo, ff. De excu[sationibus] tu[torum]*[3]. Et
est la première, *largesse* et *libéralité* qui est en lui. La seconde
si est *vérité*, c'est à dire qu'il est *véritable*. La tierce si est *domination* bien crainte. La quarte si est car il est *orthodoxus*, c'est à
dire qu'il est bon catholique. La Ve si est car il est *veillant*,
comme une gayte ayant grant diligence à penser jour et nuyt pour
le bien publicque et au bien de justice et à la conservacion de son
peuple. L'autre vertu si est car il est *juste* et aime justice. La
VIIe vertu qui est en luy, c'est *caritas*, c'est à dire qu'il est cha-
ritable et miséricordieux. L'autre vertu qui est en luy si est
sapiencia, c'est à dire qui est saige et prudent. Et que ces IX vertus soient et doivent estre en lui, l'en le doit de prime face croire
par la règle du droit qui dit : *quod ab omnibus dicitur non omnino
caret veritate;* et aussi que ces IX vertus sont figurées en son
nom qui est *Ludovicus*, lequel est composé de IX lettres dont il
en y a trois semblables. La première si est *l*, pour laquelle est
figurée *liberalitas*. La seconde si est *v*, par laquelle est figurée
veritas. La tierce si est *d*, pour laquelle est figurée *donacio*. La
quarte si est *o*, par laquelle est figurée *orthodoxus*, qui est à dire
catholique. La quinte si est un autre *v*, pour laquelle est figurée
vigilans. La VIe si est *i*, pour laquelle est figurée *justus* sive *jus-
ticia*. La VIIe si est *c*, pour laquelle est figurée *caritas seu cari-
tativus*. La VIIIe si est un autre *v*, pour laquelle est dénotée
victor seu *virtuosus*. La IXe et dernière si est *s*, pour laquelle est
dénotée et figurée *sapiencia seu sapiens*, comme autreffoiz je le di
plus applain en la proposite que je fiz devant luy à Romans de
par messeigneurs des Trois Estatz de ce pais lors assemblez par

---

[1] Code, 12, 64, 1.
[2] Novelle, 105 (exactement *collatio VIII, titre VI*).
[3] Digeste, 27, 1, 13 (? il n'y a pas de § *erit ergo*).

devant luy, laquelle proposite commence : *Potenciam tuam excita, domine, ut salvos facias nos.* etc... à laquelle me repourte pour le présent. Et se Dieu n'eust voulu donner de ces IX vertuz à la personne de nostredict seigneur et prince, monseigneur le daulphin, je croy qu'il eust permis qu'il eust autre nom, comme Pierre ou Jacques, ausquelx noms ne sont mie comprises ces IX vertuz. Doneques de lui imposer cestui nom Loys, n'a pas esté sans grant mistere et sans grant cause ; autrement on pourroit dire que son nom ne seroit pas correspondent ès IX vertuz en lui comprises ; laquelle chose toutesfoiz doit estre selon droit escript, *l. deccernimus,* [*C.*] *De epi[scopis] et cle[ricis]* [1], *et l. I in fi. C. De offi[cio] prefec[ti] ur[bi]* [2] : *et Insti. De dona[tionibus], § est et aliud* [3]. Et pour ce, considérées toutes ces choses et plusieurs autres qui trop longues seroient à dire, nous, trestous, devons avoir grant joye et grant lyesse en noz cueurs, quant Dieu nous a donné ung tel prince, orné de si très belles vertuz et en devons chanter et dire les ymnes et donner autres loenges à Dieu, *in auctentica Ut judi[ces] sine quoquo suffra[gio], § itaque, coll. II* [4], pour ce que par luy ayant telles vertuz nous serons plus seurs, *quia sibi et sub audi.* [5] *sue patrio non adversabitur quicumque malignum, in epistola Inter claras, circa fi.* [*C.*] *De summa tri[nitate] et fi[de] catho[lica]* [6]. Et pour ce aussi qu'il vault mieux estre gouverné d'un prince juste et qui ayme justice que de le injuste, comme dit la loy, *l. presenti, et ibi Bar., C. De hiis qui ad ecclesias confugi[unt]* [7].

Et aussi devons remercier à mes très honnourez seigneurs, monseigneur de Gamaches et de Targey, lesquelz de par nostre souverain seigneur le roy de France et nostre très redoubté seigneur et prince, monseigneur le daulphin, nous ont apporté ces bonnes nouvelles, descriptes ès lettres publiées en vostre présence et contenues ou theume que j'ay prins. Ainsi l'avons par exemple *in c[apitulo] solite,* [*Extravag.*] *De majo[ritate] et obe[diencia]* [8] ; *et l. Sanctum, ff. De re[rum] divi[sione]* [9]. Et en ce,

---

[1] Code, 1, 3, 26.
[2] Code, 1, 28, 1 in fine.
[3] Institutes, 2, 7, 3.
[4] Novelle, 8, chapitre 11 (coll. II, t. 2).
[5] Sic. On peut essayer de corriger : subditis.
[6] Code, 1, 1, 8. Le texte exact est : quia cum rex justus sederit supra sedem non adversabitur ei quicquam malignum.
[7] Code, 1, 12, 6 et le commentaire de Bartole sur cette loi.
[8] Décrétales de Grégoire IX, livre I, titre 33, chap. 6.
[9] Digeste, 1, 8, 8.

mondit seigneur le daulphin a fait comme fist Nostre Seigneur, quant il voulu venir en ce monde, quant il envoya, par avant son avènement, saint Jehan Baptiste pour lui appareiller le chemin, comme il est escript *Luc* c. 1, *ibi dum dicit : Preibis enim ante Dominum parare vias ejus*, etc... Car, avant qu'il soit venu en cestui pays, il a envoyé un autre Jehan pour lui appareiller son chemin en cestui pays et pour en prendre possession d'icelluy. C'est assavoir ce bon chevalier messire Jehan, seigneur de Gamaches cy présent. Et aussi, comme fist Dieu, à la incarnation de son filz, quant il envoya l'angel Gabriel à la doulce Vierge Marie pour lui notiffier sa benoiste incarnation. En ce que pour nous notiffier la translation du pays en luy faicte du bon plaisir du Roy, comme dit est, nous a envoyé ung autre Gabriel, c'est assavoir Gabriel, seigneur de Targy, lesqueulx seigneurs nous ont apporté les nouvelles que avez ouyes.

Et car lesdites lettres portent obéissance, qui est une grande vertu, comme dit la *glo., in l. Desertorem, § In bello, ff. De [re] mili[tari][1], consistens* en trois choses, c'est assavoir *in reverencia exhibenda, in mandato sustinendo et in judicio sebeundo,* comme dit la *glo. Extra. in di. c. sciendum[2]*, je suis certain et n'en faiz point de doubte, que vous, Révérens Pères en Dieu, et vous mes très honnourez seigneurs, qui estes icy présens et tous les autres du pays ferez vraye et bonne obéissance à nostre très redoubté seigneur et prince, monseigneur le daulphin Loys, veu que c'est le bon plaisir du Roy, nostre souverain seigneur, qui nous a donné son filz en seigneur et administrateur du pays avecques toute puissance et juridiction, comme dit le theume prins, où j'ay dit : *filius datus est nobis dominator dominus et in manu ejus potestas et imperium.*

Et ainsi, mon très honnoré seigneur, messire Guillaume Juvenel, chevalier, seigneur de Treynel, lieutenant de mon très redoubté seigneur, monseigneur de Gaucourt, gouverneur du Daulphiné, mes très honnorez seigneurs et frères, messeigneurs du Conseil de mondit seigneur le daulphin icy présens, et moy aussi, pour devoir de nostre office, le vous prions de bon cuenr que ainsi le vueillez fère, non obstant que la prière ne soit point nécessaire en vous qui estes et que vous et voz prédécesseurs avez toujours esté très loyaulx, très obéissans et très féaulx à la seigneurie de monseigneur le daulphin sans nul reprouche, qui est une grande loenge, dont je croy que c'est une des causes pour

---

[1] Glose sur Digeste, 49, 16, 3, 15.
[2] Lecture douteuse.

laquelle Dieu a conservé et conserve par sa saincte grâce et misé-
ricorde ce pais, au temps passé, et fera, si lui plaist, au temps
advenir et toujours, jusques il nous, vous et noz successeurs
appellera tous en la gloire de son paradis, à laquelle gloire *nos
perducat ille Deus trinus et unus, qui regnat in seculorum secula
benedictus. Amen.* »

III

Procès-verbal des Etats du 13 janvier 1437, à Romans.
Bibl. nat. ms. Gaignières, fr. 20600, pièce 8.

« In nomine Domini nostri Jhesu Christi, Amen. Per hoc
presens publicum instrumentum, cunctis tam presentibus quam
futuris appareat evidenter manifestum, quod anno Domini millesimo quatercentesimo tricesimo septimo et die
decima tertia mensis januarii, qua die existebant apud Romanis
gentes Trium Statuum patrie Dalphinatus subscripte, ad hoc
vocate vigore litterarum missoriarum serenissimi principis domini
nostri dalphini, et comparendo persone dictorum Trium Statuum
inferius descripte, applicato dicto domino nostro dalphino in dicto
loco de Romanis pro dietis mandatis tenendis, ipse gentes, post
suum jocundum adventum et ipso associato, ut convenit, se re-
traxerunt ad partem in conventu Fratrum Minorum dicti loci.

In quo loco comparuerunt, primo pro Statu Ecclesie : domini
Episcopus Gratianopolitanus, Abbas Sancti Anthonii, Abbas Bonarum Vallium, Preceptor Sancti Pauli. — Item pro Statu baronum, banneretorum et nobilium comparuerunt dominus Clarimontis, d. prior Guignaisie pro domino Sancti Valerii, d. vice-
comes Talardi nominibus suo et domini Cassenatici, d. Caprilia-
rum, d. Montis Caunti, d. Breyssiaci, d. Vinayci, d. Bochagii, d.
Paludis, d. Malibecci, d. Miribelli, d. Bellimontis, nobilis Bonifacius Alamandi pro domino Uriatici ejus patre, d. Balme Hoste-
duni, d. de Campis, d. Sancti Georgii, d. Montis Eynardi, d.
Chalenconis, d. Radulphus de Comeriis, d. Bastide Campi Rotondi,
d. Soffredus de Arciis condominus Sancti Guillelmi, d. Pontis in
Royanis, d. Frayte, d. Johannes Gastonis miles, d. Montis Revelli,
d. Burgi Argentalis, d. de Preyssino, d. de Murinaysio, d. de
Vatilliaco, d. de Bosocello, d. Guillermus de Chastellario pro domino Alte Rippe, d. Larnagii, d. de Molario, d. Varcie, d. de
Dyemo, nobiles Nicolaus de Pauqualerio et Franciscus Heynodi
procuratores domini Anthonis. — Item pro Statu plebeo communitatum et universitatum comparuerunt videlicet Johannes Ou-

randi, Petrus de Montibus, consules Gratianopolitani, et Johannes
de Vourey, mandati pro universitate civitatis Gratianopolitane;
item nobiles Guigo Galonis, Anthonius Grimaudi, Andreas Garcini
et Anthonius Galeysii, missi pro universitate Voyronis; item
Johannes Galberti, missus pro castellania Oysencii; item nobilis
Johannes de Salice et Petrus Myardi, missi pro universitate castellanie Mure; item nobilis Jacobus de Bona, missus pro castellania Campi Sauri et Montis Orserii; item nobilis Guigo Bey-
mundi missus pro universitate castallanie Avalonis; item Petrus
Bruni, consul Buxerie, missus pro universitatibus castellaniarum
Buxerie et Bellecombe; item Johannes Guilleti, consul universitatis Alavardi, missus pro dicta universitate; item Bonifacius
Charrerie et Gonetus de Portu, missi pro universitate castellanie
Coste Sancti Andree; item Johannes de Portu et Petrus Bruni,
consules, missi pro universitate castellanie Burgondii; item
Johannes Grassi, sindicus, et Petrus Lyaczonis, missi pro universitate castellanie Turris Pini; item Johannes Josserandi, Bon-
thosius Montanerii et Petrus Barrali, missi pro universitate castellanie Stelle; item Glaudius Majoni, consul et Glaudius Leuczo-
nis, missi pro universitate castellanie Sancti Marcellini; item
Gonetus Vernaveyne, consul, et Johannes Prepositi, notarius,
missus pro castellania Belli Ripparii; item Johannes Crispolli,
consul, et Johannes Maximini, missi pro universitate Morasii;
item Johannes de Challiaco et consul Tollini, missi pro universitate castellanie Tollini; item Jacobus Chastelli, missus pro universitate castellanie de Nyhoniis; item Guillermus Massonis, missus pro communitate Buxi; item Jacobus Dentis, sindicus Serri,
missus pro universitate Serri et aliis locis domanii Vapencesii
comitatus; item Hugo Bajuli, missus pro universitate Monasterii
Brianczonii; item Nicolaus de Furno, missus pro castellaniis
Sezanne et Vallis Clusonis; item dominus Glaudius Tholosani,
licenciatus in legibus, et Guillermus Chaysii, missi pro tota alia
terra domanii et nobilium judicature Brianczonesii; item comparuerunt etiam plures alie persone dictorum Trium Statuum,
que ibi non describuntur quia se nominari nec describi fecerunt;
attamen supranominati comparentes comparuerunt nominibus quorum supra et etiam aliarum gentium Trium Statum patrie Dalphinatus non comparentium; item etiam comparuit venerabilis et
egregius vir dominus Johannes de Sancto Germano, in legibus
licentiatus, procurator generalis gentium Trium Statuum patrie
Dalphinatus.

Demum, habitis inter ipsos omnes superius nominatos simul
existentes in dicto loco conventus Fratrum Minorum Romanis plu-

ribus verbis. colloquiis, conferenciis, opinionibus et maturis deliberationibus de et pro his pro quibus mandati erant, pro jocondo adventu domini nostri dalphini, fuit inter eos omnes, nemine contradicente, dictum, conclusum, arrestatum et ordinatum dari et offerri dicto domino nostro dalphino, in dicto loco de Romanis existenti, pro suo jocundo adventu, decem millia florenos (sic) monete currentis solvendos modo et forma contentis et declaratis in quadam cedula ibidem dictata per dictum dominum Johannem de Sancto Germano, cujus tenor talis est : « Les gens des Trois Estas du pays du Daulphiné, saulves leurs libertez, sans préjudices d'icelles, donnent par pur don à mondit seigneur le daulphin, pour son joyeux advènement et convertir en vaisselle, tapiceric et mesnage et autres ses bons plaisirs, la somme de dix mille florins de monnoye courant à payer au terme de Pasques, auquel le derrenier terme donné au Roi nostre sire à la Coste se doit payer. Laquelle somme veulent et consentent estre mise sur le pays, à raison de quatorze gros pour chascun feu payable, et que le scurplus de ladicte somme soit aux dictes gens du pays pour subvenir à leurs affaires, et que ladicte somme soit recouvrée audit terme par Hélie de Linaye, aux gaiges de monseigneur le daulphin, tant comme contient son don, et, au regard du surplus, aux gaiges du pays accoustumez. »

Et ulterius quia dicte gentes Trium Statuum patrie Dalphinatus certa alia negocia dicte patrie sunt peracture, veluti remunerationes aliquorum qui laboraverunt ad opus et utilitatem dicte patrie ac etiam speratur esse laboraturos, necnon circa confirmationem libertatum dicte patrie et conservationem ipsarum, item etiam circa reparationem certorum gravaminum que dictis gentibus fiunt, omnesque simul propter diversas opiniones que interdum hinc inde interveniunt non possint ita bene, eque, aut saltim ita breviter intendere et concludere, sicut aliqui particulares super hoc eligendi, quibus hoc onus injungeretur. Propterea, ad actus predictos prenominate gentes Trium Statuum elegerunt et deputaverunt, mutuo consensu, cum debita potestate, videlicet prefatos dominos Episcopum Gratianopolitanum et Abbatem Sancti Anthonii pro clero ; nobiles Anthonium de Hosteduno, Aymarum de Ambello et Joffredum Gollati pro nobilibus ; item dominum Claudium Tholosani, in legibus licenciatum, Bonifacium Charrerie et me Johannem de Vourey, secretarium dalphinalem subsignatum, pro communitatibus.

De quibus premissis omnibus, dictus dominus Johannes de Sancto Germano, procurator generalis dicte patrie, requisivit fieri per me, Johannem de Vourey, notarium publicum, instrumentum

23

ad opus quorum interest et interesse poterit in futurum. Acta
fuerunt premissa apud Romanis, in dicta domo Fratrum Minorum
dicti loci, presentibus omnibus supra nominatis, necnon nobilibus
Amedeo Garcini, Claudio Ruffi de Voyrone, Johanne Ourandi et
Petro de Montibus, civibus Gratianopolitanis, et me supra nominato Johanne de Vourey, secretario dalphinali, notario publico
subsignato.

Subsequenter in crastinum, die vero decima quarta dicti mensis
Januarii, convocatis simul supranominatis dominis electis apud
Romanis, infra magnam aulam anteriorem domus albergarie
Corone, pro negociando simul de et super supra sibi commissis,
astantibus cum eisdem et conferendo cum eisdem videlicet dominis
vicecomite Talardi, domino Clarimontis, domino Montis Canuti,
domino Bochagii, domino Montis Revelli, domino Paludis, domino
Bellimontis, domino Breyssiaci, domino Soffredo de Arciis et
domino Rodulpho de Comeriis, volentes ipsi Electi, inter alia
eisdem commissa, mature deliberare super quadam requesta,
eisdem gentibus Trium Statuum facta per supra nominatum dominum nostrum dalphinum, super redemptione cujusdam scutifferi
valde strenui, vocati Ricarville, capti per Englicos, et de eidem
Ricarville subveniendo, habita trina requesta de hoc faciendo per
eumdem dominum nostrum dalphinum, habitisque inter ipsos
multis colloquiis, conferenciis et opinionibus super premissis cum
deliberatione matura supranominatorum dominorum secum astantium et plurium aliorum dominorum ac gentium dicte patrie, voluerunt et ordinaverunt, auditis requestis pluribus ut supra beni-
gniter factis super hoc per dictum dominum nostrum dalphinum
orethenus, attento quod hec fuit prima requesta per eum facta
dictis gentibus patrie, de voluntate aliarum gentium ut supra, non
obstantibus multis rationibus in contrarium facientibus. dari et
solvi dicto domino nostro dalphino, ultra dictam summam decem
millium florenorum ut supra, sibi per dictam patriam datam et
oblatam, et deinde per ipsum dari dicto Ricarville aut cui sibi
magis placuerit, ad complacendum sue prime requeste, videlicet
quingentos florenos monete predicte de denariis dicte patrie, per
supradictum magistrum Heliam de Linaye, secretarium regium,
receptorem doni et subsidii nuper in loco Coste concessi regi dalphino domino nostro ac etiam dictorum decem millium florenorum
superius mentionatorum.

De quibus premissis omnibus, dictus dominus Johannes de
Sancto Germano, nomine dicte patrie et omnium aliorum quorum
interest et interesse poterit, petiit sibi fieri publicum instrumentum per me notarium subscriptum. Acta fuerunt hec ubi supra,

videlicet apud Romanis, in magna aula anteriori domus albergarie Corone, presentibus supranominatis dominis, astantibus cum dictis dominis electis necnon nobilibus Anthonio Luppe alias Lovat et Johanne de Salice. Et me Johanne de Vourey de Voyrone, cive Gratianopolitano, secretario dalphinali supra nominato, auctoritatibus imperiali et dalphinali notario publico, qui in premissis una cum supra nunciatis gentibus Trium Statuum patrie Dalphinatus et testibus presens fui et hoc presens publicum instrumentum rogatus et requisitus recepi; quod scribi feci per meum fidelem condjutorem; deinde hoc manu mea propria subscripsi et signo meo solito signavi in testimonium premissorum omnium. »

IV

Lettres du gouverneur J. de Montmaur ordonnant aux barons, vassaux delphinaux et nobles de se trouver en armes à Grenoble, le 12 novembre 1392, conformément à la décision prise dans l'assemblée des Etats, pour marcher contre les bandes d'aventuriers qui avaient d'abord été au service de R. de Turenne et s'étaient jetées ensuite dans le Gapençais (Grenoble, 30 octobre 1392). Arch. de l'Is., B. 3258.

« Gubernator Dalphinatus. Amice carissime, cum gentes societatum diversarum nacionum, que erant domini Raymundi de Tourana, patriam dalphinalem in comictatu Vapincesii intraverunt et se logiare proposuerunt, multa quoque dampna intulerunt et inferunt; et ut malo proposito eorum, Dei auxilio, obvietur, die presenti fuit deliberatum in consilio [1] quo erant major pars baronum et nobilium dicte patrie, quod omnes barones, vassali et nobiles ipsius patrie, armis et equis muniti, cum illa comitiva qua poterunt meliori, intersint Gratianopoli, ad diem XIIum mensis instantis novembris, causa predicta; de expensis vero ipsorum super leva pro deffensione dicte patrie fieri ordinata fiet satisfactio condigna; vobis propterea pro parte dalphinali rogando mandamus, quatenus dicta die ibidem cum aliis interesse velitis, dispositus ire nobiscum et aliis vassallis dalphinalibus pro deffensione patrie antedicte, nisi interim aliud a nobis in contrarium habueritis in mandatis. Scriptum Gratianopoli, die penultima octobris. »

---

[1] Bien que l'assemblée du 28 octobre 1392 ne comprît que des prélats et des barons, l'emploi du mot *consilium* est tout à fait exceptionnel à cette date.

V

Lettres du gouverneur, Charles de Bouville, au châtelain de Savines, pour lui transmettre l'ordre de lever immédiatement une taille de 2 florins par feu (2 septembre 1383). Arch. de l'Isère, B. 4308.

« Carolus, dominus de Bovilla, gubernator Dalphinatus, commissarius per Regiam Magestatem et Dalphinalem Excellentiam in hac parte specialiter deputatus, dilecto nostro castellano Sabine vel ejus locumtenenti, salutem. Litteras serenissimi principis domini Karoli, Dei gratia Francorum regis et dalphini Viennensis, domini nostri, nobis directas, ejus sigillo cera rubra in pendenti sigillatas, reverenter recepimus, substantialiter continentes quod incontinenti, sine dilacione morosa, imponantur in omnibus villis et locis domanii Dalphinatus, in quibus dictus dominus noster habet merum et mixtum imperium, super quolibet foco, duo floreni, ita quod divites supportare debeant debiles, super eos levandi, exceptis pauperibus mendicantibus, nobilibus nobiliter et clericis clericaliter viventibus, et quod, omni cessante morosa dilacione, castellani dictorum locorum inventarium faciant de omnibus focis castellaniarum suarum, dictosque florenos levent, recuperent et recolligant modo predicto, duobus terminis, medietatem hinc ad festum beati Andree proximum et aliam medietatem in introitu quadragesime subsequentis, et quod cogantur omnibus viis et modis quibus consuetum est pro propriis fiscalibus debitis, omnesque (sic) recusantes vel contradicentes reperientur. Quibus quidem litteris visis ut convenit et receptis, et contenta in eis exequi cupientes sicut decet, fidelitati vestre districtius injungendo et specialiter comittendo mandamus, quatenus dictum inventarium dictorum focorum incontinenti, ita quod infra unius mensis proximi spatium sit perfectum, in dicta castellania faciatis et fieri faciatis, sub fide publici instrumenti, et illud mittatis, infra dictum terminum, in Camera Dalphinalium Computorum signo notarii publici signatum et sub sigillo vestro fideliter interclusum. Quibus gestis, vocatis vobiscum sindicis vel consulibus si qui sunt dicte castellanie, alioquin duobus hominibus de prudentioribus castri vel loci dicte castellanie, una cum sex aliis ejusdem castellanie, videlicet duobus de ditioribus, duobus de mediocribus et duobus de minoribus mandamenti, dictam impositionem, vobis presente, juxta numerum dictorum focorum taxetis et distribuatis, taliter quod divites supportent pauperes, nec compellantur pauperes mendicantes, clerici clericaliter et nobiles nobiliter viventes, eligentes et eligi facientes certas personas de dicta castellania que impositionem hujusmodi levent, recipiant et recuperent infra terminos predictos, et vobis tradant et expediant, et vos omnia inde recipienda tradatis, deliberetis et afferatis incontinenti, lapsis terminis jamdictis, vel alter ipsorum, receptori generali Dalphinatus, omni excusatione remota. Datum Gratianopoli, die secunda septembris, anno Domini millesimo CCC^{mo} octuagesimo tertio. Per dominum gubernatorem ad relationem Consilii. J. Boyssoni. »

VI

Rôle d'une taille de 15 florins 6 gros par feu, imposée sur le Graisivaudan pour le payement des gens de guerre (subside concédé par les Etats, à Romans, au mois de janvier 1453, 1454 n. s.). Arch. de l'Isère, B. 2776.

Domanium.

Alavardi, 60 foca. 930 fl.[1] — Morestelli et Goncellini, 25 foca. — Theysii, Petre et Domene, 64 f. — Visilie, 38 f. 1/2. — Gratianopolis, 6 f. (chiffre barré) — Mure, 50 f. — Bellimontis, 17 f. — Corvi, 25 f. — Campisauri, 78 f. — Triviarum, 20 f. — Oyseucii, 124 f. — S^{ti} Martini de Hera, 6 f. 1/2, — Vivi, 7 f. — Cluse, 7 f. — Parisius, 5 f. — Cassenatici, 5 f. 1/4, — Veurey, 2 f. 1/2, — Buxerie, 31 f. 1/2, — Bellecombe, 14 f. 1/2, — Montisbonodi, 26 f. — Curnillionis, 10 f. — Vorapii, 16 f. — Voyronis, 64 f. — Avalonis, 40 f.

Nobilium Graysivodani.

Homines Bondonii de Aureaco apud Rochetam, 1 f. — Petri de S^{to} Germano Vallisgodemarii, 1 f. — Ejusdem apud Villetam, 1 f. 1/2, — Margarite relicte Justeti de Bardoneschia, 1/2 f. — Stephani Guillionis apud Orseriam, 2 f. 1/2, — Lantelmi de monte Orserio apud Rochetam, 1 f. — Ejusdem Lantelmi apud Campolium, 1 f. — Heredes Johannis de monte Orserio domini Bellifayni, 1 f. 1/2, — Rostagnus de monte Orserio, 1 f. — Arthauda relicta Stephani de Monte Gardino, 1/2 f. — Franciscus

---

[1] Le rôle note chaque fois le nombre de florins et les trois versements; ainsi Allevard devait payer 160 florins le 1er mars, 335 à la Pentecôte et 435 à la Conception de la Vierge. Les procédures de revision et les rôles de feux écrivent *foca solubilia, foca miserabilia, belive.*

de Aya, 2 f. 3/4. — Johannes de Monte Orserio, condominus
Orserie, de Campolino et Montis Orserii, 5 f. — Franciscus de
Bona pro hominibus qui fuerunt Anthonii seu Raymondi de Aya,
3/4 f. — Johannes Grassi. Jacobus de Rufo et eorum parerii pro
hominibus qui fuerunt Jacobi Muisardi. 1 f. — Johannes Grassi
in valle Godemarii, 4 f. 1/2, — Catherina filia Johannis. Ruffi
apud Sechillinam, 2 f. 1/2, — Domina Bellifayni, qui fuerunt
Johannis Ruffi apud Sanctum Hensebium, 1 f. 1/2, — Johannes
Bajuli, qui fuerunt Aynardi de Rama, 5 f. — Heredes Henrici
Reymundi in loco Corvi, 1 f. 1/2, — Dominus de Ambello, 3/4 f.
— Heredes Aymarii de Ambello in valle Godemarii, 3 f. — D.
Pellafolli, inclusis hominibus prioris Crucis Pince et Bellifayni,
5 f. — D. de Aysio apud Gressam, 4 f. 1/2, — D. Stephanus
Guillonis apud S^tum Mauricium, 7 f. — Heredes domini Syffredi
de Arciis apud Sanctum-Guillelmum, 3 f. — Dicti heredes apud
Verdeyer, 1 f. 1/2, — Heredes d. Rodulphi de Comeriis apud
S^tum Guillelmum, 2 f. — D. de Molario apud Miribellum, 4 f. —
Idem d. de Molario apud Molarium, 1/2 f. — D. Clarimontis in
Triviis, 18 f. — Heredes d. Reymundi de Theysio apud Thoranam
et S^tum Martinum, 2 f. 1/2, — D. de Persico, 1 f. 1/2, — D.
Morgiarum, 5 f. — Idem d. apud Monasterium de Persico, 2 f. —
D. de Pipeto, inclusis focis hominum sibi adjudicatorum in castro
Morgiarum, 3 f. — D. de Chastellario, 5 f. — D. Montis Aynardi,
2 f. — D. de Brione, 2 f. — D. de Vado, 4 f. 1/2, — D. Prati
Buxi de Adverco de Sollianis, 2 f. 1/2, — D. Mote, 3 f. 1/2, —
Petrus Clareti in loco de Esparone, 1/4 f. — Fr. de Sala in loco
Toscane, 1 f. — D. de Campis, 3 f. 1/2, — D. de Varcia, 19 f. —
D. de Eybens, 2 f. — Heredes d. Petri Aynardi apud Marceu et
Savellum, 2 f. 1/2, — D. Uriatici in Mathacena, 3 f. — Idem d.
in loco Uriatici, 15 f. — D. Sechilline, incluso loco de Olla, 5 f. —
Heredes Fr. de Alto Villario, 6 f. — Heredes d. Aymonis de
S^to Petro, 5 f. — D. de Thoveto, 11 f. — D. Bellimontis, 9 f. —
Dictus d. apud Montemfortem, 10 f. — Albertus de Monteforti,
1 f. — D. Terracie, inclusis hominibus Aynardi Ysoardi et domini
episcopi, 8 f. — D. Frayte, 5 f. — D. Cassenatici, 31 f. — Petrus
de Bellacomba apud S^tam Marcellinum, 3 f. 1/3, — D. Bastide
Meolani, 2 f. 1/2, — Heredes d. Rodulphi de Comeriis apud Bas-
tidam, Montembonodum et Montemfluritum, 1 f. — Dicti heredes d.
Rodulphi apud Parisius, 3/4 f. — D. Intermontium in parochia
Cartusie, ab antiquo de ressorto Curnillionis, et idem pro hominibus 5 parochiarum de mandamento Curnillionis sibi de novo
traditarum, videlicet de Ques, Proveysiaci, Carthusie, Sapeti et de
Cercenas, 30 f. — Heredes Girardi Riconis, 1/4 f. — Uxor d. de

Molaris apud Parisius, 1/8 f. — Caterina Boyssone, 1/2 f. —
Prior S[ti] Firmini, 3 f. — D. Gerie, 5 f. 1/2, — Prior Sancti
Bonneti, 1/2 f. — Capitulum ecclesie Vapiuci apud S[tum] Lauren-
tium de Croso, 3 f. — Prior S[ti] Andree de Vapinco apud Montem
Orserium, 1/2 f. — Prior de Vivo, 2 f. — Prior Miribelli prope
Scalas, 15 f. — D. episcopus Gratianopolitanus apud Herbeysium,
6 f. — Prior S[ti] Roberti, 2 f. — Prior S[ti] Nazarii, 1 f. 1/3. —
Monasterium Montisfluriti, 8 f. — Prepositus et capitulum S[ti] An-
dree Gratianopolis apud Champagniacum, 2 f. 1/2, — D. de Re-
vello in terra Theysii, 8 f. — Termonus de Monteforti, 1/2 f. —
Aynardi de Bellomonte in loco de Adestris, 5 f. — Heredes d.
Johannis Alamandi in terris Theysii, Petre et Domene, 1/2 f., —
Hugo de Comeriis in dictis terris, 2 f. 1/2, — D. de Manso in
dictis terris, 2 f. — Heredes Guigonis de Comeriis domini S[ti]
Johannis Veteris, 2 f. — D. Uriatici in dictis terris, 7 f. — Petrus
et Malliardus de Theysio in dictis terris, 4 f. — D. S[ti] Laurentii
de Ponte, 18 f. — Condomini Vallisboneysii, 7 f. 1/2, — D. Vallisboneysii apud Interaquas, 2 f. — Ejusdem apud Raterium,
16 f. 1/2, — Ejusdem apud Vallemboneysium, 7 f. 1/2, — Jacobus de Cassenatico apud Venrey, 1 f. — Ejusdem in loco Nuca-
reti, 2 f. — D. Vallisboneysii in loco Claysii, 6 f. — D. de Campis
apud Motam, 1 f. — D. S[ti] Georgii de Comeriis, 2 f. — D. Montis
Rigaudi apud Seyssinum, 3 f. — D. de Tribus Meniis, 1 f. 1/4, —
D. de Chastellario apud Bastidam d'Avene, 3 f. — D. Thorane
apud S[tum] Martinum de Cleellis, 3 f. 1/2, — D. Sechilliane, 1/2 f.

Allodialia ecclesie.

Domene, d. episcopus Gratianopolitanus, 3 f. — Idem pro loco
de Vennone, 2 f. — Idem pro loco Maurianete, 1 f. 2/3, — Idem
pro loco S[ti] Illarii, 4 f. — Idem et capitulum S[ti] Andree Gratianopolis pro S[to] Martino Vinoso, 2 f. — Capitulum ecclesie cathe-
dralis Domine Nostre Gratianopolitane pro loco Bucurionis, 1 f.
— Dictum capitulum in loco de Claysio, 5/4 f. — Prior de
Comeriis, 2 f. 1/2.

VII

**Quittance de 200 florins délivrée par G. de Bernès à Nicolas
Erland, trésorier du Dauphiné, receveur du subside de
30.000 florins voté en avril 1442, à Grenoble (12 mars 1443).**
Arch. de l'Isère, Fonds des Etats, carton II.

« Je Gabriel de Bernez..., seigneur de Targe, maistre d'ostel
de monseigneur le daulphin de Viennois et lieutenant de noble et

puissant seigneur, monseigneur de Gaucourt, gouverneur du Daulphiné, confesse avoir eu et receu de honnorable homme, maistre
Nicolas Erlant, trésorier dudit Daulphiné et receveur général de
l'aide de 30 mille florins donnés et octroiés à mondit seigneur le
daulphin par les gens des Trois Estas de sondit pays du Daulphiné, à l'assemblée par eulx faite à Grenoble au mois d'avril,
l'an mil CCCC quarante et deux, la somme de deux cens florins
de monnoie courant, qui par lesdites gens des Trois Estas me
furent donnez à ladite assemblée, pour certaines causes déclarées
en l'instrument dudit octroy, à prendre... des deniers appartenans audit pays, pour lors ordennez estre levez avec et oultre les
XXX mille dessus diz, pour employer ès affaires d'icellui pays.
De laquelle somme de deux cents florins je me tieng pour content
et bien payé et en quitte ledit receveur et tous autres. En tes-
moing de ce, j'ay signées ces présentes de ma main et scellées du
séel de mes armes, le XIIe jour de mars, l'an de la Nativité de
Nostre Seigneur mil CCCC quarante et trois. Bernez. »

VIII

**Copia supplicationis per nobilem ac circonspectum virum do-
minum Johannem de Sancto Germano, in legibus licentiato,
venerabili Consilio Dalphinali, in absentia domini gubernatoris, oblate (1432). Arch. de l'Is., B. 3139, fol. 91.**

« Vobis, spectabili et magniffico viro, domino gubernatori, humiliter supplicat procurator gencium Trium Statuum patrie Dalphinatus, super eo quod, dudum invadente patriam predictam hos-
tili more domino Ludovico de Cabillone, tunc principe Aurayce,
gentes predicte, congregate apud Costam Sancti Andree, voluerunt
et consentierunt levari in dicta patria summam quinquagenta millium florenorum, salvo pluri, implicandorum in deffensione et
custodia dicte patrie et patrimonii dalphinalis, acto et per vos
concesso, quod super reconsiliatione dicti principis vel restitutione
terrarum suarum suffragio dicte leve reductarum ac etiam redu-
cendarum ad manus dalphinales, nichil fieret nisi dictis gentibus
vel procuratore suo predicto vocatis et in suis juribus exauditis,
quoniam intendebant, casu predicto, expensarum factarum ac fien-
darum in dictis deffensione et reductione ac etiam quorumcumque
dampnorum ea occasione passorum obtinere a dicto principe resti-
tutionem. Et successive in congregatione earum gencium tandem
apud Romanis facta et deinde apud Gratianopolim continuata, ac

etiam in certis aliis congregacionibus dictarum gencium ob eamdem rem successive factis, concessum et ordinatum fuit, fieri alias certas magnas pecuniarum levas implicandas et tandem implicatas in deffensione et reductione predictis, que concessiones et leve continue facte fuerunt sub retentionibus et reservationibus supra declaratis, et per vos, ut premieditur, admissis, prout de premissis seriosius constat instrumentis publicis per Franciscum Joffredi, secretarium dalphinalem, receptis. Novissime vero ad ejusdem supplicantis devenit auditum, certum haberi tractatum vobiscum per dictum principem super ejus reconsiliatione et restitutione dictarum terrarum, in quo, immemor, ut creditur, de premissis, non fecistis gentes predictas nec ipsum supplicantem vocari, licet de hoc fueritis Romanis, nuper in congregatione dictarum gencium et dictis inibi tenutis, solempniter requisitus. Supplicat propterea humiliter quatenus premissis attentis, attentoque quod in reconsiliatione et restitutione predictis agitur de salute et conservatione patrie et de dictarum gencium maximo interesse..., propter quod ad evictandum etiam omne sinistrum ipsi vocari et exandiri debent, cum, si secus fieret, reluctandi preberetur eis occasio ac etiam denegandi in casu simili vel quocumque alio omne subsidium, ipsum supplicantem nomine gencium predictarum, antequam ad ulteriora in dicto tractatu procedatur, vocare tempore debito et in suis juribus exaudire dignemini, de eis serenissimum principem dominum nostrum regem dalphinum prout fuerit opportunum advertendo; et de premissis pro conservatione juris dictarum gencium petit sibi nomine quo supra fieri publicum instrumentum, hic astantes pro testibus invocando. »

IX

Doléances présentées par les Trois Etats au dauphin Louis II, à Bourgoin, 29 janvier 1448 (1449 n. s.). Arch. de l'Isère, B. 2710, fol. 112.

« A monseigneur le daulphin, nostre souverain seigneur.

Supplient très humblement voz humbles, féaulx et subgiez, les gens des Trois Estaz, qu'ilz vous plaise leur pourvoier pour le bien de vostre ségnorie et dudit pays et leur octroier les choses qui s'ensuivent.

Premièrement, que veu qu'il ne seroit pas possible ausdites gens bailler les dénominacions de ce qu'ilz tiennent de vous en hommaige dedans le terme lequel leur a esté ordonné, vous plaise ledit

23.

terme prolongier pour IIII ans, affin qu'ilz puissent faire leurs recoguoissances et dénominacions ainsi que fère se doit par raison, et qu'ilz ne soient tenuz de bailler fors que en général les censes et possessions qu'ilz tiennent ainsi que leurs prédécesseurs.

II. Item, que jaçoit ce que au transport fait du Daulphiné en la maison de France soit expressément contenu que les gens du Daulphiné ne le pays ne soyent point conjoincts ne uniz avec ceulx du Royaume, toutesvoyes on contraint les marchans de ce pays, qui portent ou rapportent marchandises en Cathaloigne, à paier grand tréhen que paient ceulx du Royaume, combien que les autres qui sont hors du Royaume ne paient riens, et par ainsi doivent estre frans ceulx du Daulphiné qui sont hors du Roiaume, vous plaise donner provision telle qu'ilz ne soient plus contrains à paier, ains joissent de leurs privilleges.

III. Item, que jasoit ce que les chastellains et notaires des villes et chasteaux dudit pays ne doyent riens prandre des subgiez quant on leur presente lettres a exécuter, et que les sergens soient envoyés pour fère les exécucions, toutesvoyes lesdits chastellains et notaires veullent estre présens et aler avecques le sergent et prennent pour chascune lettre ung florin ou ung franc, laquelle chose est grant charge aux subgez et très grant taillie contre raison, pour ce supplient qu'il vous plaise leur faire deffendre qu'ilz ne le facent plus, ains laissent fère lesdites exécucions aux sergens qui les feront à moindres despances.

IV. Item, que jasoit ce que lesdits chastellains et notaires doient estre contans quant on leur paye la somme qu'ilz ont quant ilz sont présens aux péréquacions des subsides, toutesfois ne sont ils pas contans de ce, ains veullent avoir grans dons ès subsides qui montent plusieurs foys la moitié de ce que monte votre don, et quant les subgez ne leur veullent donner, les menassent, disans qu'ilz leur feront bien coster autant, pour ce supplient qu'il vous plaise faire deffendre ausdiz chastellains et notaires qu'il ne le facent plus, et aussi aux scindiques et autres subgez qu'ilz ne leur baillent riens fors selon les jornées qu'ilz vacqueront en faisant lesdites péréquacions, et en cas que lesdits chastellains et notaires par despit ou autrement ne vouldroient estre présens ne escripre ausdites péréquacions, que les subgez le puissent faire puis qu'ilz auront esté requis, car en plusieurs lieux les chastellains veullent avoir de quarante florins ung et autres de XX florins ung, pareillement les notaires de la court.

V. Item, que jaçoit ce que le pays soit tant chargé que plus ne pourroit, et qu'il y ait peu de gens qui contribuent selon la grande somme des subcides, et qu'il ait esté ordonné par vos lettres que

chascun y contribue excepté nobles vivans noblement et gens
d'esglise charitèblement [1] vivans, toutesvoyes, depuis aucun temps
en çà, plusieurs villes et universitez et aussi plusieurs subgez et
des plus riches et puissans, qui ne sont point nobles ne gens
d'esglise. ont impétré privillège de non contribuer ès dits subsides,
qui est une très grant charge et folle audit pays, pour quoy supplient qu'il vous plaise ordonner qu'ilz contribuent en vos dits
subsides ainsi que par avant avoient acostumé, nonobstant queulx-
cunques lettres impétrées au contraire.

VI. Item. que jasoit ce que les loups, ours, renarts et chamoys
donnent grant dommaiges aux subgez et que, selon le droit et les
libertés de ce pays, chascun les peut chasser et aussi toutes
autres bestes sauvaiges, toutesfois. à cause de certaines deffenses
de non chasser, vos officiers enquestent vos dits subgez quant ilz
chassent ausdites bestes. ou peschent en aucune riviere poyssons
ou oyseaulx. qui jamais n'avoit esté deffenduz, qui est chose très
dommageable audit pays, pour ce supplient que vous plaise casser
lesdites deffences et deffendre à vos officiers qu'ilz ne le molestent
plus à cause de ce. car s'est contre leurs libertés.

VII. Item. vous plaise doresnavant ne octroier ou donner, à vos
serviteurs ou autres. amandes des déliz que on dit avoir faiz.
avant qu'ilz soit cogneu et jugé desdiz déliz, car plusieurs foiz voz
subgez sont molestez et en prison longuement destenuz par les
importunes poursuictes que font ceulx à qui sont données telles
amandes et à tort et sans cause.

VIII. Item. que combien que plusieurs foiz ait esté dit que l'on
proveust sur les abuz que font les fermiers de vos cours, toutesvoyes l'on n'y a aucunement donné ordre ne provision. pour ce
vous plaise de le faire. ou autrement vos subgez seront destruiz et
vos barons perdront la plus part de leur juridiction.

IX. Item. vous plaise ordonner gens non suspecz. qui voient les
procès qui sont seur les nuages entre aucuns subgez contre aucuns
nobles dez voz pays ausqueulx sont lesdits nuaiges. pour y
ordonner somèrement et de plain ce que raison portera. car en
vérité, pour les plaidoieries et procès qui jà ont esté meuz à
ceste cause, plusieurs de voz subgez en sont grandement endom-
magez et follez.

X. Item. et combien que les habitans des villes et chasteaulx
dudit pays ou au moins la plus part aient seindiques et procureurs ordonnez pour le régyme de la chose publique, ou au moins

---

[1] Sic, pour cléricalement.

recevenrs à recevoir vos subsides, et qui se obligent à paier vostre
trésorier, toutesvoyes votredit trésorier contraint lesdits habitans
desdites villes et chasteaulx oultre les scindiques et recevenrs qui
ont la charge de vous paier, qui est grant domaige aux subgez,
pour ce supplient qu'il vous plaise ordonner que vostredit trésorier ou receveur ne contraigne point lesdits habitans, si ce n'est
en deffault des scindiques et recevenrs, en cas qu'ilz n'auroient de
quoi paier.

XI. Item, que jasoit ce que les chastellains n'aient point de
cognoissance des causes crimineles, toutesvoyes les chastellains
qui sont à présent se dient seigneurs des places dont ilz sont
chastellains, font geysner et composer les subgez, sans cognoissance de cause et sans informer les jugez ou lieutenans des
baillifs, laquelle chose est très domagable ausdits subgez, pour ce
supplient qu'il vous plaise pourveoir sur ce, tellement que lesdits
chastellains ne facent plus telles choses, aingois obéissent aux
juges et lieutenans, ainsi qu'il est acostumé.

C'est l'appoinctement que monseigneur a fait sur les articles
et supplicacions à lui présentées par les gens des Trois Estaz de
son pays estant à présent à Bourgoing, le XXIXe jour de janvier
1448.

Et premièrement, sur le premier article faisant mencion des
dénominacions de leurs fiefs, monseigneur est contant qu'ilz aient
terme de les baillier de deux ans, après le terme d'un an qu'ilz
ont encores par leur octroy de l'année passée.

II. Sur le second article, faisant mencion de la marque d'Arra-
gon, monseigneur y pourvoirra à son plaisir et n'entend point que
ses subgez demourans ou Daulphiné soient compris en ycelle
marque.

III. Sur le tiers article, faisant mencion des sallaires des chastellains sur les exécucions, monseigneur a ordonné que les ordonnances anciennes sur ce faictes soient gardées et que les abus
faiz soient cassez et réparez.

IV. Sur le quart article, faisant mencion des sallaires des chastellains sur l'assiecte des aides et autres subcides, monseigneur
ordonne que les chastellains aient ung florin par jour et les notaires huit gros tant qu'ilz besongneront èsdictes assiectes et péréquacions, et qu'ilz n'y facent nulles vacacions superflues.

V. Sur le cinquième article, faisant mencion de l'afranchisse-
ment de certaines villes et aucuns particuliers, monseigneur ne
l'a pas fait sans cause, et seront veues les lettres, et, se le temps
est trop long, monseigneur y pourvoirra ; et n'est pas entendu que

ceulx qui viendront demourer du Daulphiné et de noz autres pays
ès dites villes soient francs, et n'y sont compris que ceulx du corps
de ville et ceulx qui y vendront demourer d'estrange pais, et au
regard des particuliers ilz paieront, s'ils ne sont nobles d'ancienneté ou anobliz nouvellement, pour ainsi qu'ils vivent noblement.

VI. Sur le sixieme article, faisant mencion de la chasse et
pesche, monseigneur est contant que ses subgez chassent ès lieux
connus et acostumez aulx ors, loupz, renars, chamois et boques-
tains et non à autres bestes, jusque à ce que autrement y ait
ordonné, et, au regard de la pesche, il est contant que ès lieux
acostumez et là où il n'a point deffence d'ancienneté, il puissent
pescher et prendre poissons et oisieaulx, s'il ny avoit rivières de
pleysance où mondit seigneur peut prendre oisieaulx de rivière et
avoit le déduit de ses oisieaulx de proye.

Et à ses deux articles sera appelé le maistre des eaux et fouretz,
pour avoir son advis sur ce et en déclarer son oppinion.

VII. Sur le VIIe article, faisant mencion de dons des amandes
par monseigneur avant le jugement d'icelles, mondit seigneur y
pourvoirra, et en sera avisé.

VIII. Sur le VIIIe article, faisant mencion des abuz des fermiers des cours des justices, monseigneur ordonnera deux notables
commissaires pour eulx informer lesdits abus, et lui rapporteront
leurs informacions, et il y pourvoira.

IX. Sur le IXe article, faisant mencion des muages que demandent aulcuns nobles et gens d'esglise, monseigneur escripra
aux gens du Conseil de Grenoble qu'ilz diffiniccnt certain procès
qui est pendant par devant eulx sur la matière, et qu'ilz en ordonnent ce qui en sera de faire par raison dedant Pasques.

X. Sur le Xe article, faisant mencion de la contraincte que fait
le trésorier pour le paiement des dons et aides appartenans à
mondit seigneur, mondit seigneur ordonne que ledit trésorier contraigne premièrement les scindiz et receveurs desdites aides et
dons, et après en leur deffaut les plus suffisans des villes et paroisses.

XI. Sur le unzième article, faisant mencion des abus des chastellains sur leurs justices, monseigneur ordonne qu'ilz ne facent
nulle novelletez et qu'ilz se gouvernent ainsi que les autres chastellains ont acostumé de faire d'ancienneté, et, se nul se plaint, il
y pourvoirra.

Item, monseigneur est contant que chascun puisse avoir et tenir
abbaleste et en jouer sans en estre enquesté, mais que ce soit licitement et ordonne que ceulx qui les ont prises et ostées soient
contrains à les rendre.

Signé par le commandement de monseigneur en Conseil, ouquel estoient messeigneurs le chancelier, de Chastillion, d'Estissac, maistre Regnier, Gabriel de Bernes, le trésorier, messire Romanet, messire Humbert Roulant, Just Méhenze et autres; toutesvoyes au regart de la pesche le maistre des eaux sera appellé. Fait audit lieu de Bourgoing, le XXIXᵉ jour de janvier 1448. Jaupitre. »

VU ET LU :

Grenoble, le 11 février 1915.

*Le Doyen de la Faculté des Lettres
de l'Université de Grenoble,*

P. MORILLOT.

VU ET ACCORDÉ LE PERMIS D'IMPRIMER :

Grenoble, le 11 février 1915.

Le Recteur,

PETIT-DUTAILLIS.

TABLE DES MATIÈRES

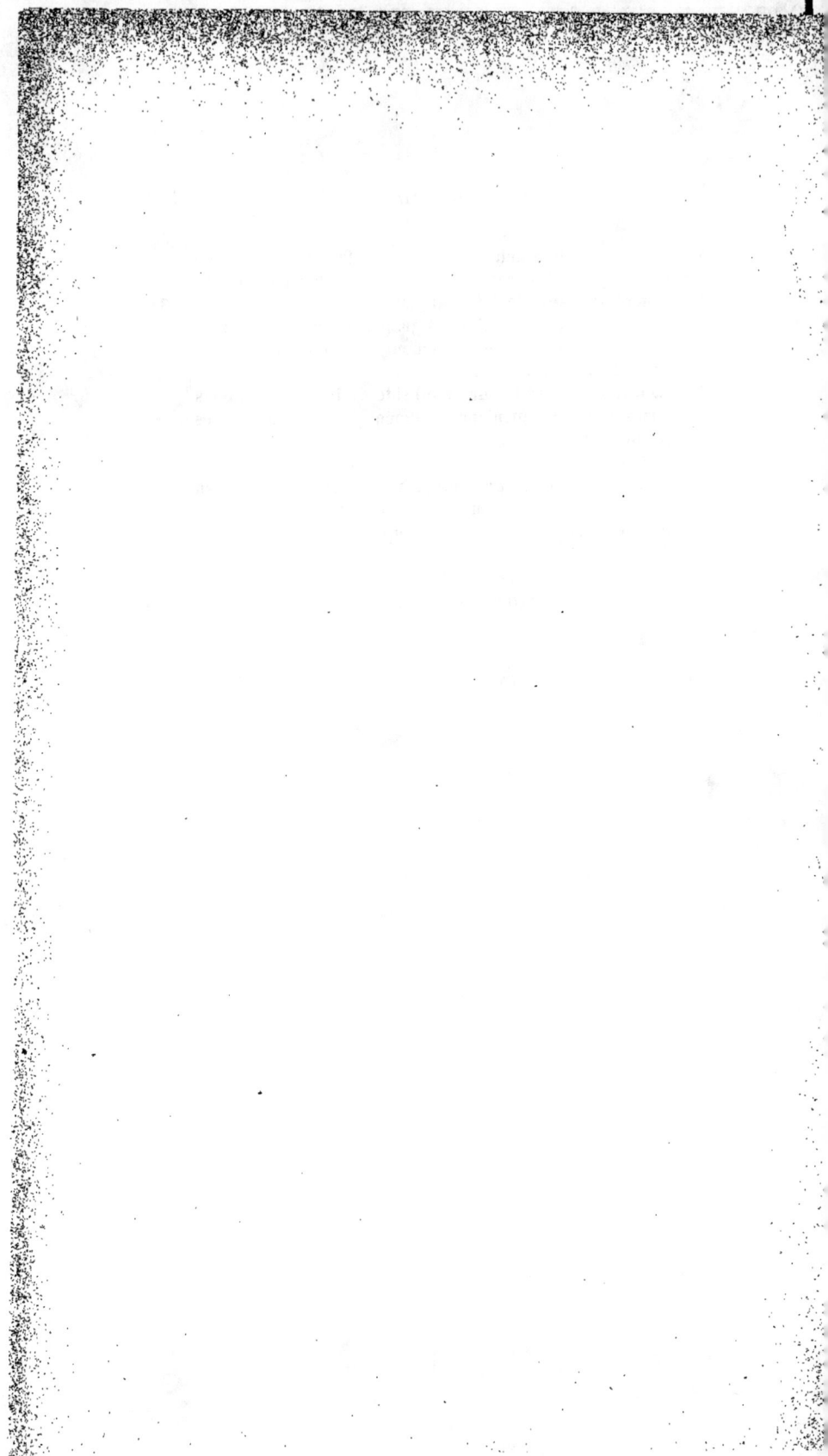

ADDITIONS ET CORRECTIONS

P. 2, n. 1, l. 5, lire : *Bull Archéol. Drôme*.

P. 54, l. 2, lire : dès les derniers jours de juillet.

P. 78, n. 2, l. 1, lire : cardinal d'Albano (Anglic de Grimoard, évêque d'Albano, frère du pape Urbain V).

P. 204, n. 2, l. 1, lire 13 juillet 1435.

P. 280, l. 5 et 12, lire : François Hallé. — C'était un de ces conseillers bourgeois de Charles VII, un de ces légistes d'origine roturière, qui furent les plus zélés défenseurs de la prérogative royale. Fr. Hallé disait : « Il n'est pas possible d'avoir en la monarchie per et compagnon. »

P. 339, l. 7, lire : donné par Louis XIII, après son passage à Grenoble, en 1639. — Louis XIII séjourna à Grenoble, avec le cardinal de Richelieu, du 21 septembre au 9 octobre. L'arrêt fut promulgué à Lyon le 24 octobre et enregistré au parlement de Grenoble le 3 novembre; il débute ainsi : « ... le roi étant en la ville de Grenoble, ayant été très particulièrement informé des divisions qui sont entre les trois Ordres de la province de Dauphiné par l'inexécution des arrêts rendus en son Conseil des dernier mai 1634, 9 janvier 1636, 23 mai 1637 et 6 avril 1639 sur la forme de la levée et perception des tailles... »

P. 339, n. 1, l. 6-9, lire : un procureur-syndic général des trois Ordres avec trois substituts,... deux commis du clergé, six commis de la noblesse,...

P. 339, n. 1, l. 13-14 : Les protestations contre l'édit de juillet 1628 qui créait diverses charges royales (et non plus électives) d'officiers pour s'occuper des affaires du pays et demander la permission d'assembler les Etats lorsque le service du roi et l'intérêt de la province la requerraient, — n'obtinrent qu'une satisfaction partielle et momentanée par l'édit de septembre 1628 définitivement révoqué en 1654.

Quant à l'arrêt du 24 octobre 1639, son entière exécution fut retardée encore plus d'un demi-siècle. La révision opérée par l'intendant Bouchu et confirmée par édit de 1706 divisa enfin le Dauphiné en 5.000 feux représentant chacun 2.500 livres de revenu : 1.500 feux nobles et 3.500 feux taillables

P. 371, art. IX, lire : doléances présentées.

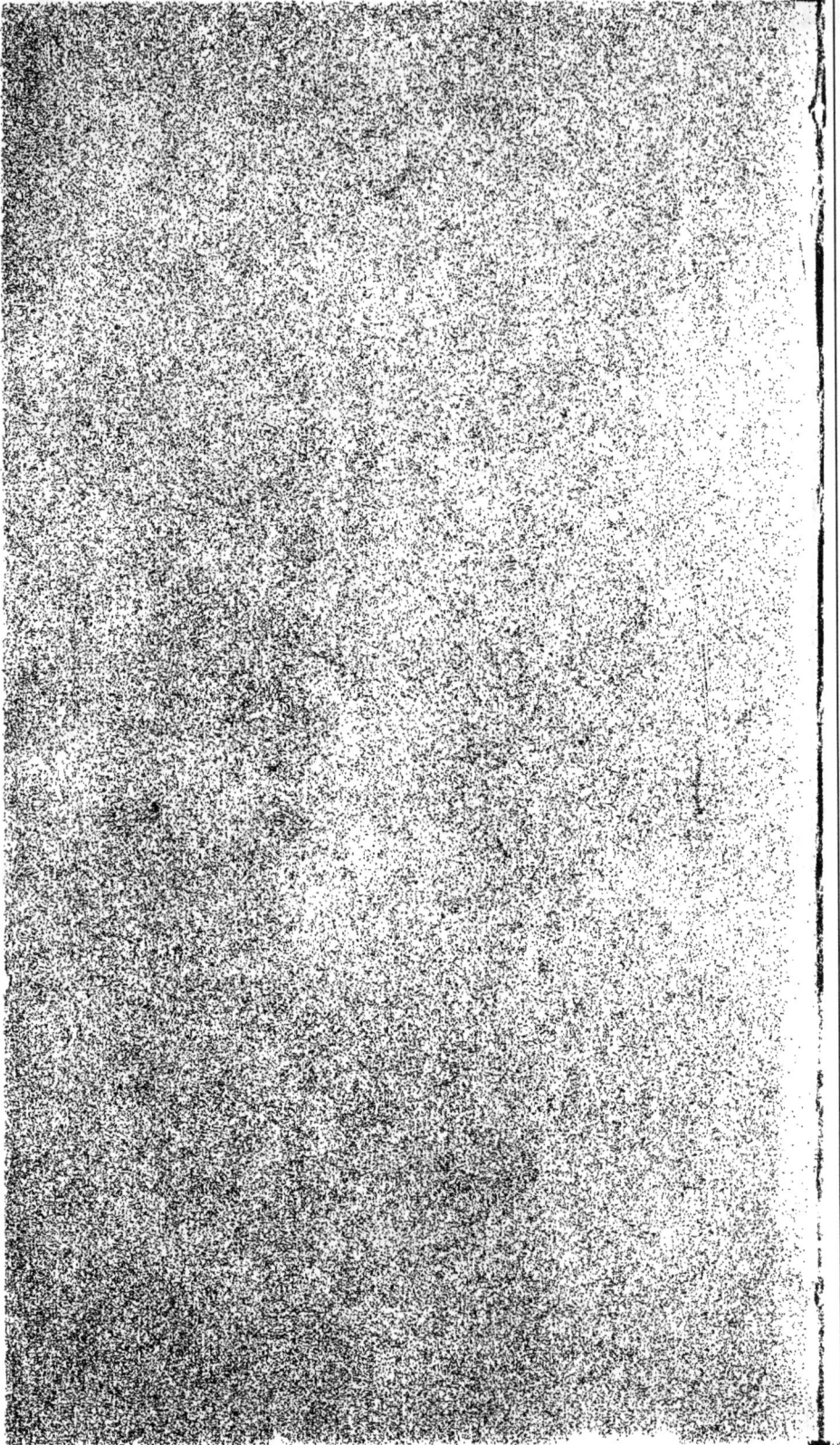

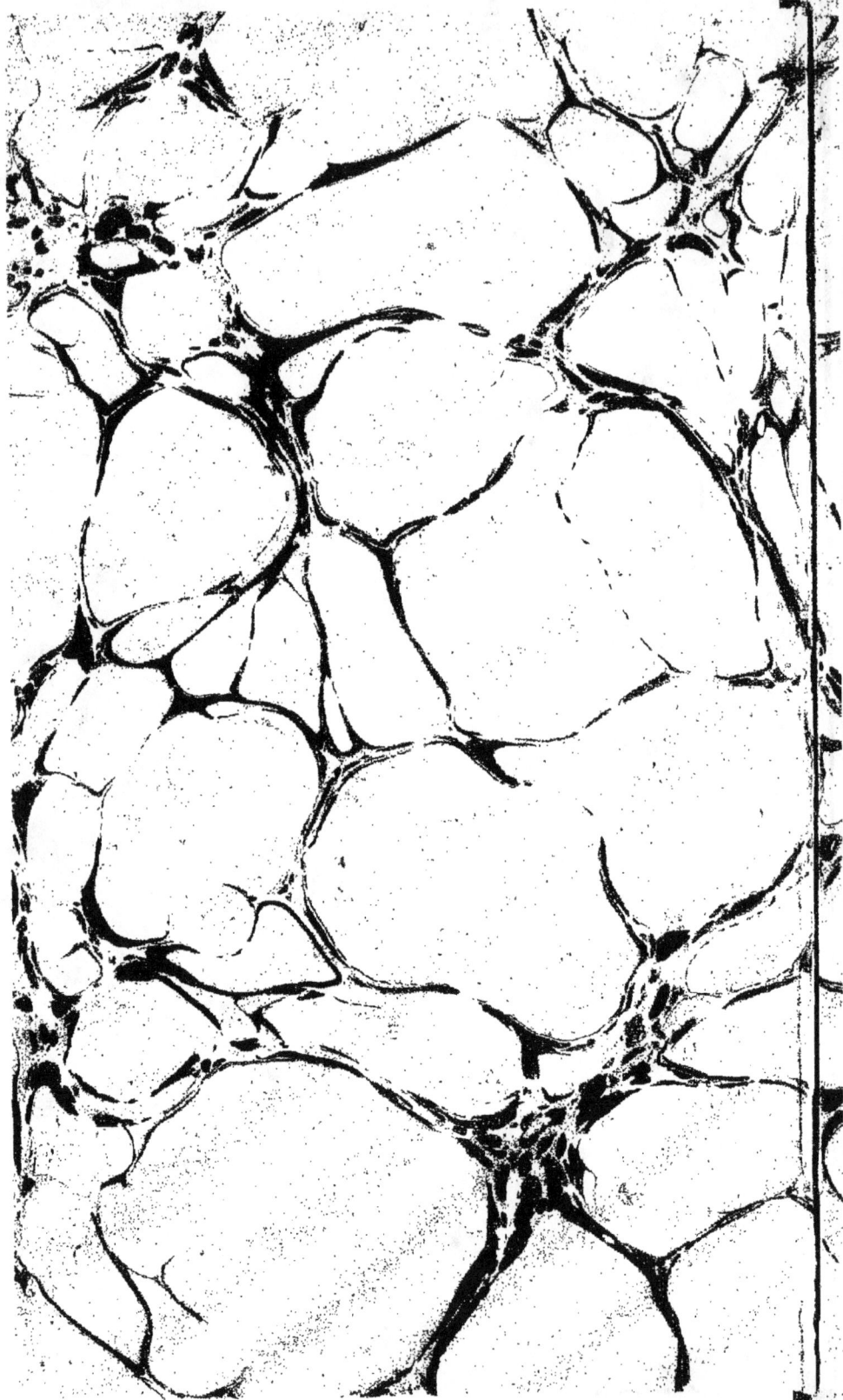

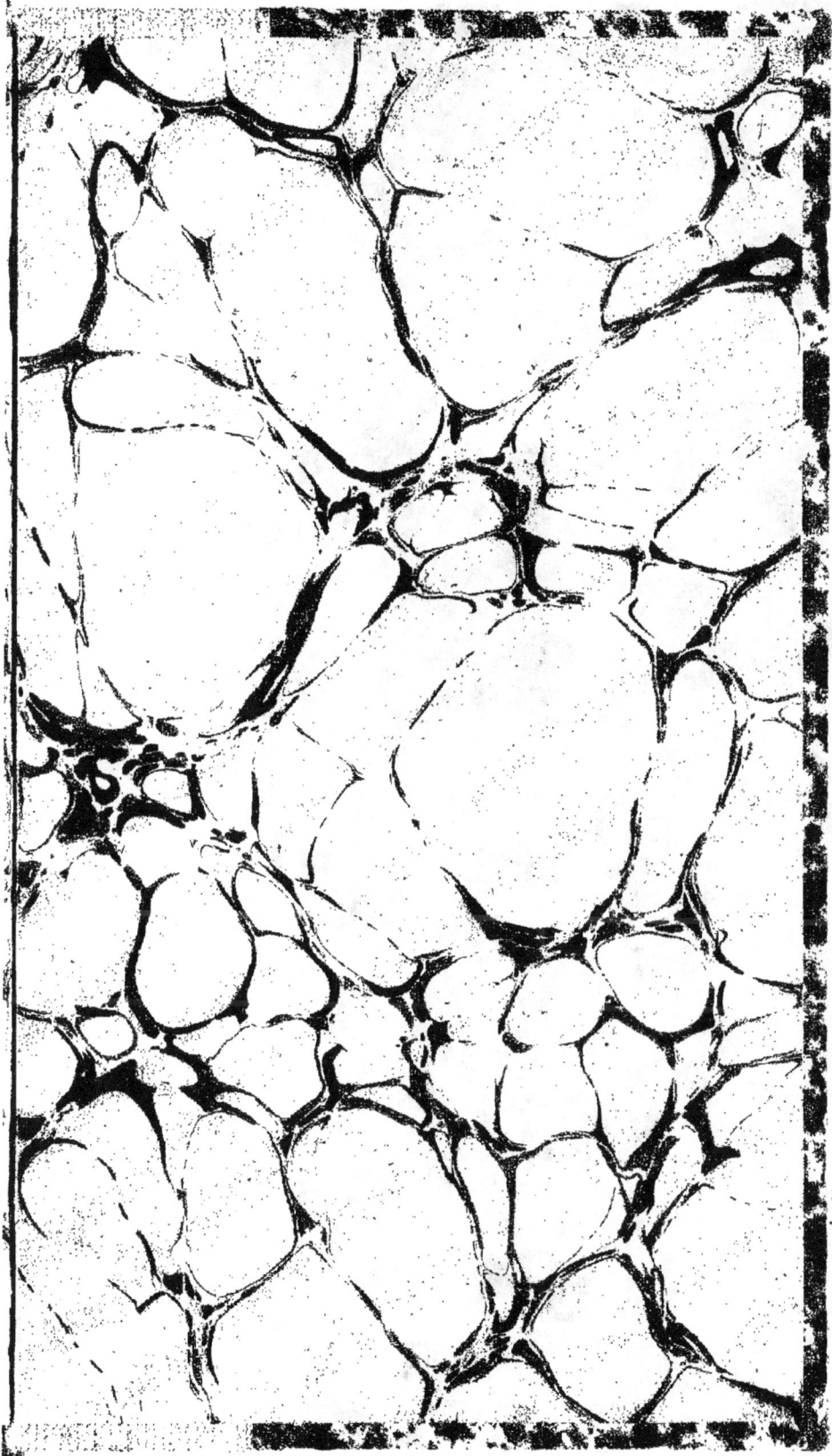

www.ingramcontent.com/pod-product-compliance
Lightning Source LLC
Chambersburg PA
CBHW061000220326
41599CB00023B/3780